LLM 디자인 패턴

견고하고 효율적인
AI 시스템 구축을 위한 실용 가이드

LLM 디자인 패턴
**견고하고 효율적인
AI 시스템 구축을 위한 실용 가이드**

지은이 켄 황
옮긴이 최용

펴낸이 박찬규 엮은이 전이주 디자인 북누리 표지디자인 Arowa & Arowana

펴낸곳 위키북스 전화 031-955-3658, 3659 팩스 031-955-3660
주소 경기도 파주시 문발로 115 세종출판벤처타운 311호

가격 35,000 페이지 520 책규격 188 x 240mm

초판 발행 2025년 11월 25일
ISBN 979-11-5839-650-3 (93000)

등록번호 제406-2006-000036호 등록일자 2006년 05월 19일
홈페이지 wikibook.co.kr 전자우편 wikibook@wikibook.co.kr

Copyright ©Packt Publishing 2025.
First published in the English language under the title
'LLM Design Patterns – (9781836207030)'

이 책의 한국어판 저작권은 저작권사와의 독점 계약으로 위키북스에 있습니다.
신저작권법에 의해 한국 내에서 보호를 받는 저작물이므로 무단 전재와 복제를 금합니다.
이 책의 내용에 대한 추가 지원과 문의는 위키북스 출판사 홈페이지 wikibook.co.kr이나
이메일 wikibook@wikibook.co.kr을 이용해 주세요.

LLM 디자인 패턴

LLM Design Patterns

견고하고 효율적인
AI 시스템 구축을 위한 실용 가이드

켄 황 지음 / 최용 옮김

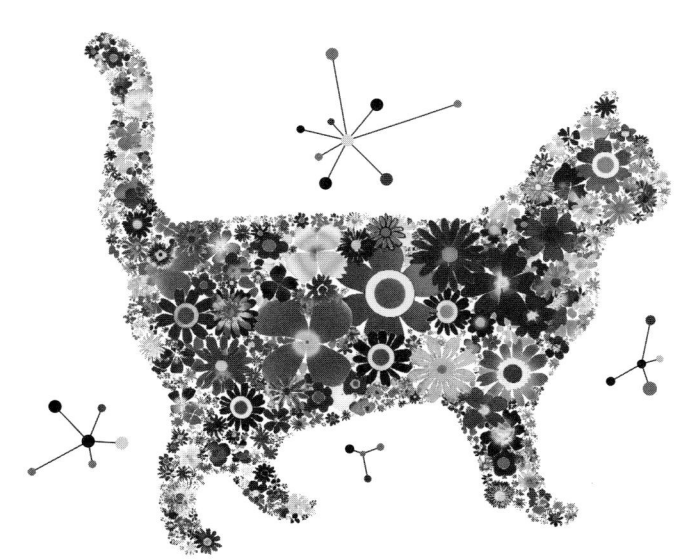

위키북스

저자 소개

켄 황(Ken Huang)은 AI 전문가로서, 클라우드 보안 연합의 AI 안전 작업 그룹과 UN 프레임워크 산하 세계 디지털 기술 아카데미의 AI STR(인공지능 안전, 신뢰, 책임) 작업 그룹에서 공동 의장을 맡고 있다. DistributedApps.ai의 CEO로서 생성형 AI에 관한 전문적인 컨설팅을 수행한다.

OWASP의 LLM 애플리케이션 상위 10대 위험 요소와 NIST 생성형 AI 작업 그룹의 주요 기여자이며, 《Beyond AI》(Springer, 2023), 《Generative AI Security》(Springer, 2024), 《Agentic AI: Theories and Practice》(Springer, 2025) 등 영향력 있는 책을 저술했다.

그는 다보스 세계경제포럼, ACM, IEEE, RSAC 등 세계적인 행사에서 강연한다. 또한 OpenAI 포럼 회원이며, OWASP AI 취약점 점수 시스템 프로젝트의 리더를 맡고 있다.

검토자 소개

바라다라지 크리슈난(Varadharaj Krishnan)은 정보 보안 분야의 노련한 리더로, 현재 테슬라에서 보안 엔지니어링, 인프라 보안, 엔드포인트 보안, 취약점 관리 등 핵심 보안 업무를 총괄하고 있다. 사이버 보안 및 클라우드 보안 분야에서 18년 이상의 풍부한 경험을 쌓았으며, 유수 기업의 클라우드 도입 추진과 디지털 전환 보안에 핵심적인 역할을 담당했다. 티모바일에 재직할 때 개발을 주도한 클라우드 보안 태세 관리 도구 팩봇이 상용화되어 널리 활용되고 있다. 그는 보안 분야에 대한 혁신적인 기여와 개발 팀을 지원하는 보안 도구를 만드는 데 대한 헌신으로 인정받고 있다.

사이 쿠마르 아라바(Sai Kumar Arava)는 어도비에서 생성형 AI 구현을 주도하며, 대기업 수백 곳을 대상으로 AI 기반 작업 자동화 및 지능형 워크플로를 추진하고 있다. AI, 머신러닝 및 대규모 소프트웨어 엔지니어링 분야에서 12년 이상의 경력을 보유한 그는 어도비와 페이팔에서 생성형 AI 제품, 지능형 어시스턴트, 실시간 머신러닝 시스템 개발을 이끄는 여러 팀을 이끌었다. 《Building with LLM Agents: A Comprehensive Guide》를 저술했으며, 주요 머신러닝 학회에서 연구를 발표했다. 딥러닝 및 AI 응용 분야에서 특허를 보유하고 있으며, 오라일리와 팩트 등 플랫폼에서 강의를 통해 전문 지식을 활발히 공유한다. AI 발전에 열정을 가진 그는 포천 500대 기업을 위한 지능형 자동화 솔루션 구축을 통해 얻은 통찰을 바탕으로 AI 실용화를 선도하고 있다.

메가나 푸바디(Meghana Puvvadi)는 AI와 머신러닝 시스템, 플랫폼 분야에서 탁월한 리더십을 발휘하는 엔지니어다. 생성형 AI, 대규모 언어 모델, 분산 시스템 전반에 대한 깊은 이해를 바탕으로, 10년 넘게 소프트웨어 엔지니어링과 머신러닝 기술을 개발했다. AI 기반 애플리케이션과 추론 플랫폼, 개발 도구를 혁신하며 여러 특허를 획득했고, 자연어 이해 분야에서 두각을 나타냈다. NeurIPS, MATH-AI, ACL, IEEE 등 주요 학회와 학술지, 공학 서적의 기술 검토자로도 활동한다. 에이전트 기반 및 RAG 프레임워크를 활용한 추론 엔진, 생성형 AI 애플리케이션, 모델 호스팅 플랫폼 관련 작업을 통해 생성형 AI, AI 제품 및 플랫폼, 머신러닝 인프라 분야의 발전에 기여했다. 현재 엔비디아의 AI 제품 및 플랫폼 엔지니어링 디렉터로서, 직원 생산성 향상 도구, 개발자 보조 시스템, 코파일럿, AI 어시스턴트 플랫폼 등 다양한 AI 프로젝트를 이끌고 있다.

검토자 소개

프라카시 레디 푸타(Prakash Reddy Putta)는 인스타카트의 기술 리드 매니저 겸 스태프 엔지니어로, 검색 시스템과 개인화 기능 개선에 집중하고 있다. 그는 LLM을 활용해 실시간 쇼핑 추천을 해주는 Ask Instacart 같은 프로젝트를 이끌며 사용자 경험을 향상시키고 비즈니스 성장을 이끌어냈다. 10개 이상의 특허를 보유하고 있으며, 검색 정확도와 처리 효율성 개선에 기여했다. 이전에는 메타와 일렉트로닉 아츠에서 데이터 무결성, 콘텐츠 조정, 분석 시스템 업무를 담당했다. 그의 작업은 신뢰할 수 있고 확장 가능한 시스템 구축과 인공지능을 통한 현실 문제 해결에 초점을 맞추고 있다.

서문

설계도 없이 고층 건물을 올린다고 생각해 보자. 층마다 임기응변으로 짓다 보면 안전성은 물론 효율성이나 기본 기능조차 보장할 수 없을 것이다. 체계적인 방법 없이 대규모 언어 모델(LLM)을 개발하는 것도 이와 다르지 않다. 산업 전반을 바꾸고 인간과 컴퓨터의 상호작용을 새롭게 정의할 만큼 강력한 이 기술을 제대로 다루려면 철저한 계획과 실행이 뒷받침되어야 한다. 복잡한 문제들을 풀어나갈 체계가 없다면, 실무자들은 비효율적이고 불안정한 시스템을 만들거나 기술의 진정한 가능성을 놓치기 쉽다.

《LLM 디자인 패턴》은 바로 그 해답을 제시한다. LLM을 효과적으로 설계하고 구축하려는 엔지니어, 연구자, 혁신가들을 위한 실무 지침서로, 데이터 준비와 전처리, 모델 훈련과 최적화, 성능 평가와 해석, 고급 지식 검색 기술과의 통합이라는 네 개 핵심 영역에 초점을 맞춘다. 각 영역을 디자인 패턴이라는 관점에서 다루며, LLM 개발 과정에서 반복적으로 마주하는 문제들에 대한 검증된 해법을 담았다.

LLM이 빠르게 발전하면서 놀라운 기회와 함께 만만치 않은 도전 과제들도 나타났다. 데이터 품질, 확장성, 해석 가능성 같은 문제들을 해결하려면 유연한 방법론과 혁신적인 전략이 필요하다. 이 책은 모든 수준의 실무진이 이런 과제들을 정면으로 다룰 수 있도록 디자인 패턴을 소개하고, 단순히 모델을 구축하는 것을 넘어 급속히 발전하는 LLM 분야에서 탁월한 성과를 내는 데 필요한 실용적 통찰과 체계를 제공한다. 첫 모델을 만드는 초보자든 최첨단 애플리케이션을 개선하는 전문가든, 이 책을 통해 최신 기술을 제대로 활용할 수 있는 견고한 접근 방식을 배울 수 있을 것이다.

대상 독자

이 책은 다음과 같이 LLM의 개발, 배포, 응용에 관련된 모든 사람을 대상으로 한다.

- **AI 엔지니어 및 연구원**: 프로젝트에 LLM 기술을 구현하는 사람
- **데이터 과학자와 머신러닝 실무자**: LLM을 위한 데이터 준비, 모델 훈련 및 최적화에 대한 지침을 찾는 전문가
- **소프트웨어 아키텍트와 프로젝트 관리자**: 비즈니스 및 기술 목표와의 정렬을 보장하며 LLM 기반 프로젝트를 구조화하고 관리하려는 사람

책에서 다루는 내용

1장 'LLM 디자인 패턴 소개'는 LLM에 대한 기초적인 이해를 돕고 개발에서 디자인 패턴의 중요성을 소개한다.

2장 'LLM 훈련 데이터 정제'는 LLM 훈련에 필요한 데이터를 효과적으로 정제할 수 있는 실용적인 도구와 기술을 소개한다.

3장 '데이터 증강'에서는 훈련 데이터셋의 다양성을 높이는 방법부터 그 무결성을 유지하는 방법까지, 데이터 증강 패턴을 깊이 이해할 수 있다.

4장 'LLM 훈련을 위한 대규모 데이터셋 처리'에서 최신 LLM을 훈련하는 데 필요한 대규모 데이터셋을 관리하고 처리하는 고급 기술을 배울 수 있다.

5장 '데이터 버전 관리'는 LLM 개발을 위한 효과적인 데이터 버전 관리 전략을 구현하는 방법을 보여준다.

6장 '데이터셋 주석과 라벨링'에서는 다양한 과업에서 LLM의 성능에 큰 영향을 줄 수 있는 잘 주석된 데이터셋을 만드는 고급 기술을 살펴본다.

7장 '훈련 파이프라인'에서는 데이터 수집 및 전처리부터 모델 아키텍처와 최적화 전략까지, LLM 훈련 파이프라인의 주요 구성 요소를 살펴본다.

8장 '하이퍼파라미터 튜닝'에서는 LLM의 하이퍼파라미터가 무엇이며, 그것들을 어떻게 효율적으로 최적화하는지 설명한다.

9장 '정규화'에서는 LLM에 특화된 다양한 정규화 기법을 보여준다.

10장 '체크포인팅과 복구'는 최적의 체크포인트 빈도를 결정하는 전략, 대형 모델을 위한 효율적인 저장 형식, 다양한 유형의 실패로부터 회복하는 기술을 설명한다.

11장 '파인튜닝'에서는 사전 훈련된 언어 모델을 파인튜닝하는 효과적인 전략을 알려준다.

12장 '모델 프루닝'에서는 모델 크기를 줄이면서 성능을 유지하는 모델 프루닝 기법을 탐구한다.

13장 '양자화'에서는 자원이 제한된 장치에 LLM을 배포하기 위해 최적화할 수 있는 양자화 방법을 살펴본다.

14장 '평가 지표'는 다양한 분야에서 LLM을 평가하기 위한 가장 최근의 일반적으로 사용되는 벤치마크를 탐구한다.

15장 '교차 검증'은 LLM에 특화된 교차 검증 전략을 탐구하는 방법을 보여준다.

16장 '해석 가능성'에서는 LLM의 해석 가능성이 무엇을 의미하는지, 즉 모델이 입력을 처리하고 출력을 생성하는 방식을 이해하고 설명할 수 있는 능력에 대해 다룬다.

17장 '공정성 및 편향 탐지'에서는 모델의 출력과 결정이 보호 속성을 근거로 특정 개인이나 집단을 차별하거나 부당하게 대우하지 않도록 하는 LLM의 공정성에 관해 설명한다.

18장 '적대적 강건성'에서는 LLM에 대한 적대 공격이 입력에 미세하고 감지하기 어려운 변화를 가해 모델의 출력을 조작하는 방식으로 설계된다는 점을 설명한다.

19장 '인간 피드백을 통한 강화학습'은 인간의 선호도에 LLM을 맞추기 위한 강력한 기법인 RLHF를 소개한다.

20장 '사고 연쇄(CoT) 프롬프팅'은 복잡한 추리 과업에서 LLM의 성능을 향상시키기 위해 CoT 프롬프팅을 어떻게 활용할 수 있는지를 보여준다.

21장 '사고 트리(ToT) 프롬프팅'에서는 ToT 프롬프팅을 구현해 LLM으로 복잡한 추론 과제를 해결하는 방법을 알아본다.

22장 '추리 및 실행(ReAct)'은 ReAct 프레임워크에 대해 다룬다. 이 강력한 기법은 복잡한 시나리오를 통해 추리할 뿐만 아니라 행동의 실행을 계획하고 시뮬레이션하도록 LLM을 유도하는 방법으로, 인간이 현실 세계에서 작동하는 방식과 유사하다.

23장 '무관찰 추리(ReWOO)'에서는 LLM이 가설적 상황에 관해 추리하고 외부 도구를 효과적으로 활용하도록 하는 ReWOO 프레임워크를 알아본다.

24장 '반성 기법'에서는 LLM이 출력을 자체적으로 분석, 평가, 개선할 수 있는 반성 능력을 시연한다.

25장 '자동 다단계 추리와 도구 사용'에서는 자동 다단계 추리 기법과 도구를 활용해 LLM의 문제 해결 능력을 확장하고 복잡한 현실 세계 과제를 해결하는 방법을 다룬다.

26장 '검색 증강 생성'은 모델의 사전 훈련된 매개변수에 포함되지 않은 지식이나 데이터가 필요한 작업에서 특히 AI 모델의 성능을 향상시키는 기술을 소개한다.

27장 '그래프 기반 RAG'는 그래프 구조로 표현된 지식을 RAG에 통합해 LLM에서 활용하는 방법을 설명한다.

28장 '고급 RAG'에서는 이러한 기본적인 RAG 방법을 넘어 다양한 과업에 걸쳐 LLM 성능을 향상시키기 위해 설계된 보다 정교한 기술을 탐구하는 방법을 보여준다.

29장 'RAG 시스템 평가'는 RAG 시스템이 정확하고 관련성 있으며 사실에 기반한 응답을 생성할 수 있는 능력을 평가하는 데 필요한 지식을 알려준다.

30장 '에이전틱 패턴'은 LLM 기반 에이전트 AI 시스템을 자율적으로 작동하고, 의사결정을 내리며, 지정된 목표를 달성할 수 있도록 설계하는 방법을 보여준다.

이 책을 최대한 활용하려면

이 책을 최대한 활용하려면 머신러닝 기초 개념에 대한 이해와 파이썬 프로그래밍에 대한 기본적인 숙련도를 갖추는 것이 이상적이다. 이러한 전제 조건을 충족하면 책 전반에서 논의되는 기술 방법론과 구현 전략을 훨씬 수월하게 이해할 수 있다. 머신러닝 지식이 중요한 이유는 LLM 개발에서 핵심이 되는 모델 훈련, 하이퍼파라미터 튜닝, 정규화 기법, 최적화 프로세스 등을 이해해야 하기 때문이다. 또한 파이썬 프로그래밍 기술이 있으면 책에서 제시하는 디자인 패턴, 워크플로, 알고리즘을 직접 구현하고 실험해 볼 수 있어 특히 유용하다.

Hugging Face Transformers, spaCy, NLTK 같은 자연어 처리(NLP) 프레임워크와 도구에 익숙하다면 학습 효과가 더욱 커진다. 이러한 프레임워크들은 사전 훈련된 모델 활용, 텍스트 토큰화, 언어 데이터 처리를 위한 실용적인 수단이며 LLM 개발에서 널리 사용된다. 이런 도구들의 작동 방식을 이해하면 기초 프로그래밍이나 NLP의 세부 기술에 얽매이지 않고 더 높은 수준의 개념과 설계 방식에 집중할 수 있다.

이 분야에 익숙하지 않은 독자라면 파이썬 프로그래밍, 머신러닝 기초, NLP 도구에 대한 보충 자료를 함께 참고하는 것이 좋다. 부족한 부분을 먼저 학습하려는 노력을 기울인다면, 이 책의 개념을 이해하고 실제 프로젝트에 효과적으로 적용할 수 있다.

> **참고**
>
> 이 책은 LLM 디자인 패턴과 구현 개념을 설명하기 위해 예제 코드를 싣고 있다. 코드는 완전하고 실행 가능한 프로그램을 제시하기보다는, 아이디어를 간결하고 읽기 쉽게 전달하는 데 초점을 맞췄다. 이는 실제 배포나 프로덕션 환경에 직접 사용하거나 통합하기 위한 목적이 아니다. 코드를 그대로 복사하기보다는 각자의 상황에 맞게 연구하고 적용하기를 권한다. 이러한 이유로 이 책은 예제 코드 깃허브(GitHub) 저장소를 제공하지 않으며, 책에 실은 예제만으로도 외부 자료 없이 해당 개념을 이해하는 데 충분하도록 구성했다.[1]

---

[1] (옮긴이) 번역서 독자의 편의를 위해 다음 주소의 깃허브에 일부 장의 예시 코드를 게시했다. 단, 책에 실린 코드와 완전히 같지 않거나 저자의 의도와 다른 구현이 포함될 수 있음에 유의한다.
https://github.com/ychoi-kr/llm-design-patterns

컬러 이미지 다운로드

이 책에 사용된 도표의 컬러 이미지를 포함한 PDF 파일을 다음 주소에서 다운로드할 수 있다.

https://packt.link/gbp/9781836207030

서식

이 책에서 사용한 서식은 다음과 같다.

본문 코드: 텍스트 내 코드 단어, 데이터베이스 테이블 이름, 폴더 이름, 파일 이름, 파일 확장자, 경로 이름, 더미 URL, 사용자 입력, 트위터 핸들·X 사용자명을 나타낸다.

예: "다운로드한 `WebStorm-10*.dmg` 디스크 이미지 파일을 시스템의 다른 디스크로 마운트한다."

코드 블록은 다음과 같이 나타낸다.

```
# 모델 아키텍처
model = AutoModelForCausalLM.from_pretrained("gpt2")
# 최적화
optimizer = AdamW(model.parameters(), lr=5e-5)
```

명령줄 입출력은 다음과 같이 표시한다.

```
pip install faiss-cpu sentence-transformers
```

볼드체: 새로운 용어, 중요한 단어 또는 화면에 보이는 단어를 나타낸다.

1부

소개 및
데이터 준비

1장. LLM 디자인 패턴 소개 — 2

- 1.1 LLM 이해하기 — 2
  - 1.1.1 언어 모델의 진화 — 3
  - 1.1.2 LLM의 핵심 기능 — 4
- 1.2 디자인 패턴 이해하기 — 7
  - 1.2.1 기원과 진화 — 7
  - 1.2.2 디자인 패턴의 핵심 원칙 — 8
- 1.3 LLM 개발을 위한 디자인 패턴 — 8
  - 1.3.1 LLM 디자인 패턴의 이점 — 9
  - 1.3.2 LLM에 디자인 패턴을 적용할 때의 도전 과제 — 12
- 1.4 요약 — 13

2장. LLM 훈련 데이터 정제 — 15

- 2.1 데이터 정제의 중요성 — 16
- 2.2 언어 데이터셋에서 일반적으로 나타나는 데이터 품질 문제 — 19
- 2.3 LLM을 위한 텍스트 전처리 기법 — 21
- 2.4 다국어 및 부호혼용 데이터 처리 — 23
- 2.5 대규모 텍스트 말뭉치의 중복 제거 전략 — 26
  - 2.5.1 정확한 일치 중복 제거 — 26
  - 2.5.2 근사 중복 탐지 — 27
  - 2.5.3 싱글링 — 27
  - 2.5.4 지역 민감 해싱(LSH) — 28
- 2.6 데이터 정제 파이프라인 자동화 — 30
- 2.7 데이터 검증 및 품질 보증 — 33
- 2.8 요약 — 38

3장. 데이터 증강 — 39

- 3.1 텍스트 데이터 증강 기법 — 41
  - 3.1.1 동의어 대체 — 41
  - 3.1.2 역번역 — 42
  - 3.1.3 T5를 사용한 텍스트 생성 — 42
- 3.2 기존 LLM을 활용한 데이터 생성 — 45

3.3 다국어 데이터 증강 전략 · 46
  3.3.1 언어 간 역번역 · 46
  3.3.2 다국어 T5 증강 · 46
3.4 텍스트 증강 시 의미 보존 · 47
  3.4.1 문장 임베딩 사용 · 47
  3.4.2 동의어 대체를 위한 문맥적 단어 임베딩 · 48
3.5 증강과 데이터 품질의 균형 · 50
  3.5.1 품질 필터링 · 50
  3.5.2 휴먼 인 더 루프(HITL) 검증 · 50
3.6 데이터 증강의 영향 평가 · 52
  3.6.1 당혹도 · 52
  3.6.2 과업별 지표 · 53
  3.6.3 다양성 지표 · 54
3.7 요약 · 55

4장. LLM 훈련을 위한 대규모 데이터셋 처리 · 56

4.1 대용량 데이터셋의 도전 과제 · 57
4.2 데이터 샘플링 기법 · 60
4.3 분산 데이터 처리 · 62
4.4 데이터 샤딩 및 병렬화 전략 · 63
4.5 효율적인 데이터 저장 형식 · 66
4.6 연속적인 LLM 훈련을 위한 스트리밍 데이터 처리 · 69
4.7 메모리 효율적인 데이터 로딩 기법 · 70
4.8 요약 · 73

5장. 데이터 버전 관리 · 74

5.1 데이터 버전 관리의 필요성 이해 · 75
5.2 대규모 언어 데이터셋을 위한 데이터 버전 관리 전략 · 76
5.3 데이터 버전 관리를 위한 도구 · 78
5.4 훈련 워크플로에 데이터 버전 관리 통합 · 80
5.5 텍스트 말뭉치의 버전 관리 · 81

5.6	데이터셋 변형 및 실험 관리	83
5.7	데이터 버전 관리의 모범 사례	85
5.8	요약	86

6장. 데이터셋 주석과 라벨링 · 87

6.1	고품질 주석의 중요성	88
6.2	다양한 과업별 주석 전략	90
6.3	대규모 텍스트 주석을 위한 도구와 플랫폼	92
6.4	주석 품질 관리	94
6.5	크라우드 소싱 주석의 장단점	96
6.6	반자동 주석 기법	97
6.7	대규모 언어 데이터셋 주석 처리 기법	97
6.8	주석 편향과 완화 전략	99
6.9	요약	100

2부

대규모 언어 모델의 훈련과 최적화

7장. 훈련 파이프라인 · 102

7.1	훈련 파이프라인의 구성 요소	103
7.2	데이터 입력 및 전처리	108
7.3	LLM 아키텍처 설계 고려 사항	111
7.4	손실 함수와 최적화 전략	114
7.5	로깅	116
7.6	파이프라인 모듈성과 재사용성	118
7.7	더 큰 모델을 위한 훈련 파이프라인 확장	122
7.8	요약	125

8장. 하이퍼파라미터 튜닝 · 126

8.1	하이퍼파라미터 이해하기	127
8.2	수동 튜닝과 자동 튜닝	129
	8.2.1 수동 튜닝	129
	8.2.2 자동 튜닝	131

8.3	격자 탐색과 랜덤 탐색	133
8.4	베이즈 최적화	138
8.5	개체군 기반 방법	140
8.6	다목표 하이퍼파라미터 최적화	145
8.7	대규모 하이퍼파라미터 튜닝의 과제와 해법	147
8.8	요약	152

9장. 정규화 — 153

9.1	L2 정규화(리지 회귀)	154
9.2	드롭아웃	155
9.3	레이어별 적응형 정규화	156
9.4	경사 클리핑과 노이즈 주입	158
9.5	전이학습 및 파인튜닝 시나리오에서의 정규화	160
9.6	새로운 정규화 기법	161
	9.6.1 확률적 가중치 평균화(SWA)	161
	9.6.2 날카로움을 고려한 최소화(SAM)	162
	9.6.3 차분 프라이버시 기반 정규화	163
	9.6.4 빠른 경사 부호 방법(FGSM)	164
	9.6.5 룩어헤드 옵티마이저	164
9.7	요약	165

10장. 체크포인팅과 복구 — 166

10.1	체크포인팅이 왜 중요한가?	167
10.2	체크포인트 빈도 및 저장 전략	168
10.3	효율적인 체크포인트 저장 방식	171
10.4	실패에서 회복하기	173
10.5	분산 LLM 훈련에서의 체크포인팅	176
10.6	LLM 체크포인트의 버전 관리	180
10.7	자동화된 체크포인팅 및 복구 시스템	182
10.8	요약	185

11장. 파인튜닝 187

    11.1 전이학습과 파인튜닝 구현 188

    11.2 레이어의 동결 및 해동 전략 189

    11.3 학습률 스케줄링 192

    11.4 도메인 특화 파인튜닝 기법 193

    11.5 퓨샷 · 제로샷 파인튜닝 195

    11.6 지속적 파인 튜닝과 파국적 망각 197

    11.7 요약 200

12장. 모델 프루닝 202

    12.1 크기 기반 프루닝 203

    12.2 구조적 프루닝과 비구조적 프루닝 205

    12.3 반복적 프루닝 기법 206

    12.4 훈련 중 프루닝과 훈련 후 프루닝 206

    12.5 프루닝과 모델 성능의 균형 208

    12.6 프루닝과 다른 압축 기법 결합하기 209

        12.6.1 프루닝과 양자화 209

        12.6.2 프루닝과 지식 증류 210

    12.7 요약 211

13장. 양자화 212

    13.1 기본 개념 이해 213

        13.1.1 훈련 후 양자화(PTQ) 216

    13.2 혼합 정밀도 양자화 218

    13.3 하드웨어 관련 고려 사항 218

    13.4 양자화 전략 비교 219

    13.5 양자화와 다른 최적화 기법 결합 221

        13.5.1 프루닝과 양자화 221

        13.5.2 지식 증류 및 양자화 222

    13.6 요약 223

3부

대규모 언어 모델의 평가 및 해석

14장. 평가 지표 226

- 14.1 NLU 벤치마크 227
  - 14.1.1 MMLU 227
  - 14.1.2 SuperGLUE 228
  - 14.1.3 TruthfulQA 230
- 14.2 추리 및 문제 해결 지표 232
  - 14.2.1 AI2 추리 챌린지 232
  - 14.2.2 GSM8K 234
- 14.3 코딩 및 프로그래밍 평가 236
- 14.4 대화 능력 평가 238
- 14.5 상식 및 일반 지식 벤치마크 240
- 14.6 그 밖의 주요 벤치마크 241
- 14.7 맞춤형 지표와 벤치마크 개발 242
- 14.8 LLM 평가 결과 해석 및 비교 243
- 14.9 요약 245

15장. 교차 검증 246

- 15.1 사전 훈련 및 파인 튜닝 데이터 분할 247
  - 15.1.1 사전 훈련 데이터에 대한 층화 샘플링 247
  - 15.1.2 파인튜닝 데이터를 위한 시간 기반 분할 248
  - 15.1.3 데이터 균형을 위한 오버샘플링 및 가중치 부여 기법 249
- 15.2 퓨샷 및 제로샷 평가 전략 250
  - 15.2.1 퓨샷 평가 251
  - 15.2.2 제로샷 평가 252
- 15.3 도메인 및 과업 일반화 254
  - 15.3.1 도메인 적응 평가 254
  - 15.3.2 과업 일반화 평가 255
- 15.4 연속 학습 평가 256
- 15.5 교차 검증의 과제와 모범 사례 258
- 15.7 요약 262

16장. 해석 가능성   263

    16.1 어텐션 시각화 기법   264
    16.2 탐침법   265
    16.3 기여도 분석 기법을 사용해 LLM 예측을 설명하기   267
    16.4 트랜스포머 기반 LLM의 해석 가능성   269
    16.5 기계론적 해석 가능성   271
    16.6 해석 가능성과 성능 간의 균형   275
    16.7 요약   277

17장. 공정성 및 편향 탐지   278

    17.1 편향의 유형   279
    17.2 LLM 텍스트 생성 및 이해를 위한 공정성 지표   281
    17.3 편향 감지   282
    17.4 편향 제거 전략   286
    17.5 공정성을 고려한 훈련   288
    17.6 윤리적 고려 사항   291
    17.7 요약   293

18장. 적대적 강건성   294

    18.1 텍스트 적대 공격의 유형   295
    18.2 적대 훈련 기법   298
    18.3 강건성 평가   299
    18.4 LLM의 적대 훈련에서의 절충점   301
    18.5 실제 세계에서의 함의   302
    18.6 요약   303

19장. 인간 피드백을 통한 강화학습   304

    19.1 RLHF 시스템의 구성 요소   305
       19.1.1 보상 모델   305
       19.1.2 정책 최적화   308
    19.2 RLHF 확장하기   310
    19.3 언어 모델링에서 RLHF의 한계   312
    19.4 RLHF 응용   313
    19.5 요약   315

4부
고급 프롬프트 엔지니어링 기술

20장. 사고 연쇄(CoT) 프롬프팅   318

    20.1 효과적인 CoT 프롬프트 디자인   319
    20.2 문제 해결을 위한 CoT 프롬프팅 사용   321
    20.3 CoT 프롬프팅을 다른 기법과 결합하기   322
    20.4 CoT 프롬프팅 출력을 평가하기   323
    20.5 CoT 프롬프팅의 한계   324
    20.6 미래 방향   326
    20.7 요약   327

21장. 사고 트리(ToT) 프롬프팅   328

    21.1 ToT 프롬프트 설계   329
    21.2 탐색 전략   331
    21.3 프루닝과 평가   334
    21.4 다단계 문제를 해결하기 위해 ToT 적용   336
    21.5 구현의 도전 과제   337
    21.6 미래 방향   339
    21.7 요약   340

22장. 추리 및 실행(ReAct) 342

    22.1 랭체인으로 ReAct 구현 343
        22.1.1 ReAct 문서 저장소 347
    22.2 LCEL로 ReAct 에이전트 구축하기 348
        22.2.1 ReActSingleInputOutputParser 설명 350
        22.2.2 AgentExecutor로 에이전트를 실행 350
    22.3 과업을 완료하고 문제를 해결하기 352
    22.4 ReAct의 성능 평가 352
    22.5 안전, 제어, 윤리적 고려 사항 353
    22.6 한계 및 향후 방향 354
    22.7 요약 355

23장. 무관찰 추리(ReWOO) 356

    23.1 랭그래프로 ReWOO 구현하기 357
    23.2 ReWOO의 장점 363
    23.3 품질 평가와 윤리적 고려 사항 364
    23.4 미래 방향 364
    23.5 요약 365

24장. 반성 기법 366

    24.1 자기반성을 위한 프롬프트 디자인 367
    24.2 반복적 개선 구현 368
    24.3 오류 수정 370
    24.4 반성의 영향 평가 371
    24.5 효과적인 반성 구현의 과제 373
    24.6 미래 방향 374
    24.7 요약 376

25장. 자동 다단계 추리와 도구 사용 — 377

- 25.1 복잡한 과업 분해를 위한 프롬프팅 설계 — 378
- 25.2 외부 도구 통합 — 379
- 25.3 자동 도구 선택 및 사용 구현 — 381
- 25.4 복잡한 문제 해결 — 383
- 25.5 다단계 추리와 도구 사용 평가 — 384
- 25.6 도전 과제와 미래 방향 — 385
- 25.7 요약 — 387

5부 대규모 언어 모델에서 검색 및 지식 통합

26장. 검색 증강 생성 — 390

- 26.1 간단한 RAG 시스템 구축 — 391
- 26.2 검색을 위한 임베딩과 색인 기법 — 395
  - 26.2.1 임베딩 — 395
  - 26.2.2 색인 — 397
  - 26.2.3 임베딩, 색인, 검색을 시연하는 예제 코드 — 401
- 26.3 검색 질의 작성 전략 — 405
- 26.4 검색된 정보를 LLM 생성과 통합하기 — 407
- 26.5 RAG의 도전 과제와 발전 방향 — 408
- 26.6 요약 — 410

27장. 그래프 기반 RAG — 411

- 27.1 그래프 기반 지식 표현 개요 — 412
- 27.2 그래프 기반 RAG 아키텍처 설계 — 414
- 27.3 그래프 임베딩을 활용한 검색 성능 향상 — 415
- 27.4 그래프 구조를 사용한 질의 확장과 생성 통합 — 418
- 27.5 그래프 RAG 활용 사례 — 421
- 27.6 그래프 기반 RAG의 과제와 해결 방안 — 422
- 27.7 요약 — 425

28장. 고급 RAG　　　　426

28.1 다단계 및 반복 검색 기법　　　　427
28.2 컨텍스트와 과업에 기반한 적응형 검색　　　　429
28.3 메타학습을 통한 검색 개선　　　　431
28.4 RAG와 다른 프롬프팅 기법의 결합　　　　435
28.5 RAG의 모호성과 불확실성 처리　　　　436
28.6 RAG의 대규모 지식 기반 확장　　　　439
28.7 RAG 연구의 미래 방향　　　　441
28.8 요약　　　　444

29장. RAG 시스템 평가　　　　445

29.1 RAG 시스템 평가의 도전 과제　　　　446
29.1.1 검색과 생성의 상호작용　　　　446
29.1.2 컨텍스트 민감형 평가　　　　446
29.1.3 사실적 정확성을 넘어서　　　　446
29.1.4 자동화된 지표의 한계점　　　　447
29.1.5 오류 분석의 어려움　　　　447
29.1.6 다양한 평가 시나리오의 필요성　　　　447
29.1.7 동적 지식과 진화하는 정보　　　　447
29.1.8 계산 비용　　　　448
29.2 검색 품질 평가 지표　　　　448
29.2.1 Recall@k　　　　448
29.2.2 Precision@k　　　　448
29.2.3 평균 역순위(MRR)　　　　449
29.2.4 정규화된 할인 누적 이득(NDCG@k)　　　　449
29.3 검색 지표에 관한 고려 사항　　　　450
29.4 검색된 정보의 관련성 평가　　　　453
29.4.1 검색된 정보의 관련성을 평가하는 방법　　　　453
29.4.2 RAG 관련성 평가의 과제　　　　455
29.5 검색이 생성 성능에 미치는 영향 측정　　　　456
29.5.1 검색 영향 평가를 위한 주요 지표　　　　456
29.5.2 검색의 영향 측정에서의 도전 과제　　　　459

29.6 RAG 시스템의 종단 간 평가 460
    29.6.1 평가 전략 461
    29.6.2 종단 간 평가의 도전 과제 461
29.7 RAG에 대한 인간 평가 기법 462
    29.7.1 인간 평가를 위한 모범 사례 463
    29.7.2 인간 평가의 도전 과제 464
29.8 RAG 평가용 벤치마크와 데이터셋 464
29.9 요약 469

30장. 에이전틱 패턴 470

30.1 LLM 기반 에이전틱 AI 시스템 소개 471
30.2 LLM 기반 에이전트에서의 목표 설정과 계획 473
30.3 LLM 에이전트를 위한 메모리 구현 및 상태 관리 477
30.4 LLM 기반 에이전트의 의사결정 및 행동 선택 480
30.5 에이전틱 LLM 시스템에서의 학습과 적응 482
30.6 LLM 기반 에이전틱 AI의 윤리적 고려 사항과 안전 485
30.7 LLM을 사용하는 에이전틱 AI의 미래 전망 487
30.8 요약 488
30.9 LLM 패턴의 미래 방향과 개발 488

1부

소개 및 데이터 준비

이 책은 대규모 언어 모델(LLM)을 이해하고 활용하는 데 필요한 기초 개념을 소개하는 것으로 시작한다. 1부에서는 고품질 LLM을 구축할 때 데이터 준비가 얼마나 중요한지 살펴본다. 모델 개발 과정에서 디자인 패턴이 갖는 의미부터 훈련에 필요한 방대한 데이터셋을 다루는 방법까지, LLM 파이프라인의 초기 단계를 단계별로 안내한다. 각 장에서는 데이터 품질을 높이기 위한 정제 기법, 데이터셋의 다양성을 확장하는 증강 방법, 재현성을 확보하기 위한 데이터셋 버전 관리 전략을 익히게 된다. 또한 대규모 데이터셋을 효율적으로 처리하고 특정 과업을 위한 잘 주석된 말뭉치를 만드는 방법도 배우게 된다. 1부를 마치면 독자는 견고하고 확장 가능한 데이터셋을 준비하는 기술을 갖추고, 고급 LLM 개발을 위한 탄탄한 기반을 마련할 수 있다.

- 1장. LLM 디자인 패턴 소개
- 2장. LLM 훈련 데이터 정제
- 3장. 데이터 증강
- 4장. LLM 훈련을 위한 대규모 데이터셋 처리
- 5장. 데이터 버전 관리
- 6장. 데이터셋 주석과 라벨링

1장

LLM 디자인 패턴 소개

대규모 언어 모델(large language model, **LLM**)은 다양한 분야에서 인간과 유사한 텍스트를 이해하고 생성할 수 있는 머신러닝 모델이다. LLM 덕분에 전례 없는 가능성이 열렸지만, 동시에 고유한 도전 과제도 나타났다.

이 장에서는 LLM의 세계와 LLM 개발에서 **디자인 패턴**(design patterns)의 중요성을 소개한다. 언어 모델의 진화 과정을 살펴보고, 현대 LLM을 구동하는 핵심 원칙을 탐구하며, 그 놀라운 능력과 분명한 한계까지 짚어본다. 또한 소프트웨어 개발에서 반복되는 문제에 대한 검증된 해결책인 디자인 패턴의 중요성을 밝히고, LLM 프로젝트에서 특정 과제를 해결하는 데 어떻게 응용되는지를 살펴볼 것이다.

이 장에서는 다음 주제를 다룬다.

- LLM 이해하기
- 디자인 패턴 이해하기
- LLM 개발을 위한 디자인 패턴

1.1 LLM 이해하기

이 절에서는 LLM의 핵심 개념을 중심으로 진화 과정과 기본 원리, 그리고 AI 분야에 미친 영향을 살펴본다. LLM의 핵심적인 구성 요소와 해결 과제, 그리고 앞으로의 기술 발전 방향도 함께 다룬다.

1.1.1 언어 모델의 진화

현대 LLM으로의 여정은 자연어 처리 분야에서의 중요한 패러다임 전환으로 특징지어진다. 이는 그림 1.1에 제시된 타임라인을 통해 확인할 수 있다.

언어 모델의 진화

통계 모델	신경망	트랜스포머 아키텍처	사전 훈련된 모델	
1980~1990년대	2000년대~2010년대 초	2017	2018	2018~현재
n-그램 모델	RNN 및 LSTM	〈Attention Is All You Need〉 논문	BERT (Bidirectional Encoder Representations from Transformers)	GPT 시리즈 (Generative Pre-trained Transformer)
제한된 문맥, 장기 의존성 처리에 어려움	순차 데이터 처리 능력 향상	셀프 어텐션 메커니즘	양방향 문맥 이해	단방향 언어 모델링
	장기 의존성 포착에 더 뛰어남	입력 시퀀스 병렬 처리		모델과 데이터셋 크기 증가

그림 1.1 언어 모델의 진화

초기 통계적 접근법은 획기적이었지만, 인간 언어의 미묘한 뉘앙스를 포착하는 데 한계가 있었다. **신경망**, 특히 RNN(recurrent neural networks)과 LSTM(long short-term memory) 네트워크의 등장으로 순차 데이터를 더 효과적으로 처리할 수 있게 됐고, 텍스트에서 장기 의존성을 포착하는 능력도 향상됐다. 텍스트에서 넓은 컨텍스트[1]를 이해하고 긴 구절에서 일관성을 유지하려면 장기 의존성을 포착하는 능력이 매우 중요하다. 하지만 이러한 발전에도 불구하고, 단지 장기 의존성만을 포착하는 것으로는 충분하지 않다. 이러한 모델들도 복잡한 컨텍스트를 처리하거나 더 큰 텍스트 시퀀스에서 일관성을 유지하기는 어렵다.

---

[1] (옮긴이) 이 책에서는 'context'를 '문맥', '맥락', '컨텍스트' 등으로 옮겼다.

2017년 트랜스포머 아키텍처가 소개되면서 이 분야에 혁신이 일어나 더 크고 강력한 언어 모델이 등장할 수 있는 길이 열렸다(뒤에서 트랜스포머 아키텍처를 자세히 설명한다). 이 혁신을 계기로 사전 훈련된 모델의 시대가 시작됐으며, BERT와 GPT 시리즈 같은 모델을 통해 연구자들은 라벨이 없는 방대한 양의 텍스트 데이터를 활용해 다양한 NLP 과업에서 전례 없는 성능을 이끌어낼 수 있었다.

> **참고**
> 언어 모델의 발전 과정에 대한 포괄적인 개요나, 통계 모델, 신경망, 트랜스포머 기반 접근 방식에 대한 자세한 설명은 주라프스키(Dan Jurafsky)와 마틴(James H. Martin)의 《Speech and Language Processing》을 참고하기 바란다.[2]

1.1.2 LLM의 핵심 기능

LLM의 트랜스포머 아키텍처, 규모, 퓨샷 학습, 언어 이해 및 생성, 다국어 능력에 관해 알아보자.

트랜스포머 아키텍처

LLM의 핵심 구성 요소는 **트랜스포머 아키텍처(transformer architecture)**다. 트랜스포머 아키텍처는 **셀프 어텐션 메커니즘(self-attention mechanism)**을 활용해 모델이 각 요소를 처리할 때 입력의 다른 부분이 가지는 중요도를 판단한다. 트랜스포머 기반 LLM에서는 입력 텍스트가 먼저 단어(words)나 서브워드(subwords)와 같은 더 작은 단위로 토큰화된다. 이후 각 토큰은 고차원 벡터 공간에 임베딩되며, 밀집 벡터로 표현된다.

밀집 벡터(dense vector)는 데이터를 압축된 고차원 공간에서 표현하기 위해 AI를 포함한 다양한 분야에서 사용되는 수학적 객체다. 간단히 말해, 이는 숫자(또는 값)의 목록으로, 결합될 때 단어, 이미지 또는 다른 유형의 데이터를 표현한다. 벡터의 이러한 숫자는 다차원 공간에서의 좌표로 생각할 수 있으며, 각 숫자가 모여 하나의 데이터 포인트를 설명하는 셈이다.

모델은 셀프 어텐션 메커니즘을 이용해 이러한 벡터 표현을 처리하며, 이를 통해 입력 시퀀스의 다양한 부분 간 복잡한 관계를 포착한다. 시퀀스 내 각 토큰 쌍의 어텐션 점수를 계산함으로써, 각 토큰이 자신의 문맥적 표현을 계산할 때 다른 모든 토큰에 어느 정도 주의를 기울일지 정하게 된다. 이렇게 함으로써 모델은 텍스트 내 장거리 의존성과 복잡한 관계를 포착해 이전의 순차적 모델이 가진 한계를 극복할 수 있다.[3]

---

[2] https://web.stanford.edu/~jurafsky/slp3
[3] Attention Is All You Need, https://arxiv.org/abs/1706.03762

트랜스포머 아키텍처는 셀프 어텐션과 피드포워드 신경망으로 이뤄진 여러 레이어로 구성된다. 각 레이어는 입력 토큰의 표현을 점차 정제하면서 더 추상적이고 맥락적인 정보를 포착한다. 이 과정에서 핵심 역할을 하는 것이 **멀티헤드 어텐션 메커니즘**(multi-head attention mechanism)이다.

멀티헤드 어텐션 메커니즘은 모델이 입력 시퀀스의 다양한 위치에 동시에 주의를 기울일 수 있도록 해 표현 학습(representation learning)을 개선한다. 기존의 단일 어텐션과 달리, 멀티헤드 어텐션은 쿼리, 키, 값을 여러 저차원 공간(헤드)으로 나눠 투영하고, 각 헤드에서 독립적으로 어텐션을 계산한 후 모든 결과를 취합해 최종 선형 변환을 수행한다. 이를 통해 서로 다른 표현 공간과 위치에서 정보를 종합적으로 파악할 수 있으며, 구문적 의존성, 의미적 유사성, 문맥적 관련성 등 시퀀스 요소 간 관계의 여러 측면을 포착한다. 결과적으로 데이터 속 복잡한 패턴과 관계를 이해하는 능력이 크게 향상된다.

규모와 계산 자원

LLM의 결정적인 특징은 모델 크기와 훈련에 사용되는 데이터양 모두에서 전례 없는 규모다. '대규모 언어 모델'에서 '대규모(large)'란 이러한 모델의 복잡성뿐만 아니라 훈련 및 실행에 필요한 방대한 계산 자원을 의미한다. 현대의 LLM은 수천억 개의 매개변수를 가질 수 있으며, 막대한 양의 메모리와 연산력으로 뒷받침되어야 한다.

모델 크기와 훈련 데이터의 확장은 모델이 커질수록 다양한 과업에서 성능이 일관적으로 향상된다는 경험적 관찰에 의해 추진됐다. 이러한 향상은 대체로 예측 가능한 스케일링 법칙을 따르며, 당혹도(perplexity)나 정확도(accuracy) 같은 성능 지표가 모델 크기와 계산 자원의 증가에 따라 **멱법칙**(power-law) 함수 형태로 개선된다[4]. 이 같은 현상은 점점 더 거대한 모델을 구축하려는 경쟁으로 이어져, 근래에는 매개변수가 수조 개에 달하는 LLM도 나왔다.

퓨샷 능력

LLM의 **퓨샷 학습**(few-shot learning) 능력은 NLP 분야의 중요한 발전을 보여준다. 전통적인 머신러닝 접근법은 특정 과업마다 대량의 라벨링된 데이터를 필요로 했다. 반면 LLM은 몇 개의 예제만으로도 새로운 과업을 수행할 수 있고, 심지어 과업에 대한 자연어 설명만으로도 수행이 가능한 **제로샷 학습**(zero-shot learning) 능력까지 갖추고 있다. 이러한 유연성은 모델이 언어를 폭넓게 이해하고 다양한 맥락에서 패턴을 일반화할 수 있는 능력에서 나온다.

4　Scaling Laws for Neural Language Models, https://arxiv.org/pdf/2001.08361

예를 들어, 사전 훈련된 LLM은 감정 분석에 대해 명시적으로 훈련받지 않았더라도, 긍정적 및 부정적 리뷰의 몇 가지 예제만 제공받아도 제품 리뷰에 대한 감정 분석 과업을 수행할 수 있다. 이러한 능력은 특히 과업별 라벨이 있는 대량의 데이터가 없는 분야에서 AI를 다양한 언어 과업에 적용할 수 있는 새로운 가능성을 열었다.

언어 이해 및 생성

LLM의 가장 놀라운 능력 중 하나는 다양한 스타일, 주제 및 형식에 걸쳐 인간과 유사한 텍스트를 이해하고 생성하는 능력이다. 이해 측면에서 이러한 모델은 복잡한 텍스트 입력을 처리하고 해석해 많은 시나리오에서 인간과 유사한 이해를 모방하는 수준의 정교함으로 의미와 맥락을 추출할 수 있다. 이 능력은 감정 분석, 개체명 인식, 주제 분류와 같은 다양한 하위 작업으로 확장된다. LLM은 종종 미묘한 어조의 차이를 식별하고, 암시적 정보를 식별하며, 복잡한 언어 패턴을 인식할 수 있다.

생성 측면에서 LLM은 일관성 있고 문맥에 맞는 텍스트를 생성하는 전례 없는 능력을 보여주고 있다. 창의적인 소설과 시부터 기술 문서와 코드까지 다양한 형태의 텍스트를 생성할 수 있다. 생성된 텍스트는 높은 유창성과 문법적 정확성, 맥락적 관련성을 보인다. 이러한 생성 능력은 콘텐츠 제작, 자동화된 글쓰기 지원, 대화형 AI 등의 분야에서 새로운 가능성을 제시하고 있다.

다국어 및 교차 언어 능력

현대 LLM은 뛰어난 다국어(multilingual) 및 교차 언어(cross-lingual) 처리 능력을 갖추고 있다. 이러한 모델을 다양한 다국어 말뭉치로 훈련하면 여러 언어의 텍스트를 이해하고 생성할 수 있게 된다. 일부 모델은 명시적으로 훈련되지 않은 언어 쌍을 번역하거나, 한 언어로 제공된 문맥을 바탕으로 다른 언어로 답변하는 등 교차 언어 과업을 수행하는 능력을 보인다.

이러한 능력을 활용하면 언어 장벽을 허물고 전 세계가 더 포용적으로 소통할 수 있다. 단, LLM의 성능은 언어마다 상당한 차이를 보인다는 점을 염두에 둬야 한다. 모델은 훈련 데이터의 비중이 높은 언어에서 가장 뛰어난 성능을 발휘하는데, 이는 영어처럼 널리 쓰이는 언어에 유리하게 작용한다. 현재 언어 간 성능 격차를 줄이고 자원이 부족한 언어들의 처리 능력을 개선하기 위한 연구가 활발히 진행되고 있다.

LLM의 핵심 기능을 살펴봤으니, 이제 LLM 프로젝트를 체계적으로 설계하고 관리하는 방법을 알아보자. 소프트웨어 엔지니어링 분야에서 검증된 디자인 패턴들은 복잡한 시스템을 다루고 팀 협업을 촉진

하며, 장기적으로 확장하고 유지보수하기 좋은 구조를 만드는 실용적인 해법을 제시한다. 이러한 패턴들이 어떻게 발전해왔고 어떤 원칙에 기반하는지 파악하면 LLM 개발 현장에서 이를 효과적으로 활용하기 위한 필수 토대를 마련할 수 있다.

1.2 디자인 패턴 이해하기

디자인 패턴은 반복되는 디자인 문제에 대한 해결책을 포착하고 공유하려는 시도로 시작됐다. 처음에는 객체 지향 프로그래밍에 기반을 두고, 코드의 명확성, 재사용성, 유지보수성을 높이는 반복 가능한 전략을 식별해 소프트웨어를 구축하는 구조화된 방법론을 제시했다. 본서에서는 디자인 패턴을 LLM 개발을 포함한 다양한 개발 관행과 시스템 아키텍처에 접목한다. 그에 앞서 디자인 패턴의 기원을 추적하고, 다양한 프로그래밍 패러다임과 응용 분야에서 지속적인 관련성을 형성한 원칙들을 개괄한다.

1.2.1 기원과 진화

소프트웨어 공학에서 디자인 패턴 개념은 1990년대에 널리 알려졌으며, 주로 에릭 감마, 리처드 헬름, 랄프 존슨, 존 블리시디스(이 네 사람은 흔히 Gang of Four라고 불린다)가 공저한 《GoF의 디자인 패턴》(Design Patterns: Elements of Reusable Object-Oriented Software)를 통해 대중화됐다. 이 기념비적인 저작은 객체 지향 소프트웨어 설계에서 자주 등장하는 패턴을 식별하고 분류함으로써, 해당 분야에 공통 어휘와 모범 사례가 빠르게 정착하는 데 기여했다[5].

이러한 패턴은 소프트웨어 개발자의 집단적 경험에서 나타난 것으로, 다양한 프로젝트와 상황에서 효과가 입증된 해결책을 보여준다. 개발자들은 이러한 패턴을 통해 복잡한 설계 아이디어를 효율적으로 포착하고 전달할 수 있으며, 반복되는 문제에 대한 해결책을 새로 만드는 대신 선배들의 지혜를 바탕으로 시스템을 구축할 수 있게 됐다.

디자인 패턴은 처음에 객체 지향 프로그래밍에 중점을 두었으나, 이후 소프트웨어 개발 패러다임과 도메인 전반으로 확장됐다. 소프트웨어 시스템의 복잡성과 규모가 커지면서 디자인 패턴은 더욱 중요해졌고, 이러한 복잡성을 관리하고 더 유지 보수 하기 쉽고 확장 가능하며 견고한 소프트웨어 아키텍처를 구현하는 수단이 됐다.

---

[5] https://books.google.com/books/about/Design_Patterns.html?id=6oHuKQe3TjQC

1.2.2 디자인 패턴의 핵심 원칙

소프트웨어 개발에서 '디자인 패턴'은 가치 있는 여러 핵심 원칙을 제시한다. 첫째, 코드 재사용과 모듈화를 촉진한다. 일반적인 문제에 대한 해결책이 패턴에 캡슐화돼 있어, 개발자들은 코드를 중복하거나 해결책을 새로 고안할 필요 없이 검증된 접근 방식을 취할 수 있다. 이러한 모듈화 덕분에 소프트웨어의 유지보수성도 높아진다. 문제가 생겼을 때 해당 패턴을 적용한 특정 부분만 고치면 다른 부분에 영향을 최소화할 수 있기 때문이다.

둘째, 디자인 패턴은 개발자 사이에서 공통된 어휘가 된다. 용어가 통일되면 개발 팀 내에서는 물론 프로젝트 간 의사소통도 원활해진다. 개발자가 잘 알려진 패턴을 사용해 솔루션을 설명하면, 그 패턴에 익숙한 다른 개발자들은 솔루션의 구조와 작동 방식을 즉시 파악할 수 있다.

셋째, 패턴은 느슨한 결합(loose coupling)과 높은 응집력(high cohesion) 같은 우수한 소프트웨어 설계 원칙을 구체화한다. 이는 개발자들이 구성 요소 간의 관계와 시스템 전체 구조를 고민하도록 유도하며, 보다 신중하고 구조적으로 잘 짜인 솔루션으로 이어진다.

끝으로, 일반적으로 디자인 패턴은 유연하며 적응력이 있다. 디자인 패턴이 제시하는 것은 문제 해결을 위한 일반적인 구조이지 엄격한 처방이 아니다. 개발자는 패턴을 프로젝트의 특정 상황과 요구 사항에 맞게 조정할 수 있으며, 그렇게 해야만 한다. 개발자는 검증된 틀 안에서 창의성을 펼칠 수 있다.

1.3 LLM 개발을 위한 디자인 패턴

지능형 LLM 기반 애플리케이션을 개발할 필요성이 커짐에 따라, 이러한 복잡한 시스템이 제기하는 고유한 문제를 해결하기 위해 특화된 디자인 패턴이 등장하고 있다. 이러한 패턴은 전통적인 소프트웨어 디자인 패턴과 크게 다르며, 데이터 준비 및 모델 훈련에서부터 평가, 배포, 그리고 정교한 애플리케이션 설계에 이르기까지 LLM의 전체 수명 주기에 내재된 측면에 중점을 두고 있다.

이 책은 29가지 실용적인 LLM 디자인 패턴을 2장부터 30장까지에 걸쳐 자세히 탐구한다. 개발자와 연구자는 이러한 디자인 패턴을 사용해 LLM 시스템 구축의 복잡성을 탐색할 수 있다.

- **견고한 데이터 기반 구축하기(2~6장)**: 데이터 정제(2장), 데이터 증강(3장), 대용량 데이터셋 처리(4장), 데이터 버전 관리 구현(5장), 효과적인 데이터셋 주석 보장(6장) 패턴을 숙달해 고품질 모델을 위한 기초를 다진다. 이러한 실천은 입력 품질과 관리 가능성을 향상시켜 모델 성능에 직접적으로 영향을 미친다.

- **훈련 및 모델 효율성 최적화(7~13장)**: 견고한 훈련 파이프라인(7장), 효과적인 하이퍼파라미터 튜닝(8장), 정규화 기법(9장), 신뢰할 수 있는 체크포인팅(10장), 과업 맞춤형 파인튜닝(11장), 모델 프루닝(12장), 양자화(13장)를 통한 효율성 향상 패턴으로 핵심 모델 구축 프로세스를 간소화한다.

- **모델 품질 및 정렬 다루기(14~19장)**: 엄격한 평가 지표(14장)와 교차 검증(15장)을 적용해 모델에 대한 신뢰를 구축하고, 해석 가능성을 향상시키며(16장), 공정성과 편향을 선제적으로 해결하고(17장), 적대적 강건성을 개선하며(18장), 인간 피드백을 통한 강화 학습(RLHF)을 통해 모델을 인간의 선호에 맞게 정렬시킨다(19장).

- **추리 및 문제 해결 능력 향상(20~25장)**: 사고 연쇄(20장), 사고 트리(21장), 추리 및 실행(ReAct) 패턴(22장), 무관찰 추리(23장), 반성 기법(24장), 자동 다단계 추리 및 도구 사용(25장)과 같은 고급 프롬프트 및 추리 전략으로 더 정교한 모델 행동을 구현한다.

- **외부 지식을 RAG와 통합(26~29장)**: 검색 증강 생성(RAG)을 사용해 사실적이고 최신 정보에 근거한 모델 응답을 생성하고(26장), 그래프 기반 RAG(27장) 및 고급 RAG 기술(28장)과 같은 변형을 탐색하며, RAG 시스템의 효과적인 평가 방법을 학습한다(29장).

- **에이전틱 AI 애플리케이션 개발(30장)**: 에이전틱 패턴을 이해하고 구현해, LLM이 계획하고, 도구를 사용하며, 과업을 자율적으로 수행할 수 있는 더 독립적인 애플리케이션을 만드는 방향으로 나아간다.

1.3.1 LLM 디자인 패턴의 이점

LLM 개발의 디자인 패턴을 활용하면 견고한 데이터 기반을 마련하는 것부터 시작해서 여러 면에서 큰 도움이 된다. 데이터 정제는 데이터 품질을 향상시켜 모델 정확도를 높이고 훈련 시간을 줄이며 편향을 완화한다. 데이터 증강은 모델의 강건성과 일반화를 향상시켜 미지의 데이터에서 더 나은 성능을 발휘하게 하며, 대규모 데이터셋을 처리함으로써 복잡한 패턴을 포착하고 모델의 능력을 향상시킬 수 있는 잠재력을 발휘한다. 데이터 버전 관리는 실험과 모델 훈련 실행의 재현성을 가능하게 하며, 데이터셋 주석은 지도학습 과업을 위한 고품질 라벨을 제공해 모델 정확도 와 효율성을 향상시킨다.

또한 훈련 과정과 모델 효율을 최적화하면 상당한 장점이 있다. 견고한 훈련 파이프라인을 구축하면 훈련 과정이 자동화되어 개발 주기가 단축되고 일관된 성능을 확보할 수 있다. 하이퍼파라미터 튜닝을 통해 모델 성능을 최적화하면 정확도와 일반화 성능이 개선되고, 정규화(regularization) 기법을 사용하면 과적합을 방지하며 견고성을 높일 수 있다. 신뢰할 수 있는 체크포인팅을 구현하면 모델 가중치를 저장할 수 있어 실험과 디버깅이 편해진다. 특정 과업에 맞춰 파인튜닝을 수행하면 사전 훈련된 LLM을 최적화해 적은 자원으로도 성능을 향상시킬 수 있다. 모델 프루닝(model pruning)을 적용하면 LLM의 크기와 복잡성이 줄어들어 추론 속도와 배포 효율성이 높아지며, 양자화(quantization)를 통해 모델 크기를 더욱 줄이고 추론 속도를 높이면 에지 디바이스(edge device)에도 배포할 수 있다.

신뢰할 수 있는 LLM을 구축하려면 모델 품질과 정렬에 각별히 신경 써야 한다. 엄격한 평가 지표를 통해 모델 성능을 종합적으로 평가함으로써 합리적인 의사결정을 내릴 수 있다. 교차 검증(cross-validation)을 사용하면 모델 평가의 신뢰성이 높아지고 일반화 성능을 보다 정확하게 추정할 수 있다. 해석 가능성(interpretability)을 높이면 모델의 의사결정 과정이 보다 투명하고 이해하기 쉬워지며, 공정성과 편향 완화로 모델 예측의 편향이 줄어든다. 적대적 강건성(adversarial robustness)을 확보하면 모델이 적대 공격(adversarial attacks)에 더 저항력을 갖게 되어 보안이 개선되고, RLHF를 활용하면 모델의 행동이 인간의 선호와 정렬돼 사용자 만족도와 신뢰가 높아진다.

추론 및 문제 해결 능력을 향상하면 더 정교한 모델 행동을 구현할 수 있다. 사고 연쇄(chain-of-thought)를 활용하면 모델이 복잡한 문제를 분해해 추론 능력과 정확도를 개선할 수 있다. 사고 트리(tree-of-thoughts)는 사고 연쇄를 확장한 방식으로, 모델이 여러 추론 경로를 탐색함으로써 더 복잡한 과제를 해결하는 데 도움이 된다. ReAct 방식에서는 추론과 행동 능력을 통합해 모델이 외부 환경과 상호작용하며 현실 세계의 문제를 해결하도록 한다. 무관찰 추리(Reasoning WithOut Observation, ReWOO)를 적용하면 모델은 명시적인 데이터가 없는 상황에서도 추론 기술을 사용할 수 있으며, 반성 기법을 통해 자신의 추리(reasoning) 과정을 스스로 평가하고 개선할 수 있다. 또한 추리와 도구 사용 과정을 자동화하면 모델의 복잡한 과제 해결 능력을 더욱 높일 수 있다.

끝으로, 외부 지식을 RAG와 통합하면 모델의 지식과 정확성을 높일 수 있다. RAG는 외부 출처에서 관련 정보를 검색해 사전 학습된 지식의 한계를 극복한다. 그래프 기반 RAG는 지식 그래프로 정보를 표현하고 검색해 더 정교한 추론을 수행한다. 고급 RAG 기술은 검색 정보의 품질, 관련성, 정확성을 향상시켜 RAG 시스템을 한층 더 발전시킨다. 또한, 시스템 성능 평가를 통해 지속적인 최적화와 개선이 가능하다. 에이전틱 패턴을 활용하면 계획, 도구 사용, 독립적인 작업 수행이 가능한 자율 AI 에이전트를 만들 수 있어 훨씬 강력하고 다재다능한 애플리케이션 구현이 가능해진다.

표 1.1은 LLM 디자인 패턴의 이점을 요약한 것으로, 범주별로 정리돼 있다.

표 1.1 LLM 디자인 패턴의 이점

범주	디자인 패턴	주요 이점
데이터 기초	데이터 정제(data cleaning)	더 높은 품질의 통찰력, 더 정확한 예측, 더 빠른 모델 반복, 결과에서의 편향 감소
	데이터 증강(data augmentation)	더 신뢰할 수 있고 일반화 가능한 모델, 다양한 상황에서의 성능 향상, 노이즈가 있는 데이터에 대한 더 큰 회복력

범주	디자인 패턴	주요 이점
데이터 기초	대용량 데이터셋 처리(handling large datasets)	더 깊은 통찰력을 추출할 수 있는 능력, 더 높은 성능 잠재력, 더 넓은 응용 범위, 더 견고한 모델
	데이터 버전 관리(data versioning)	결과에 대한 자신감 증가, 디버깅 및 감사 용이, 데이터 손상 위험 감소, 오류로부터의 빠른 복구, 데이터 기반 의사 결정 개선
	데이터셋 주석(dataset annotation)	더 정밀하고 효과적인 모델, 더 빠른 학습 속도, 원하는 결과와의 더 나은 정렬
훈련 및 효율성	견고한 훈련 파이프라인(robust training pipelines)	더 빠른 모델 개발, 더 일관된 결과, 수작업 감소, 더 높은 생산성
	하이퍼파라미터 튜닝(hyperparameter tuning)	최적화된 모델 성능, 더 높은 정확도, 더 빠른 학습 수렴, 더 효율적인 자원 활용
	정규화 기법(regularization techniques)	더 안정적이고 일반화 가능한 모델, 과적합 위험 감소, 미지의 데이터에 대한 성능 향상
	신뢰할 수 있는 체크포인팅(reliable checkpointing)	진행 상황을 잃을 위험 감소, 더 빠른 실험, 개선된 모델 개발 워크플로
	과업 맞춤형 파인튜닝(task-specific fine-tuning)	목표 과업에 대한 성능이 크게 향상, 시장 출시 시간 단축, 자원 사용 효율화
	모델 프루닝(model pruning)	더 빠른 추론 속도, 저장 요구 사항 감소, 낮은 계산 비용, 자원이 제한된 장치에 배포 가능
	양자화(quantization)	모델 크기 축소, 추론 가속화, 메모리 사용량 감소, 에너지 효율성 향상, 더 넓은 배포 가능성
품질 및 정렬	엄격한 평가 지표(rigorous evaluation metrics)	데이터 기반 의사 결정, 개선된 모델 선택, 모델의 강점과 약점에 대한 더 나은 이해
	교차 검증(cross-validation)	더 신뢰할 수 있는 성능 추정, 과적합의 위험 감소, 향상된 모델 일반화
	해석 가능성(interpretability)	모델 예측에 대한 신뢰 증가, 오류 식별 용이, 모델 이해도 향상, 디버깅 및 개선을 촉진
	공정성과 편향 완화(fairness and bias mitigation)	더 공정하고 윤리적인 결과, 차별의 위험 감소, 사용자 신뢰 증가
	적대적 강건성(adversarial robustness)	향상된 보안, 예측 불가능한 환경에서의 개선된 신뢰성, 악의적인 공격에 대한 보호
	인간 피드백을 통한 강화학습 (Reinforcement Learning from Human Feedback, RLHF)	인간의 가치에 맞춘 모델, 향상된 사용자 경험, 안전성과 신뢰성 증가
추리와 문제 해결	사고 연쇄(Chain-of-thought, CoT)	문제 해결 능력 향상, 정확성 개선, 의사 결정 투명성 증가
	사고 트리(Tree-of-thoughts, ToT)	복잡하고 모호한 문제를 처리하는 능력 향상, 더 견고한 해결책

범주	디자인 패턴	주요 이점
추리와 문제 해결	추리 및 실행(Reason and Act, ReAct)	현실 세계의 문제를 효과적으로 해결하는 능력, 적응력 향상, 학습 및 추리 능력 향상
	무관찰 추리(Reasoning WithOut Observation, ReWOO)	데이터가 부족한 환경에서 문제 해결 능력 향상, 불완전한 정보로 의사 결정 능력 개선
	반성 기법(reflection techniques)	더 자기 인식적이고 신뢰할 수 있는 모델, 향상된 정확성, 향상된 학습 및 적응
	자동 다단계 추리(automatic multi-step reasoning)	복잡한 작업을 자율적으로 해결할 수 있는 능력, 효율성 증가, 인간의 개입 필요성 감소
지식 통합	검색 증강 생성(Retrieval-Augmented Generation, RAG)	최신 정보에 대한 접근, 사전 학습된 지식에 대한 의존도 감소, 정확성 및 관련성 향상
	그래프 기반 RAG(graph-based RAG)	더 정교한 추리, 복잡한 지식 영역에서의 향상된 정확성, 관계에 대한 이해 향상
	고급 RAG 기법(advanced RAG techniques)	더 높은 품질과 더 관련성 있는 정보, 결과의 정확성과 신뢰성 향상
	RAG 시스템 평가(evaluating RAG systems)	최적화된 RAG 시스템, 더 큰 사용자 만족도, 더 높은 품질의 결과
에이전틱 AI	에이전틱 패턴(agentic patterns)	자율 시스템을 만들 수 있는 능력, 효율성 증가, 인간의 개입 감소, 새로운 응용을 가능하게 함

1.3.2 LLM에 디자인 패턴을 적용할 때의 도전 과제

LLM 개발에서 디자인 패턴의 장점은 분명하지만, 이를 적용하는 데는 상당한 어려움이 따른다. LLM 시스템의 고유한 특성과 빠른 발전 속도, 그리고 기본 데이터 처리부터 복잡한 에이전트 시스템까지 아우르는 폭넓은 적용 범위 때문에 여러 장애물이 생긴다.

- **급속한 기술 발전**: LLM에 디자인 패턴을 적용할 때 가장 힘든 점은 LLM 분야의 무서운 발전 속도를 따라가는 것이다. 새로운 모델 아키텍처, 훈련 방법론, 정교한 프롬프팅 전략, 지식 검색 기법, 에이전트 프레임워크가 계속해서 등장하고 있다. 이처럼 변화가 빠른 환경에서는, 최근에 확립된 훈련 최적화나 추론 향상 패턴조차도 자주 수정이 필요하며, 그대로 두면 금세 효율이 떨어질 수 있다. 개발자는 체계적인 데이터 관리와 같은 안정적인 관행을 지키는 동시에, 새로운 혁신을 민첩하게 받아들이는 유연한 사고방식을 갖춰야 한다.

- **복잡성, 규모, 예측 불가능성**: LLM은 본질적으로 복잡하고, 대규모로 운영되며, 비결정적 행동을 보인다. 이로 인해 다양한 패턴 전반에서 여러 도전 과제가 발생한다.
  - **데이터 및 훈련**: 거대한 데이터를 다루고, 훈련 과정을 체계적으로 설계하며, 하이퍼파라미터를 제대로 조정하는 방법론을 도입하려면 엄청난 컴퓨팅 파워와 대용량 데이터 처리 능력이 뒷받침되어야 한다.

- **행동 제어**: LLM의 확률적 특성상 공정성, 편향, 적대적 강건성, 단계별 추론 및 행동을 위한 고급 기법 등 원하는 결과를 보장하는 패턴을 적용하는 과정이 복잡하다. 전통적인 소프트웨어에 비해 일관되고 예측 가능한 행동을 구현하기가 훨씬 어렵다.
- **오류 처리 및 디버깅**: 다단계 추론 연쇄나 자율 에이전트 행동과 같은 복잡한 패턴을 사용할 때, 모델의 불투명한 특성 때문에 실패 지점을 정확히 찾아내기가 매우 어려울 수 있다.

■ **평가의 어려움**: 많은 LLM 디자인 패턴의 효과를 측정하는 일은 여전히 큰 도전 과제다. 평가 지표나 검증 절차를 정의하는 패턴은 존재하지만, 생성된 추론 경로의 품질이나 RAG 시스템에서 검색한 컨텍스트의 실제 유용성, 에이전트가 과제를 얼마나 견고하게 수행하는지를 평가하려면 표준 벤치마크만으로는 부족하다. 이러한 고급 패턴을 신뢰성 있고 포괄적으로 평가하기 위한 전략을 개발하려는 노력은 계속되고 있다.

■ **비용 및 자원 제약**: 많은 LLM 패턴을 구현하는 것은 다양한 방식으로 자원을 많이 소모할 수 있다.
- **데이터 비용**: 철저한 데이터 주석 및 준비는 비용이 많이 들고 시간이 많이 걸릴 수 있다.
- **비용 계산**: 핵심 모델을 훈련하거나, 광범위하게 파인튜닝하고, 대규모로 하이퍼파라미터를 탐색하며, 복잡한 검색 증강 시스템이나 에이전트 시스템에서 추론을 실행하려면 상당한 계산 능력이 필요하다.
- **최적화 트레이드오프**: 프루닝이나 양자화 같은 모델 최적화 패턴을 사용하면 비용을 줄일 수 있지만, 그 자체로 복잡성을 가지며 성능과의 절충이 필요하다. 예산이 제한된 팀은 비용 문제로 인해 특정 패턴을 실제로 적용하기 어려울 수 있다.

■ **LLM 개발의 다학제적 특성**: LLM 시스템을 제대로 만들려면 소프트웨어 엔지니어부터 ML 연구원, 데이터 과학자, 프롬프트 엔지니어, 도메인 전문가, 윤리학자까지 서로 다른 배경을 가진 전문가들이 함께 일해야 한다. 문제는 이들 모두가 동일한 패턴을 같은 방식으로 이해하고 적용하도록 만드는 것이다. 예를 들어, 데이터를 어떻게 관리할지, 평가 결과를 어떻게 해석할지, 공정성을 위한 패턴이 실제로 무엇을 의미하는지에 대해 모든 팀원이 같은 생각을 갖도록 하려면 꾸준한 소통과 의식적인 노력이 필요하다.

1.4 요약

이 장에서는 LLM에 대한 기초를 이해하고 LLM 개발에서 디자인 패턴이 어떤 역할을 하는지 알아봤다. 초기 통계적 접근법에서 오늘날의 트랜스포머 아키텍처 기반 LLM으로 발전한 과정을 돌이켜 보았으며, 셀프 어텐션 메커니즘, 규모와 계산 자원의 중요성, 퓨샷 학습, 언어 이해 및 생성 능력, 다국어 능력과 같은 주요 특징을 강조했다.

그다음에는 소프트웨어 엔지니어링에서 이미 확립된 디자인 패턴의 역할과 비교하면서 LLM 개발에서도 디자인 패턴이 왜 중요한지 살펴봤다. 데이터 품질 개선, 훈련 최적화, 모델 품질 및 정렬 문제 해결, 추론 능력 향상, RAG를 통한 외부 지식 통합, 에이전트 애플리케이션 개발 등을 위한 체계적인 접근 방식을 제시하며 LLM 개발에 디자인 패턴을 적용할 때의 장점들을 강조했다. 그리고 이 책에서 다룰 29개 패턴과 각각이 LLM 생명주기의 어느 단계에 초점을 맞추는지 개괄적으로 설명했다.

끝으로 LLM에 디자인 패턴을 적용함에 있어, LLM 분야의 빠른 기술 발전, 복잡성과 규모, 평가의 어려움, 비용 제약, 다학제적 특성에서 비롯되는 고충을 짚어봤다.

이 책의 나머지 장들에서는 LLM 개발의 전 과정에 걸쳐 디자인 패턴을 차근차근 안내할 예정이다. 먼저 견고한 데이터 기반 구축(2~6장)과 모델 훈련 최적화(7~13장)부터 시작한다. 그다음에는 모델 품질, 정렬, 견고성 확보(14~19장)에 집중하고, 고급 추리 및 문제 해결 능력(20~25장)을 탐구한다. 마지막으로는 RAG를 통한 외부 지식 통합(26~29장)과 에이전틱 AI로 보는 LLM의 미래(30장)를 다루면서, 지능형 애플리케이션을 만드는 데 필요한 종합적인 도구 모음을 제공한다.

2장

LLM 훈련 데이터 정제

이 장에서는 **데이터 정제** 패턴을 LLM 훈련을 위해 살펴볼 것이다.

잘 정제된 고품질 데이터는 견고하고 신뢰할 수 있는 언어 모델의 기초다. 이번 장에서는 일반적인 데이터 품질 문제, 전처리 기법, 다양한 데이터 유형을 처리하는 전략을 탐구할 것이다. 그림 2.1은 언어 모델을 훈련하기 전에 원시 텍스트 데이터를 처리하기 위해 특별히 설계된 데이터 정제 파이프라인을 보여준다.

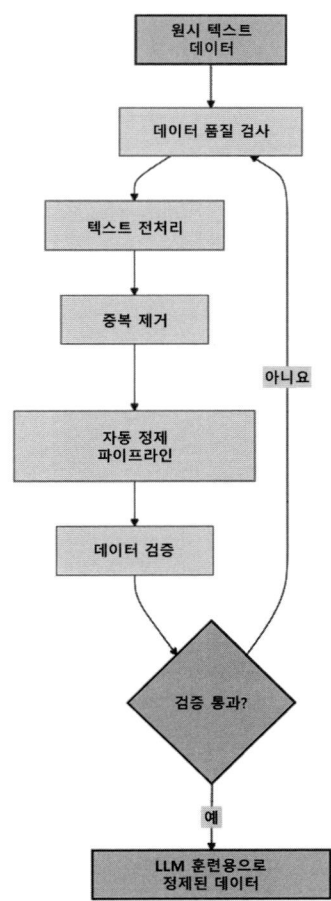

그림 2.1 데이터 정제 파이프라인

이 과정은 원시 데이터가 적합한지 평가하는 초기 데이터 품질 검사로 시작한다. 이후 데이터셋을 정제하고 간소화하기 위해 텍스트 전처리와 중복 제거 단계를 적용한다. 어느 시점에서든 데이터가 요구 기준을 충족하지 못하면 추가 처리를 위해 자동 데이터 정제 파이프라인으로 다시 보낸다. 이 단계를 성공적으로 마치면 데이터셋의 완전성과 훈련 기준 충족 여부를 확인하는 데이터 검증을 진행한다. 검증을 통과한 데이터는 깨끗한 데이터로 표시되어 언어 모델 훈련에 사용할 준비가 완료되며, 효과적인 모델 개발을 위한 고품질 입력을 보장한다.

이 장을 마치면 LLM 훈련용 데이터를 정제하는 실용적인 도구와 기법을 갖추게 된다.

이 장에서는 다음 주제를 다룬다.

- 데이터 정제의 중요성
- 언어 데이터셋에서 일반적으로 나타나는 데이터 품질 문제
- LLM을 위한 텍스트 전처리 기법
- 다국어 및 혼합 코드 데이터 처리하기
- 대규모 텍스트 말뭉치의 중복 제거 전략
- 자동화된 데이터 정제 파이프라인
- 데이터 검증 및 품질 보증

2.1 데이터 정제의 중요성

LLM을 훈련하는 데 사용되는 데이터의 품질은 모델의 성능과 신뢰성에 직접적인 영향을 미친다. 노이즈가 많거나 일관성이 부족한 데이터를 사용하면, 모델이 학습하는 표현과 생성 결과에 편향, 오류, 불일치가 생길 위험이 있다.

데이터 품질이 LLM 성능에 미치는 영향을 설명하기 위해, 간단한 파이썬 스크립트를 사용해 정제된 데이터와 노이즈가 있는 데이터로 훈련된 모델의 당혹도 점수를 비교해 보겠다.

1. 먼저, 필요한 패키지를 설치하고 임포트한다.

```
pip install torch
pip install transformers
```

```
import torch
from transformers import GPT2LMHeadModel, GPT2Tokenizer
```

파이토치(torch)는 동적 계산 그래프, GPU 가속, 폭넓은 신경망 구축 요소를 지원하는 강력한 딥러닝 프레임워크로, 머신러닝 연구 및 개발에 인기가 많다. 허깅 페이스에서 개발한 transformers 패키지는 사전 훈련된 트랜스포머 모델(예: BERT, GPT, T5)과 자연어 처리 과업을 위한 도구를 통해 파이토치를 보완한다. 이 두 패키지는 강력한 생태계를 이루는데, torch는 기본적인 딥러닝 작업, 텐서 계산, 자동 미분 기능을 담당하고, transformers는 토큰화, 모델 파인튜닝, 추론(inference) 등 최신 언어 모델을 다루기 위한 고수준의 추상화를 지원한다.

2. 그런 다음, 함수의 첫부분을 정의한다.

```
def calculate_perplexity(model, tokenizer, text):
    inputs = tokenizer(text, return_tensors="pt")
    with torch.no_grad():
        outputs = model(inputs, labels=inputs["input_ids"])
    return torch.exp(outputs.loss).item()

model = GPT4LMHeadModel.from_pretrained("GPT4")
tokenizer = GPT4Tokenizer.from_pretrained("GPT4")
```

calculate_perplexity 함수는 지정된 토크나이저를 사용해 입력 텍스트를 파이토치 텐서로 토큰화한다. 그런 다음 토큰화된 입력을 모델에 전달하며, input_ids를 라벨로도 사용해 모델이 예측 오류를 나타내는 손실을 계산할 수 있게 한다. 이 손실값에 지수 함수를 적용해 스칼라 형식의 당혹도 점수를 구한 뒤 파이썬 float 타입으로 반환한다.[1]

코드의 두 번째 부분은 GPT4LMHeadModel.from_pretrained("GPT4") 및 GPT4Tokenizer.from_pretrained("GPT4")를 사용해 언어 모델과 토크나이저를 초기화한다. 이는 "GPT4"라는 식별자가 지정된 사전 훈련된 소스에서 해당 모델과 토크나이저의 가중치를 불러오는 방식이다.[2]

당혹도

당혹도(perplexity)는 언어 모델을 평가하는 데 사용되는 척도다. 이는 확률 모델이 샘플을 얼마나 잘 예측하는지를 수치화한다.

당혹도가 낮을수록 모델은 예측에 더 자신감을 가지고 텍스트가 더 그럴듯하거나 '정상'이라고 간주한다. 반대로 당혹도가 높으면 모델은 텍스트가 더 놀랍거나 이상하다고 여긴다.

---

[1] (옮긴이) calculate_perplexity 함수 내의 outputs = model(inputs, ...)는 KeyError 및 AttributeError를 일으킨다. 이를 방지하려면 tokenizer의 반환값에 맞춰 언패킹하도록 outputs = model(**inputs, ...)와 같이 수정한다.

[2] (옮긴이) NameError 및 HTTPError가 나지 않게 하려면 코드를 다음과 같이 수정해 모델과 토크나이저를 앞서 임포트한 것과 통일한다.

```
model = GPT2LMHeadModel.from_pretrained("GPT2")
tokenizer = GPT2Tokenizer.from_pretrained("GPT2")
```

3. 예시 텍스트를 보자.

   ```
   clean_text = "The quick brown fox jumps over the lazy dog."
   noisy_text = "Th3 qu1ck br0wn f0x jumps 0ver th3 l@zy d0g."
   ```

   문자열 변수 clean_text와 noisy_text를 정의했다. clean_text는 표준 영어 문장을 담고 있으며, noisy_text는 동일한 문장에서 일부 문자를 의도적으로 치환해 노이즈가 포함된 손상된 형태로 만들었다. 이 두 문자열은 언어 모델의 당혹도를 평가하는 데 쓰일 것이다. clean_text를 이상적인 텍스트 예측의 기준으로 삼고, noisy_text는 실제 데이터가 손상된 상황을 나타내며 모델의 강건성을 측정하는 데 사용된다. 두 모델의 당혹도 점수를 비교함으로써, 모델이 노이즈가 있는 입력을 얼마나 잘 처리하는지, 그리고 형식이 완벽하지 않은 텍스트가 사용되는 환경에서도 잘 작동할 수 있는지를 평가할 수 있다.

4. 이제 당혹도를 계산해 결과를 출력한다.

   ```
   clean_perplexity = calculate_perplexity(model, tokenizer, clean_text)
   noisy_perplexity = calculate_perplexity(model, tokenizer, noisy_text)

   print(f"깨끗한 텍스트 당혹도: {clean_perplexity:.2f}")
   print(f"노이즈 텍스트 당혹도: {noisy_perplexity:.2f}")
   ```

이 스크립트는 입력 데이터에 노이즈가 조금만 있어도 모델의 당혹도에 상당한 영향을 미칠 수 있음을 보여준다.

당혹도 점수는 교차 엔트로피 손실의 지수 함수로 계산된다. 이 예제에서는 `torch.exp(outputs.loss).item()`을 사용해 계산한다.

다음과 같은 결과가 나올 수 있다.

- **깨끗한 텍스트 당혹도**: 깨끗한 텍스트 The quick brown fox jumps over the lazy dog는 일반적이고 문법적으로 올바른 영어 문장이다. 깨끗한 텍스트의 당혹도는 예를 들어 10.25일 수 있다.
- **노이즈 텍스트 당혹도**: 노이즈 텍스트 Th3 qu1ck br0wn f0x jumps 0ver th3 l@zy d0g는 숫자와 기호가 문자 대신 포함돼 있어, 일반적이지 않고 모델이 예측하기 더 어렵다. 노이즈 텍스트 당혹도는 52.87과 같이 나올 것이다.

정확한 수치는 사용된 특정 모델과 토크나이저에 따라 다르지만, 노이즈가 있는 텍스트는 깨끗한 텍스트보다 일관되게 더 높은 당혹도 점수를 보일 것이다.

점수 차이를 보면, 모델이 일반적이고 예측하기 쉬운 텍스트와 비정상적이고 예측하기 어려운 텍스트를 구별할 수 있음을 알 수 있다. 이러한 특성은 기계 생성(machine-generated) 또는 변조된 텍스트를 감지하는 데 유용하며, 실제로 그런 텍스트는 사람이 작성한 글보다 당혹도 점수가 더 높은 경향이 있다.

2.2 언어 데이터셋에서 일반적으로 나타나는 데이터 품질 문제

언어 데이터셋에는 갖가지 품질 문제가 있는 경우가 많으며, 이는 LLM 훈련에 부정적인 영향을 준다.

- 철자나 문법에 오류가 있으면 학습된 표현에 노이즈가 끼거나 일관성이 떨어질 수 있다.
- 형식이 일관되지 않으면 모델이 불필요하게 복잡한 패턴을 학습하게 된다.
- 중복된 데이터가 포함되면 모델이 특정 패턴이나 그 안에 포함된 편향에 과적합될 수 있다.
- 관련성이 떨어지거나 저품질인 콘텐츠가 포함되면, 데이터셋에 담긴 유용한 정보의 효과가 약해질 수 있다.
- 불완전한 문장을 학습할 경우, 모델이 언어 구조를 올바르게 익히기 어렵다.
- 코드 스위칭(code-switching)과 혼합 언어(mixed languages)는 특정 언어들에 맞춰 학습된 모델의 성능을 떨어뜨릴 수 있다.
- **개인 식별 정보**(personally identifiable information, PII)가 모델 학습에 포함될 경우, 프라이버시 문제가 생길 수 있고, 모델이 민감한 정보를 암기할 가능성도 있다.

이러한 문제를 감지하기 위해 다양한 파이썬 라이브러리와 기술을 사용할 수 있다. 다음은 기본 텍스트 품질 검사를 위해 spaCy를 사용하는 예다.

1. 필요한 패키지를 임포트하고 모델을 로드하고 함수를 정의한다.

```python
import spacy
from collections import Counter

# spaCy 모델 로드
nlp = spacy.load("en_core_web_sm")

def analyze_text_quality(text):
    doc = nlp(text)
```

2. 철자 오류를 확인한다(spaCy에 내장된 철자 검사기를 사용)[3].

    ```
    misspelled = [token.text for token in doc if token._.is_misspelled]
    ```

3. 문법적 문제를 확인한다(품사 태그를 사용하는 단순한 접근법).

    ```
    pos_counts = Counter(token.pos_ for token in doc)
        grammar_score = pos_counts['NOUN'] + pos_counts['VERB'] + pos_counts['ADJ'] + pos_counts['ADV']
    ```

    문장에서 각 단어의 문법적 역할을 나타내기 위해 **품사**(parts of speech, POS) 태그가 할당된다. 이러한 태그를 활용하면 시스템이 문장의 구문 구조를 더 잘 이해할 수 있으며, 이는 구문 분석, 기계 번역, 감정 분석, 정보 추출 등의 과업에 활용된다. 각 태그는 명사, 동사, 형용사 같은 품사에 대응하며, 시제, 수, 기능 등을 보다 세밀하게 구분하는 경우도 있다.

4. 문장의 완전성을 확인한다.

    ```
    incomplete_sentences = [sent.text for sent in doc.sents if len(sent) < 3]

    return {
        "misspelled_words": misspelled,
        "grammar_score": grammar_score,
        "incomplete_sentences": incomplete_sentences
    }
    ```

5. 다음과 같이 사용한다.

    ```
    text = "This iz a smple txt with sum issues. Incomplet"
    quality_report = analyze_text_quality(text)
    print(quality_report)
    ```

이 5단계 스크립트는 일반적인 텍스트 품질 문제를 식별하기 위한 기본 프레임워크를 보여준다. 그 밖의 품질 문제는 다음 절에서 다룬다.

---

[3] (옮긴이) 원문에서는 token._.is_misspelled 속성을 사용하는데, spaCy에는 기본 철자 검사기가 없어 오류가 발생한다. 따라서 pyspellchecker 같은 외부 라이브러리와 연동해 철자 검사를 구현해야 한다.

2.3 LLM을 위한 텍스트 전처리 기법

효과적인 텍스트 전처리는 LLM 훈련 데이터를 준비할 때 매우 중요하다. 이 과정에서는 텍스트를 소문자로 바꾸고, 구두점과 특수 문자를 처리하며, 화이트스페이스와 숫자를 정규화하고, 축약어를 확장하거나 토큰화를 수행하는 등 다양한 기법을 쓴다. 특히 **토큰화**(tokenization)는 텍스트를 더 작은 단위로 나누어 분석이나 처리에 적합하게 만드는 절차다. 토큰은 자연어 처리에서 의미 있는 최소 단위로, 단어일 수도 있지만 토큰화 전략에 따라 구두점, 숫자, 기타 요소까지 포함할 수 있다.

또한, **서브워드 토큰화**(subword tokenization)는 단어를 더 작은 의미 단위(서브워드)로 나눔으로써 자연어 처리 과업에서 희귀 단어, 복합 단어, 형태론적 변형을 효율적으로 다루는 고급 텍스트 처리 기법이다. 전통적인 단어 수준의 토큰화와 달리, 서브워드 토큰화를 사용하면 자주 쓰이는 접두사, 접미사, 어근을 식별할 수 있어, 모델이 익숙한 구성 요소를 인식함으로써 처음 보는 단어도 이해하고 처리할 수 있다.

예를 들어, 'unbelievably'라는 단어를 생각해 보자. 전통적인 단어 수준 토큰화는 이 단어를 단일 토큰으로 취급하므로 모델이 이것을 처음 본다면 올바르게 해석하는 데 어려움을 겪을 수 있다. 반면, 서브워드 토큰화는 'unbelievably'를 'un', 'believ', 'ably'와 같은 더 작은 성분들로 나눈다. 이러한 서브워드는 'unlikely'의 'un-', 'believe'의 'believ', 'capably'의 'ably'와 같이 다양한 맥락에서 나타날 확률이 높기 때문에, 모델은 'unbelievably'라는 단어를 처음 보더라도 그 의미를 유추할 수 있다. 이러한 분해는 일반화를 향상시키고, 어휘 크기를 줄이며, 드물거나 형태론적으로 복잡한 단어를 처리하는 모델의 능력을 개선한다.

인기 있는 서브워드 토큰화 알고리즘에는 **바이트 페어 인코딩**(byte pair encoding, **BPE**), WordPiece, SentencePiece 등이 있으며, 이들은 훈련 말뭉치에서 자주 등장하는 문자열 패턴을 식별하고 서브워드 토큰의 어휘를 생성하는 방법을 학습한다. 이러한 서브워드 토큰화 접근법은 특히 형태론적으로 풍부한 언어[4]를 처리하고, 어휘 크기를 줄이면서 의미를 유지하는 데 유용하다. 그 결과, Gemini, Claude, GPT 및 기타 트랜스포머 기반 아키텍처와 같은 현대 언어 모델의 핵심 기법으로 자리 잡았다.

지금까지 설명한 여러 접근법을 활용해 텍스트 데이터를 정제하고 표준화할 수 있으며, 노이즈를 줄이고 모델의 일반화 능력을 향상시킬 수 있다. 다음은 이러한 전처리 기법을 보여주는 파이썬 스크립트다.

---

[4] (옮긴이) 형태론적으로 풍부한 언어(morphologically rich languages)란 단어가 격·성·수·시제 등에 따라 다양한 형태 변화(활용)를 가지는 언어를 말한다. 핀란드어, 터키어, 아랍어, 러시아어 등이 대표적이며, 한국어나 일본어도 영어보다 형태 변화가 많은 편이다.

1. 먼저, 필요한 파이썬 패키지를 임포트한다.[5]

```python
import unicodedata
import re
from nltk.tokenize import word_tokenize
from nltk.corpus import stopwords
import nltk

# 필요한 NLTK 데이터 다운로드
nltk.download('punkt')
nltk.download('stopwords')
```

2. 그런 다음, 전체 전처리 함수를 정의한다.

```python
def preprocess_text(text):
    # 텍스트를 소문자화
    text = text.lower()

    # 유니코드 캐릭터 정규화
    text = unicodedata.normalize(
        'NFKD', text
    ).encode('ascii', 'ignore').decode('utf-8')

    # 구두점 제거
    text = re.sub(r'[^\w\s]', '', text)

    # 화이트스페이스 정규화
    text = ' '.join(text.split())

    # 토큰화
    tokens = word_tokenize(text)
```

3. 불용어(불용어는 'the', 'is', 'at'과 같은 일반적인 단어로, 텍스트 처리에서 자주 제거된다. 이들은 의미론적 의미를 거의 가지지 않는다).

```python
stop_words = set(stopwords.words('english'))
tokens = [token for token in tokens if token not in stop_words]
```

---

[5] (옮긴이) 최근 NLTK 버전에서는 nltk.download('punkt_tab')을 추가해야 오류 없이 실행된다.

```
    # 토큰을 다시 텍스트로 결합
    preprocessed_text = ' '.join(tokens)

    return preprocessed_text
```

4. 다음과 같이 사용한다.

```
raw_text = "This is an EXAMPLE of text preprocessing... It's quite useful!"
cleaned_text = preprocess_text(raw_text)
print(f"원문: {raw_text}")
print(f"전처리 결과: {cleaned_text}")
```

이 스크립트는 기본적인 텍스트 전처리 기법을 보여준다. LLM 훈련에서는 모델과 데이터셋의 요구 사항에 맞게 적절히 조정해 적용한다.

2.4 다국어 및 부호혼용 데이터 처리

LLM이 다루는 데이터에는 문장이나 대화에서 다국어 및 부호혼용[6]이 종종 나타난다. 이런 경우, LLM은 여러 언어에 걸쳐 언어적 뉘앙스, 문법, 의미적 연결을 해석해야 하는 도전에 직면한다. 부호혼용 데이터를 처리하려면, LLM은 언어 전환과 어휘 및 구문 변형을 익히고 일관된 응답을 생성할 수 있어야 하며, 이를 위해서는 강력한 언어 모델링 능력과 충분한 다국어 훈련 데이터가 뒷받침돼야 한다.

이러한 시나리오에 효과적으로 대응하려면 별도의 전략이 필요하다. 다음에 소개하는 단계들은 더 깨끗하고 일관된 훈련 데이터를 생성함으로써 LLM이 다양한 언어와 혼합 언어 상황에서 텍스트를 더 잘 이해하고 처리하도록 돕는다. 이는 실제 애플리케이션에서 흔히 겪는 언어 혼합을 효과적으로 다뤄 전반적인 성능 향상으로 이어진다.

다국어 데이터의 경우, 다음 과업이 매우 중요하다.

- **언어 식별**: 각 텍스트 샘플의 주요 언어를 감지
- **스크립트 정규화**: 텍스트를 일관적 스크립트로 변환(예: 음역)
- **언어별 전처리**: 언어별 토큰화 및 정규화를 적용

---

[6] (옮긴이) 대화에서 두 언어를 교체해 사용하는 행위를 부호전환(code-switching)이라 하고, 문장 내에서 언어 요소가 동시에 섞여 나타나는 현상을 부호혼용(code-mixing)이라 한다.

한편, 부호혼용 데이터에 대해 다음 단계를 수행해야 한다.

- **토큰 수준 언어 식별**: 개별 토큰의 언어를 식별
- **일관성 강제**: 부호전환 패턴의 일관적 처리를 보장

다음은 언어 감지 및 스크립트 정규화를 보여주는 파이썬 스크립트다.

1. 임포트와 전체 함수 정의[7]:

```python
from langdetect import detect
from unidecode import unidecode
from nltk import word_tokenize
import nltk

# 필요한 NLTK 데이터를 다운로드
nltk.download('punkt')

def handle_multilingual_text(text):
    # 언어 감지
    try:
        lang = detect(text)
    except:
        lang = 'unknown'

    # 비ASCII 캐릭터를 음역
    transliterated_text = unidecode(text)
```

2. 토큰화(간단함을 위해 NLTK를 사용하되, 언어별 토크나이저를 고려):

```python
    tokens = word_tokenize(transliterated_text)

    return {
        'original': text,
        'language': lang,
        'transliterated': transliterated_text,
        'tokens': tokens
    }
```

---

[7] (옮긴이) langdetect와 unidecode 패키지를 설치하자.

3. 다음과 같이 사용할 수 있다.

```
texts = [
    "This is English text.",
    "Dies ist deutscher Text.",
    "これは日本語のテキストです。",
    "This is mixed language text avec un peu de français."
]

for text in texts:
    result = handle_multilingual_text(text)
    print(f"원문: {result['original']}")
    print(f"언어: {result['language']}")
    print(f"음역: {result['transliterated']}")
    print(f"토큰: {result['tokens']}\n")
```

이 코드는 영어, 독일어, 일본어, 부호혼용 예시가 담긴 다국어 문자열 목록을 순회한다. 그리고 목록의 각 문자열에 대해 handle_multilingual_text 함수(다른 곳에 정의된 것으로 가정)를 호출해 텍스트를 처리한다. 이 함수는 원본 텍스트, 감지된 언어, 음역된 텍스트(해당되는 경우), 토큰화된 단어가 담긴 딕셔너리를 반환하며, 이 결과는 콘솔에 출력된다.

앞의 세 코드 블록을 함께 사용해 다국어 텍스트를 처리하기 위한 기본 프레임워크를 구성한다. 더 고급 시나리오의 경우, Polyglot과 같은 전문 라이브러리를 사용해 언어별 처리 및 여러 언어가 동일한 대화에서 사용될 때 부호혼용 분석을 수행한다[8].

예를 들어, Polyglot은 언어 감지, 명명된 개체 인식, 감정 분석, 그리고 여러 언어에 걸친 음역 기능을 내장하고 있으며, 더 큰 다국어 프레임워크에 비해 상대적으로 자원 사용량이 적다. 또한 Polyglot은 언어마다 다른 도구를 따로 설치하고 관리하는 번거로움 없이 하나의 통일된 인터페이스로 여러 언어를 처리할 수 있고, 이미 학습된 모델까지 함께 포함돼 있어 다국어 텍스트를 다루는 프로젝트에 사용하기 편리하다.

---

[8] https://dl.acm.org/doi/10.1145/3544548.3581445

2.5 대규모 텍스트 말뭉치의 중복 제거 전략

중복 제거는 대규모 텍스트 말뭉치를 LLM 훈련을 위해 준비하는 데 중요한 단계다. 훈련 데이터에 중복 콘텐츠가 포함되면 모델에 편향이 생기고 계산 자원이 낭비될 수 있다. 중복을 효율적으로 식별하고 제거하기 위해 다양한 전략을 사용한다.

- **정확한 일치 중복 제거**: 동일한 텍스트 샘플을 제거한다.
- **근사 중복 탐지**(near-duplicate detection): 매우 유사한 텍스트 샘플을 식별하고 제거한다.
- **싱글링**(shingling): 비교를 위해 겹치는 짧은 단어 시퀀스를 만든다.
- **지역 민감 해싱**(Locality Sensitive Hashing, LSH): 대규모 데이터셋에서 유사한 항목을 효율적으로 찾는다.

각 전략의 예를 살펴보자.

2.5.1 정확한 일치 중복 제거

시나리오: 고객 주소 목록이 있다.

- **데이터**:
  - "123 Main St, Anytown, CA 91234"
  - "456 Oak Ave, Somecity, NY 56789"
  - "123 Main St, Anytown, CA 91234"
- **결과**: 세 번째 항목, "123 Main St, Anytown, CA 91234"는 첫 번째 항목과 정확한 중복(exact duplicate)이므로 제거된다.
- **잔여 데이터**:
  - "123 Main St, Anytown, CA 91234"
  - "456 Oak Ave, Somecity, NY 56789"

2.5.2 근사 중복 탐지

시나리오: 뉴스 기사 모음집이 있다.

- **데이터**:
  - 기사 1: "회사는 분기 이익이 크게 늘었다고 보고했다."
  - 기사 2: "분기별 수익이 크게 증가했다고 회사가 보고하다."
- **결과**: 근사 중복 탐지(near-duplication detection) 알고리즘은 이 기사들이 일부 표현은 다르지만 내용 면에서 매우 유사하다고 판단한다. 유사성 임곗값에 따라 기사 중 하나가 제거된다.
- **잔여 데이터**: "회사는 분기 이익이 크게 늘었다고 보고했다."

2.5.3 싱글링

시나리오: 텍스트 문서의 유사성을 비교하고 싶다.

- **데이터**:
  - 문서 1: "The quick brown fox jumps over the lazy dog."(갈색 여우가 게으른 개를 뛰어넘는다)
  - k=3 단어 싱글.
- **결과**: 생성된 싱글(shingles)은 다음과 같다.
  - "The quick brown"
  - "quick brown fox"
  - "brown fox jumps"
  - "fox jumps over"
  - "jumps over the"
  - "over the lazy"
  - "the lazy dog"

문서는 이와 같은 싱글들의 집합으로 표현된다. 다른 문서에 대해서도 싱글 집합을 만들어, 집합 간에 비교할 수 있다.

2.5.4 지역 민감 해싱(LSH)

시나리오: 매우 큰 온라인 제품 설명 데이터베이스가 있다.

- **과정**:
  - LSH는 제품 설명을 해시하는 데 사용된다.
  - 유사한 제품 설명은 같은 '버킷(bucket)'으로 해시될 가능성이 더 높다.
  - 같은 버킷 내의 설명을 자세히 비교해 근사 중복(near duplicates)을 찾는다.
- **결과**: 모든 제품 설명을 서로 비교하는 대신, LSH는 같은 버킷 내의 설명들로만 비교를 좁혀 근사 중복 항목을 찾음으로써 효율성을 크게 높인다.

> **참고**
>
> 중복 제거는 연산량이 많은 작업이고, 말뭉치 데이터가 늘어날수록 중복 제거 처리가 더욱 어려워진다. 이런 문제를 해결하기 위해 민해싱이나 병렬 처리 같은 기법을 활용할 수 있다.
>
> 민해싱(minhashing)은 더 작고 관리하기 쉬운 표현을 사용함으로써 문서 간의 유사성을 효율적으로 근사하고 계산 부하를 줄인다. 병렬 처리를 활용하면 중복 제거 작업을 여러 프로세서 혹은 머신에 분산해 비교를 동시에 수행할 수 있다. 그 결과 전체 과정이 크게 빨라지고 대규모 말뭉치에서도 효과적으로 중복을 제거할 수 있게 된다.

다음은 기본적인 중복 제거 기술을 시연하는 파이썬 스크립트다.

1. 임포트와 함수 정의 앞부분이다.

```
from sklearn.feature_extraction.text import TfidfVectorizer
from sklearn.metrics.pairwise import cosine_similarity

def deduplicate_corpus(corpus, similarity_threshold=0.9):
    # TF-IDF 벡터화기를 생성
    vectorizer = TfidfVectorizer()
    tfidf_matrix = vectorizer.fit_transform(corpus)
    # 쌍별 유사도 계산
    similarity_matrix = cosine_similarity(tfidf_matrix)
```

사이킷런(scikit-learn)의 `TfidfVectorizer`를 사용해 텍스트 말뭉치를 각 문서에서 단어의 중요성을 나타내는 TF-IDF(term frequency-inverse document frequency) 행렬로 변환한다. `cosine_similarity`로 말뭉치 내 모든 문서 간에 쌍별 유사도를 계산해 유사도 점수 행렬을 만든다. 지정된 임곗값을 기준으로 근사 중복 텍스트를 식별하는 데 이 행렬을 사용할 수 있다.

2. 중복 항목을 찾는다.

```
duplicates = set()
for i in range(len(corpus)):
    for j in range(i + 1, len(corpus)):
        if similarity_matrix[i, j] > similarity_threshold:
            duplicates.add(j)
```

3. 중복 제거된 말뭉치를 생성한다.

```
deduplicated_corpus = [doc for i, doc in enumerate(corpus) if i not in duplicates]

return deduplicated_corpus
```

4. 이렇게 사용한다.

```
corpus = [
    "The quick brown fox jumps over the lazy dog.",
    "A fast auburn fox leaps above the sleepy canine.",
    "The quick brown fox jumps over the lazy dog.",
    "An entirely different sentence about cats.",
]

deduplicated = deduplicate_corpus(corpus)
print(f"원래 말뭉치 크기: {len(corpus)}")
print(f"중복 제거된 말뭉치 크기: {len(deduplicated)}")
print("중복 제거된 말뭉치:")
for doc in deduplicated:
    print(f"- {doc}")
```

이 스크립트는 TF-IDF와 **코사인 유사도**(cosine similarity)를 사용한 기본적인 근사 중복 탐지법을 보여준다. TF-IDF는 컬렉션 내 문서들에서 단어들의 중요도를 반영하는 통계 수치다. 이는 문서 내에서 단어가 얼마나 자주 나타나는지(TF)와 모든 문서를 통틀어 그것이 얼마나 독특한지(IDF)를 결합한다. TF-IDF는 텍스트를 수치 벡터로 변환해 문서 간의 수학적 비교를 가능하게 하며, 이는 중복 제거 과정에서 사용되는 유사도 계산에 필수적이다. 대규모 중복 제거를 위해서는 더 효율적인 알고리즘과 분산 컴퓨팅 기술을 사용할 것이다.

유사도 임계치(`similarity_threshold`)는 문서가 어느 정도로 비슷해야 중복으로 간주할지를 결정하며, 기본값은 `0.9`, 즉 90%의 유사성이다. 이 값은 사용 사례에 맞게 조정할 수 있다. 임계치를 높이면

(예: 0.95에서 최대 1) 더 엄격해져서 오탐이 줄고, 임계치를 낮추면(예: 최소 0에서 0.8) 중복 판정 기준이 완화되어 잠재적 중복을 더 많이 포착할 수 있다.

다음 절에서는 데이터 정제 파이프라인 자동화를 논의하자.

2.6 데이터 정제 파이프라인 자동화

LLM 훈련에 필요한 방대한 데이터셋을 처리하려면 자동화된 데이터 정제 파이프라인 구현이 필수적이다. 이러한 파이프라인은 확장성, 효율성, 다양한 데이터 품질 문제를 처리할 수 있어야 한다.

자동화된 데이터 정제 파이프라인의 주요 구성 요소는 다음과 같다.

- **데이터 수집**: 대용량 텍스트 말뭉치를 효율적으로 로드하고 파싱한다.
- **품질 평가**: 데이터 품질 문제를 자동으로 감지해 표시(flag)한다.
- **전처리**: 텍스트 정리 및 정규화 기법을 적용한다.
- **중복 제거**: 정확한 중복 콘텐츠와 근사 중복 콘텐츠를 제거한다.
- **필터링**: 미리 정의된 기준에 따라 저품질 또는 관련 없는 샘플을 제거한다.
- **검증**: 정제된 데이터가 품질 기준을 충족하는지 확인한다.
- **출력**: LLM 훈련을 위해 적절한 형식으로 정제된 데이터를 저장한다.

다음은 기본적인 자동화된 데이터 정제 파이프라인을 설명하는 파이썬 스크립트다.

1. 전체 클래스 구조 정의부터 시작하자.

```python
import pandas as pd
import re
from nltk.corpus import stopwords
from sklearn.feature_extraction.text import TfidfVectorizer
from sklearn.metrics.pairwise import cosine_similarity
import nltk

# 필요한 NLTK 데이터 다운로드
nltk.download('stopwords')
stop_words = set(stopwords.words('english'))
```

```python
class DataCleaningPipeline:
    def __init__(
        self, similarity_threshold=0.9, min_length=10,
        max_length=1000
    ):
        self.similarity_threshold = similarity_threshold
        self.min_length = min_length
        self.max_length = max_length
        self.vectorizer = TfidfVectorizer(stop_words='english')
```

이 코드는 텍스트 전처리, 길이 필터링, 근사 중복 제거 기능을 캡슐화하는 DataCleaningPipeline 클래스를 정의한다. 유사성 임곗값 및 텍스트 길이 제약 조건과 같은 구성 가능한 매개변수로 초기화하고, NLTK를 활용해 불용어를 제거하며, 사이킷런의 TfidfVectorizer와 cosine_similarity를 사용해 판다스(Pandas) 데이터프레임(DataFrame)에서 유사한 텍스트 항목을 식별하고 제거한다.

2. 그다음, 전처리 함수를 정의한다.

```python
    def preprocess(self, text):
        # 기본 전처리
        text = text.lower()
        text = re.sub(r'[^\w\s]', '', text)
        tokens = [word for word in text.split() if word not in stop_words]
        return ' '.join(tokens)

    def filter_by_length(self, df):
        return df[
            (df['text'].str.len() >= self.min_length) &
            (df['text'].str.len() <= self.max_length)
        ]
```

이 코드는 클래스 내에 두 가지 메서드를 정의해 텍스트 처리를 수행한다.

- **preprocess**: 이 메서드는 텍스트 문자열을 입력으로 받아 소문자로 변환하고, 구두점을 제거하고, 단어로 분할하고, 일반적인 불용어를 필터링한 후 남은 단어들을 문자열로 결합해 텍스트를 효과적으로 정규화한다.
- **filter_by_length**: 이 메서드는 text 열이 있는 판다스 데이터프레임에서, 해당 열의 텍스트 길이가 지정된 최솟값과 최댓값 사이에 있는 행만 남도록 필터링한다. 이를 통해 원하는 글자 수 범위 안의 텍스트 샘플을 선택할 수 있다.

3. 그다음 중복 제거 함수를 정의한다.

```python
def deduplicate(self, df):
    tfidf_matrix = self.vectorizer.fit_transform(df['text'])
    similarity_matrix = cosine_similarity(tfidf_matrix)

    duplicates = set()
    for i in range(len(df)):
        for j in range(i + 1, len(df)):
            if similarity_matrix[i, j] > self.similarity_threshold:
                duplicates.add(j)

    return df.drop(df.index[list(duplicates)])
```

deduplicate 메서드는 판다스 데이터프레임을 입력으로 받아 유사성을 기준으로 근사 중복 텍스트 항목을 제거한다. 먼저 벡터화기를 사용해 데이터프레임의 text 열을 TF-IDF 행렬로 변환해 각 텍스트 샘플을 수치 벡터로 나타낸다. 그런 다음, TF-IDF 행렬을 사용해 모든 텍스트 샘플 쌍 간의 코사인 유사도를 계산해 유사성 행렬을 생성한다. 코드는 유사성 행렬을 반복해서 탐색하며, 두 텍스트 샘플 간의 유사성이 정의된 similarity_threshold를 초과하면 두 번째 샘플의 색인을 중복 집합에 추가한다. 마지막으로, 식별된 중복 색인에 해당하는 행을 데이터프레임에서 제거하고 중복 제거된 데이터프레임을 반환한다.

4. 이제 모든 함수를 종합해 clean 함수를 정의할 수 있다.

```python
def clean(self, input_file, output_file):
    # 데이터 읽기
    df = pd.read_csv(input_file)

    # 전처리
    df['text'] = df['text'].apply(self.preprocess)

    # 길이로 필터링
    df = self.filter_by_length(df)

    # 중복 제거
    df = self.deduplicate(df)

    # 정제한 데이터 저장
    df.to_csv(output_file, index=False)

    print(f"정제한 데이터를 {output_file}에 저장했습니다.")
```

clean 메서드는 CSV 파일에 대한 일련의 데이터 정제 단계를 조율한다. 입력 CSV 파일을 판다스 데이터프레임으로 읽어들이는 것으로 시작한다. 그런 다음, preprocess 메서드를 text 열의 각 텍스트 항목에 적용해 텍스트를 정규화하고 정제한다. 이후, filter_by_length 메서드를 사용해 지정된 길이 범위 내의 텍스트 항목만 유지하도록 데이터프레임을 필터링한다. 길이 필터링 후에는 deduplicate 메서드를 사용해 근사 중복 항목을 제거한다. 마지막으로, 정제된 데이터프레임을 output_file로 지정된 새 CSV 파일에 색인을 제외하고 저장하며, 출력 파일의 위치를 나타내는 확인 메시지를 출력한다. 이 메서드는 전처리, 길이 필터링, 중복 제거를 포함하는 완전한 텍스트 정제 파이프라인을 수행한다.

5. 다음은 사용 예다.[9]

```
pipeline = DataCleaningPipeline()
pipeline.clean('input_data.csv', 'cleaned_data.csv')
```

이 스크립트는 자동화된 데이터 정제 파이프라인을 위한 기본 프레임워크를 보여준다. 실제로는 이 파이프라인을 더 정교한 정제 기법, 오류 처리 및 대규모 데이터셋을 효율적으로 처리하기 위한 병렬 처리 기능으로 확장할 것이다.

코드의 10과 1000 값은 데이터 클리닝 파이프라인에서 텍스트 문서에 허용되는 최소 및 최대 길이를 나타낸다.

- **min_length=10**: 정제된 데이터셋에 포함될 문서의 최소 문자 수를 설정한다. 이는 단어 하나 또는 짧은 구문과 같이 의미 있는 정보를 포함하지 않을 수 있는 매우 짧은 텍스트를 필터링하는 데 도움이 된다.
- **max_length=1000**: 문서에 허용되는 최대 문자 수를 설정한다. 전체 책이나 분석을 왜곡할 수 있는 매우 큰 문서처럼 비정상적이거나 처리에 잠재적으로 문제가 될 수 있는 매우 긴 텍스트는 제외한다.

이러한 길이 제약을 두면 정제된 데이터셋에 합리적이고 일관된 크기의 문서만 포함되도록 관리할 수 있어, 이후 텍스트 분석이나 머신러닝 과업의 품질과 효율성이 높아진다. 사용 목적에 따라 문서 길이는 조정할 수 있다.

2.7 데이터 검증 및 품질 보증

데이터를 정제한 후, 결과를 검증하고 정제된 데이터셋이 LLM 훈련에 필요한 품질 기준을 충족하는지 확인해야 한다. 다양한 검증 검사와 품질 보증 조치를 구현해 정제 과정의 효과를 검증한다.

---

9 (옮긴이) 원문 코드는 input_data.csv라는 파일을 요구하지만, 책에는 포함돼 있지 않다. 실행하려면 직접 CSV 파일을 만들거나, 기존 데이터셋을 가공해 text 열을 포함하는 형태로 준비해야 한다.

주요 측면에는 통계 분석 수행, 샘플링 및 수동 검토, 자동화된 테스트, 일관성 검증, 성능 영향 평가가 포함된다.

다음은 기본 데이터 검증 기법을 보여주는 파이썬 스크립트다.

1. 먼저 기본적인 함수를 정의한다.

```python
def validate_cleaned_data(file_path, sample_size=100):
    df = pd.read_csv(file_path)

    # 기본 통계
    print(f"전체 샘플: {len(df)}")
    print(f"평균 텍스트 길이: {df['text'].str.len().mean():.2f}")

    print(f"고유 샘플: {df['text'].nunique()}")
```

2. 빈 문자열이나 너무 짧은 텍스트를 확인한다.

```python
short_texts = df[df['text'].str.len() < 10]
print(f"10자 미만의 텍스트 수: {len(short_texts)}")
```

3. 수동 검토를 위한 샘플을 추출한다.

```python
sample = df.sample(n=min(sample_size, len(df)))
print("\n수동 검토를 위한 샘플:")
print(sample['text'].head())

# 일반적인 문제 확인
common_issues = {
    'special_chars': df['text'].str.contains(r'[^a-zA-Z0-9\s]'),
    'numbers': df['text'].str.contains(r'\d'),
    'all_caps': df['text'].str.isupper()
}
for issue, mask in common_issues.items():
    print(f"{issue}가 포함된 샘플: {mask.sum()}")
```

4. 모델의 당혹도(perplexity)를 기준으로 영향을 평가한다.

```python
model = GPT4LMHeadModel.from_pretrained('GPT4')
tokenizer = GPT4Tokenizer.from_pretrained('GPT4')
```

```python
def calculate_perplexity(text):
    inputs = tokenizer(
        text, return_tensors='pt', truncation=True, max_length=1024
    )
    with torch.no_grad():
        outputs = model(inputs, labels=inputs['input_ids'])
    return torch.exp(outputs.loss).item()

sample_perplexities = sample['text'].apply(calculate_perplexity)
print(
    f"\n샘플의 평균 당혹도: {sample_perplexities.mean():.2f}"
)
```

5. 예시를 보자.

```
validate_cleaned_data('cleaned_data.csv')
```

이 스크립트는 `validate_cleaned_data`라는 함수를 정의하는데, 이는 CSV 파일에 저장된 텍스트 데이터셋에 대해 기본적인 품질 평가를 수행하도록 설계됐다(아마도 초기 데이터 정제 단계를 거친 후일 것이다). 이 함수는 데이터를 로드하고, 기본 통계를 계산하며, 텍스트 내용에서 특정한 잠재 이슈를 확인하고, 수동 검사를 위한 샘플을 보여주며, 사전 훈련된 언어 모델(GPT-4로 가정)을 사용해 텍스트 샘플의 자연스러움이나 품질을 당혹도를 통해 평가한다.

점검 항목은 다음과 같다.

- **데이터셋 크기와 기본 속성**:
  - **이슈**: 데이터셋의 전체적인 확장과 기본적인 특성을 이해한다.
  - **확인 방법**:
    - `len(df)`: CSV에서 샘플(행)의 총 개수를 확인한다.
    - `df['text'].str.len().mean()`: 텍스트 항목의 평균 길이를 계산한다. 이는 텍스트가 일반적으로 긴지 짧은지를 확인하는 데 유용하다.
    - `df['text'].nunique()`: 고유한 텍스트 항목의 수를 센다. 전체 샘플 수에 비해 이 수가 낮으면 중복이 많음을 나타낼 수 있다.
- **매우 짧은 텍스트**:
  - **이슈**: 의미가 없을 정도로 너무 짧거나 오류/플레이스홀더를 나타낼 수 있는 텍스트 항목(예: 실수로 남겨진 "N/A" 문자열)을 식별한다.

- 확인 방법:
  - `df[df['text'].str.len() < 10]`: text 열의 문자열 길이가 10자 미만인 행을 찾기 위해 데이터프레임을 필터링한다.
  - `len(short_texts)`: 그러한 짧은 텍스트가 몇 개 발견됐는지 센다.
- 특수 문자 존재 여부(비알파벳, 비공백 문자):
  - 이슈: 문자, 숫자, 표준 화이트스페이스 이외의 문자가 포함된 텍스트를 감지한다. 이는 남아 있는 HTML 태그, 정리되지 않은 구두점, 인코딩 문제 또는 다른 아티팩트를 나타낼 수 있다.
  - 확인 방법:
    - `df['text'].str.contains(r'[^a-zA-Z0-9\s]')`: 판다스의 `.str.contains()` 메서드와 함께 정규 표현식 (`r'[^a-zA-Z0-9\s]'`)을 사용한다. 정규식 패턴 [^...]은 지정된 집합(a–z, A–Z, 0–9, 화이트스페이스 \s)에 포함되지 않는 문자를 매칭한다.
    - `mask.sum()`: 결과로 나온 Boolean 시리즈(true=1, false=0)를 합산해 적어도 하나의 특수 문자를 포함하는 텍스트의 개수를 센다.
- 숫자의 존재:
  - 이슈: 숫자가 포함된 텍스트 항목을 식별한다. 다운스트림 과업에 따라 숫자는 바람직하지 않거나 특별한 처리가 필요할 수 있다.
  - 확인 방법:
    - `df['text'].str.contains(r'\d')`: 정규 표현식 \d(모든 숫자와 일치)를 `.str.contains()`와 함께 사용한다.
    - `mask.sum()`: 적어도 한 개의 숫자를 포함하는 텍스트의 개수를 센다.
- 대문자만으로 이뤄진 텍스트:
  - 이슈: 전체가 대문자로 작성된 텍스트를 찾는다. 이는 때때로 강조 표현, 제목, 또는 모델 성능이나 분석에 영향을 미칠 수 있는 특정 서식을 나타낼 수 있다.
  - 확인 방법:
    - `df['text'].str.isupper()`: 판다스의 `.str.isupper()` 문자열 메서드를 사용해 텍스트가 모두 대문자로 작성됐는지 확인한다. 문자열에 알파벳이 포함돼 있고 모든 알파벳이 대문자인 경우 True를 반환한다. 문자열이 숫자나 구두점만으로 구성된 경우에는 False를 반환한다.
    - `mask.sum()`: 전체가 대문자로 되어 있는 텍스트의 개수를 센다.
- 전반적인 텍스트 품질/자연스러움(당혹도를 통해):
  - 이슈: LLM의 관점에서 텍스트가 얼마나 전형적이거나 잘 형성됐는지를 평가한다. 매우 높은 당혹도는 부자연스러운 언어, 반복적인 시퀀스, 텍스트와 섞인 코드 조각, 또는 모델의 훈련 데이터와 매우 다른 데이터를 나타낼 수 있다.

- 확인 방법:
  - 샘플링: 먼저 데이터셋에서 무작위 샘플을 추출한다(df.sample(...)). 당혹도 계산은 계산 비용이 높으므로, 전체 데이터셋이 아닌 대표적인 샘플에 대해 수행하는 경우가 많다.
  - 모델 로드: 사전 훈련된 언어 모델(GPT4LMHeadModel)과 해당 토크나이저(GPT4Tokenizer)가 로드된다.(참고: 'GPT4'는 예시이며, 실제 모델 식별자는 허깅 페이스 Transformers 라이브러리의 'gpt2' 또는 'bert-base-uncased'와 같은 것을 사용한다.)
  - 당혹도 계산: 샘플의 각 텍스트에 대해, calculate_perplexity 함수는 텍스트를 토큰화하고, 이를 모델에 입력해 손실(모델이 텍스트에 대해 얼마나 놀랐는지를 측정한 값)을 얻은 다음, torch.exp(outputs.loss)로 당혹도를 계산한다.
  - 평균화: 샘플에 있는 모든 텍스트의 당혹도를 평균해(sample_perplexities.mean()) 모델이 평가한 샘플의 평균 품질을 나타내는 점수를 얻는다.
- 수동 검토 지원:
  - 이슈: 자동화된 검사는 예상치 못한 혹은 미묘한 문제를 잡아내기 어렵다. 인간의 직관은 가치가 있다.
  - 확인 방법:
    - sample = df.sample(...): 데이터에서 무작위 샘플을 추출한다.
    - print(sample['text'].head()): 해당 랜덤 샘플에서 처음 몇 개의 텍스트 항목을 출력해, 스크립트를 실행하는 사용자가 몇 가지 예시를 빠르게 확인할 수 있게 한다.

포괄적인 품질 보증을 위해, 다음을 수행할 수 있다.

- 특정 데이터 특성과 데이터 정제 규칙에 맞춘 더 정교한 자동화된 테스트를 구현한다.
- 체계적인 수동 검토 프로세스를 개발하고, 인간 주석자가 데이터 품질을 일관적으로 평가하기 위한 지침을 포함한다.
- 이미 잘 알려져 있고, 문제점도 확인된 합성 데이터셋을 사용해 파이프라인의 성능을 벤치마크하고 평가한다.
- 정제된 데이터셋을 원래 데이터셋과 비교해 데이터 정제 과정에서 의도치 않은 데이터 손실이나 변경이 발생하지 않았는지 검증한다.
- 데이터 정제 파이프라인의 정기적인 감사를 수행해 정제 중에 발생하는 문제나 편향을 식별한다.
- 정제 과정의 세부 로그를 유지하고 내린 결정과 그 이유를 기록해 두면, 재현성을 보장하고 향후 개선 작업에 도움이 된다.

이러한 조치를 통해 정제된 데이터셋의 높은 품질을 보장하고 견고한 LLM 훈련에 적합한 데이터를 확보할 수 있다.

2.8 요약

이 장에서는 LLM 훈련을 위한 데이터 정제의 중요한 과정을 알아봤다. 견고하고 신뢰할 수 있는 언어 모델을 개발하는 데 있어 깨끗한 데이터의 중요성을 논의하고, 언어 데이터셋에 특화된 일반적인 데이터 품질 문제를 다뤘다. 이러한 문제를 해결하기 위한 기법으로 텍스트 전처리, 다국어 및 부호혼용 데이터 처리, 대규모 말뭉치에 대한 중복 제거 전략을 소개했다.

또한 LLM 훈련에 사용되는 대규모 데이터셋을 처리하는 데 필수적인 자동화된 데이터 정제 파이프라인의 구현에 관해 깊이 다뤘다. 끝으로 정제 과정의 효과를 보장하기 위한 데이터 검증 및 품질 보증 조치를 논의했다.

다음 장에서는 LLM을 위한 데이터 증강 패턴에 집중할 것이다.

3장

데이터 증강

데이터 증강은 LLM의 성능과 일반화 능력을 향상시키는 데 중요한 역할을 한다. 훈련 데이터를 인위적으로 확장함으로써, 모델을 더 다양한 언어적 변형과 문맥에 노출시킬 수 있고, 이를 통해 다양한 입력을 처리하고 더 일관되고 문맥에 적절한 출력을 생성하는 능력을 향상시킬 수 있다.

LLM에서 데이터 증강은 고유한 과제와 기회를 동반한다. **이미지 데이터**의 경우 회전이나 뒤집기 같은 간단한 변환만으로도 유효한 새로운 샘플을 만들 수 있지만, **텍스트 데이터**는 의미적 무결성과 언어적 일관성을 유지하기 위해 보다 정교한 접근이 필요하다. LLM을 위한 데이터 증강의 주요 목표는 데이터셋의 크기와 다양성을 증가시키고, 데이터 불균형과 편향을 해결하며, 입력의 변형에 대한 모델 견고성을 향상시키고, 미지의(unseen) 데이터에 대한 일반화를 강화하는 데 있다.

그림 3.1은 데이터 증강의 주요 측면을 설명한다.

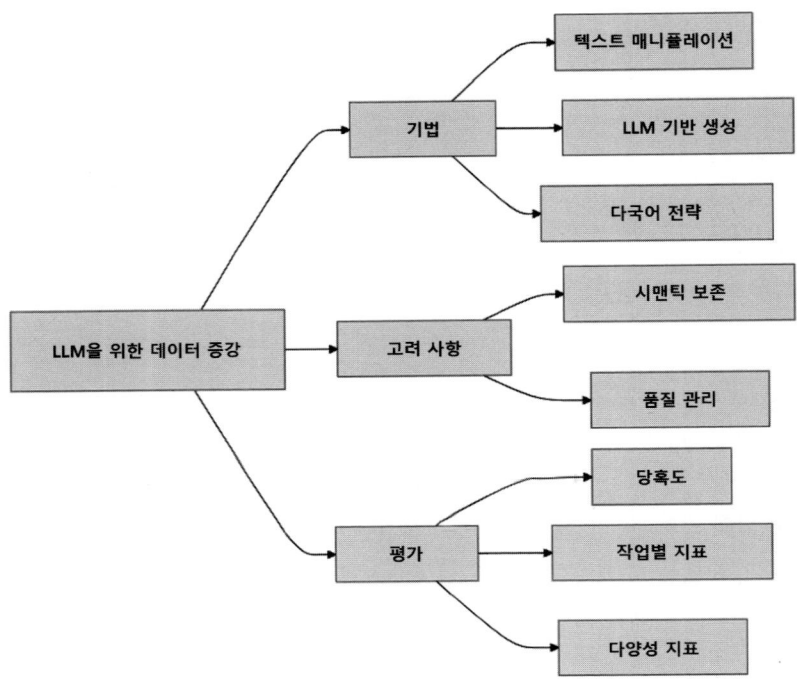

그림 3.1 데이터 증강의 주요 요소

세 가지 주요 구성요소가 있다. 즉, **기법**, **고려 사항**, **평가**다. 각각은 특정 하위 구성요소를 가지고 있으며, 이 장에서 자세히 다룰 것이다.

이 장을 마치면 독자는 훈련 데이터셋의 다양성을 높이는 법부터 데이터 무결성을 유지하는 법까지, **데이터 증강**(data augmentation) 패턴을 깊이 있게 이해할 수 있다.

- 텍스트 데이터 증강 기법
- 기존 LLM을 활용한 데이터 생성
- 다국어 데이터 증강 전략
- 텍스트 증강에서 의미 보존
- 증강과 데이터 품질의 균형
- 데이터 증강의 영향 평가

3.1 텍스트 데이터 증강 기법

텍스트 데이터 증강에는 간단한 단어 수준의 조작부터 더 복잡한 의미 변환까지 다양한 기술이 포함된다.

3.1.1 동의어 대체

원본 텍스트의 단어를 동의어로 교체하는 기술이다. 동의어는 영어 어휘 데이터베이스인 **WordNet**에서 찾을 수 있다.[1]

```python
def synonym_replacement(text, n=1):
    words = text.split()
    new_words = words.copy()
    random_word_list = list(
        set([word for word in words if word.isalnum()])
    )
    random.shuffle(random_word_list)
    num_replaced = 0

    for random_word in random_word_list:
        synonyms = get_synonyms(random_word)
        if len(synonyms) >= 1:
            synonym = random.choice(list(synonyms))
            new_words = [
                synonym if word == random_word else word
                for word in new_words
            ]
            num_replaced += 1
        if num_replaced >= n:
            break

    return ' '.join(new_words)
```

---

[1] (옮긴이) 이번 장에서는 함수 정의 예시만 제공되며, 패키지 설치와 임포트, 샘플 텍스트 준비, 함수 실행 코드 등은 독자가 직접 작성해야 한다.

synonym_replacement 함수는 텍스트를 입력받아 지정된 개수(n)만큼의 단어를 동의어로 바꾼다. n의 기본값은 1이며, 이를 사용하면 텍스트 변경을 최소화해 의미와 가독성을 유지하면서도 쉽게 실험할 수 있다. 단어를 더 많이 바꾸려면 n 값을 늘리면 된다.

이 함수에서는 텍스트를 단어로 분리한 뒤, 고유한 영숫자 단어 목록을 만든 다음 이를 섞어 순회한다. 각 단어에 대해 정의되지 않은 get_synonyms 함수를 사용해 동의어를 찾고, 동의어가 발견되면 그중 하나를 무작위로 골라 원래 단어의 모든 위치를 바꾼다. 이렇게 교체된 단어 수를 추적하다가 지정된 수에 이르면 과정을 멈춘다. 마지막으로 수정된 단어들을 다시 하나의 문자열로 합쳐 반환한다.

3.1.2 역번역

이 방법은 텍스트를 다른 언어로 번역한 후 다시 원래 언어로 되돌린다. 문장 구조와 단어 선택에 자연스러운 변화를 도입하는 데 특히 효과적이다.

```python
def back_translation(text, target_lang='fr'):
    translator = Translator()
    translated = translator.translate(text, dest=target_lang)
    back_translated = translator.translate(translated.text, dest='en')
    return back_translated.text
```

3.1.3 T5를 사용한 텍스트 생성

구글 리서치(Google Research)에서 개발한 **T5**(**Text-To-Text Transfer Transformer**)는 트랜스포머 아키텍처에 기반한 다용도 **자연어 처리**(natural language processing, **NLP**) 모델이다. 이 모델의 주요 혁신은 모든 NLP 과업을 텍스트 변환(text-to-text) 문제로 구성해 작업별 아키텍처 없이도 다양한 작업을 처리할 수 있게 한 점이다. '스팬 손상(span corruption)' 목표를 사용해 대규모 웹 텍스트 말뭉치로 사전 학습된 T5는 여러 크기로 제작되어 광범위한 NLP 과업에서 강력한 성능을 입증했다.

T5는 모든 텍스트 기반 과업을 text-to-text 문제로 다룬다. 즉 요약, 번역, 질의응답, 분류 등 과업에 상관없이 입출력을 모두 텍스트로 취급한다. 이러한 통합된 접근법을 통해, T5는 과업별로 수정할 필요 없이 다양한 과업을 수행할 수 있어, 다양한 사용 사례에 유연하게 대응할 수 있다.

데이터 증강에 관해서, T5는 기존 텍스트 데이터의 변형을 생성함으로써 데이터셋을 확장하고 다양화하는 데 중요한 역할을 한다. 데이터 증강은 머신러닝 모델을 훈련할 때 특히 유용하다. 모델이 더 다양한 예제에 노출되면 일반화 능력이 향상되고, 그 결과로 과적합이 줄어들어 강건해진다. T5를 활용하면 다음과 같은 방식으로 데이터 증강을 수행할 수 있다.

- **패러프레이징**(paraphrasing): T5는 문장의 원래 의미를 유지하면서 다른 방식으로 표현할 수 있다. 예를 들어 "The movie was boring."(영화가 지루했다)이라고 입력되면, "The film was dull."(영화가 재미없었다)과 같은 패러프레이즈를 생성할 수 있다[2]. 이렇게 표현을 다양화하면 모델이 학습할 수 있는 훈련 예제가 늘어나며, 동일한 아이디어를 여러 방식으로 표현하는 데 대한 일반화 능력이 향상된다.

- **동의어 대체**(synonym replacement): T5는 단어를 동의어로 교체함으로써 전반적인 감정과 문맥을 유지하면서도 표현을 살짝 바꿀 수 있다. "The movie was long and tedious."(영화가 길고 따분했다)라는 문장에서 일부 단어를 바꿔 "The film was lengthy and boring."(영화가 장황하고 지루했다)을 생성하는 식이다. 이런 작은 변화로도 데이터셋이 다양해지므로, 언어 표현의 미묘한 변화를 이해해야 하는 모델에 더 많은 훈련 예제를 제공할 수 있다.

- **감정 변환**(sentiment-based transformation): T5는 문장의 감정을 변환할 수도 있다. 예를 들어, "The movie was very disappointing."(영화가 매우 실망스러웠다) 같은 부정적인 문장이 주어졌을 때, T5는 "The movie had a slow start but improved later."(영화 시작은 느렸지만 후반에 나아졌다) 같은 중립적이거나 긍정적인 버전을 생성할 수 있다. 이렇게 다양한 감정 범주에 걸쳐 여러 예제를 만들 수 있으며, 특히 감정 분석과 같은 과업에서 모델이 긍정적, 중립적, 부정적 감정을 구별해야 하는 경우에 유용하다.

- **텍스트 확장**(text expansion): T5는 짧은 문장을 받아 더 많은 컨텍스트, 세부사항 또는 설명을 추가해 확장할 수 있다. 예를 들어, "The event was great."(행사가 훌륭했다)라는 문장에서 "The event was great, with excellent speakers and engaging discussions."(행사는 훌륭했으며, 뛰어난 연사들과 흥미진진한 토론이 있었다)와 같은 더 상세한 버전을 생성할 수 있다. 더 많은 컨텍스트를 추가함으로써, T5는 복잡한 입력을 처리하는 모델 훈련에 도움이 되는 문장의 다양한 변형을 생성한다.

사전 훈련된(pre-trained) T5 모델을 사용해 입력 텍스트의 변형을 생성할 수 있다. 이 방법은 특히 강력해서 더 다양하고 맥락적으로 풍부한 증강을 생성할 수 있다. 이를 살펴보자.

```python
def t5_augmentation(text, model, tokenizer, num_return_sequences=1):
    input_ids = tokenizer.encode(
        f"paraphrase: {text}",
        return_tensors="pt",
        max_length=512,
        truncation=True
    )
    outputs = model.generate(
```

---

[2] (옮긴이) 이 예시는 동의어 대체와 유사하지만, 패러프레이징은 보다 포괄적인 문장 재구성을 의미한다.

```
        input_ids=input_ids,
        max_length=150,
        num_return_sequences=num_return_sequences,
        num_beams=5,
        no_repeat_ngram_size=2,
        top_k=50,
        top_p=0.95,
    )
    return [
        tokenizer.decode(
            output, skip_special_tokens=True
        ) for output in outputs
    ]
```

이 함수는 텍스트 입력, 사전 훈련된 T5 모델, 그 토크나이저, 그리고 생성할 패러프레이즈의 수(기본값은 1)를 받는다. 기본값인 1개의 반환 시퀀스는 단순함을 위해 선택됐지만, 이 값을 증가시켜 여러 개의 패러프레이즈를 요청할 수 있다.

이 함수는 입력 텍스트를 "paraphrase:" 접두어로 인코딩하고, 512 토큰으로 제한한다. 그런 다음 모델을 사용해 최대 150 토큰 길이의 패러프레이즈를 생성한다. 생성 과정은 5개의 빔을 사용하는 빔 검색(beam search)을 사용하고, 2-그램의 반복을 방지하며, 다양성을 위해 **top-k (50)** 및 **top-p (0.95) 샘플**을 적용한다. 숫자 매개변수(512, 150, 5, 2, 50, 0.95)는 생성된 패러프레이즈의 길이, 다양성 및 품질을 제어하기 위해 특정 사용 사례에 따라 조정할 수도 있다.

이 함수는 생성된 패러프레이즈를 디코딩하고 반환하며, 과정 중에 추가된 특수 토큰은 건너뛴다.

언어 생성 시스템에서 온도는 출력의 다양성과 안정성을 조절하는 핵심 매개변수다. 온도는 일반적으로 0에서 1 사이의 스칼라 값으로, 생성 과정에서 다음 토큰에 대한 확률 분포에 영향을 미친다. 값을 낮추면 분포가 집중되어 모델이 더 결정론적이고 일관성 있게 되지만, 반복적이거나 보수적인 출력을 낼 가능성이 있다. 값을 높이면 분포가 균등해져 무작위성과 다양성이 증가하지만 일관성이 떨어질 수 있다.

3.2 기존 LLM을 활용한 데이터 생성

LLM을 위한 가장 강력한 데이터 증강 방법 중 하나는 기존 모델을 활용해 새로운 훈련 예제를 생성하는 것이다. 이 기술은 **자기 지도 학습(self-supervised learning)** 또는 **모델 기반 데이터 증강(model-based data augmentation)**이라고 하며, 이를 통해 다양한 고품질 훈련 데이터를 대량으로 생성할 수 있다.

GPT-4o와 OpenAI API를 사용해 데이터를 생성하는 방법을 알아보겠다.[3]

```
def gpt4o_data_generation(prompt, num_samples=5):
    response = openai.ChatCompletion.create(
        model="gpt-4o",
        messages=[{"role": "user", "content": prompt}],
        max_tokens=150,
        n=num_samples,
        temperature=0.7,
    )
    return [choice.message.content.strip()
        for choice in response.choices
    ]
```

이 함수는 주어진 프롬프트를 포함한 단일 사용자 메시지를 채팅 완성 요청으로 전송한다. 응답은 최대 150 토큰으로 제한해, 실질적인 응답을 얻으면서 출력 길이를 제어한다. n 매개변수는 num_samples로 설정되어, 생성할 대안 완성의 수를 결정한다. 온돗값 0.7을 사용해, 생성된 텍스트에서 창의성과 일관성 사이의 균형을 맞춘다. 높은 값은 무작위성을 증가시키고, 낮은 값은 출력을 더 예측 가능하게 만든다. 이후 함수는 생성된 각 완성의 내용을 추출해 앞뒤 화이트스페이스를 제거한 후 반환한다. 이러한 매개변수(150 토큰, 0.7 온도)는 출력 길이 및 창의성에 대한 특정 요구에 따라 조정할 수 있다.

이 접근 방식을 사용할 때, 다음 사항을 고려해야 한다.

- **프롬프트 엔지니어링**: 관련성 있고 다양한 샘플을 생성하려면 효과적인 프롬프트를 작성해야 한다.
- **품질 관리**: 생성된 데이터가 품질 기준을 충족하도록 필터링 메커니즘을 구현한다.
- **다양성**: 온도와 top-p 샘플링을 사용해 생성된 샘플의 통제된 무작위성과 다양성을 조절한다.

---

[3] (옮긴이) 이 예제를 직접 실행하려면 OpenAI API 키가 필요하다. 또한 openai>=1.0.0에서는 openai.ChatCompletion.create() 대신 client.chat.completions.create()를 사용해야 한다.

GPT-4o를 사용한 데이터 증강 기법을 탐색하고 필수 고려 사항을 검토했다. 이제 다국어 데이터 증강 전략에 관해 알아보자.

3.3 다국어 데이터 증강 전략

여러 언어를 다룰 수 있도록 설계된 LLM에는 다국어 데이터 증강이 필수적이다. 기존 기술을 여러 언어에서 작동하도록 적용할 수 있다.

3.3.1 언어 간 역번역

텍스트를 여러 언어로 번역한 후 원래 언어로 다시 번역한다.

```
def cross_lingual_back_translation(text, target_langs=['fr', 'de', 'es']):
    translator = Translator()
    augmented_texts = []
    for lang in target_langs:
        translated = translator.translate(text, dest=lang)
        back_translated = translator.translate(
            translated.text, dest='en'
        )
        augmented_texts.append(back_translated.text)
    return augmented_texts
```

cross_lingual_back_translation 함수는 텍스트 입력을 받아 여러 대상 언어(기본값은 프랑스어, 독일어, 스페인어)로 번역한 후 다시 영어로 번역해 증강된 버전을 생성한다. 이 함수는 Translator 객체를 사용해 이러한 번역을 수행하며, 각 역번역된 버전을 리스트에 저장해서 출력으로 반환한다.

3.3.2 다국어 T5 증강

다국어 T5 모델을 사용해 다양한 언어로 패러프레이즈를 생성할 수 있다.[4]

---

[4] (옮긴이) 이 함수에 영어 전용 t5-small이나 t5-base 모델을 사용해서는 원하는 결과를 얻을 수 없다. 다국어를 지원하는 mT5를 사용해야 하며, 이 또한 사전학습 상태 그대로는 번역이 불가능하다. 실제 번역 기반 증강을 하려면 en-fr, en-de, en-es와 같은 병렬 말뭉치로 번역 태스크에 맞게 mT5를 파인튜닝해야 한다. 대안으로 Hugging Face의 MarianMT(Helsinki-NLP/opus-mt-*) 계열 모델을 사용하는 것을 고려할 수 있다.

```python
def multilingual_t5_augmentation(text, model, tokenizer, target_langs=['fr', 'de', 'es']):
    augmented_texts = []
    for lang in target_langs:
        input_ids = tokenizer.encode(
            f"translate English to {lang}: {text}",
            return_tensors="pt", max_length=512, truncation=True
        )
        outputs = model.generate(input_ids=input_ids, max_length=150)
        translated = tokenizer.decode(outputs[0], skip_special_tokens=True)
        augmented_texts.append(translated)
    return augmented_texts
```

multilingual_t5_augmentation 함수는 T5 모델을 사용해 주어진 텍스트를 여러 대상 언어로 번역해 증강한다(기본값은 프랑스어, 독일어, 스페인어). 각 대상 언어에 대해, 번역을 위한 프롬프트로 텍스트를 인코딩하고, 모델을 사용해 번역된 출력을 생성하며, 결과를 디코딩한다. 번역된 텍스트는 리스트에 수집되어 원본 텍스트의 증강된 버전으로 반환된다.

3.4 텍스트 증강 시 의미 보존

LLM의 데이터를 증강할 때 의미론적 무결성을 유지하는 것이 매우 중요하다. 텍스트 증강으로 인해 텍스트의 원래 의미가 바뀌지 않도록 해야 한다.

3.4.1 문장 임베딩 사용

원본 및 증강 텍스트의 문장 임베딩을 비교해 의미론적 유사성을 보장할 수 있다.

```python
def semantic_similarity(original, augmented, model):
    original_embedding = model.encode(original)
    augmented_embedding = model.encode(augmented)
    similarity = cosine_similarity([original_embedding], [augmented_embedding])[0][0]
    return similarity

def filter_by_semantic_similarity(original, augmented_list, model, threshold=0.8):
    return [
        aug for aug in augmented_list
```

```
        if semantic_similarity(original, aug, model) >= threshold
    ]
```

의미론적 유사성을 기반으로 텍스트를 측정하고 필터링하는 함수를 각각 정의했다.

- `semantic_similarity(original, augmented, model)` 함수는 주어진 모델(아마도 문장 임베딩 모델)을 사용해 원본과 증강된 텍스트를 벡터로 변환한 뒤, 두 벡터 간의 코사인 유사도를 계산한다. 계산 결과는 −1에서 1 사이의 값이며, 1에 가까울수록 의미가 유사함을 나타낸다.

- `filter_by_semantic_similarity(original, augmented_list, model, threshold=0.8)` 함수는 원본 텍스트와 의미가 비슷한 증강 텍스트만 남기도록 필터링한다. `semantic_similarity` 함수는 각 증강된 텍스트를 원본과 비교한다. 유사도 임곗값의 기본값은 0.8로 설정했다. 이는 NLP 과업에 자주 사용되는 수치로, 의미는 충분히 유사하면서도 어느 정도 변형을 허용하는 수준이다. 사용자는 필터링 기준을 엄격하게 하거나 관대하게 조정할 수 있다. 높은 임곗값을 설정하면 더 유사하지만 개수가 적은 결과를 얻고, 낮은 임곗값을 사용하면 더 다양하지만 관련성이 떨어질 수 있는 결과를 얻는다.

3.4.2 동의어 대체를 위한 문맥적 단어 임베딩

문맥적 단어 임베딩(contextual word embeddings)으로 문맥에 기반해 더 적절한 동의어를 찾을 수 있다. 문맥적 단어 임베딩은 단어를 고정된 의미로 취급하지 않고 특정 문장이나 구절 내에서 단어의 의미를 포착해 언어 모델이 생성하는 단어 표현을 사용한다. 전통적인 정적 임베딩에서는 단어가 문맥에 상관없이 동일한 벡터를 가지지만, 문맥적 임베딩은 주변 단어에 따라 동일한 단어에 다른 벡터를 할당한다. 이처럼 선택된 동의어가 사전적 의미와 문맥적 쓰임에 모두 부합하므로, 더 정확한 동의어 대체가 가능하다. 예를 들어, 'river bank'(강둑)와 'savings bank'(예금은행)의 'bank'는 다르게 표현돼 각각 'shore'(물가) 또는 'financial institution'(금융기관)과 같이 문맥적으로 적절한 동의어 제안을 이끌어낸다. 다음 코드에서 작동 방식을 볼 수 있다.

```
def contextual_synonym_replacement(text, model, tokenizer, n=1):
    words = text.split()
    new_words = words.copy()

    for i in range(n):
        word_index = random.randint(0, len(words) - 1)
        original_word = words[word_index]
```

```
        inputs = tokenizer(text, return_tensors="pt")
        with torch.no_grad():
            outputs = model(inputs)

        word_embedding = outputs.last_hidden_state[0, word_index]
        similar_words = find_similar_words(word_embedding, model, tokenizer)

        if similar_words:
            new_words[word_index] = random.choice(similar_words)

    return ' '.join(new_words)
```

이 함수는 문맥을 고려한 단어 교체를 언어 모델을 사용해 수행한다.

1. 텍스트 입력, 사전 훈련된 언어 모델, 해당 토크나이저, 그리고 교체할 단어 수(기본값은 1).

2. 텍스트는 단어로 분할되고, 수정을 위해 복사본이 만들어진다.

3. 함수는 n번 반복한다(기본값은 1이다). 매번 다음을 수행한다.

    a. 무작위로 단어 인덱스를 선택

    b. 전체 텍스트를 토큰화

    c. 모델을 통해 실행해 문맥화된 임베딩을 얻는다

    d. 선택한 단어의 임베딩을 추출한다

    e. 이 임베딩을 기반으로 유사한 단어를 찾는다(정의되지 않은 find_similar_words 함수 사용).

    f. 유사한 단어가 발견되면, 원본을 대체할 단어를 무작위로 선택한다

4. 마지막으로, 수정된 단어들을 다시 문자열로 결합하고 반환한다.

기본값 n=1은 변화를 도입하면서도 최소한의 변경을 위해 선택된다. 이는 대부분의 원래 의미와 구조를 보존한다. n을 증가시키면 더 많은 대체를 얻을 수 있지만, 높은 값은 텍스트의 의미를 더 크게 변경할 수 있다.

이 방법은 단순한 동의어 대체보다 문맥을 더 잘 파악한다. 이는 대체어를 찾을 때 단어의 사용을 전체 텍스트에서 고려하기 때문이다. 정확한 행동은 사용된 모델과 토크나이저, 그리고 find_similar_words 함수 구현에 따라 달라진다.

3.5 증강과 데이터 품질의 균형

데이터 증강은 LLM 성능을 크게 향상시킬 수 있지만, 양과 질 사이의 균형을 맞춰야 한다.

훈련 세트에서 데이터 증강의 비율을 제한해야 한다. 일반적인 방법은 원본 데이터와 증강 데이터의 비율을 1:1로 시작하고 모델 성능에 따라 조정하는 것이다.

3.5.1 품질 필터링

품질 검사를 구현해서 저품질 증강 샘플을 필터링할 수 있다.

```python
def quality_filter(
    augmented_texts, original_text, similarity_threshold=0.8, perplexity_threshold=100
):
    filtered_texts = []
    for aug_text in augmented_texts:
        if (
            semantic_similarity(
                original_text, aug_text, similarity_model
            ) >= similarity_threshold and
            calculate_perplexity(
                aug_text, perplexity_model
            ) <= perplexity_threshold
        ):
            filtered_texts.append(aug_text)
    return filtered_texts
```

3.5.2 휴먼 인 더 루프(HITL) 검증

중요한 애플리케이션에서는 증강 파이프라인에 인간 검증을 포함해야 한다.

휴먼 인 더 루프(Human-in-the-Loop, **HITL**) 검증은 AI 파이프라인에서 사용하는 제어 메커니즘이다. 자동화된 워크플로에 사람을 의도적으로 개입시켜서 정확성을 보장하는 방식이다. HITL은 주관적 판단이 필요하거나 민감한 콘텐츠를 다루거나 중요한 의사결정을 할 때 특히 중요하며, 의료 진단, 법률 문서 분석, 자율 시스템처럼 데이터 품질이 안전성, 공정성, 규정 준수에 직접 영향을 미치는 애플리케이션에서 핵심적이다. 기존 샘플의 변형을 생성해 훈련 데이터셋을 확장하는 데이터 증강에 HITL을 적용하면, 생성된 샘플이 일관되고 정확하며 의도된 라벨이나 과업에 부합하는지를 검증함으로써 데이터 품질을 보장할 수 있다.

```
def human_validation(augmented_texts):
    validated_texts = []
    for text in augmented_texts:
        if input(
            f"이 텍스트가 유효한가요? (y/n)\n{text}\n"
        ).lower() == 'y':
            validated_texts.append(text)
    return validated_texts
```

이 함수에서는 증강된 텍스트 샘플 목록을 인간 운영자에게 보이고 이진 피드백(예/아니요)을 받는 방식으로 수동 검증을 구현했다. 자동으로 생성된 데이터를 액면 그대로 신뢰할 수 없다는 점을 인정하고 이러한 단계를 둔 것이다. 각 샘플을 유지할지 폐기할지를 인간의 답변에 따라 결정함으로써, 의미적 정확성이 중요한 과업에 대한 인간의 감독을 보장한다.

함수 루프의 각 이터레이션은 하나의 결정 지점을 나타낸다. 인간 검증자는 생성된 텍스트가 기대되는 기준을 충족하는지 평가하도록 요청받는다. 이러한 기준은 일반적으로 문법적 정확성, 원본 데이터와의 의미적 동등성, 어조의 적절성, 도메인 정렬 등 과업별 요구사항에 기반한다. 예를 들어 의료 텍스트 분류 과업에서는 패러프레이즈된 문장이 모든 중요한 임상 엔티티를 반드시 보존해야 한다. 증강 기법에 의해 도입된 용어의 미세한 변화라도 검증 과정에서 걸러지지 않으면 모델을 잘못 학습시킬 수 있다. 이 때문에 인간 평가가 필수적이다.

입력을 소문자로 변환하면 대소문자가 섞인 사용자 입력을 일관되게 처리할 수 있다. 사용자가 Y, y, 또는 다른 대소문자 조합으로 입력하더라도 대소문자 구분 없이 비교할 수 있게 된다. y와 일치할 때만 함수가 샘플을 승인한다. 이진 검사를 일부러 엄격하게 설계한 것은 애매한 승인을 방지하기 위해서다. 거부된 샘플은 로깅되거나 반환되지 않고 조용히 폐기되므로, 거부된 샘플에 대한 추가 검토나 수정은 별도로 구현해야 한다.

이 함수는 명시적으로 검증된 샘플만을 포함한 리스트를 반환하며 끝난다. 출력은 새 데이터 포인트의 무결성에 대한 높은 신뢰도를 가지고 훈련 데이터셋을 확장하는 데 사용될 수 있다. 중요한 점은 이 접근법이 자동화된 품질 검사를 대체하는 것이 아니라, 고위험 응용 분야에서 이를 보완한다는 것이다.

HITL 검증은 법률 추천 시스템, 사기 탐지, 자율주행 내비게이션과 같이 판정 오류(위양성·위음성)의 대가가 큰 환경에서 모델을 배포할 때 특히 유용하다. 수동 검증 프로세스는 명시적인 의미론적 보장이 부족한 생성적 증강 방법에 대한 과도한 의존에서 발생하는 위험을 완화하는 데 도움이 된다.

더 큰 시스템에서는 이런 함수가 보통 더 넓은 워크플로에 포함된다. 자동화된 필터가 먼저 명백히 저품질이거나 무관한 증강 데이터를 걸러내고, 인간 검증자는 애매하거나 중요한 사례들만 평가한다. 운영 효율성을 위해 이런 상호작용은 명령줄 프롬프트보다는 웹 인터페이스나 통합 주석 도구를 통해 처리되는 것이 일반적이다. 하지만 이 함수는 가장 단순한 형태로 핵심 원칙을 보여준다. 증강 데이터를 모델 훈련에 사용하기 전 품질을 최종 판단하는 것은 인간이라는 점이다.

3.6 데이터 증강의 영향 평가

데이터 증강 기술의 효과를 평가하려면 해당 기술이 LLM 성능에 미치는 영향을 평가해야 한다.

3.6.1 당혹도

데이터 증강 전후의 보류된(held-out) 테스트 세트에서 모델의 당혹도(2장을 참조)를 측정해, 모델이 미지의 텍스트를 예측하는 능력이 향상됐는지 평가할 수 있다.

```python
def evaluate_perplexity(model, tokenizer, test_data):
    model.eval()
    total_loss = 0
    total_tokens = 0

    with torch.no_grad():
        for text in test_data:
            inputs = tokenizer(text, return_tensors="pt").to(model.device)
            outputs = model(inputs, labels=inputs["input_ids"])
            total_loss += (outputs.loss.item() * inputs["input_ids"].size(1))
            total_tokens += inputs["input_ids"].size(1)

    perplexity = math.exp(total_loss / total_tokens)
    return perplexity
```

이 `evaluate_perplexity` 함수는 주어진 테스트 데이터셋에서 언어 모델의 당혹도를 계산한다. 구체적인 과정은 다음과 같다.

1. 사전 훈련된 언어 모델, 해당 모델의 토크나이저, 테스트 데이터셋을 입력으로 받는다.
2. 이 모델은 평가 모드로 설정되어 드롭아웃 등 훈련 관련 기능이 비활성화된다.
3. 전체 손실과 처리된 토큰 수를 추적할 변수를 초기화한다.
4. 테스트 데이터의 각 텍스트에 대해 다음 절차를 수행한다.
   a. 텍스트를 토큰화하고 텐서로 변환한다.
   b. 모델에 입력해 손실(loss)을 계산한다.
   c. 손실 값을 해당 입력의 토큰 수로 가중해 누적한다.
5. 모든 텍스트를 처리한 후, 다음 공식으로 당혹도를 계산한다. exp(total_loss / total_tokens)

이 구현은 제로샷(zero-shot) 방식으로, 각 입력 텍스트를 모델이 예측해야 할 대상이자 그에 대한 컨텍스트로 취급한다. `torch.no_grad()`를 사용하면 경사(gradients)를 계산하지 않아 평가가 더 효율적으로 이뤄진다.

이 함수는 모델과 데이터가 호환된다고 가정한다(즉, 모델이 입력 시퀀스의 최대 길이를 처리할 수 있어야 한다). 실제로는 너무 긴 시퀀스를 처리하기 위해 검증이나 잘라내기(truncation)가 필요할 수도 있다.

3.6.2 과업별 지표

텍스트 분류나 질의응답 같은 사용 사례와 관련된 다운스트림 과업에서 모델을 평가할 수 있다.

```python
def evaluate_classification(model, tokenizer, test_data, test_labels):
    model.eval()
    predictions = []
    
    with torch.no_grad():
        for text in test_data:
            inputs = tokenizer(text, return_tensors="pt").to(model.device)
            outputs = model(inputs)
            predictions.append(torch.argmax(outputs.logits).item())
```

```
accuracy = accuracy_score(test_labels, predictions)
f1 = f1_score(test_labels, predictions, average='weighted')
return accuracy, f1
```

이 함수는 테스트 데이터셋에서 분류 모델의 성능을 평가한다.

1. 사전 훈련된 분류 모델, 해당 토크나이저, 테스트 데이터(텍스트), 그리고 해당 테스트 라벨을 입력으로 받는다.
2. 이 모델은 평가 모드로 설정되어 드롭아웃 등 훈련 관련 기능이 비활성화된다.
3. 테스트 데이터의 각 텍스트를 토큰화하고 모델을 사용해 예측을 수행한다.
4. 모든 텍스트를 처리한 후, 두 가지 평가 지표를 계산한다.
   - **정확도**: 수행된 모든 예측 중에서 올바른 예측의 비율이다.
   - **F1 점수**: 모델의 정밀도와 재현율의 균형 잡힌 측정값이다. F1 점수는 **정밀도**(전체 양성 예측에 대한 진양성 예측의 비)와 **재현율**(전체 실제 양성 사례에 대한 진양성 예측의 비)의 조화 평균이다.

   F1 점수를 산출하는 공식은 다음과 같다.

   $$F1 = 2 \times (정밀도 \times 재현율) / (정밀도 + 재현율)$$

   F1 점수는 0부터 1 사이의 값으로 나타나며, 1에 가까울수록 정밀도와 재현율이 모두 완벽하다는 의미다. 이 지표는 정확도만으로는 판단하기 어려운 불균형한 데이터셋에서 특히 유용하게 쓰인다. 각 클래스별로 F1 점수를 계산한 뒤, 클래스별 인스턴스 수에 가중치를 두어 평균함으로써 가중 평균 F1 점수를 구할 수 있다.
5. 이 함수는 정확도와 F1 점수를 모두 반환하므로, 불균형한 클래스에 대해서도 모델의 성능을 보다 포괄적으로 평가할 수 있다.

이 구현은 또한 효율성을 위해 `torch.no_grad()`를 사용하고 필요한 사이킷런 지표들이 임포트됐다고 가정한다. 실제로는 예상치 못한 모델 출력이나 예측과 라벨 수의 불일치에 대한 오류 처리를 추가하는 것이 좋다.

3.6.3 다양성 지표

증강된 데이터셋의 다양성을 평가하는 것이 중요하다.

```
def calculate_diversity_metrics(texts):
    all_words = [word for text in texts for word in text.split()]
    vocab_size = len(set(all_words))
```

```
all_trigrams = [text[i:i+3] for text in texts for i in range(len(text)-2)]
unique_trigrams = len(set(all_trigrams))

return {"vocabulary_size": vocab_size, "unique_trigrams": unique_trigrams}
```

이 함수는 텍스트를 입력받아 다음 두 가지 **다양성 지표**(diversity metrics)를 계산해, 이들을 담은 딕셔너리를 반환한다.

- **어휘 크기**(vocabulary size)(1부터 전체 단어 수까지 범위): 어휘의 다양성을 나타내는 지표다. 이 값이 크면 텍스트 전반에 걸쳐 다양한 단어가 쓰였음을 뜻한다. 각 텍스트를 단어들로 분할한 뒤 모든 단어를 결합하고, 파이썬의 set를 이용해 고유한 단어들로 구성된 집합을 만든다. 이때 사용한 set 자료 구조는 중복 요소를 자동으로 제거한다.
- **고유 트리그램**(unique trigrams)(1에서 총 트리그램 수까지 범위): 이는 문자 수준(character-level) 다양성을 나타낸다. 높은 수치는 다양한 문자 시퀀스를 나타내며, 이는 잠재적으로 다양한 문장 구조나 단어 선택을 의미할 수 있다. 이 지표는 각 텍스트에서 트리그램(문자 세 개로 된 시퀀스)을 생성하고 고유한 요소들만 포함하는 집합을 사용해 고유한 트리그램의 수를 센다.

이러한 지표는 원본 텍스트와 증강 텍스트의 다양성을 비교하거나 데이터셋의 다양성을 평가하는 데 유용하다. 그러나 높은 다양성은 데이터의 비일관성이나 노이즈의 존재를 나타낼 수 있으므로 결과를 맥락에 맞게 해석해야 한다.

이러한 기술을 체계적으로 적용하면, 데이터 증강 전략이 LLM 성능에 미치는 영향을 정량화할 수 있고, 어떤 기술을 사용할지와 데이터 증강 파이프라인을 어떻게 파인튜닝할지에 대한 의사결정을 내릴 수 있다.

3.7 요약

이 장에서는 LLM을 위한 고급 데이터 증강 기법을 탐색했으며, 텍스트 조작 방법, 기존 모델을 활용한 데이터 생성, 다국어 전략, 의미 보존, 품질 관리 및 여러 지표를 다뤘다. 또한 증강과 데이터 품질의 균형을 맞추는 것의 중요성을 논의하고 다양한 기법에 대한 실용적인 파이썬 구현을 소개했다.

다음 장에서는 LLM 훈련을 위한 대규모 데이터셋 처리에 집중할 것이다.

4장

LLM 훈련을 위한 대규모 데이터셋 처리

이 장에서는 최첨단 LLM 훈련에 필수적인 대규모 데이터셋을 어떻게 관리하고 처리할지에 대한 고급 기술을 배운다. 또한 대규모 언어 데이터셋에서 발생하는 독특한 문제들을 살펴보고, 독자가 이를 극복할 수 있도록 실용적인 해결책도 함께 제시한다.

이 장의 목표는 대규모 데이터를 효율적으로 다룰 수 있도록 지식과 도구를 알려주어, 더 강력하고 효과적인 LLM을 훈련할 수 있게 돕는 것이다.

이 장에서는 다음 주제를 다룬다.

- 대규모 데이터셋의 도전 과제
- 데이터 샘플링 기법
- 분산 데이터 처리
- 데이터 샤딩과 병렬화 전략
- 효율적인 데이터 저장 형식
- 연속적인 LLM 훈련을 위한 스트리밍 데이터 처리
- 메모리 효율적인 데이터 로딩 기법

4.1 대용량 데이터셋의 도전 과제

LLM 훈련에는 테라바이트에서 심지어 페타바이트 단위의 방대한 데이터셋이 필요하다. 이렇게 규모가 커지면 여러 가지 도전 과제가 생긴다.

- **저장 요구사항**: 데이터셋의 크기가 단일 머신의 용량을 초과할 수 있어 분산 저장 솔루션이 필요하다.
- **입출력(I/O) 병목 현상**: 대량의 데이터를 읽는 과정에서 병목이 발생해 훈련 속도가 제한될 수 있다.
- **전처리 오버헤드**: 대량의 텍스트 데이터를 여러 단계의 순차 작업으로 처리해야 하므로 시간이 많이 걸릴 수 있다. 각 텍스트 조각을 토큰화, 정규화, 정제, 언어 감지, 기타 변환 등 여러 단계를 거쳐 처리해야 하고, 이를 수백만 또는 수십억 개의 샘플에 반복 적용해야 하기 때문이다. 이 과정은 본질적으로 순차적이며 CPU/메모리 자원을 많이 요구하고, 정규 표현식(regular expressions, regex), 딕셔너리 조회, 언어별 규칙 같은 복잡한 연산도 포함한다. 특히 다국어나 부호혼용 데이터를 다룰 때는 언어마다 다른 규칙을 적용해야 하고, 스크립트 정규화나 언어 감지 같은 추가 작업까지 필요해 더욱 복잡해지며, 전처리 파이프라인이 대규모 자연어 처리(natural language processing, NLP) 시스템에서 주요한 병목지점이 된다.
- **메모리 제약**: 전체 데이터셋을 메모리에 로드하는 일은 대개 불가능하다. 따라서 스트리밍이나 일괄처리(batching) 방식으로 접근해야 한다.
- **데이터 품질과 다양성**: 데이터셋의 크기가 커질수록 품질과 대표성을 보장하기가 더욱 어려워진다.

이러한 문제를 해결하려면 정교한 데이터 처리 기법을 활용해야 한다. 예를 들어, 허깅 페이스의 **Datasets** 라이브러리를 사용한 파이썬 구현을 살펴보자. 이 라이브러리는 대규모 데이터셋을 효율적으로 처리할 수 있도록 설계됐다.

```python
from datasets import load_dataset, Dataset
import psutil

def load_and_process_large_dataset(dataset_name, num_proc):
    # 데이터셋 로드
    dataset = load_dataset(dataset_name, streaming=True)

    # 전처리 함수 정의
    def preprocess_function(examples):
        # 이곳에 전처리 로직을 구현
        return examples

    # 병렬로 전처리를 적용
```

```python
    processed_dataset = dataset.map(
        preprocess_function,
        batched=True,
        num_proc=num_proc,
        remove_columns=dataset["train"].column_names
    )

    return processed_dataset

# 병렬 처리를 위한 CPU 코어 수를 결정
num_cores = psutil.cpu_count(logical=False)

# 대용량 데이터셋을 로드하고 처리(예: C4 데이터셋)
large_dataset = load_and_process_large_dataset("c4", num_proc=num_cores)

# 처음 몇 예를 출력
for example in large_dataset["train"].take(5):
    print(example)
```

이 코드에서는 Datasets 라이브러리를 사용해 대규모 데이터셋(이 경우 C4 데이터셋)을 효율적으로 로드하고 처리한다. `num_proc` 매개변수를 통해 데이터셋 매핑 작업에서 병렬 처리에 사용할 프로세서 코어 수를 지정할 수 있다. 대용량 데이터셋을 전처리할 때는 병렬 처리를 통해 여러 CPU 코어를 활용하면 작업 속도를 크게 높일 수 있다. 예를 들어 `num_proc=4`로 설정하면 전처리 함수가 네 개의 프로세서 코어에서 동시에 실행되어 서로 다른 데이터 배치를 병렬로 처리하게 된다.

대규모 데이터셋이 사용되는 맥락을 더 잘 이해하려면 구체적인 예시를 살펴보는 것이 도움이 된다. 앞서 코드에서 사용한 C4(**Colossal Clean Crawled Corpus**) 데이터셋은 현대 LLM 훈련에 중요한 역할을 한다.

C4 데이터셋은 구글이 대규모 언어 모델 훈련용으로 개발한 웹 크롤링 텍스트 말뭉치다. 이 데이터셋은 Common Crawl 데이터를 기반으로 하되, 중복 항목, 비영어 콘텐츠, 부적절한 내용을 제거하는 광범위한 정제 작업을 통해 구축됐다. 총 750GB가량의 영어 텍스트로 구성돼 있으며, 표준 정제 버전, 원시 데이터 버전, 뉴스 형태 콘텐츠 집중 버전 등 다양한 변형이 있다. 오픈소스로 공개돼 있지만, 실제로 사용하려면 구글 클라우드 스토리지나 허깅페이스 Datasets 라이브러리와 같은 전용 도구를 통해 접근해야 한다. 정제 과정을 거쳤음에도 콘텐츠 품질 및 잠재적 편향성과 관련된 한계점이 존

재하므로, 모델 훈련 시 이러한 제약사항을 충분히 고려해야 한다. 그럼에도 불구하고 NLP 과업에 여전히 유용한 자원이며, **T5(Text-to-Text Transfer Transformer)**와 **LaMDA(Language Model for Dialogue Applications)** 등 주요 모델을 훈련하는 데 중요하게 쓰였다.

메모리에 전체 데이터셋을 한꺼번에 적재하지 않도록 스트리밍 방식을 채택하겠다. `num_proc` 매개변수를 시스템의 물리적 CPU 코어 수와 일치하도록 구성함으로써 병렬 처리의 효율성을 극대화할 수 있다.

`preprocess_function` 함수에서는 각 데이터셋의 특성에 맞는 전처리 과정을 정의한다. 해당 함수를 데이터셋 전반에 걸쳐 병렬 방식으로 적용하면, 대규모 데이터셋에 대한 전처리 작업의 처리 시간을 크게 단축할 수 있다.

다음 코드와 같이 GPU를 활용한 작업 처리도 가능하다(GPU 기반 전처리는 토큰화 및 임베딩 생성과 같은 연산에서는 상당한 성능 향상을 제공하지만, 단순한 텍스트 조작 작업에서는 처리 속도 개선 효과가 제한적일 수 있다).

```python
import torch
from datasets import load_dataset
from torch.utils.data import DataLoader
from transformers import AutoTokenizer

def load_and_process_dataset(dataset_name, batch_size):
    dataset = load_dataset(dataset_name, streaming=True)
    tokenizer = AutoTokenizer.from_pretrained("bert-base-uncased")

    def preprocess(examples):
        return tokenizer(
            examples["text"], padding="max_length",
            truncation=True, return_tensors="pt"
        )

    def process_batch(batch):
        return {k: v.to(device) for k, v in preprocess(batch).items()}
    return DataLoader(
        dataset["train"].map(process_batch),
        batch_size=batch_size, num_workers=2,
        pin_memory=True
```

```
    )

device = torch.device("cuda" if torch.cuda.is_available() else "cpu")
dataloader = load_and_process_dataset("c4", batch_size=32)

for i, batch in enumerate(dataloader):
    if i >= 5: break
    print(f"배치 {i}:", {k: v.shape for k, v in batch.items()})
```

이 코드는 파이토치와 허깅 페이스 라이브러리를 사용해 데이터셋(예: C4)을 GPU 가속으로 처리한다. 효율적인 배치 처리를 위해 데이터 로더를 사용하고, 데이터를 GPU 메모리로 이동하며, 사전 훈련된 토크나이저를 사용한다. 주요 GPU 이점은 병렬 배치 처리와 GPU 가속 토큰화에서 나온다. 이러한 구성을 통해 GPU 활용이 가능하지만, GPU의 가장 큰 성능 이점은 전처리 단계보다는 모델 훈련이나 추론 과정에서 나타난다.

4.2 데이터 샘플링 기법

데이터 샘플링은 대표성을 희생하지 않고 대규모 데이터셋의 크기를 줄이는 실용적인 접근법이다. 여러 기법이 존재하며, 각기 고유한 용도와 장단점이 있다. **임의 샘플링(random sampling)**은 데이터셋에서 데이터 포인트를 균일하게(uniformly) 무작위로 추출한다. 데이터가 독립적이고 동일하게 분포할 때 간단하고 효과적이지만, 데이터가 불균일한 경우 중요한 하위 그룹을 놓칠 위험이 있다. **체계적 샘플링(systematic sampling)**은 무작위로 정한 시작점 이후의 목록에서 매 k번째 항목을 선택한다. 이는 임의 샘플링에 비해 구조적이며, 데이터가 의미 있는 방식으로 정렬돼(ordered) 있을 때 유용할 수 있지만, 데이터 내에 주기적 패턴이 숨은 경우 정렬 순서가 우연히 이와 일치하면 편향을 초래할 가능성이 있다. **저장소 샘플링(reservoir sampling)**은 크기가 알려지지 않은 데이터셋을 스트리밍할 때 사용할 수 있도록 설계된 기법이다. 데이터를 순차적으로 처리하면서도 고정된 크기의 샘플을 유지할 수 있고, 모든 항목이 동일한 확률로 선택되도록 할 수 있다. 데이터가 연속적인 흐름으로 도착하는 온라인 또는 점진적 학습 시나리오에서 특히 유용한 방법이다.

지면이 제한돼 있으므로, 이 장에서는 데이터셋 내 하위 그룹의 비례적 구성을 보존하는 **층화 샘플링(stratified sampling)** 기법에 집중한다. 이 방법은 라벨 클래스, 문장 길이, 메타데이터 범주처럼 모델 성능에 영향을 주는 속성이 있을 때, 그 특성을 샘플링된 하위 집합에서도 유지하고자 할 때 특히 유용하다. NLP 분야에서는 텍스트 길이가 모델의 입력 처리 방식에 큰 영향을 미치기 때문에 흔히 층화 변수로 사용된다.

다음 구현은 텍스트 길이에 기반한 층화 추출을 적용하는 방법을 보여준다. 이는 데이터셋을 백분위 기반의 층으로 나누고 각 층에서 비례적으로 샘플링해 전체 데이터셋의 길이 분포를 유지하는 부분집합을 구성한다.

```python
import numpy as np
from datasets import Dataset

def stratified_length_sampling(dataset, num_samples, num_strata=10):
    # 텍스트 길이 계산
    lengths = [len(example['text']) for example in dataset]
    
    # 텍스트 길이에 기반해 계층(strata)을 생성
    strata_bounds = np.percentile(lengths, np.linspace(0, 100, num_strata + 1))
    
    sampled_data = []
    for i in range(num_strata):
        stratum = [
            example for example in dataset
            if strata_bounds[i] <= len(example['text']) < strata_bounds[i+1]
        ]
        stratum_samples = np.random.choice(
            stratum, size=num_samples // num_strata, replace=False
        )
        sampled_data.extend(stratum_samples)
    
    return Dataset.from_dict(
        {key: [example[key] for example in sampled_data] for key in dataset[0].keys()}
    )

#사용법
sampled_dataset = stratified_length_sampling(large_dataset, num_samples=100000)
```

이 층화 샘플링 기법은 샘플링된 데이터셋에서 텍스트 길이 분포의 대표성을 유지한다. 세분성과 계산 효율성의 균형을 고려해 10개의 층을 사용하며(num_strata=10), 이 값은 데이터셋의 특성과 샘플링 목적에 따라 조정할 수 있다.

데이터셋의 크기와 복잡성이 증가함에 따라, 단일 머신에서의 처리는 속도와 확장성 면에서 병목 현상을 일으키게 된다. 데이터 샘플링과 같은 기법이 부분적인 완화책이 될 수는 있지만, 중앙 집중형 아키텍처가 갖는 계산상의 제약을 근본적으로 해결하지는 못한다. 이러한 한계를 극복하기 위해, 다음 절에서는 계산을 여러 대의 머신이나 노드에 분산시켜 처리량을 높이고 지연 시간을 줄이며, 대규모 LLM 훈련 파이프라인에 필요한 병렬 워크플로를 지원하는 분산 데이터 처리 방식을 소개한다.

4.3 분산 데이터 처리

정말 방대한 데이터셋의 경우, 분산 처리가 필요하다. 다음은 병렬 컴퓨팅을 위한 유연한 파이썬 라이브러리인 Dask[1]를 사용한 예다.

Dask와 아파치 스파크(Apache Spark)는 둘 다 분산 컴퓨팅 프레임워크이지만 아키텍처와 사용 사례에 차이가 있다. 스파크는 RDD(resilient distributed datasets) 개념을 중심으로 구축됐으며 클러스터 설정이 필요해 대규모 생산 데이터 처리에 이상적이다. 한편 Dask는 파이썬 생태계와의 완벽한 호환성에 초점을 맞춰 설계됐다. 파이썬 개발자에게 친숙한 넘파이(NumPy), 판다스, 사이킷런과 비슷한 API를 사용해 개인 노트북 한 대에서 시작해서 대규모 클러스터까지 자유롭게 확장할 수 있다. 스파크는 대규모 데이터셋의 배치 처리에 뛰어나고, Dask는 상호작용적 컴퓨팅과 과학 워크플로에 더 폭넓게 적용할 수 있으며 파이썬 네이티브 라이브러리[2]를 사용하거나 기존 파이썬 코드를 최소한의 수정으로 확장해야 할 때 특히 유리하다.

코드를 보자.

```
import dask.dataframe as dd
from dask.distributed import Client


def distributed_preprocessing(data_path, num_partitions):
    # Dask 클라이언트 초기화
    client = Client()

    # 데이터셋을 Dask DataFrame으로 읽기
```

---

[1] https://www.dask.org/
[2] (옮긴이) 파이썬 네이티브 라이브러리(Python-native library)란 주로 파이썬으로 작성되어 파이썬 생태계에 최적화된 라이브러리를 가리킨다. 파이썬의 문법과 데이터 구조에 자연스럽게 통합되어 파이썬 개발자가 직관적으로 사용할 수 있다.

```
    df = dd.read_csv(data_path, blocksize="64MB")

    # 더 나은 분산을 위해 데이터를 재분할
    df = df.repartition(npartitions=num_partitions)

    # 전처리 함수 정의
    def preprocess(text):
        # 여기에 전처리 로직을 구현
        return processed_text

    # 병렬로 전처리 적용
    df['processed_text'] = df['text'].map(preprocess)

    # 계산을 트리거하고 결과를 반환
    result = df.compute()

    client.close()
    return result

# 사용 예
processed_data = distributed_preprocessing("path/to/large/dataset.csv", num_partitions=100)
```

이 예에서는 Dask를 사용해 전처리 작업을 여러 머신 또는 코어에 분산한다. `num_partitions` 매개변수(100으로 설정)는 병렬 처리 수준을 결정하며, 사용 가능한 계산 자원과 데이터셋 크기에 따라 조정해야 한다.

4.4 데이터 샤딩 및 병렬화 전략

데이터 샤딩(data sharding)은 대규모 데이터셋을 더 작고 관리하기 쉬운 조각들로 나누는 기법을 말한다. 이 조각들을 샤드(shards)라고 부르는데, 이들은 여러 머신이나 저장 시스템에 분산된다. 각 샤드를 독립적으로 처리할 수 있으므로, 특히 단일 머신의 메모리에 들어가지 않던 대규모 데이터셋도 쉽게 다룰 수 있게 된다. 머신러닝에서는 이런 방식을 활용해 대규모 데이터셋 처리를 분산함으로써 더 큰 모델을 훈련하거나 계산 속도를 높일 수 있다.

데이터 샤딩을 사용하면 각 샤드를 독립적으로 처리할 수 있어 계산 자원을 더 효율적으로 활용할 수 있고, 처리 결과도 나중에 집계할 수 있다.

그러나 샤딩 전략을 세울 때는 모든 샤드에서 데이터 분포의 무결성과 대표성을 유지하도록 신중하게 고려해야 한다. 그래야 훈련된 모델에서 편향이나 비일관성을 피할 수 있다.

다음은 샤딩을 구현하는 예다.

```python
import hashlib

def shard_data(dataset, num_shards):
    shards = [[] for _ in range(num_shards)]

    for item in dataset:
        # 해시 함수를 사용해 샤드를 결정
        shard_index = int(
            hashlib.md5(item['id'].encode()).hexdigest(), 16
        ) % num_shards
        shards[shard_index].append(item)

    return shards

# 사용 예
sharded_data = shard_data(large_dataset, num_shards=10)
```

이 샤딩 전략에서는 해시 함수를 사용해 데이터를 샤드에 분배한다. `num_shards` 매개변수(10으로 설정)는 인프라와 병렬화 필요에 따라 조정해야 한다.

`shard_data` 함수는 각 항목의 고유 식별자를 기반으로 일관적인 해싱 방식을 적용해 데이터셋의 항목들을 지정된 수의 샤드로 분산한다. 이 함수는 각각 샤드를 나타내는 빈 리스트들의 리스트를 초기화하고, 입력 데이터셋의 모든 항목에 대해 항목의 `'id'` 필드에 대한 **MD5(Message Digest Algorithm 5)** 해시를 사용해 샤드 인덱스를 계산한다. 해시 출력은 정수로 변환된 후 샤드 수로 나머지를 구해 샤드 간의 균일한 분배를 보장한다. 이 방법은 동일한 ID를 가진 항목들이 실행 간에 일관적으로 동일한 샤드에 매핑되도록 보장해 분산된 저장소나 병렬 처리와 같은 과업에서 결정성과 균형이 중요할 때 유용하다.

샤딩 전략은 데이터의 특성과 예상 쿼리 패턴에 따라 선택되며, 각 접근 방식은 확장성, 성능 및 복잡성에서 고유한 절충점이 있다.

- **해시 샤딩**: 키를 해시 함수로 매핑해 데이터를 균일하게 분산된 데이터에 적합하며, 부하(load)를 샤드에 고르게 분산한다.
- **범위 샤딩**: 각 샤드가 연속된 범위의 데이터 값을 보유하는 시계열 로그와 같은 정렬된 데이터셋에 효과적이다.
- **지리적 샤딩**: 위치 기반 쿼리를 최적화하기 위해 데이터를 지리적 지역(geographical regions)에 따라 분할하도록 설계됐다.
- **키-값 샤딩**: 특정 키 범위나 값을 정의된 샤드에 할당해 핫스팟을 수동으로 제어할 수 있게 한다.
- **디렉터리 기반 샤딩**: 조회(lookup) 서비스를 사용해 데이터 배치를 결정하는 동적 샤드 할당을 지원해, 데이터 분포의 변화에 적응할 수 있다.
- **일관적 해싱**: 샤드의 수가 변경될 때 데이터 이동을 최소화해 안정성을 유지하고 리밸런싱 오버헤드를 줄인다.
- **라운드 로빈 샤딩**: 데이터를 샤드에 순차적으로 분산해 단순하다는 장점이 있지만 범위 기반 쿼리에는 성능이 좋지 않다.
- **워크로드 기반 샤딩**: 관찰된 쿼리 패턴에 따라 트래픽이 많은 데이터를 별도의 샤드에 할당해 액세스 부하를 분산한다.
- **복합 샤딩**: 다양한 데이터 유형과 쿼리 요구사항을 가진 복잡한 시스템을 지원하기 위해 여러 전략을 결합한다.
- **태그 기반 샤딩**: 사용자 역할이나 데이터 범주와 같은 라벨을 기반으로 데이터를 범주화해 도메인별 파티셔닝 전략을 지원한다.

앞의 코드 블록에 대해, 샤드를 처리하고 집계하는 주된 오케스트레이터로 다음 함수를 정의할 수도 있다.

```python
def process_with_sharding(dataset: List[Dict], num_shards: int) -> List[Dict]:
    # 1단계: 데이터를 샤딩
    shards = shard_data(dataset, num_shards)

    # 2단계: 샤드를 병렬 처리
    with ProcessPoolExecutor(max_workers=num_shards) as executor:
        processed_shards = list(executor.map(process_shard, shards))

    # 3단계: 결과 집계
    aggregated_results = []
    for shard_results in processed_shards:
        aggregated_results.extend(shard_results)
```

process_with_sharding 함수는 딕셔너리 리스트로 표현된 데이터셋을 받아 shard_data 함수를 사용해 지정된 개수의 샤드로 나눈다. 그런 다음 ProcessPoolExecutor를 사용해 샤드 수만큼의 작업자를 통해 각 샤드를 병렬로 process_shard 함수를 적용해 동시에 처리한다. 모든 샤드 처리가 완료되면, 각 샤드의 개별 결과를 순회하면서 최종 결과 리스트에 해당 내용을 확장해 단일 리스트로 집계한다.

데이터를 병렬 처리에 적합하도록 분할했으니, 이제 어떻게 물리적으로 저장하고 접근할지에 주목할 차례다. 이는 효율적인 저장 형식을 선택하는 문제로 이어진다.

4.5 효율적인 데이터 저장 형식

올바른 저장 형식을 선택하는 것은 데이터 로딩 및 처리 속도에 큰 영향을 미칠 수 있다.

예를 들어, 대규모 데이터셋에 특히 효율적인 형식인 **아파치 파케이(Apache Parquet)**[3]를 사용할 수 있다.

다음은 대용량 언어 데이터셋을 저장하기 위한 다양한 칼럼 형식과 그 특성을 비교한 표다.

표 4.1 다양한 칼럼 형식의 특성

기능	CSV	JSON	Apache Parquet	Apache Arrow
스토리지 유형	행 기반	행 기반	칼럼형	칼럼형
압축	기본	나쁨	훌륭함	훌륭함
쿼리 속도	느림	느림	빠름	매우 빠름
중첩 구조	아니요	예	예	예
스키마 지원	아니요	제한적	예	예
랜덤 액세스	나쁨	나쁨	좋음	훌륭함
메모리 효율	나쁨	나쁨	좋음	훌륭함
파이썬 통합	간단	간단	좋음(PyArrow를 사용)	네이티브
전형적인 용도	작은 데이터셋	API 응답	대규모 분석	인메모리 프로세싱
로딩 속도	느림	중간	빠름	매우 빠름
NLP 기능 지원	기본	좋음	훌륭함	훌륭함

---

[3] https://parquet.apache.org/

기능	CSV	JSON	Apache Parquet	Apache Arrow
크로스 플랫폼	예	예	예	예
메타데이터 지원	아니요	제한적	예	예

이 표는 파케이가 LLM 데이터셋에 자주 선호되는 이유를 강조한다. 이는 열 형식 저장 방식, 효율적인 압축, 그리고 NLP 과업에서 흔히 발견되는 복잡한 데이터 구조에 대한 강력한 지원 때문이다.

다음은 NLP 데이터셋에 대한 데이터가 일반적으로 아파치 파케이 열에서 어떻게 구조화되는지 보여주는 예다.

표 4.2 아파치 파케이 열의 데이터 구조

칼럼명	자료형	예제 값
text_id	Integer	1, 2, 3, 4
Text	String	"This is sample text", "Another example"
Tokens	List[String]	["This", "is", "sample", "text"], ["Another", "example"]
Embeddings	List[Float]	[0.1, 0.2, 0.3], [0.4, 0.5, 0.6]
Metadata	Struct	{"lang": "en", "source": "web"}, {"lang": "fr", "source": "news"}
Labels	Integer	1, 0, 1, 0
Timestamp	Timestamp	2024-01-01 10:30:00, 2024-01-01 10:31:00
language_score	Float	0.95, 0.87, 0.92
Entities	List[Struct]	[{"text": "Google", "type": "ORG"}, {"text": "New York", "type": "LOC"}]
doc_stats	Struct	{"word_count": 150, "char_count": 750, "sentence_count": 8}

각 칼럼은 개별적으로 저장되고 효율적으로 압축 및 접근할 수 있어, 특히 대규모 NLP에 유용하다.

다음 코드는 PyArrow 라이브러리를 사용해 파이썬 딕셔너리 목록으로 표현된 데이터셋을 파케이 파일로 변환하고 다시 읽는다.

```
import pyarrow as pa
import pyarrow.parquet as pq

def convert_to_parquet(dataset, output_path):
    # 데이터셋을 Arrow Table로 변환
```

```
    table = pa.Table.from_pydict(dataset[0])

    # Parquet 파일로 저장
    pq.write_table(table, output_path)

def read_from_parquet(file_path):
    # Parquet 파일 읽기
    table = pq.read_table(file_path)

    # 딕셔너리로 다시 변환
    return table.to_pydict()

# 사용 예
convert_to_parquet(large_dataset, "large_dataset.parquet")
loaded_dataset = read_from_parquet("large_dataset.parquet")
```

이 코드에서 `convert_to_parquet` 함수는 데이터셋과 출력 파일 경로를 받아, 데이터셋의 첫 번째 딕셔너리를 `pa.Table.from_pydict`를 사용해 PyArrow 테이블로 변환하고, `pq.write_table`을 사용해 파케이 파일로 쓴다. `read_from_parquet` 함수는 지정된 경로에서 파케이 파일을 읽어 `pq.read_table`을 사용해 PyArrow 테이블로 변환한 후, `table.to_pydict`를 사용해 다시 파이썬 딕셔너리로 변환한다. 사용 예시에서, 변수 `large_dataset`은 "large_dataset.parquet"로 직렬화되고, `loaded_dataset`으로 다시 역직렬화된다.

LLM 데이터셋에 파케이를 사용하면 여러 장점이 있다.

- 칼럼형 저장으로 쿼리 효율 증가
- 압축을 통해 저장 공간 절약
- NLP 데이터에서 흔히 볼 수 있는 복잡한 중첩 구조를 지원

앞선 절들에서는 샘플링, 분산 컴퓨팅, 최적화된 저장 전략을 통해 대규모 정적 데이터셋을 관리하는 방법을 다뤘다. 이러한 접근법은 유한하고 명확히 정의된 말뭉치를 전제로 한다. 그러나 최근 훈련 시나리오에서는 사용자 상호작용, 실시간 텔레메트리, 진화하는 콘텐츠 스트림과 같이 지속해서 유입되는 데이터를 다루는 경우가 늘고 있다. 이러한 동적 환경에 대응하려면 기존 데이터 파이프라인을 실시간 수집과 처리가 가능한 아키텍처로 전환해야 한다. 다음 절에서는 LLM의 장기 컨텍스트와 적응형 훈련 체제 지속을 위한 스트리밍 데이터 처리를 소개한다.

4.6 연속적인 LLM 훈련을 위한 스트리밍 데이터 처리

새로운 데이터가 계속 생성되는 시나리오에서는 스트리밍 처리를 통해 모델을 꾸준히 업데이트할 수 있다. 다음은 **아파치 카프카(Apache Kafka)**[4]와 **파우스트(Faust)**[5]를 사용한 예시다.

아파치 카프카는 실시간 데이터 파이프라인과 스트리밍 애플리케이션을 구축하는 데 중추적인 역할을 하는 분산 스트리밍 플랫폼이다. 데이터 생산자가 메시지를 토픽으로 보내고 소비자가 이를 읽는 **발행(pub)-구독(sub)** 모델을 사용하면, 여러 브로커에 걸쳐 확장 가능하고 내결함성 있는 데이터 분배가 가능해진다. 비동기 처리 방식과 함께 활용하면, 시스템이 작업을 차단하지 않고도 대규모 데이터를 실시간으로 처리할 수 있다. 카프카에서는 여러 브로커가 중복성과 부하 분산을 담당하므로, 사용자는 높은 가용성과 처리량을 안정적으로 확보할 수 있다. 이러한 아키텍처는 로그 집계, 지표 수집, 스트림 처리, 이벤트 소싱 등 실시간 데이터 처리가 요구되는 다양한 상황에서 효과적이다.

한편, 파우스트는 Kafka Streams에 상응하는 파이썬 기반 스트림 처리 라이브러리로, 실시간 데이터 처리 과업을 연속적인 이벤트 스트림으로 취급해 처리한다. 개발자는 이를 통해 실시간으로 데이터를 처리, 변환, 분석하는 애플리케이션을 구축할 수 있다. 고수준의 추상화를 제공해 복잡한 워크플로를 구현하기 쉽고, 동시에 파이썬의 단순함과 표현력도 유지할 수 있다. 파우스트는 내부적으로 `async/await`와 같은 현대적인 파이썬 기능을 사용하고, 동시 작업을 효율적으로 처리하기 위해 파이썬의 asyncio 라이브러리의 힘을 활용한다.

다음 코드는 파우스트를 사용해 간단한 실시간 데이터 처리 애플리케이션을 정의한다. 카프카 토픽에서 메시지를 받아 전처리 로직을 적용한 뒤, 언어 모델 훈련과 같은 다운스트림 과업을 위해 데이터를 준비한다.

```
import faust

class Text(faust.Record):
    content: str

app = faust.App('llm-training', broker='kafka://localhost:9092')
topic = app.topic('raw-text', value_type=Text)
```

---

[4] https://kafka.apache.org/
[5] https://faust.readthedocs.io/en/latest/

```
@app.agent(topic)
async def process(stream):
    async for text in stream:
        processed_text = preprocess(text.content)
        # 처리된 텍스트를 LLM 훈련 파이프라인에 전달
        print(f"처리됨: {processed_text}")  # 여기서는 예시로 출력만 한다

if __name__ == '__main__':
    app.main()
```

먼저, 코드는 `faust.Record`를 사용해 Text 클래스를 정의해 카프카에서 들어오는 메시지를 나타낸다. 이 메시지는 `content`라는 단일 문자열 필드를 포함하는 것으로 예상된다. 그 후, 파우스트 애플리케이션은 `'llm-training'` 식별자로 생성되고, `kafka://localhost:9092`에서 실행 중인 로컬 카프카 브로커에 연결된다. 애플리케이션은 `'raw-text'`라는 이름의 토픽을 구독하며, 들어오는 메시지는 Text 객체로 역직렬화된다.

핵심 처리 로직은 `process` 함수에 구현돼 있으며, `@app.agent(topic)`으로 데코레이트돼 `raw-text` 토픽에서 이벤트를 처리하는 파우스트 에이전트가 된다. 이 함수는 스트림의 각 메시지를 비동기적으로 순회하며, `content` 필드에 `preprocess` 함수를 적용하고 결과를 출력한다. 현재 코드에서는 처리된 텍스트를 출력하지만, 실제 환경에서는 모델 훈련 파이프라인에 출력을 전달하거나 추가적인 처리 단계로 넘기는 것이 일반적이다.

마지막으로, 스크립트는 스크립트를 직접 실행할 때 파우스트 애플리케이션을 시작하기 위한 표준 파이썬 진입점을 포함한다. `preprocess` 함수는 제공된 코드에는 포함돼 있지 않으며 전체 구현의 다른 곳에서 정의된 것으로 가정한다.

이 설정은 들어오는 텍스트 데이터를 지속적으로 처리할 수 있게 해주며, 이를 통해 실시간 또는 거의 실시간으로 LLM을 업데이트할 수 있다. `preprocess` 함수는 특정 데이터 전처리 로직을 포함한다.

4.7 메모리 효율적인 데이터 로딩 기법

메모리에 맞지 않는 너무 큰 데이터셋의 경우, **메모리 매핑** 또는 **청킹** 기법을 사용할 수 있다.

메모리 매핑(memory mapping)은 OS 수준의 기능을 활용해, 전체 파일을 로드하지 않고도 대용량 파일을 메모리에 직접 매핑하는 기술이다. 이를 통해 파일의 특정 부분에 랜덤 액세스가 가능해져, 빈

번하지만 비순차적 접근이 필요한 시나리오에 적합하다. 임베딩이나 토큰화된 텍스트 파일과 같은 크고 구조화된 데이터셋에서는 빠른 성능을 보이지만, 작고 분산된 읽기 작업에서는 오버헤드가 높아질 수 있다.

반면에 청킹(chunking)은 데이터를 더 작은, 순차적으로 처리되는 청크로 나눈다. 이는 메모리 제한 환경에서 대규모, 순차적으로 접근되는 데이터셋(예: 텍스트나 로그)을 스트리밍하는 데 효과적이다. 더 간단하고 이식성이 높지만, 청킹은 메모리 매핑에 비해 랜덤 액세스 패턴에서는 느릴 수 있다.

다음은 넘파이의 memmap 기능을 활용한 예다. 이 기능을 사용하면 디스크의 파일에 매핑되는 배열과 유사한 객체를 생성할 수 있어, 전체 배열을 메모리에 로드하지 않고도 효율적인 읽기와 쓰기 연산을 수행할 수 있다. 또한 memmap 기능을 활용하면 운영 체제의 가상 메모리 기능을 이용해 메모리 사용을 최소화하면서도 배열 작업을 원활하게 처리할 수 있다.

```python
import numpy as np

def create_memmap_dataset(dataset, output_file):
    # 데이터셋의 형태를 결정
    num_samples = len(dataset)
    sample_shape = dataset[0]['input'].shape

    # 메모리-매핑 배열을 생성
    mmap = np.memmap(
        output_file, dtype='float32', mode='w+', shape=(num_samples, *sample_shape)
    )

    # 메모리-매핑 배열에 데이터를 기록
    for i, sample in enumerate(dataset):
        mmap[i] = sample['input']

    # 디스크에 기록
    mmap.flush()

def load_memmap_dataset(file_path, shape):
    # 메모리-매핑 배열을 로드
    return np.memmap(file_path, dtype='float32', mode='r', shape=shape)

# 사용 예
create_memmap_dataset(large_dataset, "large_dataset.mmap")
```

```
mmap_dataset = load_memmap_dataset(
    "large_dataset.mmap", shape=(len(large_dataset), *large_dataset[0]['input'].shape)
)
```

이 기술을 사용하면 대부분의 데이터를 디스크에 저장하고 필요할 때 해당 부분만 메모리에 불러오므로, 가용 RAM보다 큰 데이터셋도 다룰 수 있다.

다음은 청킹 기법의 예로, 메모리에 한 번에 모두 들어가지 않는 대규모 데이터셋을 순차 처리해야 할 때 특히 유용하다. 랜덤 액세스를 허용하는 메모리 매핑과 달리, 청킹은 고정 크기의 데이터 블록을 순차적으로 명시하여 로드하고 처리한다. 이는 대규모 CSV 파일, 텍스트 말뭉치, 스트리밍 로그를 다룰 때 흔히 사용되는 패턴이다. 다음 예제에서는 판다스를 사용해 대규모 CSV 파일을 청크 단위로 처리하며, 내부에서 행 블록을 메모리에 읽어들여 메모리 피크를 최소화한다.

```
import pandas as pd

def process_chunk(chunk):
    # 실제 처리 로직을 여기에 구현
    # 예: 열의 평균값 계산
    return chunk['value'].mean()

def process_large_csv(file_path, chunk_size=10000):
    results = []
    for chunk in pd.read_csv(file_path, chunksize=chunk_size):
        result = process_chunk(chunk)
        results.append(result)
    return results

# 사용 예시
file_path = 'large_dataset.csv'
aggregated_results = process_large_csv(file_path)
print("처리된 청킹 수준 결과:", aggregated_results)
```

이 예제에서는 CSV 파일을 한 번에 10,000행씩 블록으로 읽는다. 각 청크는 처리 함수에 전달되고, 중간 결과(이 경우, 'value'라는 열의 평균)가 추가적인 집계나 분석을 위해 저장된다. 이 접근 방식은 유연하며 필터링, 변환 또는 청크된 출력을 새 파일에 쓰는 과업으로 쉽게 확장될 수 있다.

청킹은 데이터가 선형적으로 접근되고 각 청크가 독립적일 때 특히 적합하다. 그러나 개체 레코드에 대한 랜덤 액세스나 청크 간의 레코드 접근이 필요한 경우, 메모리 매핑이나 색인된 데이터베이스 솔루션이 더 효율적일 수 있다.

4.8 요약

이번 장에서는 LLM 훈련을 위한 대규모 데이터셋을 관리하고 처리하는 고급 기술을 알아봤다. 대규모 데이터셋의 과제, 데이터 샘플링 기법, 분산 처리, 효율적인 저장 형식, 스트리밍 처리, 데이터 샤딩, 메모리 효율적 로딩에 대해 배웠다.

효율성과 데이터 품질을 유지하면서 LLM 훈련을 대규모 데이터셋으로 확장하려면 이러한 기술들이 필요하며, 제각기 쓰임새가 있다.

- **데이터 샘플링 기법**: 이 기법을 활용하면 영향력이 크거나 대표성을 지닌 데이터에 집중할 수 있어 계산 부하를 줄이고 효율성을 높일 수 있으며, 전체 데이터셋을 처리하지 않더라도 품질을 확보할 수 있다.
- **분산 처리**: 여러 머신에서 작업을 병렬화해 데이터 준비 및 학습 속도를 높이고, 대규모 데이터셋에 대한 확장성을 구현한다.
- **효율적인 저장 형식**: 데이터 검색 속도를 향상시키고 저장 크기를 줄여 대규모 데이터셋에 대한 접근을 간소화하고 입출력 효율을 높인다.
- **스트리밍 처리**: 데이터를 점진적으로 처리해 메모리 사용을 최소화하고, 실시간 업데이트와 연속적인 데이터 스트림의 효율적인 처리를 지원한다.
- **데이터 샤딩**: 데이터를 더 작은 단위(청크)로 나눠 워크로드를 분산하고 지연 시간을 줄임으로써, 병렬 처리와 원활한 확장을 가능케 한다.
- **메모리 효율적 로딩**: 데이터를 관리 가능한 단위로 로드해 메모리 사용량을 제한하므로, 메모리 용량을 초과하는 데이터셋도 효율적으로 처리할 수 있다.

다음 장에서는 LLM 개발을 위한 데이터 버전 관리 패턴을 소개한다.

5장

데이터 버전 관리

데이터 버전 관리(data versioning)는 사전 훈련, 파인튜닝, 평가, 배포를 포함한 모델 개발 생애 주기 동안 사용되는 데이터셋의 다양한 버전을 체계적으로 추적하고 관리하는 것을 말한다. 이는 데이터셋이나 그 하위 집합에 고유 식별자를 할당하고, 시간 경과에 따른 변화를 기록하며, 특정 모델 버전과 실제 사용된 데이터 버전을 정확히 연결해 재현성을 확보한다.

이번 장에서는 LLM 개발을 위한 효과적인 데이터 버전 관리 전략을 구현하는 방법을 배운다. 예를 들어, 종양학 연구 논문 데이터셋에 새로운 논문 10,000편을 추가한다고 하자. 시스템은 데이터셋 버전을 자동으로 만들어 두고, 추후에 모델 성능이 저하되는 경우 이미 검증된 데이터셋 버전으로 즉시 롤백한다. 이로써 연구의 재현성과 신뢰성을 확보할 수 있다.

이 디자인 패턴은 데이터셋 관리를 혼란스럽고 수동적인 과정에서 LLM 모델 개발에서 구조적이고 추적 가능한 워크플로로 변환한다.

이 장에서는 다음 주제를 다룬다.

- 데이터 버전 관리의 필요성
- 대규모 언어 데이터셋에 대한 데이터 버전 관리 전략
- 데이터 버전 관리 도구
- 훈련 워크플로에 데이터 버전 관리를 통합하기
- 텍스트 말뭉치 버전 관리
- 데이터셋 변형과 실험을 관리하기
- 데이터 버전 관리 모범 사례

5.1 데이터 버전 관리의 필요성 이해

데이터 버전 관리는 언어 데이터셋의 방대한 규모와 복잡성으로 인해 LLM 프로젝트에서 특히 중요하다. LLM 엔지니어는 데이터셋의 변경 사항을 추적해 모델의 재현성을 보장하고 데이터 수정에 대한 명확한 이력을 유지해야 한다.

파이썬을 사용해 기본적인 데이터 버전 관리 시스템을 구현해 보자.

```python
from datetime import datetime
import hashlib
import json

class DatasetVersion:
    def __init__(self, data, metadata=None):
        self.data = data
        self.metadata = metadata or {}
        self.timestamp = datetime.now().isoformat()
        # 각 버전에 대한 생성 타임스탬프
        self.version_hash = self._generate_hash()

    def _generate_hash(self):
        data_str = json.dumps(self.data, sort_keys=True).encode()
        return hashlib.sha256(data_str).hexdigest()
```

`DatasetVersion` 클래스는 LLM 데이터셋 버전 관리의 핵심 구조를 정의한다. 이 클래스는 데이터 버전마다 고유 해시와 타임스탬프를 할당하여 각 버전을 식별 가능하게 만든다. `_generate_hash` 메서드는 데이터를 정렬된 JSON 형태로 변환한 후 SHA-256 해시를 생성하는 방식으로 작동하며, 이를 통해 동일한 데이터에 대해서는 언제나 일관된 해시값을 출력한다.

이제 `save`와 `load` 메서드를 추가하자.

```python
class DatasetVersion:
    # ... (이전 메서드)

    def save(self, filename):
        with open(filename, 'w') as f:
            json.dump({
```

```python
            'data': self.data,
            'metadata': self.metadata,
            'timestamp': self.timestamp,
            'version_hash': self.version_hash
        }, f, indent=2)

@classmethod
def load(cls, filename):
    with open(filename, 'r') as f:
        data = json.load(f)
    instance = cls(data['data'], data['metadata'])
    instance.timestamp = data['timestamp']
    instance.version_hash = data['version_hash']
    return instance
```

save 메서드는 모든 관련 정보를 포함해 데이터셋 버전을 JSON 파일로 직렬화한다. load 메서드는 저장된 파일에서 DatasetVersion 인스턴스를 재구성하는 클래스 메서드다. 이를 통해 다양한 버전의 데이터셋을 쉽게 저장하고 검색할 수 있다.

데이터 버전 관리의 필요성에 대해 논의했으니, 이제 추적성, 재현성 및 효율적인 스토리지를 지원하기 위해 대규모 언어 데이터셋에서 버전 관리를 관리하는 주요 전략에 대해 간략히 설명하겠다.

5.2 대규모 언어 데이터셋을 위한 데이터 버전 관리 전략

스냅샷, 콘텐츠 주소 지정 가능 저장소, 체크섬 기반 추적 등 데이터 버전 관리를 처리하는 데 사용할 수 있는 다양한 전략 중에서, 이 절에서는 대규모 언어 데이터셋의 반복 업데이트를 처리할 때 스토리지 비용을 최소화하는 **델타 기반 시스템**(delta-based system)에 중점을 둔다. 델타 기반 버전 관리는 전체 파일을 복제하지 않고 데이터셋 버전 간의 차이만 저장하므로, 변경 사항이 자주 발생하지만 그 폭이 작을 때 특히 유용하다. 하지만 데이터셋 구조가 크게 변경되거나 바이너리 파일이 포함되는 경우에는 델타 방식의 효율이 떨어질 수 있다. 예를 들어 스키마가 바뀌거나 열의 순서가 바뀌고, 파일이 분할되면 델타 메커니즘이 제대로 작동하지 않아 전체 데이터셋을 다시 작성해야 할 수도 있다. 이진 파일 역시 구조가 불투명하고 압축돼 있으므로 조금만 수정해도 전체가 변경되는 경향이 있어 델타 기반 저장 방식의 장점을 살리기 어렵다. 하지만 일반적인 LLM 개발 환경에서는 대부분의 데이터가 텍스트 형태이고 구조화돼 있으며, 점진적으로 개선되는 특성을 가지고 있어 델타 기반 접근법이 유용하다.

다음은 델타 기반 버전 관리 시스템을 구현하는 예다.

```python
import difflib

class DeltaDatasetVersion(DatasetVersion):
    def __init__(self, data, base_version=None, metadata=None):
        super().__init__(data, metadata)
        self.base_version = base_version
        self.delta = self._compute_delta() if base_version else None

    def _compute_delta(self):
        base_data = json.dumps(self.base_version.data, sort_keys=True).splitlines()
        current_data = json.dumps(self.data, sort_keys=True).splitlines()
        diff = list(difflib.unified_diff(base_data, current_data, lineterm=''))
        return '\n'.join(diff)
```

이 부분은 `DeltaDatasetVersion` 클래스의 일부로, 이전의 `DatasetVersion` 클래스를 확장해 델타 기반 버전 관리를 구현한다. `_compute_delta` 메서드는 파이썬의 `difflib`을 사용해 현재 버전과 기본 버전 간의 차이를 계산한다. 이 접근 방식은 변경 사항만 저장함으로써 대규모 데이터셋의 저장 요구사항을 크게 줄일 수 있다.

이제, 이러한 델타 기반 버전들을 저장하고 불러오는 메서드를 추가하자.

```python
class DeltaDatasetVersion(DatasetVersion):
    # ... (이전 메서드들)

    def save(self, filename):
        with open(filename, 'w') as f:
            json.dump({
                'metadata': self.metadata,
                'timestamp': self.timestamp,
                'version_hash': self.version_hash,
                'base_version_hash': (
                    self.base_version.version_hash if self.base_version else None
                ),
                'delta': self.delta
            }, f, indent=2)
```

```python
@classmethod
def load(cls, filename, base_version):
    with open(filename, 'r') as f:
        data = json.load(f)

    # 델타를 기본 버전에 적용
    base_data = json.dumps(base_version.data, sort_keys=True).splitlines()
    patched_data = difflib.restore(base_data, data['delta'].splitlines(), 1)
    current_data = json.loads('\n'.join(patched_data))
    instance = cls(current_data, base_version, data['metadata'])
    instance.timestamp = data['timestamp']
    instance.version_hash = data['version_hash']
    instance.delta = data['delta']
    return instance
```

이제 save 메서드는 델타와 메타데이터만을 저장하므로 대규모 데이터셋의 파일 크기가 많이 줄어든다. load 메서드는 델타를 기본 버전에 적용해 전체 데이터셋을 재구성한다. 이 접근 방식을 사용하면 대규모 언어 데이터셋의 여러 버전을 효율적으로 저장하고 검색할 수 있다.

5.3 데이터 버전 관리를 위한 도구

맞춤 솔루션도 효과적일 수 있지만, 머신러닝 프로젝트에서 데이터 버전 관리를 위해 설계된 전문 도구도 있다. 그러한 도구 중 하나는 **Data Version Control(DVC)**로, Git과 통합되어 대규모 데이터셋을 관리할 수 있는 강력한 기능을 갖추고 있어 널리 활용된다. DVC는 Git 저장소에서 메타데이터를 추적하면서 외부 저장소에 데이터를 저장해 대규모 데이터셋과 머신러닝 아티팩트를 관리하도록 Git을 확장하는 오픈 소스 도구다. 재현 가능한 파이프라인, 효율적인 데이터 공유, 실험 추적이 가능해 LLM 데이터셋과 훈련 워크플로 관리에 널리 사용된다.

LLM 모델의 규모를 고려할 때, DVC의 버전 관리 방식은 포괄적인 추적과 계산 효율성 사이에서 신중하게 균형을 맞춰야 한다. 모델 개발 워크플로에서 버전 관리가 병목지점이 되지 않도록 지연과 처리 오버헤드를 최소화하는 지능적인 체크섬 및 메타데이터 계산 전략이 요구된다.

다음은 LLM 프로젝트에 DVC를 활용하는 예다.

```python
import subprocess

def initialize_dvc():
    subprocess.run(["dvc", "init"])
    print("현재 디렉터리에 DVC가 초기화되었습니다.")

def add_dataset_to_dvc(dataset_path):
    subprocess.run(["dvc", "add", dataset_path])
    print(f"데이터셋 {dataset_path}가 DVC에 추가되었습니다.")

def commit_dataset_version(message):
    subprocess.run(["git", "add", ".dvc"])
    subprocess.run(["git", "commit", "-m", message])
    print(f"데이터셋 버전이 다음 메시지와 함께 커밋됨: {message}")
```

DVC를 초기화하고, 데이터셋을 DVC 추적에 추가하고, 데이터셋의 새 버전을 커밋하는 스크립트를 이런 식으로 작성할 수 있다. DVC는 Git과 함께 작동하므로, 코드 버전을 관리하는 것과 유사한 방식으로 데이터 버전을 관리할 수 있다.

Git과 유사하게, DVC는 `init`, `add`, `commit`, `push` 명령어를 사용한다. 다음은 각 명령어에 대한 간단한 설명이다.

- **dvc init**: 프로젝트에 .dvc 디렉터리를 생성하고 필요한 메타데이터 추적 인프라를 설정해 새로운 DVC 프로젝트를 초기화한다. 이는 `git init`과 유사하지만, 데이터 버전 관리를 위해 특별히 설계돼 대규모 데이터셋과 모델 파일을 추적할 수 있도록 프로젝트를 준비한다.
- **dvc add**: 큰 데이터 파일을 DVC 추적에 추가해 파일의 해시를 포함한 경량의 .dvc 메타데이터 파일을 생성한다. 이 명령은 실제 데이터를 별도의 저장 위치로 옮기는 동시에 Git 저장소에 참조를 남기므로, 저장소 용량을 늘리지 않고도 대용량 파일의 버전을 관리할 수 있다.
- **dvc commit**: 추적된 데이터 파일의 현재 상태를 스냅샷으로 생성하는 명령어로, Git 커밋과 유사하지만 데이터 파일에 특화돼 있다. 이 명령어는 데이터의 역사에서 중요한 지점을 표시하고, 데이터셋이 언제 어떻게 변경됐는지에 대한 명확한 기록을 남긴다.
- **dvc push**: 추적된 데이터 파일을 원격 저장소 위치(예: 클라우드 스토리지, 네트워크 드라이브, 로컬 외부 저장소)에 업로드한다. 이 명령은 데이터 버전이 안전하게 백업되고 다른 팀원이나 다양한 개발 환경에서 검색될 수 있도록 한다.

이제 원격 저장소에 데이터셋을 푸시하는 기능을 추가하자.

```python
def push_dataset_to_remote():
    subprocess.run(["dvc", "push"])
    subprocess.run(["git", "push"])
    print("데이터셋을 원격 저장소에 푸시했습니다.")

# 사용 예
if __name__ == "__main__":
    initialize_dvc()
    add_dataset_to_dvc("path/to/your/large_language_dataset.txt")
    commit_dataset_version("언어 데이터셋의 초기 버전 추가")
    push_dataset_to_remote()
```

push_dataset_to_remote 함수는 DVC로 추적된 데이터와 Git 저장소를 각각의 원격 저장소 위치로 푸시한다. 이를 통해 대용량 데이터셋을 코드 저장소와 분리해서 저장하면서도 둘 다 버전 관리를 유지할 수 있다.

다음으로, 훈련 워크플로 내에서 데이터 버전 관리를 통합하는 데 중점을 둘 것이다.

5.4 훈련 워크플로에 데이터 버전 관리 통합

데이터 버전 관리를 LLM 훈련 워크플로의 필수 요소로 만들기 위해서는 훈련 스크립트에 버전 확인 및 로깅을 통합해야 한다. 다음은 이를 수행하는 방법의 예시다.

```python
import json
from dataclasses import dataclass
from typing import Dict, Any

@dataclass
class DatasetInfo:
    version_hash: str
    metadata: Dict[str, Any]

def load_dataset_info(filename: str) -> DatasetInfo:
    with open(filename, 'r') as f:
        data = json.load(f)
    return DatasetInfo(data['version_hash'], data['metadata'])
```

```
def train_llm(model, dataset, dataset_info: DatasetInfo):
    # 데이터셋 버전 정보를 기록
    print(
        f"모델을 다음 데이터셋 버전으로 훈련 중: "
        f"{dataset_info.version_hash}"
    )
    print(f"데이터셋 메타데이터: {dataset_info.metadata}")

    # 실제 훈련 코드
    # ...

    # 데이터셋 버전 정보와 함께 모델을 저장
    model.save(f"model_trained_on_{dataset_info.version_hash[:8]}.pt")
```

이 코드는 LLM 훈련 워크플로에 데이터셋 버전 정보를 통합하는 방법을 보여준다. `DatasetInfo` 클래스는 필수적인 버전 정보를 캡슐화하고, `load_dataset_info` 함수는 이 정보를 JSON 파일에서 가져온다. `train_llm` 함수는 훈련 중에 데이터셋 버전과 메타데이터를 기록하는 방법을 보여주며, 각 훈련된 모델이 특정 버전의 데이터와 연관되도록 한다.

다음은 훈련 스크립트에서 이를 사용하는 방법이다.

```
# 훈련 스크립트에서의 사용법
dataset_info = load_dataset_info("dataset_info.json")
dataset = load_dataset()  # 데이터셋 로딩 함수
model = initialize_model()  # 모델 초기화 함수

train_llm(model, dataset, dataset_info)
```

데이터셋 버전 정보를 훈련 과정에 통합하면 재현성이 향상되고, 각 훈련된 모델에 어떤 버전의 데이터가 사용됐는지 더 쉽게 추적할 수 있다.

5.5 텍스트 말뭉치의 버전 관리

LLM 훈련용 텍스트 말뭉치를 다룰 때는 대용량 문서 컬렉션을 처리해야 하는 경우가 많다. 파일 해싱과 메타데이터 추적을 조합해 텍스트 말뭉치의 버전을 관리하는 방법은 다음과 같다.

```python
import os
import hashlib
from typing import Dict, List


def hash_file(filepath: str) -> str:
    with open(filepath, 'rb') as f:
        return hashlib.sha256(f.read()).hexdigest()


def generate_corpus_manifest(corpus_dir: str) -> Dict[str, str]:
    manifest = {}
    for root, _, files in os.walk(corpus_dir):
        for file in files:
            filepath = os.path.join(root, file)
            manifest[os.path.relpath(filepath, corpus_dir)] = \
                hash_file(filepath)
    return manifest
```

이 코드에서는 개별 파일의 해시를 만들고 말뭉치 디렉터리에 포함된 모든 파일의 매니페스트를 작성하는 함수를 정의했다. 매니페스트는 상대 파일 경로를 해당 해시값에 매핑한 딕셔너리로, 전체 말뭉치의 스냅샷을 나타낸다. 매니페스트 파일은 전체 데이터셋의 압축되고 재현 가능한 지문 역할을 하므로 중요하다. 이를 통해 연구자는 빠른 무결성 검사, 버전 추적, 다양한 환경이나 시점에서의 말뭉치의 정확한 상태 검증이 가능하며, 이때 전체 대규모 데이터셋을 저장하거나 전송할 필요가 없다.

이제 두 매니페스트를 비교하고 변경 사항을 식별하는 함수를 추가하자.

```python
def compare_manifests(
    old_manifest: Dict[str, str], new_manifest: Dict[str, str]
) -> Dict[str, List[str]]:
    changes = {
        "added": [],
        "removed": [],
        "modified": []
    }

    for file, hash in new_manifest.items():
        if file not in old_manifest:
            changes["added"].append(file)
```

```
        elif old_manifest[file] != hash:
            changes["modified"].append(file)

    for file in old_manifest:
        if file not in new_manifest:
            changes["removed"].append(file)

    return changes

# 사용 예
old_manifest = generate_corpus_manifest("path/to/old_corpus")
new_manifest = generate_corpus_manifest("path/to/new_corpus")
changes = compare_manifests(old_manifest, new_manifest)

print("말뭉치 변경 사항:")
for change_type, files in changes.items():
    print(f"{change_type.capitalize()}:")
    for file in files:
        print(f"  - {file}")
```

compare_manifests 함수는 두 버전의 말뭉치에서 추가 · 제거 · 수정된 파일을 식별한다. 이 방법을 사용하면, 파일이 많아도 텍스트 말뭉치의 변화를 효율적으로 추적할 수 있다.

5.6 데이터셋 변형 및 실험 관리

LLM 개발에서 여러 실험을 위해 데이터셋의 다양한 변형을 관리해야 하는 경우가 많다. 데이터셋 변형을 관리하기 위한 간단한 시스템이다.

```
from typing import Dict, Any
import json
import os

class DatasetVariantManager:
    def __init__(self, base_path: str):
        self.base_path = base_path
        self.variants: Dict[str, Dict[str, Any]] = {}
```

```python
        self._load_variants()

    def _load_variants(self):
        if os.path.exists(os.path.join(self.base_path, "variants.json")):
            with open(os.path.join(self.base_path, "variants.json"), 'r') as f:
                self.variants = json.load(f)

    def save_variants(self):
        with open(os.path.join(self.base_path, "variants.json"), 'w') as f:
            json.dump(self.variants, f, indent=2)
```

DatasetVariantManager 클래스의 이 부분은 데이터셋 변형을 관리하기 위한 기본 구조를 설정한다. 이 매니저는 기본 경로로 초기화하고, 가능하다면 JSON 파일에서 기존 변형을 로드한다.

이제 변형을 생성하는 메서드와 검색하는 메서드를 추가한다.

```python
class DatasetVariantManager:
    # ... (이전 메서드)

    def create_variant(self, name: str, base_variant: str, changes: Dict[str, Any]):
        if name in self.variants:
            raise ValueError(f"{name} 변형이 존재함")
        self.variants[name] = {"base": base_variant, "changes": changes}
        self.save_variants()

    def get_variant(self, name: str) -> Dict[str, Any]:
        if name not in self.variants:
            raise ValueError(f"{name} 변형이 존재하지 않음")
        variant = self.variants[name]
        base_data = self.get_variant(variant["base"]) if variant["base"] else {}
        return {base_data, variant["changes"]}

# 사용 예
manager = DatasetVariantManager("path/to/dataset/variants")
manager.create_variant("base", None, {"size": 1000000, "language": "en"})
manager.create_variant("large", "base", {"size": 5000000})
manager.create_variant("multilingual", "large", {"language": ["en", "es", "fr"]})

print(manager.get_variant("multilingual"))
```

create_variant 메서드는 기존 데이터셋 변형을 바탕으로, 변경된 부분만 지정해 새로운 변형을 만들 수 있다. get_variant 메서드는 변형을 불러오면서 기본 변형에 적용된 모든 변경 사항을 재귀적으로 반영한다. 이 시스템을 사용하면 다양한 실험에 맞춰 데이터셋의 여러 구성을 효율적으로 관리하고 추적할 수 있다.

LLM 개발에서 데이터셋 변형을 관리하기 위해 명확하고 일관된 명명 규칙을 권장하며, 이는 추적 가능성, 재현성 및 명확성을 보장하기 위함이다. 데이터셋 변형들을 관리하기 위한 가독성과 확장성을 균형 있게 유지하는 제안된 명명 규칙은 다음과 같다.

<기본>_<수정자1>_<수정자2>_..._<설명>

이 형식은 **기본 이름**(base name)을 사용해 루트 데이터셋을 나타내고, **수정자**(modifiers)와 선택적 설명이 뒤따라 변형을 구분하는 속성이나 변경 사항을 명시한다. 수정자는 간결하며 변환 과정을 반영하도록 계층적으로 정렬된다.

주요 구성 요소를 자세히 살펴보자.

- **기본 이름**: 초기 데이터셋을 가리키는 base 또는 설명적인 이름(예: clean 또는 raw)
- **수정자**: 기본에 적용되는 순차적인 변경 또는 변환. 각 수정자는 크기, 언어 또는 적용된 전처리와 같은 데이터셋의 측면을 반영한다.
- **설명**: 변경 사항에 대한 추가적인 맥락이나 세부 정보를 담은 선택적 부분으로, 일반적으로 실험에 사용된다.

5.7 데이터 버전 관리의 모범 사례

필자는 수년에 걸쳐 다음과 같은 모범 사례를 수집했다.

- 대규모 프로젝트에서 DVC와 같은 전용 데이터 버전 관리 도구를 사용한다.
- 모델 메타데이터에 데이터셋 버전 정보를 포함한다.
- 대용량 데이터셋에 대해 델타 기반 버전 관리를 사용해 저장 공간을 절약한다.
- 버전이 있는 데이터셋의 정기적인 백업을 구현한다.
- 데이터셋 버전 및 변형에 대해 일관된 명명 규칙을 사용한다.

- LLM 훈련을 위한 CI/CD(continuous integration and continuous delivery) 파이프라인에 데이터 버전 관리 검사를 통합해야 한다. CI/CD 워크플로에 DVC 전용 검증 단계를 추가하면 되는데, 예를 들어 `dvc status` 명령으로 예기치 않은 변경 여부를 확인하고, 데이터셋 체크섬을 승인 버전과 비교해 불일치가 발견되면 모델 훈련을 차단하는 식이다. 주요 단계로는 사전 훈련 검증 단계에서 현재 데이터셋 버전을 참조 버전과 비교하고, 미승인 변경이 감지되면 자동으로 알림을 보내거나 파이프라인을 중지시키며, 머신러닝 개발 과정 전반의 데이터셋 변경 이력을 종합적으로 추적하는 절차 등이 있다.

5.8 요약

이 장에서는 LLM 개발을 위한 데이터 버전 관리의 다양한 측면을 살펴봤다. 대규모 데이터셋에 대해 기본적인 버전 관리 시스템과 델타 기반 버전 관리 방식을 구현했고, 더 고급 수준의 버전 관리에는 DVC와 같은 도구를 검토했다. 또한 데이터 버전 관리를 LLM 훈련 워크플로에 통합하고, 텍스트 말뭉치의 버전을 관리하며, 실험에 사용되는 데이터셋 변형을 처리하는 방법도 함께 다뤘다.

데이터 버전 관리는 LLM 개발에서 매우 중요한 관행이다. 재현성을 확보하고 협업을 원활하게 하며, 모델 거버넌스를 체계적으로 운영하는 데 도움이 된다. 이러한 기술과 모범 사례를 잘 적용하면 LLM 프로젝트의 관리 효율성과 신뢰성을 크게 높일 수 있다.

6장에서는 LLM에 맞춘 데이터셋 주석 및 라벨링 기법을 탐구한다. 특히, 효율적인 주석 전략, 품질 관리 조치, 그리고 대규모 언어 데이터셋의 요구를 충족하기 위한 주석 프로세스 확장 방법을 다룬다.

6장

데이터셋 주석과 라벨링

데이터셋 주석(dataset annotation)이란 원시 데이터에 의미 있는 정보를 덧붙여서 머신러닝 모델이 활용할 수 있는 형태로 만드는 작업이다. 어떤 정보를 붙일지는 데이터 종류와 목적에 따라 달라진다. 텍스트를 다룰 때는 문서 전체나 일부분에 분류 태그를 달거나, 중요한 개체를 찾아 표시하고, 개체들 사이의 연관성을 파악하며, 핵심 내용을 부각시키고, 의미를 해석해서 추가하는 등의 일을 한다. 이렇게 하는 이유는 모델이 데이터의 규칙성을 파악해서 정확한 판단을 내리거나 적절한 결과를 만들어낼 수 있도록 돕기 위해서다.

데이터셋 라벨링(dataset labeling)은 주석 작업 중에서도 각 데이터에 미리 정해둔 범주나 클래스 이름을 붙이는 일에 특화된 방법이다. 주로 분류 문제에서 쓰이며, 데이터를 서로 다른 그룹으로 나누는 것이 목표다. 텍스트 데이터에서는 문서의 감정이 긍정적인지 부정적인지, 어떤 주제를 다루는지, 어떤 장르에 속하는지를 판별해 표시한다.

라벨링이 분류 모델에 핵심적인 지도 신호를 제공하지만, 주석(annotation)은 단순한 범주화를 넘어서는 더 포괄적인 개념으로, 복잡한 형태의 데이터 보강을 포함한다. 적절한 라벨링 전략을 포함한 효과적인 데이터셋 주석은 다양한 정교한 언어 기반 과제를 처리할 수 있는 고성능 언어 모델을 개발하는 데 필수적이다.

데이터셋 주석과 라벨링은 좋은 모델을 만들기 위한 핵심 과정이다. 이 장에서는 여러 작업에서 LLM의 성능을 크게 높일 수 있는 양질의 주석 데이터셋을 구축하는 고급 기법들을 살펴본다.

이 장에서는 다음 주제를 다룬다.

- 고품질 주석의 중요성
- 다양한 과업별 주석 전략
- 대규모 텍스트 주석을 위한 도구와 플랫폼
- 주석 품질 관리
- 크라우드소싱 주석의 장단점
- 반자동 주석 기법
- 대규모 언어 데이터셋 주석 처리 기법

6.1 고품질 주석의 중요성

고품질 주석은 LLM 훈련의 성공에 필수적이다. 주석은 모델의 학습 과정을 안내하는 기준 정보(ground truth) 역할을 하며, 이를 통해 모델은 언어의 미묘한 차이를 이해하고 특정 과제를 정확하게 수행할 수 있게 된다. 품질이 낮은 주석은 편향되거나 부정확한 모델을 초래할 수 있는 반면, 고품질 주석은 LLM의 성능과 일반화 능력을 크게 향상시킬 수 있다.

그래서 고품질 주석이란 무엇인가?

고품질 주석은 유사한 사례 전반에 걸쳐 일관된 라벨링, 데이터셋 내 모든 관련 요소의 완전한 커버리지, 그리고 실제 또는 확립된 기준과의 정확한 정렬로 특징지어진다. 이는 라벨이 데이터의 실제 특성을 정확히 반영하고, 미리 정해진 주석 지침을 엄격히 따르며, 극단적인 경우나 모호한 상황에서도 신뢰성을 유지해야 함을 의미한다.

주석의 품질이 얼마나 중요한지를, spaCy 라이브러리를 사용한 개체명 인식(named-entity recognition, NER) 작업을 통해 알아보자. NER은 자연어 처리(natural language processing, NLP) 기술 중 하나로, 텍스트에서 사람, 조직, 위치, 시간 표현, 수량, 금전적 가치 등과 같은 사전 정의된 범주로 주요 정보(엔티티)를 식별하고 분류한다. spaCy는 파이썬 기반의 강력한 자연어 처리 라이브러리다. 빠른 속도와 높은 정확도로 널리 사랑받고 있으며, 개체명 인식뿐만 아니라 품사 태깅, 구문 분석 등 다양한 언어 처리 기능을 제공한다. 이미 학습된 모델들이 포함되어 있어 개발자들이 복잡한 언어 처리 기능을 손쉽게 자신의 프로그램에 적용할 수 있다.

다음 파이썬 코드는 개체명 인식 모델 학습을 위한 spaCy 형식의 훈련 데이터를 만드는 과정을 보여준다.[1]

```python
import spacy
from spacy.tokens import DocBin
from spacy.training import Example

def create_training_data(texts, annotations):
    nlp = spacy.blank("en")
    db = DocBin()
    for text, annot in zip(texts, annotations):
        doc = nlp.make_doc(text)
        ents = []
        for start, end, label in annot:
            span = doc.char_span(start, end, label=label)
            if span:
                ents.append(span)
        doc.ents = ents
        db.add(doc)
    return db

texts = [
    "Apple Inc. is planning to open a new store in New York.",
    "Microsoft CEO Satya Nadella announced new AI features."
]
annotations = [
    [(0, 9, "ORG"), (41, 49, "GPE")],
    [(0, 9, "ORG"), (14, 27, "PERSON")]
]

training_data = create_training_data(texts, annotations)
training_data.to_disk("./train.spacy")
```

이 코드에서 spaCy로 NER 훈련 데이터셋을 만드는 과정은 다음과 같다.

---

1 (옮긴이) 한국어 개체명 인식에 관해서는 위키북스의 《딥러닝 프로젝트를 위한 허깅페이스 실전 가이드》, 《텐서플로 2와 머신러닝으로 시작하는 자연어 처리 (개정2판)》 등을 참고하자.

1. spaCy에서 필요한 모듈을 가져온다. DocBin을 포함해 훈련 데이터의 효율적인 저장을 위해 사용한다.
2. create_training_data 함수는 입력 텍스트와 주석을 spaCy의 훈련 형식으로 변환한다.

    a. 먼저 빈(blank) 영어 언어 모델을 만든다.

    b. DocBin 객체는 처리된 문서들을 효율적으로 저장하기 위해 초기화된다.

    c. 각 텍스트와 그 주석에 대해, spaCy Doc 객체를 생성하고 해당 주석을 기반으로 엔티티 범위를 추가한다.

3. 두 개의 예문과 그에 해당하는 NER 주석을 정의한다.
4. 이 코드에서는 주석의 문자 수준 start와 end 위치를 doc.char_span()으로 spaCy Doc 안의 실제 토큰 경계에 맞는 Span으로 변환한다. 이렇게 하면 원시 문자 인덱스(예: 0에서 9까지의 Apple Inc.)가 토큰 경계에 맞는 엔티티 범위로 정확히 매핑되고, 해당 엔티티 라벨이 문서에서 나타내는 텍스트 시퀀스에 올바르게 부착된다.
5. 훈련 데이터는 spaCy의 이진 형식으로 디스크에 저장된다.

이 주석의 품질은 모델이 엔티티를 올바르게 식별하고 분류하는 능력에 직접적인 영향을 미친다. 예를 들어, Apple Inc.가 조직이 아닌 사람으로 잘못 라벨이 지정되면, 모델은 회사 이름을 사람으로 잘못 분류하게 된다.

6.2 다양한 과업별 주석 전략

LLM 과업마다 필요한 주석 전략이 다르다. 몇 가지 일반적인 과업과 그에 맞는 주석 접근법을 살펴보자.

- **텍스트 분류**: 감정 분석이나 주제 분류와 같은 과업에서는 전체 텍스트 세그먼트에 라벨을 할당한다. 다음은 datasets 라이브러리를 사용하는 예제다.

```
from datasets import Dataset

texts = [
    "이 영화는 환상적이었다!",
    "서비스가 끔찍했다.",
    "오늘 날씨가 좋다."
]
labels = [1, 0, 2]  # 1: 긍정, 0: 부정, 2: 중립

dataset = Dataset.from_dict({"text": texts, "label": labels})
```

```
print(dataset[0])
# 출력: {'text': '이 영화는 환상적이었다!', 'label': 1}
```

이 코드는 감정 분석을 위한 간단한 데이터셋을 생성한다. 각 텍스트는 그 감정을 나타내는 라벨과 연결돼 있다.

- **NER**: NER의 경우, 엔티티 레이블로 특정 텍스트 스팬에 주석을 달 수 있다. 다음은 BIO 태깅 체계를 사용하는 접근 방식이다.

> **BIO 태깅**
>
> BIO(Beginning, Inside, Outside) 태깅은 텍스트에서 각 단어에 엔티티 내 역할을 나타내는 태그를 붙여 경계를 표시하는 기본적인 방법이다. 이 체계에서는 엔티티의 시작 단어에 'B-', 같은 엔티티의 뒤이은 단어에 'I-', 어떤 엔티티에도 속하지 않는 단어에 'O'를 붙인다. 이렇게 하면 인접한 엔티티를 구분하고 여러 단어로 이뤄진 엔티티도 처리할 수 있다. 예를 들어, 'New York Times'를 하나의 조직 엔티티로 인식하거나 "Steve Jobs met Steve Wozniak"이라는 문장에서 두 개의 별개의 인물 엔티티가 존재한다는 사실을 파악할 수 있다. 이러한 라벨링 체계는 단순하면서도 효과적이어서, 머신이 텍스트에서 명명된 엔티티를 인식하고 분류하도록 학습시키는 표준 방식으로 널리 사용된다.

다음 코드는 텍스트를 토큰화기를 사용해 트랜스포머 모델에 적합한 형식으로 직접 인코딩하는 방법을 보여준다.

```
from transformers import AutoTokenizer

tokenizer = AutoTokenizer.from_pretrained("bert-base-uncased")

text = "Apple Inc. was founded by Steve Jobs"
labels = ["B-ORG", "I-ORG", "O", "O", "O", "B-PER", "I-PER"]

tokens = tokenizer.tokenize(text)
inputs = tokenizer(text, return_tensors="pt")
print(list(zip(tokens, labels)))
```

이 예시는 NER 과업을 위한 BIO 태그를 생성하는 방법을 보여준다. B- 접두사는 엔티티의 시작을 나타내고, I-는 엔티티의 연속을 나타내며, O는 어떤 엔티티에도 속하지 않는 토큰을 나타낸다.

- **질의응답**: 질의응답 과업을 위해, 컨텍스트에서 답변 시작(start)과 끝(end)에 주석을 단다.

```
context = "프랑스의 수도는 파리다. 파리는 상징적인 에펠탑으로 유명하다."
question = "프랑스의 수도는 어디인가?"
answer = "파리"

start_idx = context.index(answer)
```

```
end_idx = start_idx + len(answer)

print(f"답변: {context[start_idx:end_idx]}")
print(f"시작 인덱스: {start_idx}, 끝 인덱스: {end_idx}")
```

이 코드는 질의응답 과업의 답변 부분에 주석을 다는 방법을 보여준다.

이제 대규모 텍스트 주석을 수행하기 위한 몇 가지 도구와 플랫폼을 살펴보자.

6.3 대규모 텍스트 주석을 위한 도구와 플랫폼

데이터 주석은 많은 머신러닝 프로젝트의 근간으로, 모델을 학습하고 평가하는 데 필요한 라벨이 지정된 데이터를 확보하는 과정이다. 그러나 특히 대규모의 수동 주석은 시간이 많이 걸리고 오류가 발생하기 쉬우며 관리가 어렵다. 바로 이 점에서 전문화된 주석 도구가 필요하다. 이러한 도구를 활용하면 프로세스를 간소화하고 데이터 품질을 개선하며 자동화, 협업, 머신러닝 워크플로와의 통합 같은 기능을 적용할 수 있어, 궁극적으로 대규모 주석 프로젝트를 실현 가능하고 효율적으로 운영할 수 있다.

spaCy 개발자가 만든 강력한 상용 도구인 **프로디지(Prodigy)**는 능동적 학습 기능이 돋보이는 제품이다. 가장 정보가 많은 예제를 다음에 라벨링할 것을 지능적으로 제안해 주석 작업의 노력을 크게 줄인다. 프로디지의 강점은 사용자 정의 기능에 있다. 사용자는 파이썬 코드로 주석 워크플로를 정의하고, 특히 spaCy 생태계 내에서 머신러닝 모델과 원활하게 통합할 수 있다. 복잡한 주석 작업이 필요하고, 프리미엄 도구에 대한 예산이 있으며, 능동 학습의 효율성 향상을 중시하는 프로젝트에 이상적이다.

라벨 스튜디오(Label Studio)는 텍스트, 이미지, 오디오, 비디오를 포함한 다양한 데이터 유형을 처리할 수 있는 다재다능한 오픈 소스 옵션이다. 사용자 친화적인 시각적 인터페이스와 맞춤형 라벨링 구성을 갖추고 있어 모든 수준의 주석자가 쉽게 사용할 수 있다. 라벨 스튜디오는 협업과 다양한 내보내기 형식을 지원해 다양한 머신러닝 플랫폼과 호환된다. 여러 종류의 데이터를 다루면서 팀 협업이 중요한 프로젝트라면, 비용 부담 없이 사용할 수 있는 강력한 대안이다.

도카노(Doccano)는 머신러닝에서 텍스트 주석을 위해 명시적으로 설계된 전문적인 오픈 소스 도구다. 시퀀스 라벨링, 텍스트 분류, 시퀀스-투-시퀀스 라벨링과 같은 과업에서 뛰어나다. 도카노는 간단하고 직관적인 인터페이스를 갖추고 있으며, 다중 사용자 지원과 머신러닝 파이프라인과의 통합을 위한 API도 지원한다. 텍스트 주석 중심 프로젝트에서 간단하고 무료인 솔루션이 필요하고 기존 머신러닝 워크플로와의 원활한 통합을 원한다면 매우 적합한 도구다.

다음은 도카노에서 주석을 파이썬 워크플로에 통합하는 방법의 예다.

```python
import json
from transformers import (
    AutoTokenizer, AutoModelForTokenClassification)

def load_doccano_ner(file_path):
    with open(file_path, 'r') as f:
        data = [json.loads(line) for line in f]
    return data

doccano_data = load_doccano_ner('doccano_export.jsonl')
tokenizer = AutoTokenizer.from_pretrained("bert-base-uncased")
model = AutoModelForTokenClassification.from_pretrained("bert-base-uncased")

for item in doccano_data:
    text = item['text']
    labels = item['labels']

    # 주석을 처리하고 모델 입력을 준비한다
    tokens = tokenizer.tokenize(text)
    ner_tags = ['O'] * len(tokens)
    for start, end, label in labels:
        start_token = len(tokenizer.tokenize(text[:start]))
        end_token = len(tokenizer.tokenize(text[:end]))
        ner_tags[start_token] = f'B-{label}'
        for i in range(start_token + 1, end_token):
            ner_tags[i] = f'I-{label}'

    # 이제 tokens와 ner_tags를 모델 훈련이나 추론에 사용할 수 있다
```

이 코드는 도카노 내보내기 파일에서 NER 주석을 로드하고 이를 BERT 기반 토큰 분류 모델 훈련에 적합한 형식으로 처리한다. 다음 예시에서 토큰과 `ner_tags`는 샘플 형식을 보여준다.

```
text = "The majestic Bengal tiger prowled through the Sundarbans, a habitat it shares with spotted deer."
labels = [[13, 25, "ANIMAL"], [47, 57, "GPE"], [81, 93, "ANIMAL"]]
```

```
tokens = ['The', 'majestic', 'Bengal', 'tiger', 'prowled', 'through', 'the', 'Sundarbans', ',',
'a', 'habitat', 'it', 'shares', 'with', 'spotted', 'deer', '.']

ner_tags = ['O', 'O', 'B-ANIMAL', 'I-ANIMAL', 'O', 'O', 'O', 'B-GPE', 'O', 'O', 'O', 'O', 'O', 'O',
'B-ANIMAL', 'I-ANIMAL', 'O']
```

이 예제는 텍스트 내에서 동물 이름을 식별하고 분류하는 NER을 시연한다. text에는 순다르반스에 있는 벵골 호랑이와 점박이 사슴에 대한 문장이 포함돼 있다. labels 리스트에는 동물 엔티티('Bengal tiger', 'spotted deer')의 시작과 끝 인덱스 및 해당 유형("ANIMAL")뿐만 아니라 지정학적 엔티티, 즉 'Sundarbans'("GPE")의 인덱스도 담겨 있다. tokens 리스트에는 텍스트가 단어 단위로 나뉘어 저장돼 있다. ner_tags 리스트는 BIO 형식으로 구성된 NER 주석 정보를 담고 있다. 예를 들어, 'B-ANIMAL'은 동물 엔티티의 시작을, 'I-ANIMAL'은 그 엔티티 내의 다음 단어를, 'B-GPE'는 지정학적 엔티티의 시작을, 'O'는 어떤 명명된 엔티티에도 속하지 않는 토큰을 나타낸다.

6.4 주석 품질 관리

고품질 주석을 보장하려면 강력한 품질 보증 절차를 구현해야 한다.

주석 품질을 측정하는 몇 가지 접근 방식을 살펴보자.

- **주석자 간 합의**: 코헨의 카파(Cohen's Kappa)와 같은 지표를 사용해 주석자 간 합의 점수를 계산한다. 코헨의 카파는 두 주석자 간의 관찰된 합의와 우연에 의해 예상되는 합의를 비교하는 통계적 측정치로, 무작위 합의의 가능성을 고려해 -1에서 1 사이의 점수를 산출한다. 1은 완벽한 합의를, 0은 우연과 동등한 합의를, 음숫값은 우연보다 낮은 합의를 나타낸다.

  다음 코드는 두 집합의 범주형 평가 간의 일치를 정량화하기 위해 코헨의 카파 계수를 계산한다.

  ```
  from sklearn.metrics import cohen_kappa_score

  annotator1 = [0, 1, 2, 0, 1]
  annotator2 = [0, 1, 1, 0, 1]

  kappa = cohen_kappa_score(annotator1, annotator2)
  print(f"Cohen's Kappa: {kappa}")
  ```

- **골드 스탠다드 비교**: 주석을 골드 스탠다드 데이터셋과 비교한다. 머신러닝과 데이터 주석에서 골드 스탠다드 데이터셋은 인간 전문가가 손수 라벨링하거나 주석한 데이터셋을 가리키며, 이는 '정답' 또는 올바른 답변의 가장 정확한 표현으로 간주된다. 이는 머신러닝 모델의 성능을 평가하거나 다른 주석자가 수행한 주석의 품질을 평가하기 위한 벤치마크로 사용된다.

  다음 파이썬 함수 calculate_accuracy는 참 라벨 집합(gold_standard)과 예측 또는 주석된 라벨(annotations) 간의 일치를 계산한다.

  ```
  def calculate_accuracy(gold_standard, annotations):
      return sum(
          g == a for g, a in zip(gold_standard, annotations)
      ) / len(gold_standard)

  gold_standard = [0, 1, 2, 0, 1]
  annotator_result = [0, 1, 1, 0, 1]

  accuracy = calculate_accuracy(gold_standard, annotator_result)
  print(f"정확도: {accuracy}")
  ```

  코헨의 카파와 골드 스탠다드 대비 정확도 같은 기본적인 평가 지표 외에도 주석 품질에 대해 더 깊은 통찰을 얻을 수 있는 방법들이 있다. 크리펜도르프의 알파(Krippendorff's Alpha)는 다양한 데이터 유형을 수용하고 누락 데이터를 처리할 수 있는 유연한 접근법을 제공하여, 복잡한 주석 작업에 적합하다. 다수의 주석자가 참여하는 시나리오에서는 코헨의 카파를 확장한 플라이스 카파(Fleiss' Kappa)를 사용해 그룹 전체의 일치도에 대해 종합적으로 평가할 수 있다.

  객체 탐지나 이미지 분할 과업을 수행할 때는 예측된 경계 상자나 마스크가 실제 값과 얼마나 겹치는지를 정량화하기 위해 **교차 영역 비율**(intersection over union, IoU)을 사용하는 것이 중요하다. 또한, 데이터셋이 불균형하거나 특정 오류에 대한 비용이 클 경우에는 정밀도, 재현율, F1 점수를 활용해 보다 세밀하게 평가할 수 있어, NER 같은 과업에 특히 유용하다.

- **민감도**(sensitivity)**와 특이도**(specificity): 이러한 지표는 의료 진단이나 이진 분류에서 자주 사용되며, 주석 품질 평가에도 유용하다. 민감도(재현율 또는 진양성률이라고도 함)는 실제 양성을 정확하게 식별한 비율을 측정하고, 특이도(진음성률)는 실제 음성을 정확하게 식별한 비율을 측정한다.

- **RMSE**(Root mean square error)**와 MAE**(mean absolute error): 숫자 또는 연속적인 주석(예: 등급 척도, 경계 상자 좌표 등)을 포함하는 작업의 경우, RMSE와 MAE는 주석 값과 실제 값 사이의 차이를 정량화할 수 있다. RMSE는 오차가 클수록 더 높은 가중치를 부여하는 반면, MAE는 모든 오차를 동일하게 처리한다.

- **시간 기반 지표**: 라벨의 품질 외에도 주석 프로세스의 효율성도 중요하다. 주석당 소요 시간을 추적하는 것은, 특히 정확도나 합의 점수와 연관될 때, 프로세스 개선이 필요한 영역을 드러내거나 추가 훈련이 필요한 주석자를 식별할 수 있다. 또한, 주석 시간의 분포를 분석하는 것은 유난히 어렵거나 모호한 사례를 식별하는 데 도움이 될 수 있다.

궁극적으로 주석 품질에 대한 전체적인 접근을 위해서는 특정 작업과 프로젝트 목표에 맞는 관련 지표들을 조합해 고려해야 한다. 주석 과정 전반에 걸쳐 높은 기준을 유지하기 위해서는 정기적인 모니터링, 피드백 루프, 그리고 지침과 훈련의 반복적 개선이 필수적이다. 지표는 데이터의 특성, 과업의 복잡성, 그리고 머신러닝 프로젝트에서 원하는 결과에 맞춰 선택해야 한다.

주석 작업을 확장하는 효과적인 대안으로 크라우드소싱을 사용할 수 있다.

6.5 크라우드 소싱 주석의 장단점

크라우드소싱은 주석 작업을 대규모로 확장하는 효과적인 방법이 될 수 있다. Amazon Mechanical Turk나 Appen(이전의 Figure Eight)과 같은 플랫폼을 통해 대규모 인력풀을 활용할 수 있다. 그러나 품질을 보장하는 것은 어려울 수 있다. 다음은 크라우드소싱 주석을 집계하는 방법의 예시다.

```python
from collections import Counter

def aggregate_annotations(annotations):
    return Counter(annotations).most_common(1)[0][0]

crowd_annotations = [
    ['PERSON', 'PERSON', 'ORG', 'PERSON'],
    ['PERSON', 'ORG', 'ORG', 'PERSON'],
    ['PERSON', 'PERSON', 'ORG', 'LOC'],
]

aggregated = [aggregate_annotations(annot) for annot in zip(*crowd_annotations)]
print(f"Aggregated annotations: {aggregated}")
```

이 코드는 여러 주석자들의 주석을 종합하기 위해 간단한 다수결 투표 방법을 사용한다. 이러한 접근법은 대부분의 경우 효과적이지만, 동점 상황에서는 결정 규칙이 필요하며, 주석자의 신뢰도에 따른 가중치 부여나 머신러닝 기반 조정 모델 활용과 같은 추가적인 전략을 통해 품질을 더욱 향상시킬 수 있다.

다음으로, 머신러닝 모델이 인간 주석자를 도와 라벨링 과업을 가속화하는 반자동 주석 기법에 깊이 들어갈 것이다.

6.6 반자동 주석 기법

반자동 주석은 머신러닝과 인간 검증을 결합해 주석 프로세스를 가속화한다. 다음은 spaCy를 사용한 간단한 예다.

```
import spacy

nlp = spacy.load("en_core_web_sm")

def semi_automated_ner(text):
    doc = nlp(text)
    return [(ent.start_char, ent.end_char, ent.label_) for ent in doc.ents]

text = "Apple Inc. was founded by Steve Jobs in Cupertino."
auto_annotations = semi_automated_ner(text)
print(f"자동 생성된 주석: {auto_annotations}")

# 인간 주석자가 이러한 주석을 검증하고 수정한다
```

이 코드는 사전 훈련된 spaCy 모델을 사용해 초기 NER 주석을 생성하고, 이후 인간 주석자가 이를 검증하고 수정할 수 있다.

다음으로, 대규모 언어 데이터셋을 처리하기 위해 주석 워크플로를 확장하는 몇 가지 전략을 알아보자.

6.7 대규모 언어 데이터셋 주석 처리 기법

대규모 데이터셋의 경우, 다음 전략을 고려한다.

- **분산 처리**: 대용량 주석 작업은 Dask나 PySpark 같은 라이브러리로 여러 컴퓨터에 나누어 처리할 수 있다. 이런 방식을 쓰면 팀에서 큰 규모의 주석 프로젝트도 빠르고 효율적으로 진행할 수 있다. 주석 작업을 여러 CPU 코어나 컴퓨터 클러스터에 동시에 돌리기 때문에 방대한 데이터도 훨씬 빨리 처리된다. 기존에 파이썬으로 만든 주석 스크립트가 있다면 Dask로 쉽게 확장해서 분산 환경에서 돌릴 수 있고, PySpark는 Apache Spark 환경에서 강력한 데이터 처리 성능을 발휘한다. 두 라이브러리 모두 기존 개발자들에게 익숙한 방식으로 사용할 수 있어서, 로컬에서 돌리던 주석 파이프라인을 분산 환경으로 옮기는 것도 어렵지 않다. 덕분에 컴퓨터 한 대로는 감당하기 어려운 대용량 데이터셋도 무리 없이 처리하고 관리할 수 있다.

- **능동 학습**: 모델의 불확실성이나 예상 효과를 바탕으로, 사람이 라벨링할 가장 유익한 샘플을 반복해서 선택하는 방식이다. 작은 규모의 라벨링된 데이터셋으로 모델을 훈련한 후, 이 모델을 사용해 라벨링할 가치가 있는 샘플을 찾아내고, 사람이 해당 샘플에 라벨을 달면 모델을 다시 업데이트한다. 이 과정을 반복해 라벨링 작업의 효율성을 높이고 모델 성능을 효과적으로 개선한다.

능동 학습의 간단한 예를 보자.

```python
import numpy as np
from sklearn.ensemble import RandomForestClassifier
from modAL.models import ActiveLearner

# 라벨링되지 않은 데이터셋
X_pool = np.random.rand(1000, 10)  # 시연용으로 랜덤 값으로 채움

# 능동 학습기 초기화
learner = ActiveLearner(
    estimator=RandomForestClassifier(),
    X_training=X_pool[:10],
    y_training=np.random.randint(0, 2, 10)
)

# 능동 학습 루프
n_queries = 100
for _ in range(n_queries):
    query_idx, query_inst = learner.query(X_pool)
    # 실제 시나리오에서는 여기서 인간 주석을 받는다
    y_new = np.random.randint(0, 2, 1)
    learner.teach(X_pool[query_idx], y_new)
    X_pool = np.delete(X_pool, query_idx, axis=0)

print(
    f"능동 학습 후 모델 정확도: "
    f"{learner.score(X_pool, np.random.randint(0, 2, len(X_pool)))}")
```

이 예시는 모델이 주석을 위해 가장 유익한 샘플을 선택해 전체 주석 수를 줄일 수 있는 기본적인 능동 학습 루프를 보여준다.

몇 가지 주석 기법을 살펴봤으니, 주석을 수행하는 동안 발생할 수 있는 몇 가지 편향과 이를 피하는 방법을 확인해 보자.

6.8 주석 편향과 완화 전략

주석 편향은 주석 과정에서 라벨링된 데이터셋에 스며들 수 있는 체계적 오류나 편견이다. 이러한 편향은 이 데이터로 훈련된 머신러닝 모델의 성능과 공정성에 크게 영향을 미칠 수 있으며, 부정확하거나 차별적 행동을 보이는 모델로 이어질 수 있다. 이러한 편향을 인식하고 완화하는 것은 견고하고 윤리적 AI 시스템을 구축하는 데 중요하다.

주석 편향의 유형은 다음과 같다.

- **선택 편향**: 주석을 위해 선택된 데이터가 모델이 실제 세계의 분포를 대표하지 않을 때 발생한다. 예를 들어, 얼굴 인식을 위한 데이터셋이 주로 밝은 피부색을 가진 사람들의 이미지를 포함하고 있다면, 그 데이터셋으로 훈련한 모델은 피부색이 어두운 사람들에 대한 성능이 떨어지기 쉽다.
- **라벨링 편향**: 주석자의 주관적 해석, 문화적 배경, 개인적 신념에서 비롯된다. 예를 들어, 감정 분석을 수행하는 주석자가 속한 문화권에 따라, 동일한 텍스트를 서로 다른 감정 극성으로 라벨링할 가능성이 있다. 또한 주석자의 개인적 편향으로 인해 특정 그룹이나 개인을 다른 사람보다 더 부정적이거나 긍정적으로 라벨링할 수 있다.
- **확증 편향**: 주석자는 데이터에 대해 자신이 이미 가지고 있는 믿음이나 가설을 뒷받침하는 라벨을 무의식적으로 선호할 수 있다.
- **자동화 편향**: 사전 훈련된 모델이나 능동 학습 시스템의 제안에 지나치게 의존하면, 주석자가 충분히 꼼꼼히 살펴보지 않고 잘못된 라벨을 그대로 받아들이게 될 수 있다.
- **지침의 모호성**: 주석 지침이 불명확하거나 빠진 부분이 있으면, 주석자마다 라벨링 방식이 달라져 데이터셋에 잡음과 편향이 생길 수 있다.

다음은 편향을 완화하는 전략이다.

- **다양하고 대표적인 데이터**: 주석을 위해 선택된 데이터가 대상 모집단과 사용 사례를 잘 대표하고 다양한지 확인한다. 이를 위해 대표성이 낮은 집단을 오버샘플링하거나 여러 출처에서 데이터를 수집할 수 있다.
- **명확하고 포괄적인 지침**: 라벨링 기준을 명확히 정의하고 각 라벨에 대한 예제를 포함하는 상세한 주석 지침을 개발한다. 지침에서 잠재적인 모호성과 에지 케이스를 다룬다. 주석자 피드백과 새로 발생하는 문제에 따라 지침을 정기적으로 검토하고 업데이트한다.
- **주석자 훈련과 보정**: 주석자들이 작업을 시작하기 전에 충분한 교육을 받도록 해야 한다. 교육 내용에는 작업 방법, 세부 지침, 그리고 주의해야 할 편향 요소들이 포함돼야 한다. 또한 보정 과정을 통해 여러 주석자가 같은 데이터에 대해 작업한 결과를 비교하고, 차이가 나는 부분에 대해 함께 논의해 작업 기준을 통일한다.

- **복수의 주석자 간 합의**: 각 데이터 포인트에 대해 여러 주석자를 두고, 코헨의 카파 또는 플라이스 카파와 같은 지표를 사용해 **주석자 간 합의**(inter-annotator agreement, IAA)를 측정한다. 높은 IAA는 좋은 일관성을 나타내며, 낮은 IAA는 지침, 훈련, 또는 과업 자체에 문제가 있음을 시사한다.

- **중재 과정**: 주석자 간 의견 차이를 해결하기 위한 과정을 수립한다. 예를 들어, 선임 주석자나 전문가가 검토 후 최종 결정을 내리는 방식이다.

- **편향 인식을 통한 능동적 학습**: 능동적 학습을 사용할 때, 모델의 제안에 잠재적인 편향이 있을 수 있음을 유념해야 한다. 주석자들이 제안을 비판적으로 평가하고 맹목적으로 수용하지 않도록 권장한다.

- **편향 감사와 평가**: 라벨링된 데이터와 훈련된 모델을 정기적으로 감사해 잠재적인 편향을 확인한다. 다양한 인구 집단이나 범주에 걸쳐 모델 성능을 평가하면 어떤 격차가 있는지도 파악할 수 있다.

- **다양한 주석 팀**: 다양한 배경, 관점, 경험을 가진 사람들이 팀을 이루면 개인적 편향의 영향을 줄일 수 있다.

이러한 완화 전략을 구현하면 주석 편향의 영향을 크게 줄일 수 있어 더 정확하고 공정하며 신뢰할 수 있는 머신러닝 모델을 만들 수 있다. 또한, 편향 완화는 머신러닝 수명 주기 전반에 걸쳐 지속적인 모니터링, 평가, 개선이 필요한 과정임을 기억하는 것이 중요하다.

6.9 요약

이 디자인 패턴을 통해 LLM 개발에서 데이터셋 주석과 라벨링의 고급 기법을 배웠다. 이제 모델 성능과 일반화 향상에 고품질 주석이 얼마나 중요한지 알게 됐다. 텍스트 분류, NER, 질의응답 등 다양한 LLM 과업에 맞춘 여러 주석 전략에 대한 통찰도 얻었다.

이 장에서는 대규모 텍스트 주석을 위한 도구와 플랫폼, 주석 품질 관리 방법, 크라우드소싱 주석의 장단점을 소개했다. 또한 반자동 주석 기법과 분산 처리 및 능동 학습과 같은 대규모 언어 데이터셋을 위한 주석 프로세스 확장 전략을 다뤘다. spaCy, transformers, scikit-learn 등의 라이브러리를 활용한 실용적인 예제를 통해 주요 개념과 구현 방법을 이해할 수 있도록 했다.

다음 장에서는 LLM 훈련을 위한 효율적이고 확장 가능한 파이프라인 구축 방법을 살펴본다. 여기에는 데이터 전처리 모범 사례, 모델 아키텍처 설계의 주요 고려 사항, 성능과 확장성을 최적화하는 전략이 포함된다.

2부

대규모 언어 모델의 훈련과 최적화

2부는 LLM을 효과적으로 훈련하고 최적화하는 데 필요한 프로세스를 깊이 들어간다. 모듈성과 확장성을 균형 있게 유지하는 견고한 훈련 파이프라인을 설계하는 방법을 안내한다. 성능을 극대화하기 위해 하이퍼파라미터를 튜닝하고, 훈련을 안정화하기 위한 정규화 기법을 구현하며, 장기 훈련 세션을 위한 효율적인 체크포인팅 및 복구 방법을 통합하는 방법을 배우게 된다. 또한, 성능을 희생하지 않고 모델 크기와 계산 요구사항을 줄일 수 있는 모델 프루닝 및 양자화와 같은 고급 주제를 탐색한다. 특정 과업이나 도메인에 사전 훈련된 모델을 적응시키기 위한 파인튜닝 기법도 자세히 다룬다. 2부를 마치면 독자는 실제 애플리케이션의 문제를 해결할 수 있는 LLM을 직접 구축 · 훈련 · 최적화하는 능력을 갖추게 된다.

- 7장. 훈련 파이프라인
- 8장. 하이퍼파라미터 튜닝
- 9장. 정규화
- 10장. 체크포인팅과 복구
- 11장. 파인튜닝
- 12장. 모델 프루닝
- 13장. 양자화

7장

훈련 파이프라인

이 장에서는 데이터 수집 및 전처리부터 모델 아키텍처 및 최적화 전략까지 대규모 언어 모델 훈련 파이프라인의 주요 구성 요소를 탐구할 것이다.

효과적인 모니터링 및 로깅 시스템을 구현하는 방법에 대한 통찰을 얻어, 훈련 과정 전반에 걸쳐 모델의 진행 상황을 추적하고 데이터 기반 의사결정을 내릴 수 있다.

이 장에서는 다음 주제를 다룬다.

- 훈련 파이프라인의 구성 요소
- 입력 데이터 및 전처리
- LLM 아키텍처 설계 고려 사항
- 손실 함수와 최적화 전략
- 로깅
- 파이프라인 모듈성 및 재사용성
- 더 큰 모델을 위한 훈련 파이프라인 스케일링

7.1 훈련 파이프라인의 구성 요소

대규모 언어 모델(LLM) 훈련 파이프라인은 모델 개발에서 각각의 역할을 하는 여러 상호 연결된 단계로 구성된다. 여기서 기본적인 파이프라인을 제시하고, 이 장을 진행하면서 이러한 구성 요소 중 많은 부분을 더 깊이 탐구할 것이다.

- **데이터셋 생성**: 전처리된 데이터를 훈련에 적합한 형식으로 구성하는 과정으로, 일반적으로 셔플링(shuffling)과 배칭(batching)을 포함한다.
- **모델 아키텍처**: LLM의 구조를 정의하며, 레이어의 수, 어텐션 메커니즘, 그리고 기타 아키텍처 선택 사항을 포함한다.
- **훈련 루프**: 모델이 순전파-역전파를 통해 데이터를 학습하는 파이프라인의 핵심이다.
- **최적화**: 계산된 기울기와 선택된 최적화 전략에 따라 매개변수 업데이트를 처리한다.
- **평가**: 정기적으로 검증 데이터에서 모델 성능을 평가해 진행 상황을 추적하고 과적합을 방지한다. 이 주제는 14장에서 더 자세히 다룰 것이다.
- **체크포인팅**: 주기적으로 모델 상태를 저장해 모델 훈련을 재개하거나 추론에 사용한다. 이 주제는 10장에서 자세히 다룰 것이다.
- **로깅 및 모니터링**: 지속적으로 훈련 지표와 자원 활용도를 추적한다.

기본적인 대규모 언어 모델 훈련 파이프라인을 파이토치와 Transformers 라이브러리를 사용해 구현할 것이다.[1]

```
from torch.utils.data import DataLoader
from transformers import (
    AutoTokenizer, AutoModelForCausalLM, AdamW, get_linear_schedule_with_warmup)
from datasets import load_dataset
import torch
from torch.nn import functional as F
import wandb
```

파이토치(PyTorch)는 동적 계산 그래프를 통해 신경망을 구축할 수 있게 해주는 인기 있는 딥러닝 프레임워크다. 1장에서 논의한 트랜스포머 아키텍처를 Transformers 라이브러리를 사용해 구현할 수 있다.

---

[1] (옮긴이) AdamW 옵티마이저는 from torch.optim import AdamW로 임포트할 수 있다.

다음은 Wikipedia 데이터셋을 로드하고[2] 사전 훈련된 GPT-2 토크나이저를 사용해 텍스트 내용을 토큰화하는 방법[3]을 보여주는 코드다.

```
# 데이터셋 생성: 수집 및 전처리
dataset = load_dataset("wikipedia", "20220301.en", split="train")

tokenizer = AutoTokenizer.from_pretrained("gpt2")

def preprocess_function(examples):
    return tokenizer(examples["text"], truncation=True, max_length=512, padding="max_length")

tokenized_dataset = dataset.map(
    preprocess_function, batched=True, remove_columns=dataset.column_names
)
```

이 코드에서는 파이프라인의 데이터 수집 및 전처리 구성 요소를 설정한다. Hugging Face Datasets 라이브러리를 이용해 LLM 훈련에 적합한 Wikipedia 말뭉치를 로드하고, **GPT-2 모델**을 기반으로 한 토크나이저를 초기화해 텍스트 데이터 전처리에 활용한다.

앞서 정의한 preprocess_function은 원시 텍스트 예제를 토큰화한 뒤, 최대 512토큰까지 자르고 더 짧은 시퀀스는 이 길이에 맞춰 패딩한다. 이렇게 하면 모든 입력 시퀀스의 길이가 동일해져 효율적인 배치 처리가 가능하다. max_length 값을 512로 설정한 것은 컨텍스트 길이와 메모리 효율성 사이의 균

---

[2] (옮긴이) 허깅페이스에서 wikipedia 데이터셋은 더 이상 스크립트로 제공되지 않고 parquet 형식으로만 배포되므로, 단순히 "wikipedia"를 불러오면 RuntimeError가 발생한다. 이를 피하려면 첫 번째 인자에 "wikimedia/wikipedia"와 같은 리포지터리 경로를 지정해야 한다. 그리고 Colab 등에서 간단히 테스트해 보려면 split="train[:100]"처럼 일부만 불러오면 다운로드 시간을 줄일 수 있다.

[3] (옮긴이) GPT-2는 기본적으로 pad_token이 정의돼 있지 않아 DataLoader 사용 시 ValueError가 발생한다. 이를 방지하려면 eos_token을 대신 지정해야 한다.

```
tokenizer.pad_token = tokenizer.eos_token
```

또한, 뒤에 나오는 훈련 루프에서 output.loss가 None이 되는 것을 방지하려면 preprocess_function을 다음과 같이 정의한다.

```
def preprocess_function(examples):
    tokenized = tokenizer(
        examples["text"],
        truncation=True,
        max_length=512,
        padding="max_length"
    )

    tokenized["labels"] = tokenized["input_ids"].copy()
    return tokenized
```

형을 고려한 선택이다. 더 시퀀스가 길어질수록 모델은 더 넓은 컨텍스트를 이해할 수 있지만, 그에 따라 메모리 사용량과 계산량도 증가한다. **Gemini 1.5 Pro**와 같은 일부 최신 LLM 모델은 최대 2백만 토큰에 달하는 콘텐츠 길이를 처리할 수 있다.[4]

다음으로 훈련 데이터로더를 생성한다. 이 데이터로더는 훈련 중 데이터셋의 배치 처리와 셔플링을 담당한다.[5]

```
# 데이터셋 생성: 로딩
train_dataloader = DataLoader(tokenized_dataset, shuffle=True, batch_size=8)
```

배치 크기는 메모리 사용량과 훈련 효율성 사이의 균형을 고려해 8로 설정했다. 더 큰 배치 크기를 사용하면 훈련 속도를 높일 수 있지만, 그만큼 더 많은 GPU 메모리가 필요하다. 대규모 언어 모델은 매개변수의 수가 많기 때문에, 모델과 데이터를 GPU 메모리에 적재하려면 더 작은 배치 크기를 선택해야 할 때가 많다.[6]

모델 아키텍처는 사전 훈련된 GPT-2 모델을 기반으로 초기화한다. 이 방법을 통해 사전 훈련 단계에서 학습한 언어 지식을 효과적으로 활용할 수 있다. 사전 훈련된 모델 기반의 전이학습(transfer learning)은 대규모 텍스트 말뭉치에서 학습한 범용 언어 이해 능력을 새로운 작업에 적용하는 표준적인 접근법이다. 구체적인 구현 과정은 다음 코드에서 확인할 수 있다.

```
# 모델 아키텍처
model = AutoModelForCausalLM.from_pretrained("gpt2")

# 최적화
optimizer = AdamW(model.parameters(), lr=5e-5)
```

---

[4] https://cloud.google.com/vertex-ai/generative-ai/docs/long-context

[5] (옮긴이) 이 코드를 실행하면 DataLoader가 기본적으로 리스트를 반환하는데, 뒤에 이어지는 훈련 루프(2~3번)에서 `batch = {k: v.to(device) for k, v in batch.items()}`는 배치가 딕셔너리일 것으로 가정하므로 AttributeError를 일으킨다. 이 문제를 피하려면 여기서 DataLoader를 만들 때 다음 예와 같이 collate_fn 인자를 추가해 배치를 딕셔너리로 묶어주어야 한다.

```
from transformers import default_data_collator

train_dataloader = DataLoader(
    ... ,
    collate_fn=default_data_collator
)
```

[6] (옮긴이) Colab 무료 환경에서는 메모리 부족으로 런타임이 종료될 수 있다. 이런 경우 batch_size를 2~4 정도로 줄이고, 필요하다면 max_length도 256 또는 128로 낮춰 테스트하면 된다. 하지만 이후 절에서는 자원 요구량이 더 커지므로, 실제 연구 목적의 실습에는 더 큰 GPU 메모리를 가진 환경을 사용하는 것이 바람직하다.

앞의 코드에서 보듯이, 최적화를 위해 **AdamW 옵티마이저**를 사용한다. 이는 가중치 감쇠를 올바르게 구현한 Adam의 개선된 버전이다. 학습률(lr)을 5e-5로 설정하는데, 이는 사전 훈련된 모델을 파인튜닝할 때 일반적으로 선택되는 값이다. 학습률은 모델 훈련 중 가중치에 대한 조정 크기를 결정하는 하이퍼파라미터로, 모델 학습 속도와 효과에 영향을 미친다.

이 학습률은 학습 속도와 안정성의 균형을 잘 맞춘다. 사전 훈련된 가중치를 정밀하게 조정할 만큼 작으면서도, 충분한 학습 효과를 얻을 만큼 크다.

후속 코드 블록은 언어 모델 훈련의 필수 단계를 설명하며, 훈련 프로세스 설정, 로깅 도구 초기화, 순전파-역전파와 함께 주요 훈련 루프 실행, 모델 성능을 평가하기 위한 평가 수행, 그리고 훈련 중 모델 매개변수의 체크포인트 저장을 포함한다.

1. 훈련 루프를 설정하는 것부터 시작한다.

```python
num_epochs = 3
num_training_steps = num_epochs * len(train_dataloader)
lr_scheduler = get_linear_schedule_with_warmup(
    optimizer, num_warmup_steps=100, num_training_steps=num_training_steps
)
```

2. 그런 다음, 실험 추적 및 훈련 지표의 로깅을 위해 Weights & Biases(wandb) 라이브러리를 초기화한다.[7]

```python
wandb.init(project="llm_training", name="gpt2_finetune")

device = torch.device("cuda" if torch.cuda.is_available() else "cpu")
model.to(device)

for epoch in range(num_epochs):
    model.train()
    for batch in train_dataloader:
        batch = {k: v.to(device) for k, v in batch.items()}
        outputs = model(batch)
        loss = outputs.loss
        loss.backward()
```

---

[7] (옮긴이) wandb.init(...)를 처음 실행할 때는 API 키를 입력해야 하므로, wandb.ai에서 API Key를 발급받아 붙여 넣는다. 또한 PyTorch 모델은 딕셔너리를 그대로 입력받지 않으므로, 훈련 및 평가 루프에서 outputs = model(batch) 구문이 AttributeError를 일으킨다. outputs = model(**batch)처럼 키워드 인자로 언팩해 전달해야 정상적으로 작동한다.

```
        optimizer.step()
        lr_scheduler.step()
        optimizer.zero_grad()

        wandb.log({"loss": loss.item()})
```

3. 다음으로 훈련 데이터에 대한 모델의 성능을 평가하기 위해 평가 단계를 구현한다.

```
    model.eval()
    eval_loss = 0
    with torch.no_grad():
        for batch in train_dataloader:   # 단순함을 위해 훈련 데이터를 사용
            batch = {k: v.to(device) for k, v in batch.items()}
            outputs = model(batch)
            eval_loss += outputs.loss.item()
    eval_loss /= len(train_dataloader)
    wandb.log({"eval_loss": eval_loss})
```

4. 마지막으로, 각 에포크가 끝날 때 모델의 상태 딕셔너리를 체크포인트로 저장한다.

```
    torch.save(model.state_dict(), f"model_checkpoint_epoch_{epoch}.pt")

wandb.finish()
```

이상의 코드는 훈련 루프, 평가, 체크포인트 저장, 로깅 등 파이프라인의 핵심 구성 요소를 구현한 것이다.

훈련 에포크 수는 3으로 설정했으며, 이는 전체 데이터셋을 세 차례 반복 학습한다는 의미다. 이 하이퍼파라미터는 필요에 따라 조정 가능하다. 모델이 과소적합 상태라면 에포크 수를 증가시켜 성능을 향상시킬 수 있으며, 과적합 방지나 학습 시간 단축을 위해서는 감소시킬 수 있다. 특정 데이터셋과 모델 구조에 최적인 에포크 수를 결정하려면 훈련 과정에서 평가 손실을 지속적으로 관찰해야 한다.

학습률 스케줄링에서는 워밍업과 선형 감쇠 방식을 적용한다. 훈련 초기 단계에서는 학습 안정성을 확보하고, 이후 학습률을 점진적으로 감소시켜 모델을 더 정교하게 조정할 수 있다. 학습률은 훈련 중 모델 파라미터 업데이트 크기를 결정하는 하이퍼파라미터다. 높은 값으로 설정하면 파라미터 변화가 크고 빠른 학습이 가능하지만 최적해를 지나칠 위험이 있으며, 낮은 값으로 설정하면 안정적인 학습이 가능하지만 속도가 느려진다.

Weights & Biases(wandb)를 로깅에 활용하면, 훈련 진행 상황을 실시간으로 추적하고 서로 다른 실험 결과를 비교할 수 있다.[8] 이는 훈련 과정을 모니터링하고 하이퍼파라미터 조정이나 모델 아키텍처 변경에 대해 근거 있는 결정을 내리는 데 중요한 역할을 한다.

훈련 루프는 지정된 에포크 수만큼 데이터셋을 순회하며 학습을 진행한다. 각 이터레이션마다 다음 작업을 수행한다.

1. 배치를 적절한 장치로 이동한다(GPU를 사용 가능한 경우 GPU로 이동).
2. 모델에 입력을 넣어 순방향 패스를 수행한다.
3. 손실 값을 계산한다.
4. 역전파를 수행한다.
5. 계산된 결과로 모델 매개변수를 업데이트한다.
6. 학습률 스케줄러를 갱신한다.
7. 훈련 과정에서 얻은 손실 값을 기록한다.

각 에포크 후, 훈련 데이터의 간단한 평가를 수행하고(실제 시나리오에서는 별도의 검증 세트를 사용해야 한다), 평가 손실을 기록하고 모델의 체크포인트를 저장한다. 체크포인팅은 장시간 실행되는 훈련 과정에 필수적이며, 필요시 저장된 상태에서 훈련을 재개할 수 있게 해준다.

앞서 본 것처럼, 훈련 파이프라인은 여러 필수적인 단계로 구성돼 있다. 그러나 모델 아키텍처와 훈련 루프가 효과적으로 작동하기 전에 입력 데이터와 전처리를 다뤄야 하며, 이에 대해서는 다음에 살펴본다.

7.2 데이터 입력 및 전처리

효율적인 데이터 처리는 대규모 언어 모델 훈련에 중요하다. 이는 이 책의 1부에서 논의한 바 있다. 여기서는 데이터 입력 및 전처리를 위한 고급 기술을 탐구해 보자.

---

[8] https://wandb.ai/site

1. 필요한 파이썬 패키지를 임포트한다.

    ```
    from datasets import load_dataset, concatenate_datasets
    from transformers import AutoTokenizer
    from torch.utils.data import DataLoader
    import numpy as np
    ```

2. 여러 데이터셋을 로드하고 결합한다.

    ```
    wiki_dataset = load_dataset("wikipedia", "20220301.en", split="train")
    books_dataset = load_dataset("bookcorpus", split="train")

    # 데이터셋들을 결합
    combined_dataset = concatenate_datasets([wiki_dataset, books_dataset])
    ```

3. 토큰화기를 초기화하고 전처리를 수행한다.

    ```
    tokenizer = AutoTokenizer.from_pretrained("gpt2")

    def preprocess_function(examples):
        # 텍스트를 토큰화
        tokenized = tokenizer(examples["text"], truncation=True, max_length=1024)

        # input_ids와 attention_mask를 생성한다
        input_ids = tokenized["input_ids"]
        attention_mask = tokenized["attention_mask"]

        # 인과적 언어 모델링을 위한 라벨을 생성
        labels = [ids[1:] + [tokenizer.eos_token_id] for ids in input_ids]
        return {"input_ids": input_ids, "attention_mask": attention_mask, "labels": labels}

    # 전처리 적용
    tokenized_dataset = combined_dataset.map(
        preprocess_function,
        batched=True,
        remove_columns=combined_dataset.column_names,
        num_proc=4  # CPU 코어 수에 따라 조정
    )
    ```

4. DataLoader를 생성한다.

```
train_dataloader = DataLoader(
    tokenized_dataset,
    shuffle=True,
    batch_size=16,
    collate_fn=lambda x: {k: np.stack([xi[k] for xi in x]) for k in x[0]}
)
```

이 향상된 전처리 파이프라인에서는 훈련 데이터의 다양성을 확보하기 위해 여러 데이터셋을 불러와 결합한다. 다양한 데이터로 모델을 훈련하면 폭넓은 언어 패턴과 지식을 학습할 수 있어 LLM 성능 향상에 도움이 된다.

또한, 모델이 더 넓은 컨텍스트를 이해할 수 있도록 `max_length` 값을 1024 토큰으로 설정한다. 이렇게 입력 시퀀스 길이를 늘리면, 모델이 문장에서 멀리 떨어진 요소들 간의 관계까지 파악할 수 있어 다양한 언어 이해 과업에서 성능이 향상된다. 다만, 이로 인해 메모리 사용이 늘고 연산량도 증가하므로 효율성과 성능 간의 균형을 고려해야 한다.

`preprocess_function`에서는 입력 시퀀스를 한 칸씩 이동해 라벨을 구성한다. 이는 인과적 언어 모델을 훈련할 때 널리 쓰이는 방식으로, 이전 토큰들을 바탕으로 다음 토큰을 예측하는 과업에 모델을 최적화한다. 전처리에서 이모지, URL, 비표준 문자와 같은 예외적인 케이스를 처리하면 모델 성능을 개선할 수 있다. 이모지는 미묘한 감정과 맥락을 담고 있어, 의미를 보존하면서 노이즈는 피하는 적절한 인코딩이 필요하다. URL은 구조가 다양해서 특정 링크 과적합을 막으려면 특수 토큰으로 바꾸는 게 좋다. 여러 언어 기호나 특수 구두점 같은 비표준 문자는 훈련 시 복잡성과 혼란을 줄이려면 정규화하거나 제거해야 한다. 정규화, 토큰 대체, 선택적 필터링으로 이런 케이스들을 처리하면, 전처리 파이프라인이 복잡한 데이터를 더 잘 준비할 수 있고, 언어 모델도 더 견고하고 정확해진다.

전처리 속도를 높이기 위해 `num_proc=4`와 같이 멀티프로세싱을 사용하는 것도 효과적이다. 프로세스 수는 시스템의 CPU 코어 수와 사용 가능한 메모리에 맞춰 조정해야 하며, 특히 대규모 데이터셋을 처리할 때는 전처리 시간을 크게 줄일 수 있다.

배치 크기는 더 큰 GPU 메모리에 맞춰 16으로 키웠다. `DataLoader`의 맞춤 `collate_fn`은 전처리된 데이터의 적절한 배치 처리를 보장한다. 이 함수는 배치 내 각 키의 배열을 쌓아서 파이토치가 효율적으로 처리할 수 있는 텐서 형태의 구조를 만든다.

데이터가 적절하게 준비됐으므로, 이제 LLM 아키텍처 설계 고려 사항에 주목한다. 이는 모델이 입력 데이터를 효과적으로 학습하고 이해할 수 있는 능력을 결정한다.

7.3 LLM 아키텍처 설계 고려 사항

LLM의 아키텍처를 설계할 때 여러 요소가 작용한다.

다음은 LLM 아키텍처에 영향을 미치는 주요 요소다.

- **어휘 크기**: 입출력 임베딩 레이어의 크기를 결정한다
- **최대 시퀀스 길이(컨텍스트 크기)**: 모델이 처리할 수 있는 이전 텍스트의 양을 정의한다
- **임베딩 차원**: 각 토큰의 벡터 표현 크기를 지정해 모델의 정보 포착 능력에 영향을 준다
- **트랜스포머 레이어 수**: 네트워크의 깊이를 나타내며, 모델이 학습할 수 있는 패턴의 복잡성에 영향을 미친다
- **어텐션 헤드 개수**: 모델이 입력의 서로 다른 부분에 동시에 주목할 수 있게 한다
- **모델 크기 (매개변수의 수)**: 임베딩 차원, 레이어 수, 어텐션 헤드에 의해 영향을 받는 모델의 전체 용량
- **데이터셋 크기**: 훈련 데이터의 양과 다양성
- **훈련 단계 수**: 최적화 과정의 기간
- **계산 자원**: 모델 크기, 훈련 속도, 전체적인 실행 가능성에 영향을 미치는 하드웨어 제약.
- **과적합 위험**: 더 큰 모델과 더 작은 데이터셋에서 높아짐
- **데이터 품질**: 훈련 데이터의 정제 수준(cleanliness) 및 관련성
- **모델 아키텍처의 효율성**: 모델 크기를 크게 늘리지 않고 성능을 향상시킬 수 있는 설계 선택
- **훈련 알고리즘**: 최적화 기법 및 전략
- **데이터 큐레이션 관행**: 훈련 데이터를 선택하고 준비하는 방법
- **테스트 시간 계산**: 추론에 사용할 수 있는 계산 자원

다음 코드 블록에서는 GPT-2 스타일의 언어 모델을 사용해 이러한 요소 중 일부를 구성하는 예를 제공하며, 주요 아키텍처 매개변수를 지정한다.

```
from transformers import GPT2Config, GPT2LMHeadModel
```

```python
# 사용자 정의 모델 구성 정의
config = GPT2Config(
    vocab_size=50257,    # GPT-2 어휘 크기
    n_positions=1024,    # 최대 시퀀스 길이
    n_ctx=1024,          # 컨텍스트 크기
    n_embd=768,          # 임베딩 차원
    n_layer=12,          # 트랜스포머 레이어 수
    n_head=12            # 어텐션 헤드 수
)

# 사용자 정의 구성으로 모델 초기화
model = GPT2LMHeadModel(config)

print(f"모델 매개변수: {model.num_parameters():,}")
```

이렇게 구성하면 12개의 레이어와 12개의 어텐션 헤드를 가진 GPT-2 스타일 모델이 생성된다. 주요 모델 매개변수는 다음과 같다.

- **vocab_size**: 50257로 설정되어 있으며, 이는 원래 GPT-2 모델의 어휘 크기다. 이는 임베딩 레이어와 출력 레이어의 크기를 결정한다.
- **n_positions와 n_ctx**: 둘 다 1024로 설정돼서 전처리 단계와 일치한다. 이는 모델이 처리할 수 있는 최대 시퀀스 길이다.
- **n_embd**: 임베딩 차원으로, 768로 설정된다. 이는 모델 전반에 걸쳐 숨겨진 상태의 크기를 결정한다.
- **n_layer**: 트랜스포머 레이어의 수로, 12로 설정한다. 레이어 수가 많아지면 더 복잡한 패턴을 포착할 수 있지만 계산량도 늘어난다.
- **n_head**: 어텐션 헤드의 수로, 12로 설정한다. 어텐션 헤드를 여러 개 두면 모델이 입력의 다양한 측면에 동시에 집중할 수 있다.

이런 설정으로 모델을 만들면 크기와 성능 사이에서 적당한 균형점을 찾을 수 있다. 768차원 벡터와 12개 층을 조합하면 총 1억 2천 4백만 개 정도의 학습 가능한 값들이 생긴다. 이 정도면 꽤 큰 모델이지만, 요즘 쓰는 GPU로도 충분히 학습시킬 수 있는 수준이다.

모델 규모를 확장하려면 n_layer, n_embd, n_head 등의 하이퍼파라미터를 증가시킨다. 단, 이로 인해 계산 복잡도가 높아지고 소규모 데이터셋에서는 과적합 위험이 커진다. 이러한 문제를 해결하기 위해 그래디언트 누적, 혼합 정밀도 훈련, 분산 훈련 등의 최적화 기법을 적용해야 한다.

더 넓은 관점에서 **스케일링 법칙(scaling law)**을 고려할 수 있다. LLM의 스케일링 법칙은 모델 크기(매개변수 수), 데이터셋 크기(훈련 데이터양), 훈련 단계 수(최적화 반복 횟수)라는 세 가지 핵심 요소가 증가함에 따라 성능이 예측 가능하게 향상되는 현상을 설명한다. 구체적으로, 더 큰 모델은 복잡한 패턴을 포착하고 더 나은 일반화를 보이는 경향이 있으며, 더 큰 데이터셋은 학습을 위한 다양한 정보를 제공하고, 더 많은 훈련 단계를 통해 모델이 이해를 개선하고 오류를 줄일 수 있다. 최적 성능을 위해서는 이러한 요소들이 비례적으로 확장돼야 한다. 예를 들어, 모델 크기를 증가시키면 그에 상응해 데이터셋을 키우고 훈련 단계를 늘려야 한다. 이러한 균형 잡힌 스케일링은 각 구성 요소가 다른 요소를 지원하도록 해, 작은 모델을 방대한 데이터셋에 과적합시키거나 큰 모델을 부족한 데이터로 훈련 부족 상태로 만드는 병목 현상을 방지한다.

그러나 최근의 발전과 실질적인 도전 과제를 통해, 이러한 요소들을 단순히 대규모로 확장하는 것만으로는 지속적인 성능 향상을 보장할 수 없다는 점이 드러났다. 각 추가적인 매개변수나 데이터 포인트가 전체 성능에 기여하는 정도가 줄어드는 수익 체감 현상도 더욱 뚜렷하게 나타났다. 또한 점점 더 대규모 모델을 훈련하려면 막대한 계산 자원과 에너지가 필요해, 지속 가능성과 접근성에 대한 우려가 커지고 있다. 데이터 품질 역시 중요한 문제가 되는데, 더 큰 데이터셋이 오히려 더 많은 노이즈와 편향을 불러와 모델 성능을 떨어뜨릴 수 있다.[9]

이러한 문제를 해결하기 위해 연구자들은 더 효율적인 모델 아키텍처를 설계하고, 훈련 알고리즘을 개선하며, 데이터 큐레이션 방식을 고도화하고, 테스트 시 계산을 활용하는 방안을 모색하고 있다.[10]

2025년 초, 중국의 AI 스타트업 딥시크(DeepSeek)는 효율을 크게 높이고 비용을 줄이는 동시에 모델의 추론능력을 향상시키기 위한 일련의 기법을 도입한 혁신적인 모델 훈련 방법을 발표했다[11]. 방대한 계산 자원과 인간 지도 파인튜닝(human-supervised fine-tuning)에 크게 의존하는 전통적인 접근 방식과 달리, 딥시크는 인간 피드백 대신 자동화된 보상 시스템을 사용해 추리 과업에 중점을 둔 대규모 강화학습을 활용했다. 다중 토큰 예측을 적용하면, 모델이 한 번에 여러 미래 토큰으로부터 학습할 수 있어 샘플 효율이 높아지고 훈련 속도가 빨라진다. 딥시크는 또한 각 과업에 대해 관련 하위 네트워크만 활성화해 계산 부하를 줄이는 전문가 혼합 아키텍처(mixture-of-experts)를 사용한다. 알고리즘과 하드웨어를 모두 최적화함으로써 딥시크는 경쟁사보다 훨씬 적은 비용과 시간으로 매우 유능한 모델을 훈련하는 데 성공했으며, 개방적이고 효율적이며 강력한 AI 개발의 새로운 기준을 세웠다.

---

[9] Open AI co-founder reckons AI training has hit a wall, forcing AI labs to train their models smarter not just bigger, https://www.pcgamer.com/software/ai/open-ai-co-founder-reckons-ai-training-has-hit-a-wall-forcing-ai-labs-to-train-their-models-smarter-not-just-bigger/

[10] Test Time Compute, https://kenhuangus.medium.com/test-time-compute-3633a4c55716

[11] https://arxiv.org/abs/2501.12948

LLM의 아키텍처 설계 고려 사항과 모델 훈련 혁신을 살펴보고, 모델 훈련 매개변수 구성 방법을 보여주는 코드 예제까지 확인했으므로, 이제 이러한 아키텍처 선택이 훈련 과정에서 실제로 어떻게 학습되는지를 살펴보겠다. 다음 섹션에서는 손실 함수와 최적화 전략을 다룰 것이다. 이는 훈련 데이터와 정의된 아키텍처를 기반으로 모델이 내부 매개변수를 조정하도록 이끄는 핵심 메커니즘이다.

7.4 손실 함수와 최적화 전략

대규모 언어 모델은 일반적으로 **교차 엔트로피 손실**(cross-entropy loss)을 훈련에 사용한다. 이 접근법은 모델의 예측된 단어 확률 분포와 훈련 데이터에서의 실제 분포 간의 차이를 측정한다. 이 손실을 최소화함으로써, 대규모 언어 모델은 더 정확하고 문맥에 어울리는 텍스트를 생성하는 것을 학습한다. 교차 엔트로피 손실은 텍스트 데이터의 높은 차원성과 이산적 특성을 처리할 수 있는 능력 덕분에 언어 과업에 특히 적합하다.

이것을 몇 가지 고급 최적화 기법과 함께 구현해 보자.

1. 먼저 파이토치와 Transformers 라이브러리에서 최적화에 사용할 모듈을 임포트한다.

    ```
    import torch
    from torch.optim import AdamW
    from transformers import get_linear_schedule_with_warmup
    ```

2. 다음으로, 지정된 학습률과 가중치 감쇠를 사용해 AdamW 옵티마이저를 구성한다.

    ```
    optimizer = AdamW(model.parameters(), lr=5e-5, weight_decay=0.01)
    ```

3. 그런 다음, 웜업 기간이 있는 선형 학습률 스케줄러를 정의한다.

    ```
    num_epochs = 3
    total_steps = len(train_dataloader) * num_epochs
    scheduler = get_linear_schedule_with_warmup(
        optimizer,
        num_warmup_steps=100,
        num_training_steps=total_steps
    )
    ```

4. 그 후, 훈련 장치를 설정하고 주요 훈련 루프를 시작한다.

```
device = torch.device("cuda" if torch.cuda.is_available() else "cpu")
model.to(device)

for epoch in range(num_epochs):
    model.train()
    for batch in train_dataloader:
        batch = {k: torch.tensor(v).to(device) for k, v in batch.items()}
        outputs = model(batch)
        loss = outputs.loss
        loss.backward()
```

5. 마지막으로, 훈련 중에 경사가 폭발하는 것을 방지하기 위해 경사 클리핑을 구현한다.

```
        torch.nn.utils.clip_grad_norm_(model.parameters(), max_norm=1.0)
        optimizer.step()
        scheduler.step()
        optimizer.zero_grad()
```

이 최적화 설정에서는 학습률 5e-5, 가중치 감쇠 0.01로 AdamW 옵티마이저를 사용한다. 이 알고리즘은 경사의 1차 및 2차 모멘텀을 기반으로 각 매개변수의 학습률을 조정해, 희소한 경사를 효과적으로 처리한다. 이러한 특징 덕분에 AdamW는 대규모 신경망 훈련에 특히 유용하다.

0.01의 가중치 감쇠는 손실 함수에 작은 정규화 항을 추가해 가중치 값이 큰 경우를 페널티로 주어 과적합을 방지할 수 있다.

또한 **학습률 스케줄러**를 warmup과 함께 구현했다. warmup 단계에서는 학습률을 매우 작은 값에서 점진적으로 증가시켜 초기 훈련 안정성을 높인다. warmup 이후에는 학습률이 선형적으로 감소한다. 이러한 스케줄은 모델이 더 우수한 최적해에 수렴하는 데 도움이 될 수 있다.

훈련 루프에서는 **경사 클리핑(gradient clipping)**을 최대 노름(max_norm) 값 1.0으로 적용했다. 이는 특정 임곗값을 초과하는 경사를 정규화해 크기를 줄임으로써 경사 폭발을 방지한다. 특히 LLM처럼 깊고 장거리 의존성을 포착하는 모델은 불안정한 경사에 취약하기 때문에 이러한 기법이 중요하다.

이 절에서는 AdamW 최적화, 웜업을 통한 학습률 스케줄링, 안정적인 대규모 언어 모델 학습을 위한 경사 클리핑에 대해 배웠다. 다음으로, 학습 과정을 기록하는 것에 대해 이야기하는데, 이는 진행 상황을 모니터링하고 텐서보드(TensorBoard)와 같은 도구를 사용해 개선을 위한 통찰을 얻는 데 중요하다.

7.5 로깅

훈련 상황을 효과적으로 추적하려면 로깅을 잘 활용하는 것이 중요하다.

다음 코드 블록에서는 파이토치를 사용해 대규모 언어 모델을 훈련할 때 텐서보드를 활용해 효과적으로 로깅하는 방법을 설명한다. 각 부분을 분석해 보자.

1. 먼저 텐서보드 SummaryWriter를 초기화해, 훈련 진행 상황을 기록할 수 있도록 준비한다.

```
from torch.utils.tensorboard import SummaryWriter
import time

# 텐서보드 writer 초기화
writer = SummaryWriter()
```

2. 그런 다음, 모델을 훈련 모드로 설정하고 손실 추적용 변수를 초기화한 뒤, 로깅 간격을 설정하고 시작 시간을 기록해 훈련 성능을 모니터링할 수 있도록 한다.

```
model.train()
total_loss = 0
log_interval = 100
start_time = time.time()
```

3. 이후 훈련 루프로 진입한다. 각 배치를 처리하면서 데이터를 적절한 장치로 옮기고, 정방향·역방향 패스를 거친 후 경사 클리핑을 적용하며, 옵티마이저와 스케줄러를 통해 모델의 매개변수를 업데이트한다.

```
for i, batch in enumerate(train_dataloader):
    batch = {k: torch.tensor(v).to(device) for k, v in batch.items()}
    outputs = model(batch)
    loss = outputs.loss
    total_loss += loss.item()

    loss.backward()
    torch.nn.utils.clip_grad_norm_(model.parameters(), max_norm=1.0)
    optimizer.step()
```

```
        scheduler.step()
        optimizer.zero_grad()
```

4. 지정된 간격마다 텐서보드에 훈련 지표를 기록하고, 평균 손실과 경과 시간을 계산한 뒤 콘솔에 진행 상황을 출력하고, 다음 로깅을 위한 변수를 초기화한다.

```
    if (i + 1) % log_interval == 0:
        cur_loss = total_loss / log_interval
        elapsed = time.time() - start_time
        writer.add_scalar('training_loss', cur_loss, global_step=i)
        writer.add_scalar('learning_rate', scheduler.get_last_lr()[0], global_step=i)
        print(
            f'| epoch {epoch:3d} '
            f'| {i:5d}/{len(train_dataloader):5d} batches | '
            f'lr {scheduler.get_last_lr()[0]:02.2f} | '
            f'ms/batch {elapsed * 1000 / log_interval:5.2f} | '
            f'loss {cur_loss:5.2f}'
        )
        total_loss = 0
        start_time = time.time()

writer.close()
```

이 향상된 훈련 루프는 훈련 손실과 학습률을 기록하기 위해 텐서보드를 사용한다. 텐서보드는 훈련 진행 상황을 시각화하고 다른 실행을 비교하는 강력한 도구다. 이 루프에서는 다음 지표를 기록한다.

- **훈련 손실**: 최근 log_interval 배치의 평균 손실 값을 의미한다. 이 값이 줄어들면 모델이 잘 학습되고 있다는 신호로 볼 수 있다.
- **학습률**: 학습이 진행됨에 따라 스케줄러에 의해 변하는 현재 학습률을 기록하고, 그 변화를 시각화한다.

log_interval은 100으로 설정했다. 즉, 100개 배치마다 진행 상황을 기록하고 출력한다. 이 간격은 정보 업데이트 빈도와 기록 작업으로 인한 훈련 속도 저하 사이의 균형을 고려한 설정이며, 데이터셋의 크기나 훈련 속도에 따라 적절히 조정해야 한다.

출력 또는 로그 정보는 다음과 같다.

- 현재 에포크 및 배치 번호
- 현재 학습률

- 배치당 시간(밀리초 단위)
- 현재 손실

이와 같은 상세한 로깅을 통해 훈련 과정을 면밀히 모니터링할 수 있으며, 손실 값의 불안정, 학습률 문제, 예상보다 느린 훈련 속도 등의 문제를 조기에 파악하는 데 도움이 된다.

7.6 파이프라인 모듈성과 재사용성

모듈성(modularity) 및 **재사용성**(resuability)은 효율적인 파이프라인을 구축하기 위한 기본 원칙이다. 이러한 원칙을 적용하면, 코드를 더 쉽게 유지보수하고 변화에 유연하게 대응할 수 있으며, 신뢰성 또한 높일 수 있다. 파이프라인을 데이터 전처리, 모델 훈련, 평가 구성 요소와 같은 독립적이고 재사용 가능한 모듈로 분해함으로써, 개발자는 개별 부분을 다른 부분에 영향을 주지 않고 쉽게 수정할 수 있으며, 각 구성 요소를 별도로 테스트하고, 검증된 코드를 다양한 프로젝트에 걸쳐 재사용할 수 있다.

이 접근 방식을 사용하면 개발 시간을 절약하고 작업의 일관성을 보장하며 오류 발생 가능성을 줄일 수 있다. 또한, 팀원들은 개별 모듈에서 작업하면서도 구성 요소 간의 명확한 인터페이스를 유지할 수 있어 협업이 쉬워진다. 훈련 파이프라인의 경우, 재사용 가능한 클래스에 프로세스를 캡슐화하면 구성을 유연하게 하고, 다양한 데이터셋과 원활하게 통합하며, 여러 프로젝트에 걸쳐 표준화된 구현을 손쉽게 공유할 수 있다.

파이프라인을 더 모듈화하고 재사용할 수 있도록 훈련 과정을 클래스로 캡슐화한다.

1. 먼저 클래스 정의부터 시작한다.

```
class LLMTrainer:
    def __init__(self, model, train_dataloader, optimizer, scheduler, device):
        self.model = model
        self.train_dataloader = train_dataloader
        self.optimizer = optimizer
        self.scheduler = scheduler
        self.device = device
        self.writer = SummaryWriter()
```

2. 다음으로, train_epoch 함수를 정의한다. 이 함수는 모델을 훈련 모드로 설정하고 훈련 데이터를 반복해 각 배치를 처리하는데, 손실 계산을 수행하고 경사 클리핑을 통한 역전파를 수행하며, 옵티마이저와 스케줄러를 사용해 모델 매개변수를 업데이트한다.

```python
def train_epoch(self):
    self.model.train()
    total_loss = 0
    log_interval = 100
    start_time = time.time()
    for i, batch in enumerate(self.train_dataloader):
        batch = {k: torch.tensor(v).to(self.device) for k, v in batch.items()}
        outputs = self.model(batch)
        loss = outputs.loss
        total_loss += loss.item()

        loss.backward()
        torch.nn.utils.clip_grad_norm_(self.model.parameters(), max_norm=1.0)
        self.optimizer.step()
        self.scheduler.step()
        self.optimizer.zero_grad()
```

3. 다음으로, 현재 배치 인덱스가 log_interval의 배수인지 확인해서 텐서보드와 콘솔에 훈련 진행률을 주기적 로깅한다. 배수라면, 평균 손실과 마지막 로그 이후 경과 시간을 계산하고, SummaryWriter를 사용해 훈련 손실과 학습률을 텐서보드에 기록하며, 배치 번호, 학습률, 배치당 밀리초, 현재 손실 등 진행 상황을 서식에 맞춰 콘솔에 출력한 후, 다음 로깅 주기를 위해 누적된 total_loss와 start_time을 초기화한다.

```python
if (i + 1) % log_interval == 0:
    cur_loss = total_loss / log_interval
    elapsed = time.time() - start_time
    self.writer.add_scalar('training_loss', cur_loss, global_step=i)
    self.writer.add_scalar(
        'learning_rate', self.scheduler.get_last_lr()[0], global_step=i
    )
    print(
        f'| {i:5d}/'
        f'{len(self.train_dataloader):5d} '
        f'batches | '
        f'lr '
        f'{self.scheduler.get_last_lr()[0]:02.2f} | '
```

```
                    f'ms/batch '
                    f'{elapsed * 1000 / log_interval:5.2f} '
                    f'| '
                    f'loss '
                    f'{cur_loss:5.2f}'
                )
                total_loss = 0
                start_time = time.time()
```

4. 다음으로, train 함수는 지정된 수의 에포크를 반복해 훈련 과정을 조율한다. 각 에포크 시작 시 메시지를 출력하고, 해당 에포크에 대한 훈련을 수행하기 위해 train_epoch 메서드를 호출하며, 모든 에포크가 완료되면 writer를 닫는다. 이 함수는 훈련의 주요 진입점으로, 필요에 따라 검증이나 체크포인팅 같은 기능을 추가해 확장할 수 있는 구조를 갖추고 있다.

```python
def train(self, num_epochs):
    for epoch in range(num_epochs):
        print(f'Starting epoch {epoch+1}')
        self.train_epoch()
        # 여기에 검증, 체크포인팅 등을 추가

    self.writer.close()
```

5. 마지막으로, 지정된 모델, 훈련 데이터 로더, 옵티마이저, 스케줄러, 장치를 사용해 LLMTrainer 클래스를 인스턴스화한다. 그런 다음, train 메서드를 호출해 세 번의 전체 훈련 에포크를 실행함으로써 모델의 학습 주기를 시작하고 관리한다.

```python
trainer = LLMTrainer(model, train_dataloader, optimizer, scheduler, device)
trainer.train(num_epochs=3)
```

이 모듈형 설계는 여러 가지 장점이 있다.

- **캡슐화**: 모든 훈련 로직은 LLMTrainer 클래스에 포함되어 구조를 더 쉽게 이해하고 관리할 수 있다.
- **재사용성**: 다른 모델이나 데이터셋에 대해 매개변수를 바꿔 새 인스턴스를 생성하면, 같은 트레이너를 손쉽게 재사용할 수 있다.
- **기능 추가 용이성(extensibility)**: 클래스 구조는 새로운 기능을 추가하기 쉽다. 예를 들어, 검증, 체크포인팅, 또는 조기 종료를 위한 메서드를 추가할 수 있다.
- **관심사 분리**: 훈련 로직을 모델 정의 및 데이터 준비와 분리함으로써 소프트웨어 공학의 모범 사례를 따른다.

다음 로그는 3 에포크에 걸친 훈련 과정을 보여주며, 100 배치마다 주기적 로깅을 수행한다. 각 로그 항목에는 현재 배치 번호, 전체 배치, 학습률, 배치당 밀리초, 평균 손실이 포함된다.

```
Starting epoch 1
|  100/1000 batches | lr 0.01  | ms/batch 45.67 | loss 2.35
|  200/1000 batches | lr 0.01  | ms/batch 44.89 | loss 2.10
|  300/1000 batches | lr 0.01  | ms/batch 46.12 | loss 1.95
|  400/1000 batches | lr 0.01  | ms/batch 45.50 | loss 1.80
|  500/1000 batches | lr 0.01  | ms/batch 44.75 | loss 1.65
|  600/1000 batches | lr 0.009 | ms/batch 45.30 | loss 1.50
|  700/1000 batches | lr 0.009 | ms/batch 44.95 | loss 1.40
|  800/1000 batches | lr 0.009 | ms/batch 45.10 | loss 1.30
|  900/1000 batches | lr 0.009 | ms/batch 45.00 | loss 1.25
| 1000/1000 batches | lr 0.009 | ms/batch 44.80 | loss 1.20

Starting epoch 2
|  100/1000 batches | lr 0.009 | ms/batch 44.60 | loss 1.18
|  200/1000 batches | lr 0.009 | ms/batch 44.70 | loss 1.15
|  300/1000 batches | lr 0.009 | ms/batch 44.80 | loss 1.12
|  400/1000 batches | lr 0.008 | ms/batch 44.50 | loss 1.10
|  500/1000 batches | lr 0.008 | ms/batch 44.60 | loss 1.08
|  600/1000 batches | lr 0.008 | ms/batch 44.55 | loss 1.05
|  700/1000 batches | lr 0.008 | ms/batch 44.65 | loss 1.03
|  800/1000 batches | lr 0.007 | ms/batch 44.50 | loss 1.00
|  900/1000 batches | lr 0.007 | ms/batch 44.60 | loss 0.98
| 1000/1000 batches | lr 0.007 | ms/batch 44.55 | loss 0.95

Starting epoch 3
|  100/1000 batches | lr 0.007 | ms/batch 44.50 | loss 0.93
|  200/1000 batches | lr 0.007 | ms/batch 44.60 | loss 0.90
|  300/1000 batches | lr 0.006 | ms/batch 44.55 | loss 0.88
|  400/1000 batches | lr 0.006 | ms/batch 44.50 | loss 0.85
|  500/1000 batches | lr 0.006 | ms/batch 44.60 | loss 0.83
|  600/1000 batches | lr 0.006 | ms/batch 44.55 | loss 0.80
|  700/1000 batches | lr 0.005 | ms/batch 44.50 | loss 0.78
|  800/1000 batches | lr 0.005 | ms/batch 44.60 | loss 0.75
|  900/1000 batches | lr 0.005 | ms/batch 44.55 | loss 0.73
| 1000/1000 batches | lr 0.005 | ms/batch 44.50 | loss 0.70
Training completed. Writer closed.
```

다음은 위의 데모용 로그에 관한 설명이다.

- **에포크 시작**: 각 에포크는 Starting epoch 1과 같은 메시지로 시작해 새로운 훈련 사이클의 시작을 알린다
- **배치 로깅**: 100개 배치마다 다음 정보가 기록된다.
    - **배치 진행률**: 전체 배치 중 현재 배치 번호를 표시한다(예: 100/1000 batches)
    - **학습률 (lr)**: 현재 학습률을 나타낸다(예: lr 0.01). 스케줄러에 의해 에포크마다 학습률이 감소할 수 있다.
    - **배치당 소요 시간(ms/batch)**: 각 배치를 처리하는 데 걸리는 시간을 나타낸다(예: ms/batch 45.67).
    - **손실**: 최근 100개 배치에 대한 평균 손실을 보여 주며, 이를 통해 모델 성능을 가늠할 수 있다(예: loss 2.35)
- **학습률 스케줄**: 에포크가 지남에 따라 학습률이 점차 줄어드는 모습을 볼 수 있는데, 이는 스케줄러가 더 나은 수렴을 위해 값을 조정한 결과다.
- **훈련 완료**: 모든 에포크가 완료되면, 최종 메시지(Training completed. Writer closed.)가 훈련 과정의 종료와 로깅 writer의 닫힘을 나타낸다

개발자와 연구자는 로그를 통해 훈련 과정에 대한 명확한 개요를 파악하고, 모델의 학습 진행 상황을 모니터링하며, 필요시 하이퍼파라미터를 조정하는 등 훈련이 예상대로 진행되는지 확인할 수 있다.

7.7 더 큰 모델을 위한 훈련 파이프라인 확장

더 큰 모델을 훈련할 때는 경사 누적과 혼합 정밀도 훈련 같은 기법이 필요하다.

이 절에서는 단일 GPU 메모리로 감당하기 어려운 대규모 언어 모델을 위해 LargeScaleLLMTrainer 라는 특수한 트레이너를 만든다. 이 트레이너에는 두 가지 핵심 기법이 사용된다.

첫 번째는 경사 누적이다. 배치를 하나씩 처리할 때마다 모델을 업데이트하지 않고, 여러 배치의 경사를 차곡차곡 쌓아둔 다음 정해진 횟수가 되면 한 번에 업데이트한다. 이렇게 하면 GPU 메모리는 그대로 쓰면서도 큰 배치로 학습하는 효과를 낼 수 있다.

두 번째는 혼합 정밀도 훈련이다. 대부분의 연산에서는 메모리를 덜 쓰는 낮은 정밀도 숫자를 사용하고, 정확도가 중요한 부분에서만 높은 정밀도 숫자를 쓴다. 덕분에 훈련 속도가 빨라지고 메모리 사용량도 줄어든다. 낮은 정밀도 연산에서 생길 수 있는 수치적 불안정성은 GradScaler가 역전파 과정에서 해결한다.

다음 코드는 데이터 처리부터 손실 계산, 모델 업데이트까지 이 트레이너가 어떻게 작동하는지 보여준다. 경사가 너무 커지는 걸 막고 훈련 진행 상황을 기록하는 기능도 들어있다. 마지막에는 실제 사용법도 확인할 수 있다. 이제 코드를 단계별로 살펴보자.

1. 관련된 파이썬 패키지를 가져오고 클래스를 정의한다.

```python
import torch.cuda.amp as amp

class LargeScaleLLMTrainer(LLMTrainer):
    def __init__(self, model, train_dataloader,
        optimizer, scheduler, device, accumulation_steps=4
    ):
        super().__init__(model, train_dataloader, optimizer, scheduler, device)
        self.accumulation_steps = accumulation_steps
        self.scaler = amp.GradScaler()
```

2. 그다음 훈련 에포크를 정의한다.

```python
    def train_epoch(self):
        self.model.train()
        total_loss = 0
        log_interval = 100
        start_time = time.time()

        for i, batch in enumerate(self.train_dataloader):
            batch = {k: torch.tensor(v).to(self.device) for k, v in batch.items()}

            with amp.autocast():
                outputs = self.model(batch)
                loss = outputs.loss / self.accumulation_steps
            self.scaler.scale(loss).backward()
```

3. 이제 경사 누적을 위한 코드 블록을 구현한다. 정해진 배치 수(accumulation_steps)만큼 처리한 후에만 모델의 매개변수, 학습률, 경사 스케일러를 업데이트함으로써, 메모리가 부족해도 더 큰 배치로 훈련한 것과 같은 효과를 얻는다.

```python
            if (i + 1) % self.accumulation_steps == 0:
                self.scaler.unscale_(self.optimizer)
                torch.nn.utils.clip_grad_norm_(self.model.parameters(), max_norm=1.0)
                self.scaler.step(self.optimizer)
```

```
                self.scaler.update()
                self.scheduler.step()
                self.optimizer.zero_grad()

                total_loss += loss.item() * self.accumulation_steps
```

4. 그런 다음 `log_interval`로 정의된 간격마다 평균 훈련 손실과 학습률을 계산해 텐서보드에 기록하고, 현재 훈련 진행 상황 요약을 콘솔에 출력한다.[12]

```
            if (i + 1) % log_interval == 0:
                cur_loss = total_loss / log_interval
                elapsed = time.time() - start_time
                self.writer.add_scalar('training_loss', cur_loss, global_step=i)
                self.writer.add_scalar(
                    'learning_rate', self.scheduler.get_last_lr()[0], global_step=i
                )
                print(
                    f'| {i:5d}/{len(self.train_dataloader):5d} batches | '
                    f'lr {self.scheduler.get_last_lr()[0]:02.2f} | '
                    f'ms/batch {elapsed * 1000 / log_interval:5.2f} | '
                    f'loss {cur_loss:5.2f}'
                )
                total_loss = 0
                start_time = time.time()
```

5. 트레이너를 초기화하고 실행해 LLM을 훈련한다.

```
large_trainer = LargeScaleLLMTrainer(
    model, train_dataloader, optimizer, scheduler, device)
large_trainer.train(num_epochs=3)
```

이 향상된 트레이너는 더 큰 모델로 확장하기 위한 두 가지 주요 기술을 사용한다.

- **경사 누적(gradient accumulation)**: 각 배치마다 매번 가중치를 업데이트하는 것이 아니라, 경사를 차곡차곡 쌓다가 4번째 배치마다 한 번에 가중치를 업데이트한다. 이렇게 하면 작은 메모리로도 큰 배치 크기의 효과를 낼 수 있어서 GPU 메모리가 부족한 상황에서도 대규모 모델을 훈련할 수 있다. 손실값을 누적 단계 수(accumulation_steps)로 나누는 이유는 경사가 여러 번 누적되면서 커지는 것을 막아 원래 학습률과 같은 효과를 유지하기 위해서다.

---

12 (옮긴이) 원서에서 경과 시간(elapsed)을 계산하는 코드에 뺄셈 연산자(-)가 누락되어 추가했다.

- **혼합 정밀도 훈련**(mixed precision training): 파이토치의 **자동 혼합 정밀도**(Automatic Mixed Precision, AMP)를 사용해, 가능한 경우 `float16`으로 연산을 수행하고, `float32` 형식의 마스터 가중치는 유지한다. 이렇게 하면 특히 텐서 코어가 있는 최신 GPU에서 훈련 속도를 크게 높이고 메모리 사용량을 줄일 수 있다.

`GradScaler`는 `float16` 계산에서 언더플로를 방지한다. 손실을 스케일링해서 작은 경삿값을 보존하고, 최적화 단계 전에 스케일을 복원한다.

경사 클리핑도 계속 사용하되, 스케일링 해제 후에 적용해서 실제 경삿값이 정확히 클리핑되도록 한다.

더 큰 모델의 경우, **모델 병렬 처리**(모델을 여러 GPU에 걸쳐 분할), **파이프라인 병렬 처리**(모델을 여러 단계로 분할) 또는 DeepSpeed나 Megatron-LM과 같은 특수 라이브러리를 사용하는 기술을 고려할 수 있다. 이러한 고급 기술을 활용하면 수십억 개의 매개변수를 가진 모델을 여러 GPU나 여러 머신에 걸쳐 훈련할 수 있다. GPU 메모리가 방대한 양의 데이터와 모델 매개변수를 처리하기에 충분하지 않을 때, 메모리 오프로드는 좋은 대안이 될 수 있다. 메모리 오프로드는 모델의 데이터나 계산의 일부를 메모리 스토리지, 예를 들어 **NVMe**(Non-Volatile Memory Express) SSD로 전송하는 것을 포함한다. NVMe 메모리는 전통적인 스토리지보다 고속 데이터 접근이 가능하므로, 시스템은 GPU 메모리 용량을 초과하는 중간 활성화, 경사, 모델 상태를 효과적으로 관리하고 저장할 수 있다. 이 접근법을 사용하면 즉각적인 GPU 메모리 확장 없이도 더 큰 모델을 훈련하거나 더 높은 배치 크기를 사용할 수 있다. 그러나 GPU와 NVMe 스토리지 간의 데이터 전송으로 인한 추가 지연이 발생해 훈련 속도에 영향을 미칠 수 있다. 데이터 접근 패턴을 최적화하고 효율적인 오프로드 전략을 활용하면 성능 오버헤드를 최소화하고 메모리 오프로드 기술을 사용할 때 효율적인 훈련 워크플로를 유지할 수 있다.

7.8 요약

이 장에서는 LLM 훈련을 위한 파이프라인 설계의 실용적인 패턴에 대해 배웠다. 효율적인 데이터 전처리 워크플로를 생성하고, 모델 아키텍처를 구현하며, 고급 최적화 전략을 적용하는 방법을 배웠다. 모델의 진행 상황을 추적하기 위한 효과적인 로깅 시스템을 설정하는 방법을 이해하게 됐다. 또한 모듈적이고 재사용 가능한 파이프라인을 구축하는 기술을 탐구하고, 더 큰 모델을 수용하기 위해 훈련 프로세스를 스케일링하는 방법을 발견했다. 이러한 기술을 통해 최첨단 언어 모델을 효율적이고 효과적으로 훈련할 수 있는 준비가 됐다.

다음 장에서는 하이퍼파라미터 튜닝 패턴을 탐구할 것이다.

8장

하이퍼파라미터 튜닝

이 장에서는 LLM의 하이퍼파라미터와 이를 효율적으로 최적화하는 전략을 배운다. 격자 탐색, 랜덤 탐색과 같은 수동 및 자동 튜닝 접근법뿐만 아니라 베이즈 최적화 및 개체군 기반 훈련과 같은 고급 방법도 탐구한다. 또한 LLM 개발에서 흔히 볼 수 있는 다목적 최적화 시나리오를 처리하는 방법도 알아본다.

이 장을 마치면 독자는 다양한 작업과 도메인에서 LLM이 최적의 성능을 내도록 파인튜닝하는 실용적인 도구와 기술을 익히게 된다.

이 장에서는 다음 주제를 다룬다.

- 하이퍼파라미터 이해하기
- 수동 튜닝과 자동 튜닝
- 격자 탐색과 랜덤 탐색
- 베이즈 최적화
- 개체군 기반 방법
- 다목표 하이퍼파라미터 최적화
- 하이퍼파라미터 튜닝을 대규모로 수행하기

8.1 하이퍼파라미터 이해하기

하이퍼파라미터는 머신러닝 훈련 과정이 시작되기 전에 설정되는 값으로, 데이터로부터 학습되지 않는 설정이다. 이는 모델의 복잡성, 학습률, 전체 훈련 과정 등 학습 알고리즘 자체의 다양한 측면을 제어한다. 데이터 과학자들은 모델의 성능을 최적화하기 위해 이러한 하이퍼파라미터를 수동으로 선택하고 조정한다.

LLM의 하이퍼파라미터를 크게 구조적 하이퍼파라미터, 최적화 하이퍼파라미터, 정규화 하이퍼파라미터로 분류할 수 있다.

- **아키텍처 하이퍼파라미터**: 이것들은 모델의 설계와 구조를 정의해 데이터 처리 및 표현 방식을 결정한다. 데이터에서 복잡한 패턴과 관계를 학습하는 모델의 능력에 직접적으로 영향을 미치기 때문에 중요하다. 적절한 아키텍처는 계산 효율성과 성능을 균형 있게 조절해 모델이 미지의 데이터에 잘 일반화할 수 있도록 한다.

  이 범주에 포함되는 하이퍼파라미터는 다음과 같다.
  - 레이어 수
  - 히든 크기(hidden size)
  - 어텐션 헤드 수
  - 피드포워드 차원
  - 어휘 사전 크기(vocabulary size)

- **최적화 하이퍼파라미터(optimization hyperparameters)**: 이것들은 손실 함수를 최소화하기 위해 매개변수를 조정해 훈련 중 모델이 학습하는 방식을 조절한다. 이것들은 업데이트의 속도와 방식을 제어해 수렴 속도, 안정성, 그리고 모델이 최적의 솔루션에 도달할 수 있는 능력에 영향을 미치기 때문에 중요하다. 적절한 튜닝은 발산 또는 과소적합 없이 효율적인 훈련을 보장한다.

  이 범주에 포함되는 하이퍼파라미터는 다음과 같다(7장에서 다뤘다).
  - 학습률
  - 배치 크기
  - 훈련 단계 수
  - 준비 단계
  - 학습률 스케줄

- **정규화 하이퍼파라미터(regularization hyperparameters)**: 모델이 과적합되지 않도록 설정하는 값들이다. 이를 통해 모델은 훈련 데이터만 외우는 대신 새로운 데이터에도 잘 대응할 수 있다. 복잡한 모델일수록 훈련 데이터를 그대

로 암기하는 경향이 강해지는데, 이 경우 실제 상황에서 처음 보는 데이터에 대한 성능이 크게 떨어진다. 정규화 기법은 이런 문제를 해결하기 위해 모델의 복잡도를 제한하고 안정성을 높이는 제약을 가한다.

이 범주에 포함된 하이퍼파라미터는 다음과 같다(자세한 내용은 9장을 참조).

- 드롭아웃 비율
- 가중치 감쇠
- 라벨 스무딩

구성 가능한 하이퍼파라미터를 가진 LLM을 생성하는 함수를 구현해 보자.

```python
from transformers import GPT2Config, GPT2LMHeadModel

def create_llm(num_layers, hidden_size, num_heads, ff_dim, vocab_size):
    config = GPT2Config(
        n_layer=num_layers,
        n_embd=hidden_size,
        n_head=num_heads,
        n_inner=ff_dim,
        vocab_size=vocab_size
    )
    model = GPT2LMHeadModel(config)
    return model

# 사용 예
model = create_llm(
    num_layers=12, hidden_size=768, num_heads=12, ff_dim=3072, vocab_size=50257
)
print(f"모델 매개변수: {model.num_parameters():,}")
```

이 코드에서는 create_llm 함수를 정의해, 다양한 구조적 하이퍼파라미터를 가진 LLM을 쉽게 생성할 수 있다. 이 함수는 다음 매개변수를 받는다.

- num_layers: 모델에서 트랜스포머 레이어의 수다. 더 많은 레이어는 더 복잡한 패턴을 포착할 수 있지만, 계산 요구사항을 증가시킨다.
- hidden_size: 모델 전반에 걸친 은닉 상태의 차원이다. 모델이 얼마나 많은 정보를 담을 수 있는지 결정한다.
- num_heads: 각 레이어에서 어텐션 헤드의 수다. 헤드가 여러 개 있으면 모델이 입력의 다양한 측면에 동시에 집중할 수 있다.

- `ff_dim`: 각 트랜스포머 블록의 피드포워드 레이어 차원이다. 일반적으로 `hidden_size`의 네 배로 설정된다.
- `vocab_size`: 모델의 어휘 크기다. 이는 임베딩 레이어와 출력 레이어의 크기를 결정한다.

이러한 매개변수를 사용해 `GPT2Config` 객체를 생성한 뒤, 이를 기반으로 `GPT2LMHeadModel`을 초기화한다. 이 방식을 사용하면 다양한 모델 아키텍처를 보다 쉽게 실험해 볼 수 있다.

8.2 수동 튜닝과 자동 튜닝

수동 튜닝(manual tuning)은 직관, 경험, 점진적 실험을 바탕으로 하이퍼파라미터를 조정하는 방식이다. 도메인 지식을 활용하면 맞춤형 구성을 보다 체계적으로 탐색할 수 있지만, 많은 시간이 들고 기대만큼의 결과를 얻지 못할 수 있으며, 하이퍼파라미터 공간이 클수록 탐색 효율이 크게 떨어진다.

자동 튜닝(automated tuning)은 알고리즘을 활용해 하이퍼파라미터 공간을 체계적으로 탐색한다. 이 방식은 성능 최적화를 목표로 대규모 하이퍼파라미터 공간을 효율적으로 탐색할 수 있어 수동 튜닝보다 시간과 노력을 절약할 수 있지만, 계산 자원이 많이 들고 적절히 설정하려면 전문 지식이 요구된다.

도메인 지식이나 직관을 활용해 작고 명확한 검색 공간을 탐색할 수 있다면 수동 튜닝이 유용하다. 특히 자원이 제한된 환경이나 단순한 모델에 적합하다. 반면 자동 튜닝은 크고 복잡한 하이퍼파라미터 공간을 보다 체계적으로 탐색하고 최적화해야 할 때 적절하며, 계산 비용이 크더라도 더 나은 구성을 효율적으로 찾을 수 있다는 장점이 있다.

두 가지 접근 방식을 모두 구현하자.

8.2.1 수동 튜닝

먼저 수동 튜닝부터 구현해 보겠다.

1. 임포트부터 시작한다.

```
import numpy as np
from transformers import Trainer, TrainingArguments
from datasets import load_dataset
```

2. 샘플 데이터셋을 로드한다.

```
dataset = load_dataset("wikitext", "wikitext-2-raw-v1", split="train")

def tokenize_function(examples):
    return tokenizer(examples["text"], truncation=True, max_length=512)

tokenized_dataset = dataset.map(tokenize_function,
    batched=True, remove_columns=dataset.column_names)
```

3. 수동 하이퍼파라미터 튜닝을 설정한다.

```
manual_hyperparameters = [
    {"num_layers": 6, "hidden_size": 512, "num_heads": 8, "ff_dim": 2048},
    {"num_layers": 12, "hidden_size": 768, "num_heads": 12, "ff_dim": 3072},
    {"num_layers": 24, "hidden_size": 1024, "num_heads": 16, "ff_dim": 4096}
]
```

4. 수동 하이퍼파라미터를 사용해 훈련을 수행한다.

```
for hp in manual_hyperparameters:
    model = create_llm(hp, vocab_size=50257)

    training_args = TrainingArguments(
        output_dir=(f"./results_{hp['num_layers']}_{hp['hidden_size']}"),
        num_train_epochs=3,
        per_device_train_batch_size=8,
        logging_dir=(f"./logs_{hp['num_layers']}_{hp['hidden_size']}"),
    )

    trainer = Trainer(
        model=model,
        args=training_args,
        train_dataset=tokenized_dataset,
    )

    trainer.train()
```

5. 모델을 평가한다.

```
eval_results = trainer.evaluate()
print(f"Hyperparameters: {hp}")
print(f"Evaluation results: {eval_results}")
```

이 수동 튜닝 예제에서는 시도할 하이퍼파라미터 구성 목록을 정의한 뒤, 각 구성을 바탕으로 모델을 생성하고 훈련시킨 후, 성능을 평가한다. 이러한 방식으로 다양한 모델 크기와 아키텍처를 체계적으로 살펴볼 수 있다.

수동 튜닝은 도메인 지식과 직관을 바탕으로 진행된다. 예를 들어, 작은 모델(6개 레이어, 은닉 크기 512)부터 시작해 성능 변화를 확인하며 점차 크기를 늘려볼 수 있다. 트랜스포머 기반 모델에서 일반적으로 사용되는 설정을 참고해 다음과 같이 구성했다.

- 가장 작은 구성(6개 층, 은닉 크기 512)은 모델을 더 빠르게 훈련시키고 배포하기에 적합한 컴팩트한 형태다.
- 중간 구성(12개 층, 은닉 크기 768)은 기본 GPT-2 모델과 유사하고, 다양한 과업에서 우수한 성능을 보이는 것으로 알려져 있다.
- 가장 큰 구성(24개 층, 은닉 크기 1,024)은 더 복잡한 패턴까지 포착할 수 있는 강력한 모델이지만, 그만큼 더 많은 계산 자원이 필요하다.

8.2.2 자동 튜닝

이제 랜덤 탐색을 활용해 간단한 자동 튜닝 방식을 직접 구현해 보자(더 발전된 랜덤 탐색 방법은 다음 섹션에서 소개한다).

1. import 문을 추가하고, 무작위로 하이퍼파라미터를 설정한다.

```
import random

def random_hp_search(num_trials=10):
    best_eval_loss = float('inf')
    best_hp = None

    for _ in range(num_trials):
        hp = {
            "num_layers": random.choice([6, 12, 24]),
```

```python
        "hidden_size": random.choice([512, 768, 1024]),
        "num_heads": random.choice([8, 12, 16]),
        "ff_dim": random.choice([2048, 3072, 4096])
    }
```

2. 모델을 훈련한다.

```python
    model = create_llm(hp, vocab_size=50257)

    training_args = TrainingArguments(
        output_dir=f"./results_random_{_}",
        num_train_epochs=3,
        per_device_train_batch_size=8,
        logging_dir=f"./logs_random_{_}",
    )

    trainer = Trainer(
        model=model,
        args=training_args,
        train_dataset=tokenized_dataset,
    )

    trainer.train()
```

3. 훈련 결과를 평가한 후 출력한다.

```python
    eval_results = trainer.evaluate()
    eval_loss = eval_results['eval_loss']

    if eval_loss < best_eval_loss:
        best_eval_loss = eval_loss
        best_hp = hp

    print(
        f"Trial {_ + 1}: "
        f"Hyperparameters: {hp}, "
        f"Eval Loss: {eval_loss}"
    )

print(
```

```
            f"Best Hyperparameters: {best_hp}, "
            f"Best Eval Loss: {best_eval_loss}"
    )

random_hp_search()
```

이 랜덤 탐색 구현에서는 각 실험마다 미리 정의된 옵션에서 하이퍼파라미터를 무작위로 선택한다(실험 중에는 수동 개입이 없다). 여기서 미리 정의된 옵션이란, 검색 과정에서 하이퍼파라미터 값을 무작위로 샘플링할 수 있도록 지정해 둔 범위, 집합, 또는 분포를 말한다. 예를 들어, 레이어 수처럼 이산적인 하이퍼파라미터는 [6, 12, 24]와 같은 집합에서 선택하고, 학습률과 같은 연속 하이퍼파라미터는 10^{-5}에서 10^{-3} 사이의 균등 분포 또는 로그 균등 분포에서 샘플링할 수 있다. 이처럼 각 하이퍼파라미터에 대해 설정된 옵션이 그 값의 범위와 선택 가능한 값을 정해 주며, 무작위 샘플링이 그에 따라 이뤄진다.

각 하이퍼파라미터에 대해 이산적인 값 집합을 사용해 탐색 범위를 제한하고, 트랜스포머 모델에서 잘 작동하는 것으로 알려진 구성들을 중심으로 탐색한다. 실험 횟수(이 경우 10회)는 탐색의 폭과 사용 가능한 계산 자원 사이의 균형을 고려해 정한 것이다. 실험 횟수를 늘리면 더 나은 구성을 발견할 가능성이 높아지지만, 그만큼 계산 비용도 함께 증가한다.

이후 섹션에서는 격자 탐색, 더 발전된 랜덤 탐색, 베이즈 최적화, 개체군 기반 방법, 다목표 하이퍼파라미터 최적화 등 다양한 자동 튜닝 기법을 소개할 예정이다.

8.3 격자 탐색과 랜덤 탐색

격자 탐색(grid search) 과 **랜덤 탐색(random search)** 은 하이퍼파라미터 튜닝을 위한 두 가지 일반적인 방법이다. 앞서 랜덤 탐색을 살펴봤으며, 이번에는 격자 탐색과 고급 랜덤 탐색 기법을 구현해 본다.

1. 필요한 모듈을 임포트한 후, 격자 탐색에 사용할 하이퍼파라미터를 설정한다.

```
import itertools

def grid_search():
    hp_grid = {
```

```python
        "num_layers": [6, 12, 24],
        "hidden_size": [512, 768, 1024],
        "num_heads": [8, 12, 16],
        "ff_dim": [2048, 3072, 4096]
}

best_eval_loss = float('inf')
best_hp = None
```

2. 설정한 하이퍼파라미터로 모델을 훈련한다.

```python
for hp in itertools.product(*hp_grid.values()):
    hp_dict = dict(zip(hp_grid.keys(),hp))
    
    model = create_llm(
        hp_dict["num_layers"],
        hp_dict["hidden_size"],
        hp_dict["num_heads"],
        hp_dict["ff_dim"],
        vocab_size=50257
    )
    
    training_args = TrainingArguments(
        output_dir=(
            f"./results_grid_{hp_dict['num_layers']}_{hp_dict['hidden_size']}"
        ),
        num_train_epochs=3,
        per_device_train_batch_size=8,
        logging_dir=(
            f"./logs_grid_{hp_dict['num_layers']}_{hp_dict['hidden_size']}"
        ),
    )
    
    trainer = Trainer(
        model=model,
        args=training_args,
        train_dataset=tokenized_dataset,
    )
    
    trainer.train()
```

3. 모델을 평가한 뒤, 결과를 출력한다.

```
        eval_results = trainer.evaluate()
        eval_loss = eval_results['eval_loss']

        if eval_loss < best_eval_loss:
            best_eval_loss = eval_loss
            best_hp = hp_dict
        print(f"하이퍼파라미터: {hp_dict}, 평가 손실: {eval_loss}")

    print(f"최적 하이퍼파라미터: {best_hp}, 최적 평가 손실: {best_eval_loss}")

grid_search()
```

격자 탐색은 하이퍼파라미터의 모든 조합을 빠짐없이 탐색한다. 이 방식은 매우 철저하지만, 특히 많은 하이퍼파라미터를 가진 LLM의 경우 계산 비용이 많이 들 수 있다. 이 구현에서는 3^4 = 81가지 구성을 탐색하며, 이 과정은 상당한 시간과 자원을 소모한다.

하이퍼파라미터 범위는 모델 크기의 다양성을 고려해 설정됐다. 비교적 작은 모델(6층, 은닉 크기 512)부터 상당히 큰 모델(24층, 은닉 크기 1024)까지 포함돼 있으며, 이를 통해 모델 크기와 성능 사이의 상충 관계를 살펴볼 수 있다.

이제 최적화 관련 하이퍼파라미터도 포함하는 더 정교한 랜덤 탐색을 구현해 보자.

1. import 문을 추가하고 advanced_random_search 하이퍼파라미터를 설정한다.

```
import random

def advanced_random_search(num_trials=20):
    best_eval_loss = float('inf')
    best_hp = None
    for _ in range(num_trials):
        hp = {
            "num_layers": random.choice([6, 12, 24]),
            "hidden_size": random.choice([512, 768, 1024]),
            "num_heads": random.choice([8, 12, 16]),
            "ff_dim": random.choice([2048, 3072, 4096]),
            "learning_rate": 10random.uniform(-5, -3),
```

```python
    "batch_size": random.choice([8, 16, 32]),
    "num_epochs": random.randint(2, 5),
    "warmup_steps": random.randint(100, 1000),
    "weight_decay": random.uniform(0, 0.2)
}
```

2. 훈련을 진행한다.

```python
model = create_llm(
    num_layers=hp['num_layers'],
    hidden_size=hp['hidden_size'],
    num_heads=hp['num_heads'],
    ff_dim=hp['ff_dim'],
    vocab_size=50257
)

training_args = TrainingArguments(
    output_dir=f"./results_advanced_random_{_}",
    num_train_epochs=hp['num_epochs'],
    per_device_train_batch_size=hp['batch_size'],
    learning_rate=hp['learning_rate'],
    warmup_steps=hp['warmup_steps'],
    weight_decay=hp['weight_decay'],
    logging_dir=f"./logs_advanced_random_{_}",
)

trainer = Trainer(
    model=model,
    args=training_args,
    train_dataset=tokenized_dataset,
)

trainer.train()
```

3. 훈련 결과를 평가한 후 출력한다.

```python
eval_results = trainer.evaluate()
eval_loss = eval_results['eval_loss']

if eval_loss < best_eval_loss:
```

```
            best_eval_loss = eval_loss
            best_hp = hp

    print(f"시도 {_ + 1}: 하이퍼파라미터: {hp}, 평가 손실: {eval_loss}")

print(f"최적 하이퍼파라미터: {best_hp}, 최적 평가 손실: {best_eval_loss}")
```

고급 랜덤 탐색에서는 모델 아키텍처와 최적화 관련 하이퍼파라미터를 모두 포함해 탐색을 진행한다. 연속형 하이퍼파라미터(예: 학습률이나 가중치 감쇠 등)는 0.001, 0.0015, 0.002처럼 주어진 범위 내에서 임의의 실숫값을 가질 수 있으며, 이런 경우에는 random.uniform을 사용해 값을 샘플링한다. 반면, 배치 크기처럼 미리 정해진 값 중 하나를 선택해야 하는 이산형 하이퍼파라미터에는 random.choice나 random.randint를 사용한다. 예를 들어, 32, 64, 128 중에서 선택하거나 고정된 옵션 집합 중에서 선택하는 방식이다.

각 하이퍼파라미터의 범위는 LLM을 훈련할 때 일반적으로 사용되는 설정을 참고해서 정했다(자세한 내용은 7장을 참조).

- **학습률**: LLM에서는 일반적으로 1e-5에서 1e-3 사이의 값을 사용하므로, 이 범위에서 로그 균등 분포를 이용해 값을 샘플링한다.
- **배치 크기**: 8, 16, 32 중에서 선택하며, 이는 계산 효율성과 학습 안정성 간의 균형을 고려한 일반적인 설정이다.
- **에포크 수**: 2에서 5 에포크를 허용하는데, LLM은 보통 대규모 데이터셋에서 몇 에포크 내에 수렴하기 때문이다.
- **웜업 단계**: 100에서 1,000 단계 사이를 선택하며, 이는 초기 훈련을 안정화하는 데 도움이 될 수 있다.
- **가중치 감쇠**: 0과 0.2 사이의 균등 분포를 사용하며, 소량의 가중치 감쇠는 과적합을 방지하는 데 도움이 될 수 있다.

고급 랜덤 탐색이 격자 탐색보다 우수한 이유는 가능한 모든 조합을 빠짐없이 평가하는 대신 무작위 샘플링을 통해 하이퍼파라미터 공간을 더 효율적으로 탐색하기 때문이다. 이러한 유연성 덕분에 성능에 큰 영향을 미치는 핵심 하이퍼파라미터에 집중할 수 있고, 영향력이 적은 매개변수의 중복 평가를 방지한다. 또한 분포에서 직접 샘플링해 연속 매개변수를 처리할 수 있는 반면, 격자 탐색은 이산화가 필요하고 매개변수 공간이 증가할수록 계산 비용이 기하급수적으로 늘어난다. 고급 랜덤 탐색은 시도 횟수를 미리 정한 예산으로 제한함으로써 효과적인 구성을 더 빠르고 적은 계산 비용으로 찾을 수 있어, 대규모 복합 모델에서 더 실용적이다.

8.4 베이즈 최적화

베이즈 최적화(Bayesian optimization)는 하이퍼파라미터 튜닝의 정교한 방법으로, LLM에서 특히 뛰어난 효과를 보인다. 이 방식은 확률 모델을 활용해 여러 하이퍼파라미터 조합의 성능을 미리 예측한 다음, 그 예측 결과를 바탕으로 다음에 실험할 조합을 지능적으로 결정한다.

옵튜나(Optuna) 라이브러리를 사용해 베이즈 최적화를 구현해 보자. 옵튜나는 알고리즘과 모델에 대한 최적의 매개변수를 찾는 과정을 자동화하기 위한 오픈 소스 하이퍼파라미터 최적화 프레임워크다. 주로 **트리 구조 파젠 추정기**(Tree-structured Parzen Estimator, **TPE**) 알고리즘을 활용해 고급 베이즈 최적화 기법을 사용하며, 복잡한 매개변수 공간을 효율적으로 검색한다.

1. 옵튜나를 임포트하고 하이퍼파라미터를 설정한다.

```python
import optuna
from transformers import Trainer, TrainingArguments
import torch

def objective(trial):
    # 최적화할 하이퍼파라미터 정의
    hp = {
        "num_layers": trial.suggest_int("num_layers", 6, 24),
        "hidden_size": trial.suggest_categorical("hidden_size", [512, 768, 1024]),
        "num_heads": trial.suggest_categorical("num_heads", [8, 12, 16]),
        "ff_dim": trial.suggest_categorical("ff_dim", [2048, 3072, 4096]),
        "learning_rate": trial.suggest_loguniform("learning_rate", 1e-5, 1e-3),
        "batch_size": trial.suggest_categorical(batch_size, [8, 16, 32]),
        "num_epochs": trial.suggest_int("num_epochs", 2, 5),
        "warmup_steps": trial.suggest_int("warmup_steps", 100, 1000),
        "weight_decay": trial.suggest_uniform("weight_decay", 0, 0.2)
    }

    model = create_llm(
        num_layers=hp['num_layers'],
        hidden_size=hp['hidden_size'],
        num_heads=hp['num_heads'],
        ff_dim=hp['ff_dim'],
        vocab_size=50257
    )
```

2. 모델을 훈련한다.

```
training_args = TrainingArguments(
    output_dir=f"./results_bayesian_{trial.number}",
    num_train_epochs=hp['num_epochs'],
    per_device_train_batch_size=hp['batch_size'],
    learning_rate=hp['learning_rate'],
    warmup_steps=hp['warmup_steps'],
    weight_decay=hp['weight_decay'],
    logging_dir=f"./logs_bayesian_{trial.number}",
)

trainer = Trainer(
    model=model,
    args=training_args,
    train_dataset=tokenized_dataset,
)

trainer.train()

eval_results = trainer.evaluate()
return eval_results['eval_loss']
```

3. 최적화를 실행한다.

```
study = optuna.create_study(direction="최소화")
study.optimize(objective, n_trials=20)

print("최적 시도:")
trial = study.best_trial
print(f"값: {trial.value}")
print("매개변수: ")
for key, value in trial.params.items():
    print(f"    {key}: {value}")
```

이 구현에서는 옵튜나가 최적화할 목적 함수를 정의한다. 이 함수는 옵튜나가 제안한 하이퍼파라미터로 모델을 생성하고 훈련한 후 평가 손실을 반환한다.

다음과 같은 옵튜나의 다양한 제안 메서드를 활용해 하이퍼파라미터 탐색 공간을 정의할 수 있다.

- **suggest_int**: num_layers, num_epochs 같은 정수형 하이퍼파라미터에 사용
- **suggest_categorical**: hidden_size, num_heads처럼 이산적인 옵션이 있는 하이퍼파라미터에 사용
- **suggest_loguniform**: 학습률과 같이 로그 스케일로 탐색하는 것이 적절한 연속형 하이퍼파라미터에 사용
- **suggest_uniform**: 가중치 감쇠처럼 균등 분포로 탐색하고자 할 때 사용

각 하이퍼파라미터의 탐색 범위는 LLM 훈련의 일반적인 관행을 바탕으로 구현된 랜덤 탐색 방식과 유사하다.

베이즈 최적화는 격자 탐색이나 랜덤 탐색보다 더 효율적일 수 있으며, 특히 LLM 훈련과 같은 평가 비용이 높은 함수에 적합하다. 이전 실험 결과를 활용하면 향후 실험을 더 효과적으로 선택할 수 있어, 좋은 구성을 잠재적으로 더 빠르게 찾을 수 있다.

8.5 개체군 기반 방법

개체군 기반 훈련(population-based training, **PBT**)은 훈련 과정에서 병렬 탐색과 적응적 하이퍼파라미터 튜닝을 결합한 강력한 기법이다. 훈련을 효율적으로 일시 중지하고 재개할 수 있는 문제에 특히 효과적이다. PBT는 개체군에서 주기적으로 하이퍼파라미터와 모델 가중치를 평가하고 업데이트하므로 원활한 일시 중지 및 재개 기능이 필요하다. 이러한 적응성을 통해 계산 자원을 최적으로 활용할 수 있으며, 반복 최적화 과정에서 계산 비용이 높은 신경망 아키텍처 탐색, 강화 학습, 하이퍼파라미터 튜닝 등의 작업에 이상적이다.

여기서는 PBT의 핵심 개념과 기능을 이해할 수 있도록 간단한 버전을 구현해 본다.

이제 PBT 알고리즘의 핵심 기능을 담은 SimplePBT 클래스를 만들어보자. 구현 내용을 차근차근 살펴보자.

1. 먼저 클래스를 초기화한다.

```
import random
import copy

class SimplePBT:
```

```python
def __init__(self, population_size=4, num_generations=5):
    self.population_size = population_size
    self.num_generations = num_generations
    self.population = []
```

SimplePBT 클래스는 두 가지 주요 매개변수를 지정해 초기화한다.

- population_size: 동시에 유지할 하이퍼파라미터 구성(개체)의 수를 의미한다(기본값은 4).
- num_generations: PBT 알고리즘이 반복 실행될 횟수를 의미한다(기본값은 5).

population 리스트에는 개체군에 속한 각 개체를 나타내는 딕셔너리가 저장되며, 이 안에는 해당 개체의 하이퍼파라미터와 성능 점수가 함께 기록된다.

2. 개체군 초기화 단계에서는 initialize_population 메서드가 최초의 하이퍼파라미터 구성 집합을 만든다.

```python
def initialize_population(self):
    for _ in range(self.population_size):
        hp = {
            "num_layers": random.choice([6, 12, 24]),
            "hidden_size": random.choice([512, 768, 1024]),
            "num_heads": random.choice([8, 12, 16]),
            "ff_dim": random.choice([2048, 3072, 4096]),
            "learning_rate": 10random.uniform(-5, -3),
            "batch_size": random.choice([8, 16, 32]),
            "weight_decay": random.uniform(0, 0.2)
        }
        self.population.append({"hp": hp, "score": None})
```

개체군의 각 개체마다 다음 과정을 거쳐 초기 구성을 만든다.

- **범주형 하이퍼파라미터(categorical hyperparameters)**는 **이산형 하이퍼파라미터(discrete hyperparameters)**의 한 종류로, 미리 정의된 옵션 중에서 무작위로 선택한다(예: num_layers, hidden_size). 이들을 범주형이라고 부르는 이유는, 연속적인 값 범위에서 고르는 것이 아니라 서로 구분되는 개별 선택지 중 하나를 고르기 때문이다.

- **연속형 하이퍼파라미터(continuous hyperparameters)**는 지정된 범위에서 샘플링된다(예: learning_rate, weight_decay).

각 하이퍼파라미터 구성은 초기 점수를 None으로 둔 채 개체군 목록에 추가한다.

3. **훈련 및 평가**: train_and_evaluate 메서드는 주어진 하이퍼파라미터로 LLM을 생성하고, 훈련 인자를 설정하고, 모델과 인자를 이용해 트레이너를 초기화하고, 모델을 훈련하고, 모델을 평가하고, 평가 손실을 반환한다.

```python
def train_and_evaluate(self, hp):
    model = create_llm(
        num_layers=hp['num_layers'],
        hidden_size=hp['hidden_size'],
        num_heads=hp['num_heads'],
        ff_dim=hp['ff_dim'],
        vocab_size=50257
    )

    training_args = TrainingArguments(
        output_dir=f"./results_pbt_{random.randint(0, 1000)}",
        num_train_epochs=3,
        per_device_train_batch_size=hp['batch_size'],
        learning_rate=hp['learning_rate'],
        weight_decay=hp['weight_decay'],
        logging_dir=f"./logs_pbt_{random.randint(0, 1000)}",
    )

    trainer = Trainer(
        model=model,
        args=training_args,
        train_dataset=tokenized_dataset,
    )

    trainer.train()

    eval_results = trainer.evaluate()
    return eval_results['eval_loss']
```

이 메서드는 create_llm, TrainingArguments, Trainer가 이미 정의되어 있다고 가정한다. 이러한 구성 요소들은 보통 Hugging Face Transformers 같은 딥러닝 프레임워크에서 제공된다.

4. **이용과 탐색**: exploit_and_explore 메서드는 PBT 알고리즘의 핵심부를 구현한다.

```python
def exploit_and_explore(self):
    # 개체군을 점수순으로 정렬
    self.population.sort(key=lambda x: x['score'])

    # 하위 절반을 상위 절반의 변이된 버전으로 대체
    for i in range(self.population_size // 2):
```

```
        self.population[i + self.population_size // 2]['hp'] = self.mutate(
            copy.deepcopy(self.population[i]['hp'])
        )
```

성능 점수에 따라 개체군을 정렬한다(점수가 낮을수록 손실이 적음을 의미한다). 성적이 낮은 절반은 성적이 높은 절반을 변형한 구성으로 대체된다. 이렇게 하면 좋은 구성을 유지하면서(exploitation) 새로운 변형을 시도할 수 있어 (exploration) 두 요소 사이의 균형을 이룰 수 있다.

5. **변이**: mutate 메서드를 사용하면 하이퍼파라미터에 변화를 줄 수 있다.

```
def mutate(self, hp):
    # 하이퍼파라미터 하나를 무작위로 변이시킴
    param_to_mutate = random.choice(list(hp.keys()))
    if param_to_mutate in [
        'num_layers', 'hidden_size', 'num_heads', 'ff_dim', 'batch_size'
    ]:
        hp[param_to_mutate] = random.choice(
            [6, 12, 24]
            if param_to_mutate == "num_layers" else
            [512, 768, 1024]
            if param_to_mutate == "hidden_size" else
            [8, 12, 16]
            if param_to_mutate == "num_heads" else
            [2048, 3072, 4096]
            if param_to_mutate == "ff_dim" else
            [8, 16, 32]
        )
    elif param_to_mutate == 'learning_rate':
        hp[param_to_mutate] *= random.uniform(0.8, 1.2)
    elif param_to_mutate == 'weight_decay':
        hp[param_to_mutate] = min(
            max(hp[param_to_mutate] + random.uniform(-0.05, 0.05), 0),
            0.2
        )
    return hp
```

이 함수에서는 하나의 하이퍼파라미터를 임의로 선택해 값을 바꾼다. 범주형 하이퍼파라미터는 미리 정해진 옵션 중에서 새 값을 선택하고, 학습률처럼 연속형인 경우에는 현재 값을 일정 범위 내에서 교란한다. 가중치 감쇠는 [0, 0.2] 범위에서 작은 무작위 값을 더해 조정한다.

이러한 변이 전략 덕분에 하이퍼파라미터에 크고 작은 변화를 줄 수 있고, 그 결과 다양한 하이퍼파라미터 조합을 시도해 볼 수 있다.

6. PBT 프로세스를 실행한다.

```python
def run(self):
    self.initialize_population()
    for generation in range(self.num_generations):
        print(f"세대 {generation + 1}")

        for i, individual in enumerate(self.population):
            individual['score'] = self.train_and_evaluate(individual['hp'])
            print(f"개체 {i + 1}: 점수 = {individual['score']}")
        self.exploit_and_explore()

    best_individual = min(self.population, key=lambda x: x['score'])
    print("\n최적 하이퍼파라미터:")
    print(best_individual['hp'])
    print(f"최고점: {best_individual['score']}")
```

run 메서드는 전체 PBT 프로세스를 순차적으로 진행한다.

a. 먼저 개체군을 초기화한다.

b. 이후 각 세대(generation)마다, 개체들을 훈련하고 평가한 뒤 좋은 구성을 유지하거나 새로운 변형을 시도해 개체군을 갱신한다.

c. 모든 세대가 끝나면, 가장 성능이 좋은 하이퍼파라미터와 그 점수를 출력한다.

7. SimplePBT 클래스를 사용하려면, 인스턴스를 생성한 뒤 run() 메서드를 호출하면 된다.

```python
# PBT 실행
pbt = SimplePBT()
pbt.run()
```

기본 설정에서는 개체군 크기 4, 세대 수 5로 PBT가 진행된다. 이 값들은 `SimplePBT` 인스턴스를 만들 때 자유롭게 조정할 수 있으므로, 원하는 실험 조건에 맞게 설정하면 된다.

8.6 다목표 하이퍼파라미터 최적화

LLM 개발에서는 모델 성능, 추론 속도, 모델 크기와 같은 여러 목표 간의 균형을 맞춰야 하는 경우가 많다. Optuna를 사용해 다목표 최적화를 구현해 보자.

1. import 문을 추가하고 하이퍼파라미터를 설정한다.

```python
import optuna

def objective(trial):
    hp = {
        "num_layers": trial.suggest_int("num_layers", 6, 24),
        "hidden_size": trial.suggest_categorical("hidden_size", [512, 768, 1024]),
        "num_heads": trial.suggest_categorical("num_heads", [8, 12, 16]),
        "ff_dim": trial.suggest_categorical("ff_dim", [2048, 3072, 4096]),
        "learning_rate": trial.suggest_loguniform("learning_rate", 1e-5, 1e-3),
        "batch_size": trial.suggest_categorical("batch_size", [8, 16, 32]),
        "weight_decay": trial.suggest_uniform("weight_decay", 0, 0.2)
    }

    model = create_llm(
        num_layers=hp['num_layers'],
        hidden_size=hp['hidden_size'],
        num_heads=hp['num_heads'],
        ff_dim=hp['ff_dim'],
        vocab_size=50257
    )
```

2. 훈련을 수행한다.

```python
    training_args = TrainingArguments(
        output_dir=f"./results_multi_objective_{trial.number}",
        num_train_epochs=3,
        per_device_train_batch_size=hp['batch_size'],
        learning_rate=hp['learning_rate'],
        weight_decay=hp['weight_decay'],
        logging_dir=f"./logs_multi_objective_{trial.number}",
    )
    trainer = Trainer(
        model=model,
```

```
        args=training_args,
        train_dataset=tokenized_dataset,
    )

    trainer.train()
```

3. 평가를 수행한다.

```
eval_results = trainer.evaluate()
eval_loss = eval_results['eval_loss']

# 모델 크기를 MB 단위로 계산
model_size = sum(p.numel() for p in model.parameters()) * 4 / 1024 / 1024

# 추론 시간을 대략적으로 계산(실제로 측정하는 것이 더 정확함)
inference_time = 0.001 * hp['num_layers'] * (hp['hidden_size'] / 512)

return eval_loss, model_size, inference_time
```

4. 다목표 최적화를 실시한다.

```
study = optuna.create_study(directions=["minimize", "minimize", "minimize"])
study.optimize(objective, n_trials=50)

print("파레토 전선:")
for trial in study.best_trials:
    print(f"시도 {trial.number}")
    print(f"  값: 손실={trial.values[0]:.4f},
        크기={trial.values[1]:.2f}MB,
        추론 시간={trial.values[2]:.4f}s")
    print("  매개변수:")
    for key, value in trial.params.items():
        print(f"    {key}: {value}")
```

여기서는 세 값을 동시에 최소화하고자 한다.

- 평가 손실(모델 성능)
- 모델 크기(MB 단위)
- 추론 시간(모델 아키텍처에 따른 추정값)

create_study에서 여러 방향을 지정해 옵튜나의 다목적 최적화 기능을 사용한다. 최적화 과정에서는 이러한 목표들 구성의 **파레토 전선(Pareto front)**(어떤 하나의 목표를 개선하면 다른 목표 하나 이상을 반드시 악화시켜야 하는 해의 집합)을 찾으려고 시도할 것이며, 여기서 한 목표를 개선하면 필연적으로 다른 목표가 악화된다.

objective 함수는 이제 세 가지 목표에 대응하는 세 가지 값을 반환한다. 모델 크기의 경우 전체 매개변수 수를 계산해 MB로 변환하고, 추론 시간은 모델 아키텍처에 기반한 간단한 휴리스틱으로 추정한다. 실제 시나리오에서는 이를 직접 측정하는 것이 바람직하다.

이 접근 방식을 사용해 모델 성능, 크기, 속도 간의 절충점을 탐색할 수 있다. 특히 다양한 배포 시나리오에 따라 이러한 요소의 균형을 맞춰야 하는 개발에 유용하다.

8.7 대규모 하이퍼파라미터 튜닝의 과제와 해법

LLM의 하이퍼파라미터를 튜닝할 때 여러 문제를 겪는다.

- **컴퓨팅 비용**: LLM 학습은 비용이 많이 들기 때문에 실험해 볼 수 있는 횟수에 제한이 있다.
- **긴 훈련 시간**: 각 실험은 며칠에서 몇 주씩 걸릴 수 있어 전체 과정에 시간이 많이 소모된다.
- **큰 검색 공간**: LLM은 많은 하이퍼파라미터를 가지고 있어, 방대한 검색 공간이 형성된다.
- **초기화에 대한 민감성**: 랜덤 시드(random seeds)에 따라 LLM 성능이 크게 달라질 수 있다.

이러한 문제를 해결하기 위해 몇 가지 전략을 사용할 수 있다.

- **더 작은 대리 과업을 사용**: 전체 과업에 대해 튜닝하는 대신, 더 작은 데이터셋이나 적은 훈련 단계를 사용해 성능을 빠르게 추정한다.
- **사전 훈련된 모델을 활용**: 사전 훈련된 가중치에서 시작해 파인튜닝 하이퍼파라미터를 조정하는 데 집중한다.
- **다중 충실도 최적화**: 낮은 충실도(low-fidelity)의 평가(예: 적은 훈련 단계)로 시작해서 유망한 구성에 대해 점차 충실도를 높여간다.
- **분산 하이퍼파라미터 튜닝**: 여러 머신을 사용해 서로 다른 하이퍼파라미터를 병렬로 탐색한다.

간단한 다중 충실도 최적화 접근 방식을 구현해 보자.

1. import 문을 추가하고 하이퍼파라미터를 설정한다.

```
import optuna

def objective(trial):
    hp = {
        "num_layers": trial.suggest_int("num_layers", 6, 24),
        "hidden_size": trial.suggest_categorical("hidden_size", [512, 768, 1024]),
        "num_heads": trial.suggest_categorical("num_heads", [8, 12, 16]),
        "ff_dim": trial.suggest_categorical("ff_dim", [2048, 3072, 4096]),
        "learning_rate": trial.suggest_loguniform("learning_rate", 1e-5, 1e-3),
        "batch_size": trial.suggest_categorical("batch_size", [8, 16, 32]),
        "weight_decay": trial.suggest_uniform("weight_decay", 0, 0.2)
    }

    model = create_llm(
        num_layers=hp['num_layers'],
        hidden_size=hp['hidden_size'],
        num_heads=hp['num_heads'],
        ff_dim=hp['ff_dim'],
        vocab_size=50257
    )
```

2. 다중 충실도 전략을 사용해 훈련을 시작하되, 적은 수의 단계로 시작한다.

```
    for steps in [100, 500, 2000]:
        training_args = TrainingArguments(
            output_dir=f"./results_multi_fidelity_{trial.number}_{steps}",
            max_steps=steps,
            per_device_train_batch_size=hp['batch_size'],
            learning_rate=hp['learning_rate'],
            weight_decay=hp['weight_decay'],
            logging_dir=f"./logs_multi_fidelity_{trial.number}_{steps}",
        )

        trainer = Trainer(
            model=model,
            args=training_args,
            train_dataset=tokenized_dataset,
```

```
        )

        trainer.train()
```

3. 평가를 실시한다.

```
        eval_results = trainer.evaluate()
        eval_loss = eval_results['eval_loss']

        trial.report(eval_loss, step=steps)
유망하지 않은 실험을 프루닝한다.
        if trial.should_prune():
            raise optuna.TrialPruned()

    return eval_loss
```

4. 다중 충실도 최적화를 수행한다.

```
study = optuna.create_study(pruner=optuna.pruners.MedianPruner())
study.optimize(objective, n_trials=30)

print("최적 시도:")
trial = study.best_trial
print(f"값: {trial.value}")
print("매개변수: ")
for key, value in trial.params.items():
    print(f"    {key}: {value}")
```

이 다중 충실도 접근 방식에서 살펴봐야 할 몇 가지 측면이 있다.

- 각 모델 구성은 100스텝만 훈련해 성능에 대한 초기 추정치를 얻는다.
- 그런 다음 유망한 구성에 대해 훈련 단계를 500으로, 그 후 2,000으로 늘린다.
- 옵튜나의 프루닝 메커니즘을 활용해 가능성이 낮은 실험을 조기 종료함으로써 계산 자원을 절약한다.

`MedianPruner`는 동일한 단계에서 이전 실험들의 중간값보다 성능이 낮은 경우, 해당 실험을 중단한다. 이렇게 하면 가장 유망한 하이퍼파라미터 구성에 계산 자원을 집중할 수 있다.

이 접근법은 대규모 하이퍼파라미터 튜닝의 과제를 다루는 데 도움이 된다.

- 성능이 낮은 구성을 빠르게 제거함으로써 계산 비용을 줄인다.
- 짧은 훈련 실행으로 초기 평가를 함으로써 전체 튜닝 시간을 단축한다.
- 같은 시간 내에 더 많이 실험해서 더 넓은 검색 공간을 탐색할 수 있다.

그러나 이 접근 방식에는 여전히 한계가 있다. 적은 훈련 단계에서의 성능이 최종 성능을 제대로 반영하지 못할 수 있으며, 특히 수렴까지 긴 훈련 시간이 필요한 LLM에서는 더욱 그렇다.

대규모 하이퍼파라미터 튜닝을 더욱 개선하기 위해, 다음 고급 기법을 고려한다.

- **분산된 하이퍼파라미터 튜닝**: 여러 머신이 동일한 하이퍼파라미터를 함께 탐색함으로써, 전체 탐색 과정을 크게 단축할 수 있다.

```python
import optuna

def objective(trial):
    # ... (이전과 동일) ...

# 분산 최적화를 위한 MySQL 저장소로 study 객체를 생성
storage = optuna.storages.RDBStorage(
    "mysql://user:password@host/database",
    engine_kwargs={"pool_size": 20, "max_overflow": 0}
)
study = optuna.create_study(storage=storage, pruner=optuna.pruners.MedianPruner())

# 여러 머신에서 실행 가능
study.optimize(objective, n_trials=10)
```

- **사전 훈련된 모델 활용**: 이 접근법은 사전 훈련된 모델에서 시작해 파인튜닝 하이퍼파라미터와 모델 크기 튜닝에 집중하며, 이는 처음부터 훈련하는 것보다 더 효율적일 수 있다.

```python
from transformers import AutoModelForCausalLM, AutoTokenizer

def create_pretrained_llm(model_name, num_layers=None):
    model = AutoModelForCausalLM.from_pretrained(model_name)
    if num_layers is not None:
        # 레이어 수를 조정(단순화된 접근법)
        model.transformer.h = model.transformer.h[:num_layers]
```

```python
    return model

def objective(trial):
    hp = {
        "model_name": trial.suggest_categorical(
            "model_name", ["gpt2", "gpt2-medium", "gpt2-large"]),
        "num_layers": trial.suggest_int("num_layers", 6, 24),
        "learning_rate": trial.suggest_loguniform("learning_rate", 1e-5, 1e-3),
        "batch_size": trial.suggest_categorical("batch_size", [8, 16, 32]),
        "weight_decay": trial.suggest_uniform("weight_decay", 0, 0.2)
    }

    model = create_pretrained_llm(hp['model_name'], hp['num_layers'])

    # ... (목표 함수의 나머지 부분) ...

study = optuna.create_study(pruner=optuna.pruners.MedianPruner())
study.optimize(objective, n_trials=30)
```

- **가우스 과정을 사용한 베이즈 최적화**: 시도할 수 있는 횟수가 제한된 문제의 경우, 가우스 과정(Gaussian process)에 기반한 베이즈 최적화가 옵튜나의 기본 옵티마이저인 TPE 같은 트리 기반 기법보다 샘플 효율이 더 높을 수 있다.

```python
import optuna

sampler = optuna.samplers.GPSampler()
study = optuna.create_study(sampler=sampler)
study.optimize(objective, n_trials=50)
```

이러한 접근법은 각 시도가 매우 고비용인 LLM 튜닝 작업에서 특히 유용하게 활용될 수 있다.

- **비동기식 순차 반감 알고리즘**(Asynchronous Successive Halving Algorithm, **ASHA**): ASHA는 단순한 프루닝 방법보다 효율적일 수 있는 밴딧(bandit) 기반 알고리즘이다.

```python
from optuna.pruners import SuccessiveHalvingPruner

pruner = SuccessiveHalvingPruner(
    min_resource=100, reduction_factor=3, min_early_stopping_rate=0)
study = optuna.create_study(pruner=pruner)
study.optimize(objective, n_trials=100)
```

ASHA는 대규모 하이퍼파라미터 최적화에 특히 적합하다. 비동기 병렬 최적화를 효율적으로 처리할 수 있기 때문이다.

8.8 요약

LLM의 하이퍼파라미터 튜닝은 이러한 모델의 규모와 복잡성으로 인해 고유한 과제를 제기한다. 다중 충실도 최적화, 분산 튜닝, 베이즈 최적화, ASHA 등의 고급 알고리즘을 활용하면 이 과정을 더 효율적이고 효과적으로 만들 수 있다. 하지만 만능 해결책은 존재하지 않으며, 최적의 접근법은 특정 사용 사례, 가용 자원, LLM 작업의 특성에 따라 달라질 수 있다는 점을 기억해야 한다.

다음 장에서는 LLM 정규화를 살펴보겠다.

9장 정규화

정규화(regularization)는 모델이 훈련 데이터를 과도하게 암기하지 않도록 학습 과정을 제한하거나 수정해, 더 견고하고 일반화 가능한 패턴을 학습하게 하는 방법들의 집합이다.

정규화는 LLM을 훈련할 때 과적합을 막고 일반화 성능을 높이는 데 중요한 요소다. 과적합이 일어나면 모델이 훈련 데이터에는 매우 잘 맞지만, 새로운 데이터에서는 형편없이 실패하게 되므로 문제가 된다. 모델이 과적합되면 훈련 데이터셋의 노이즈와 특이점을 외우기만 하고, 일반화할 수 있는 패턴이나 관계를 학습하지 못한다. 이렇게 되면 개발 단계에서는 정확도가 높아 보이지만 실제 환경에서는 성능이 떨어져, 새로운 입력을 정확히 예측하려는 본래 목적을 달성하지 못하게 된다.

이 장에서는 LLM에 특화된 다양한 정규화 기법을 배운다. 레이어별 적응형 정규화, 파인튜닝 과정에서의 정규화, 여러 기법을 조합하는 방법 등을 살펴본다. 또한 이러한 전략을 구현하는 방법과, 그것이 모델 성능에 어떤 영향을 주는지도 이해하게 된다.

이 장에서는 다음 주제를 다룬다.

- L2 정규화(리지 회귀)
- 드롭아웃
- 층별 적응형 정규화
- 기울기 클리핑과 노이즈 주입
- 전이학습 및 파인튜닝 시나리오에서의 정규화
- 차세대 LLM을 위한 새로운 정규화 기법

9.1 L2 정규화(리지 회귀)

L2 정규화(L2 regularization)는 머신러닝 모델에서 과적합을 방지하기 위해 사용되는 기법으로, 리지 회귀(ridge regression) 또는 가중치 감쇠(weight decay)라고도 한다. 이 기법은 손실 함수에 모델 가중치의 제곱에 비례하는 페널티 항을 더하는 방식으로 작동한다. 페널티 항이 크면 모델이 개별 피처에 큰 가중치를 부여하지 않게 되어, 구조가 더 단순하고 일반화 성능이 높은 모델을 만들 수 있다. 모델은 원래 손실과 페널티 항을 함께 고려한 결합 손실 함수를 최소화하려고 하면서, 훈련 데이터에 적절히 맞추는 동시에 가중치를 작게 유지하려는 균형을 추구하게 된다. 그 결과, 이전에 보지 못한 새로운 데이터에도 잘 일반화할 수 있게 된다.

사용 방법은 다음과 같다.

```python
from torch.optim import AdamW

def train_with_weight_decay(
    model, train_dataloader, weight_decay=0.01, lr=5e-5, epochs=3
):
    optimizer = AdamW(model.parameters(), lr=lr,
        weight_decay=weight_decay)
    for epoch in range(epochs):
        model.train()
        total_loss = 0
        for batch in train_dataloader:
            optimizer.zero_grad()
            outputs = model(batch)
            loss = outputs.loss
            loss.backward()
            optimizer.step()
            total_loss += loss.item()
        print(
            f"에포크 {epoch + 1}, "
            f"손실: {total_loss / len(train_dataloader):.4f}"
        )

# train_dataloader가 있다고 가정
# train_with_weight_decay(model, train_dataloader)
```

이 구현에서는 7장에서 다룬 AdamW 옵티마이저를 사용하며, 이는 가중치 감쇠를 올바르게 구현한다. `weight_decay` 매개변수로 정규화의 강도를 제어하며, 일반적인 값은 `0.01`이지만 모델과 데이터셋에 따라 조정해야 할 수도 있다.

9.2 드롭아웃

드롭아웃(dropout)은 훈련 중에 일부 뉴런을 무작위로 탈락시키는 또 다른 강력한 규제 기법이다.

드롭아웃을 적용하면 각 모델 훈련 반복 동안 일부 뉴런이 무작위로 비활성화되어 과적합이 줄어들고, 네트워크는 정보 흐름을 위한 중복 경로를 스스로 개발하게 된다. 이렇게 하면 단일 네트워크 안에서 서로 다른 서브네트워크들이 유사한 과업을 처리하는 앙상블 학습과 비슷한 구조가 형성되어, 뉴런들끼리 지나치게 의존하는 현상이 완화된다. 그 결과, 네트워크는 특정 패턴을 단순히 암기하기보다는 분산된 표현을 활용하게 되어 더욱 견고해지고, 추론 시 모든 뉴런이 활성화될 때에도 미지의 데이터에 대해 일반화 능력이 향상된다.

드롭아웃은 LLM과 같은 대규모 신경망에서 특히 효과적이다. 트랜스포머 기반 LLM에서는 다음과 같이 드롭아웃을 구현한다.

```python
class TransformerWithDropout(nn.Module):
    def __init__(self, vocab_size, d_model, nhead, num_layers, dropout=0.1):
        super().__init__()
        self.embedding = nn.Embedding(vocab_size, d_model)
        self.pos_encoder = nn.Embedding(1000, d_model)  # 단순화된 위치 인코딩
        self.transformer = nn.TransformerEncoder(
            nn.TransformerEncoderLayer(
                d_model, nhead, dim_feedforward=4*d_model, dropout=dropout
            ),
            num_layers
        )
        self.fc_out = nn.Linear(d_model, vocab_size)
        self.dropout = nn.Dropout(dropout)

    def forward(self, x):
        x = self.embedding(x) + self.pos_encoder(torch.arange(x.size(1), device=x.device))
        x = self.dropout(x)
```

```
        x = x.transpose(0, 1)  # 트랜스포머가 기대하는 형태로 변환
        x = self.transformer(x)
        x = x.transpose(0, 1)  # 원래 형태로 복원
        return self.fc_out(x)

model = TransformerWithDropout(
    vocab_size=50257, d_model=768, nhead=12, num_layers=12, dropout=0.1
)
print(f"모델 매개변수: {sum(p.numel() for p in model.parameters()):,}")
```

이 구현에서는 드롭아웃이 임베딩 레이어 후와 각 트랜스포머 레이어 내에 적용된다. 드롭아웃 비율은 0.1이 일반적이지만, 특정 사용 사례에 따라 조정해야 할 수도 있다.

드롭아웃은 훈련 중에만 적용되고 추론 시(모델이 예측을 수행할 때)에는 적용되지 않는다는 점을 명심하자.

훈련 중에, 뉴런은 특정 확률로 무작위로 제거(비활성화)된다(예: 0.5는 각 뉴런이 해당 훈련 배치에서 50% 확률로 꺼질 수 있음을 의미한다). 이는 네트워크가 특정 뉴런에 항상 의존할 수 없게 만들어, 더욱 강건한 특징들을 학습하도록 유도한다.

추론(테스트, 평가, 또는 배포) 중에는 드롭아웃이 비활성화되고 모든 뉴런이 활성화된다. 하지만 훈련할 때보다 더 많은 뉴런이 활성화되므로, 가중치를 일반적으로 드롭아웃 비율로 스케일링한다. 이러한 스케일링을 통해 예상 출력 크기를 일관되게 유지할 수 있다.

드롭아웃을 학습 중에만 적용하는 방식은 정규화 기법으로서 드롭아웃이 효과적인 이유의 핵심이다. 학습 중에는 앙상블 학습처럼 작동하고, 실제 사용 시에는 전체 네트워크 용량을 그대로 활용할 수 있기 때문이다.

9.3 레이어별 적응형 정규화

레이어별 적응형 정규화는 모델의 각 층에 서로 다른 정규화 강도를 적용하는 방식이다. 이 기법은 LLM에서 특히 효과적일 수 있다. 하위 층은 기본적인 패턴을 포착해야 하므로 정규화를 약하게 적용하는 것이 유리하고, 상위 층은 과적합을 막기 위해 더 강한 정규화가 필요할 수 있다.

다음 파이썬 코드는 `LayerwiseAdaptiveRegularization` 클래스를 정의한다. 이 클래스는 파이토치 `nn.Module`로 설계되어 기본 트랜스포머 모델을 감싸고, 모델의 레이어 깊이에 따라 선형적으로 증가하는 드롭아웃 비율을 적용한다.

```python
class LayerwiseAdaptiveRegularization(nn.Module):
    def __init__(
        self, base_model, num_layers, base_dropout=0.1, dropout_increase_per_layer=0.02
    ):
        super().__init__()
        self.base_model = base_model
        self.num_layers = num_layers
        self.base_dropout = base_dropout
        self.dropout_increase_per_layer = dropout_increase_per_layer
        self.set_layerwise_dropout()

    def set_layerwise_dropout(self):
        for i, layer in enumerate(self.base_model.transformer.h):
            dropout = self.base_dropout + i * self.dropout_increase_per_layer
            layer.attn.dropout.p = dropout
            layer.mlp.dropout.p = dropout

    def forward(self, *args, kwargs):
        return self.base_model(*args, kwargs)

base_model = create_lm_model()
model = LayerwiseAdaptiveRegularization(base_model, num_layers=12)
```

`LayerwiseAdaptiveRegularization` 클래스는 기본 모델, 레이어 수, 시작 드롭아웃 확률, 그리고 각 후속 레이어의 증가량으로 초기화된다. 그런 다음 트랜스포머 블록의 어텐션 및 MLP 서브레이어에서 깊이에 따라 증가하는 드롭아웃 확률을 설정한다. `forward` 메서드는 입력을 기본 모델에 그대로 전달한다. `create_lm_model()`을 이 레이어별 드롭아웃 정규화로 감쌌다.

이 구현은 기본 GPT-2 모델을 감싸고 상위 레이어에 점점 증가하는 드롭아웃 비율을 적용한다. 기본 드롭아웃 비율은 **0.1**이며, 각 후속 레이어마다 **0.02**씩 증가한다.

9.4 경사 클리핑과 노이즈 주입

경사 클리핑과 노이즈 주입은 훈련 안정성과 LLM의 일반화를 향상시키기 위해 사용되는 기술이다.

경사 클리핑(gradient clipping)은 주로 최적화 안정성을 위해 사용되지만(7장 참조), 간접적으로 정규화에도 기여할 수 있다. 경사의 크기를 제한하여 모델 매개변수 업데이트를 제약함으로써 더 매끄러운 최적화 경로를 만들고 과적합을 방지할 수 있다. 경우에 따라 경사 클리핑은 특정 매개변수의 영향을 효과적으로 줄일 수 있으며, 특히 해당 매개변수의 경사가 지속적으로 클리핑될 때 그렇다. 이는 중요도가 낮은 매개변수의 가중치가 효과적으로 감소하는 암묵적 희소성 형태로 나타날 수 있다.

노이즈 주입(noise injection)은 머신러닝 모델의 일반화를 향상시키기 위해 일반적으로 사용되는 정규화 기법이다. 입력 데이터, 가중치, 또는 활성화 함수에 소량의 노이즈를 추가함으로써 과적합을 방지할 수 있다. 이 기법을 사용하면 모델이 훈련 데이터의 특정 패턴에 덜 의존하게 되어, 다양한 데이터셋에 적용되는 더 견고하고 일반적인 특징을 학습하게 된다. 이 접근법은 특히 신경망에서 유용하며, 다음과 같은 노이즈가 다양한 단계에서 주입될 수 있다.

- **입력 노이즈**: 입력 데이터에 직접 노이즈를 추가해 모델이 입력의 변형에 더 견고해지게 한다.
- **가중치 노이즈**: 훈련 중 가중치를 교란해 모델이 더 잘 일반화하도록 한다.
- **활성화 노이즈**: 활성화 함수에 노이즈를 추가해 더 부드러운 결정 경계를 만들고 과적합을 줄인다.

이러한 방법들을 사용하면 과적합이 방지되고, 이상치의 영향이 줄어들며, 모델이 더 넓은 범위의 해결책을 탐색하게 되어 궁극적으로 더 견고하고 신뢰할 수 있는 언어 모델이 만들어진다.

다음은 경사 클리핑과 노이즈 주입을 구현하는 코드다.

```python
import torch.nn.functional as F

def train_with_grad_clip_and_noise(
    model, train_dataloader, grad_clip=1.0, noise_factor=0.01, lr=5e-5, epochs=3
):
    optimizer = AdamW(model.parameters(), lr=lr)

    for epoch in range(epochs):
        model.train()
        total_loss = 0
```

```
    for batch in train_dataloader:
        optimizer.zero_grad()

        # 입력에 노이즈를 추가
        input_ids = batch['input_ids']
        noise = torch.randn_like(input_ids, dtype=torch.float) * noise_factor
        noisy_inputs = input_ids.float() + noise
        noisy_inputs = noisy_inputs.long().clamp(min=0, max=model.config.vocab_size - 1)
        outputs = model(input_ids=noisy_inputs, labels=input_ids)
        loss = outputs.loss
        loss.backward()

        clip_grad_norm_(model.parameters(), grad_clip)
        optimizer.step()
        total_loss += loss.item()

    print(f"에포크 {epoch + 1}, 손실: {total_loss / len(train_dataloader):.4f}")

# train_dataloader가 있다고 가정
# train_with_grad_clip_and_noise(model, train_dataloader)
```

이 구현은 경사 클리핑을 적용해 경사 폭발을 방지하고 입력에 소량의 노이즈를 추가해 견고성을 향상시킨다. `noise_factor`는 추가되는 노이즈의 양을 제어하며, 특정 사용 사례에 따라 이를 조정해야 할 수도 있다.

이 함수는 **AdamW 옵티마이저**를 초기화하고 지정된 수의 에포크 동안 데이터셋을 반복한다. 각 훈련 단계에서 이전 경사를 지우고 입력 토큰에 노이즈를 추가해 값이 어휘 범위 내에 머물도록 하며, 노이즈가 있는 입력을 모델에 넣어 순전파-역전파를 수행한다. **경사 클리핑(gradient clipping)**은 경사 폭발(exploding gradients)을 방지해 안정적인 훈련을 보장한다. 옵티마이저는 모델 매개변수를 업데이트하고, 손실을 추적해 진행 상황을 모니터링한다. 마지막으로, 함수는 에포크당 평균 손실을 출력한다.

다음으로, 전이학습과 파인튜닝 시나리오에서 정규화에 대해 알아보자.

9.5 전이학습 및 파인튜닝 시나리오에서의 정규화

사전 훈련된 LLM을 튜닝할 때, 과업별 적응을 방해하지 않으면서도 과적합을 방지하기 위해 정규화를 신중하게 조정하는 것이 중요하다. 다음은 적응형 정규화를 사용한 튜닝 접근법이다.

```python
from transformers import GPT2LMHeadModel, GPT2Tokenizer

def fine_tune_with_adaptive_regularization(
    pretrained_model_name, train_dataloader, initial_dropout=0.1, epochs=3
):
    model = GPT2LMHeadModel.from_pretrained(pretrained_model_name)
    tokenizer = GPT2Tokenizer.from_pretrained(pretrained_model_name)

    optimizer = AdamW(model.parameters(), lr=5e-5, weight_decay=0.01)

    for epoch in range(epochs):
        model.train()
        total_loss = 0
        current_dropout = initial_dropout * (1 - epoch / epochs)

        for module in model.modules():
            if isinstance(module, nn.Dropout):
                module.p = current_dropout

        for batch in train_dataloader:
            optimizer.zero_grad()
            outputs = model(batch)
            loss = outputs.loss
            loss.backward()
            optimizer.step()
            total_loss += loss.item()

        print(
            f"Epoch {epoch + 1}, "
            f"Loss: {total_loss / len(train_dataloader):.4f}, "
            f"Dropout: {current_dropout:.4f}"
        )
```

```
# train_dataloader가 있다고 가정
# fine_tune_with_adaptive_regularization('gpt2', train_dataloader)
```

이 구현은 높은 드롭아웃 비율로 시작해 파인튜닝 과정에서 점진적으로 감소시킨다. 이를 통해 모델이 새로운 작업에 적응하면서도 과적합을 방지하는 정규화 효과를 일부 유지할 수 있다. 이러한 접근법을 적응형 드롭아웃(adaptive dropout)이라고도 한다.

적응형 드롭아웃이 효과적인 이유는 네트워크 전반에 균일한 비율을 적용하는 대신 뉴런의 중요도에 따라 드롭아웃 비율을 동적으로 조정하기 때문이다. 중요하지 않은 뉴런을 더 자주 제거하면서 핵심 특징 탐지기를 보존함으로써, 정규화와 정보 보존 사이의 최적 균형을 달성한다. 이러한 선택적 접근법은 표준 드롭아웃보다 과적합을 더 효율적으로 방지한다. 중요한 뉴런을 통해 복잡한 패턴을 학습하는 네트워크 능력은 유지하면서 중복되거나 노이즈에 민감한 부분은 적극적으로 정규화해, 핵심 특징에서의 성능 손실은 최소화하면서 일반화 성능이 우수한 모델을 만들어낸다.

9.6 새로운 정규화 기법

최근 몇 년간 현대 딥러닝 아키텍처의 복잡한 과제를 해결하는 정교한 기법들이 등장했다. 이러한 새로운 접근법은 단순한 과적합 방지를 넘어 모델 견고성 향상, 손실 지형에서 더 나은 최적점 탐색, 혁신적인 훈련 전략을 통한 일반화 성능 개선을 목표로 한다. 기하학적 원리에 기반한 **날카로움을 고려한 최소화**(sharpness-aware minimization, **SAM**)부터 **확률적 가중치 평균화**(stochastic weight averaging, **SWA**) 같은 고급 최적화 전략까지, 이러한 새로운 정규화 기법들이 모델 훈련과 일반화 접근 방식을 변화시키고 있다.

9.6.1 확률적 가중치 평균화(SWA)

SWA는 최적화 궤적의 여러 시점에서 가중치를 평균화해 신경망의 일반화 성능을 향상시키는 기법이다. 기존 최적화 방법으로 찾아지는 날카로운 최소점보다 더 평평하고 견고한 최소점을 효과적으로 찾아, 새로운 데이터에서도 더 나은 성능을 발휘한다. **확률적 경사 하강법**(stochastic gradient descent, **SGD**)은 무작위로 선택된 소규모 배치의 훈련 데이터에서 계산한 손실 함수의 음의 경사를 따라 모델 매개변수를 업데이트하는 기본 최적화 알고리즘이다. 이는 전체 경사 계산을 근사화하면서, 나쁜 국소 최소점에서 벗어나는 데 도움이 되는 유익한 노이즈를 도입해 신경망 같은 대규모 모델을 효율적으로 훈련할 수 있게 한다.

SWA는 수정된 학습률 스케줄을 사용해 SGD 궤적상의 여러 시점을 평균화하는 방법으로, 더 넓은 최적점을 찾아 일반화 성능을 향상시킨다. 다음은 코드 예시다.

```python
from torch.optim.swa_utils import AveragedModel, SWALR

# SWA 모델과 스케줄러 생성
swa_model = AveragedModel(model)
swa_scheduler = SWALR(optimizer, swa_lr=0.05)

# SWA를 적용한 훈련 루프
for epoch in range(100):
    if epoch > 75:  # 75 에포크 이후에 SWA 시작
        swa_model.update_parameters(model)
        swa_scheduler.step()
```

9.6.2 날카로움을 고려한 최소화(SAM)

날카로움을 고려한 최소화(sharpness-aware minimization, SAM)는 균일하게 낮은 손실값을 가진 근방에 위치한 매개변수를 찾아 더 나은 일반화 성능을 달성하는 기법이다. 주요 특징은 다음과 같다.

- 날카로운 최소점을 피하고 '평평한(flat)' 최소점을 찾는다.
- 입력 교란에 대한 견고성을 개선한다.
- 일반적으로 표준 SGD보다 더 나은 일반화 성능을 보인다.

다음 파이썬 코드에서 **SAM** 클래스를 구현하자.

```python
class SAM(torch.optim.Optimizer):
    def __init__(self, params, base_optimizer, rho=0.05):
        self.rho = rho
        self.base_optimizer = base_optimizer(params)

    def step(self):
        # 첫 번째 순전파-역전파
        grad_norm = self._grad_norm()
        scale = self.rho / (grad_norm + 1e-12)
```

```
# 가중치 교란
for group in self.param_groups:
    for p in group['params']:
        e_w = p.grad * scale
        p.add_(e_w)

# 두 번째 순전파-역전파
self.base_optimizer.step()
```

9.6.3 차분 프라이버시 기반 정규화

차분 프라이버시(Differential Privacy, DP)는 데이터나 계산에 정교하게 보정된 노이즈를 추가하는 기법이다. 이를 통해 개인 정보를 보호하면서도 유용한 통찰을 얻을 수 있다. 또한 특정 데이터 포인트의 포함 여부가 알고리즘의 출력 결과에 큰 영향을 주지 않게 한다.

DP를 모델 훈련 과정에 적용하면 개별 데이터 포인트가 모델 출력이나 학습된 표현에서 노출되지 않도록 보호할 수 있다. 이러한 DP 기반 정규화는 통제된 무작위성을 도입함으로써 모델이 특정 데이터 샘플에 과도하게 의존하는 것을 방지해 과적합 위험을 줄이고, 개별 데이터 포인트 변화에 대한 민감도를 낮춘다. 이 방법을 사용하면 모델이 훈련 데이터의 구체적인 정보를 드러내지 않으면서도 일반화 가능한 패턴을 학습할 수 있다. 따라서 헬스케어, 금융 등 데이터 기밀성이 요구되는 프라이버시 중요 애플리케이션에서 특히 유용하다.

다음 코드는 `DPOptimizer` 클래스를 구현한다.

```
class DPOptimizer(torch.optim.Optimizer):
    def __init__(self, params, noise_multiplier=1.0, max_grad_norm=1.0):
        self.noise_multiplier = noise_multiplier
        self.max_grad_norm = max_grad_norm

    def step(self):
        # 경사 클리핑
        torch.nn.utils.clip_grad_norm_(self.param_groups[0]['params'], self.max_grad_norm)

        # 노이즈 추가
        for p in self.param_groups[0]['params']:
```

```
noise = torch.randn_like(p.grad) * self.noise_multiplier
p.grad.add_(noise)
```

9.6.4 빠른 경사 부호 방법(FGSM)

빠른 경사 부호 방법(fast gradient sign method, **FGSM**)은 입력 데이터에 작고 의도된 교란(perturbation)을 더해 모델이 오분류하도록 유도하는 적대적 예제 생성 기법이다. 입력에 대한 손실함수의 경사를 계산한 뒤, 모델의 오차를 최대화하는 방향으로 아주 작은 조정을 가하는 방식으로 작동한다. 이때 교란의 크기는 ε(엡실론)이라는 계수로 조절되며, 그 값에 따라 입력이 조금씩 변형되어 모델을 속일 수 있는 '적대적 예제(adversarial example)'가 만들어진다. FGSM은 모델의 견고성 평가와 보안을 강화하기 위한 적대적 훈련(adversarial training)에 널리 사용된다. 그러나 FGSM은 단일 스텝 공격이므로 계산은 빠르지만 강력한 방어 기법에는 효과가 제한적이다. 반복 단계 방식은 보통 더 높은 공격 성공률을 보인다.

다음은 FGSM 구현 예시다.

```
def fgsm_attack(image, epsilon, data_grad):
    sign_data_grad = data_grad.sign()
    perturbed_image = image + epsilon * sign_data_grad
    perturbed_image = torch.clamp(perturbed_image, 0, 1)
    return perturbed_image
```

9.6.5 룩어헤드 옵티마이저

룩어헤드 옵티마이저(lookahead optimizer)는 Adam이나 SGD와 같은 전통적인 옵티마이저의 훈련 안정성과 수렴 속도를 향상시키는 혁신적인 최적화 기법이다. 이 기법은 빠른 가중치와 느린 가중치라는 두 세트의 매개변수를 유지한다. 빠른 가중치는 표준 옵티마이저로 자주 업데이트되며, 느린 가중치는 이들과 동기화되어 더 느린 주기로 갱신된다. 이러한 방식은 손실 지형을 더 효과적으로 탐색할 수 있게 해, 지역 최소점에서 벗어나고 최적화 경로의 진동을 완화하는 데 도움이 된다. 룩어헤드 옵티마이저는 기본 옵티마이저의 장점과 룩어헤드 메커니즘을 결합함으로써 수렴 속도와 일반화 성능을 모두 개선하며, 딥러닝 모델 훈련에 유용한 도구로 활용될 수 있다.

다음은 룩어헤드 옵티마이저를 구현하는 예시다.

```python
class Lookahead(torch.optim.Optimizer):
    def __init__(self, optimizer, k=5, alpha=0.5):
        self.optimizer = optimizer
        self.k = k
        self.alpha = alpha
        self.step_counter = 0
        self.slow_weights = [
            [p.clone().detach() for p in group['params']] for group in optimizer.param_groups
        ]

    def step(self):
        self.step_counter += 1
        self.optimizer.step()

        if self.step_counter % self.k == 0:
            for group, slow_weights in zip(self.optimizer.param_groups, self.slow_weights):
                for p, q in zip(group['params'], slow_weights):
                    p.data.mul_(self.alpha).add_(q, alpha=1.0 - self.alpha)
                    q.data.copy_(p.data)
```

9.7 요약

이 장에서는 가중치 감쇠와 L2 정규화, 드롭아웃 방법, 층별 적응 정규화, 여러 정규화 접근법의 결합과 같은 기본 개념을 다뤘다. 또한 전이학습과 파인튜닝 시나리오를 위한 정규화 전략과 경사 클리핑 및 노이즈 주입과 같은 모델 안정성을 향상시키는 기술에 대해서도 논의했다. 추가로, 새롭게 등장한 다양한 정규화 방법을 소개했다.

다음 장에서는 체크포인팅과 복구를 탐색하고, 이러한 기술이 장시간 수행되는 훈련 프로세스를 관리하는 데 왜 필수적인지 조사할 것이다.

10장

체크포인팅과 복구

체크포인팅(checkpointing)과 **복구(recovery)**는 시스템, 애플리케이션 또는 모델의 상태를 일정 간격으로 저장하고, 실패가 발생하면 저장된 상태에서 복원하는 과정이다. 머신러닝에서는 모델 매개변수, 옵티마이저 상태, 훈련 진행 상황을 주기적으로 저장해, 훈련을 처음부터 다시 시작하지 않고 마지막 체크포인트부터 이어갈 수 있다. 이렇게 하면 시스템 충돌, 전원 장애, 또는 클라우드 인스턴스 선점으로 중단이 생기더라도 장기 실행 과업을 안정적으로 이어갈 수 있다. 그렇지 않으면 중단으로 인해 큰 손실이 발생할 수 있다.

체크포인팅과 복구는 대규모 모델 훈련에서 **결함 허용(fault tolerance)**, **효율성(efficiency)**, **재현성(reproducibility)**을 보장하는 데 필수적이다. 체크포인팅이 없으면 예기치 않은 실패로 인해 몇 시간 또는 며칠의 계산이 낭비될 수 있다. 또한, 실험의 재현성이 높아져 연구자들은 전체 훈련 과정을 반복할 필요 없이 중간 상태의 모델을 다시 확인하고 파인튜닝할 수 있다. 효율적인 체크포인팅 전략(예: 고정된 간격으로 저장하거나 검증 성능이 향상될 때 저장)은 저장 오버헤드를 균형 있게 유지하면서 재훈련 비용을 최소화하는 데 도움을 준다.

이 장에서는 최적의 체크포인팅 빈도를 결정하는 전략, 대규모 모델을 위한 효율적인 저장 형식, 다양한 유형의 실패에서 복구하는 기술을 탐색한다. 또한 분산 훈련 시나리오에서의 체크포인팅과 모델 체크포인트에 대한 버전 관리에 대한 통찰을 얻을 수 있다.

이 장에서는 다음 주제를 다룬다.

- 체크포인팅이 왜 중요한가?
- 체크포인트 빈도와 저장 전략
- 효율적인 체크포인트 저장 방식
- 실패에서 회복하기
- 분산 LLM 훈련에서의 체크포인팅
- LLM 체크포인트 버전 관리
- 자동화된 체크포인팅 및 복구 시스템

10.1 체크포인팅이 왜 중요한가?

LLM 훈련은 시간이 오래 걸리고 많은 자원을 소모하기 때문에, 중간에 체크포인팅을 하는 것이 일반적이다.

기본적인 체크포인팅 시스템을 구현해 보자.

```python
import torch
from transformers import GPT2LMHeadModel, GPT2Config
import os

class LLMTrainer:
    def __init__(self, model, optimizer, checkpoint_dir='checkpoints'):
        self.model = model
        self.optimizer = optimizer
        self.checkpoint_dir = checkpoint_dir
        os.makedirs(checkpoint_dir, exist_ok=True)

    def save_checkpoint(self, epoch, step, loss):
        checkpoint = {
            'epoch': epoch,
            'step': step,
            'model_state_dict': self.model.state_dict(),
            'optimizer_state_dict': self.optimizer.state_dict(),
            'loss': loss
        }
```

```python
            checkpoint_path = os.path.join(self.checkpoint_dir,
                f'checkpoint_epoch_{epoch}_step_{step}.pt')
            torch.save(checkpoint, checkpoint_path)
            print(f"체크포인트 저장됨: {checkpoint_path}")

    def load_checkpoint(self, checkpoint_path):
        checkpoint = torch.load(checkpoint_path)
        self.model.load_state_dict(checkpoint['model_state_dict'])
        self.optimizer.load_state_dict(checkpoint['optimizer_state_dict'])
        return (checkpoint['epoch'], checkpoint['step'], checkpoint['loss'])

# 훈련 루프
for epoch in range(10):
    for step in range(1000):
        # ... 훈련 코드 ...
        if step % 100 == 0:
            trainer.save_checkpoint(epoch, step, loss.item())

# 체크포인트 로드
epoch, step, loss = trainer.load_checkpoint('checkpoints/checkpoint_epoch_5_step_500.pt')
print(f"에포크 {epoch}, 스텝 {step}에서 손실 {loss}로 훈련 재개")
```

이 구현은 체크포인팅 시스템의 기본 구조를 보여준다. `save_checkpoint` 메서드는 모델 상태, 옵티마이저 상태, 훈련 진행 정보를 저장한다. `load_checkpoint` 메서드를 사용하면 저장된 체크포인트에서 훈련을 재개할 수 있다.

10.2 체크포인트 빈도 및 저장 전략

최적의 체크포인트 빈도를 결정할 때는 안전성과 효율성 사이의 균형을 맞춰야 한다. 다양한 전략과 그 구현을 탐색해 보자.

```python
import time
import shutil

class AdvancedLLMTrainer(LLMTrainer):
    def __init__(self, model, optimizer, checkpoint_dir='checkpoints', max_checkpoints=5):
```

```python
        super().__init__(model, optimizer, checkpoint_dir)
        self.max_checkpoints = max_checkpoints
        self.checkpoints = []

    def save_checkpoint(self, epoch, step, loss):
        checkpoint_path = super().save_checkpoint(epoch, step, loss)
        self.checkpoints.append(checkpoint_path)

        if len(self.checkpoints) > self.max_checkpoints:
            oldest_checkpoint = self.checkpoints.pop(0)
            os.remove(oldest_checkpoint)
            print(f"오래된 체크포인트 제거됨: {oldest_checkpoint}")

    def save_checkpoint_by_time(self, epoch, step, loss, interval_minutes=60):
        current_time = time.time()
        if (
            not hasattr(self, 'last_checkpoint_time') or
            current_time - self.last_checkpoint_time >= interval_minutes * 60
        ):
            self.save_checkpoint(epoch, step, loss)
            self.last_checkpoint_time = current_time

    def save_best_checkpoint(self, epoch, step, loss):
        if not hasattr(self, 'best_loss') or loss < self.best_loss:
            self.best_loss = loss
            checkpoint_path = os.path.join(self.checkpoint_dir, 'best_model.pt')
            torch.save({
                'epoch': epoch,
                'step': step,
                'model_state_dict': self.model.state_dict(),
                'optimizer_state_dict': self.optimizer.state_dict(),
                'loss': loss
            }, checkpoint_path)
            print(f"최적 모델 저장됨: {checkpoint_path}")

# 사용 예
trainer = AdvancedLLMTrainer(model, optimizer)

for epoch in range(10):
```

```
for step in range(1000):
    # ... 훈련 코드 ...
    trainer.save_checkpoint_by_time(epoch, step, loss.item(), interval_minutes=30)
    trainer.save_best_checkpoint(epoch, step, loss.item())
```

이 구현은 여러 체크포인팅 전략을 도입한다.

- **최대 개수 제한이 있는 정기 체크포인팅**: 제한에 도달했을 때 오래된 체크포인트를 제거해 과도한 디스크 사용을 방지한다.
- **시간 기반 체크포인팅**: 정기적인 시간 간격으로 체크포인트를 저장해 장시간 실행되는 훈련 과정에 유용할 수 있다.
- **최적 모델 체크포인팅**: 가장 성능이 좋은 모델(이 경우에는 가장 낮은 손실)을 저장해 모델 선택에 유용하다.

다음은 세 가지 체크포인팅 전략의 트레이드오프 분석이다.

- **최대 개수 제한이 있는 정기 체크포인팅:**
  - **장점**: 과도한 저장 공간 사용을 방지하고 훈련 진행 상황의 주기적인 스냅샷을 보장
  - **단점**: 유용한 이전 체크포인트를 덮어쓸 수 있어 성능이 변동할 경우 좋은 모델을 잃을 가능성이 있음
  - **최적의 사용 사례**: 저장 공간이 제한적이고 주기적인 스냅샷이 재개를 위해 필요한 경우
- **시간 기반 체크포인팅:**
  - **장점**: 체크포인트가 시간에 걸쳐 분산돼 있어, 긴 훈련 실행을 모니터링하는 데 유용함
  - **단점**: 체크포인트를 너무 자주 저장하면 비효율적일 수 있고(저장 공간 낭비), 너무 드물게 저장하면 중요한 상태를 놓칠 수 있음
  - **최적의 사용 사례**: 디버깅 또는 롤백을 위해 일관적 스냅샷이 필요한, 장시간 실행되는 훈련 프로세스
- **최적 모델 체크포인팅:**
  - **장점**: 최종 모델 선택에 유용한 가장 유망한 모델을 유지
  - **단점**: 손실이 불규칙한 경우, 단일 '최고' 체크포인트가 진정으로 대표적이지 않을 수 있음. 중간 학습 과정을 포착하지 못할 수 있음
  - **최적의 사용 사례**: 주기적인 스냅샷보다 성능이 가장 뛰어난 모델을 선택하는 것이 우선일 때

다음은 채택하고자 하는 전략을 선택할 때 고려해야 할 몇 가지 요소다.

- **계산 비용**: 빈번한 체크포인팅은 디스크 I/O와 CPU 오버헤드를 증가시킨다.
- **장애 복구**: 정기적이고 시간 기반의 체크포인팅은 중단 후 훈련을 재개하는 데 도움이 되지만, 최적 모델 체크포인팅은 최근 진행 상황을 반영하지 않을 수 있다.

- **저장 제약**: 많은 체크포인트를 유지하는 것은 저장 공간을 소모한다. 제한을 두고 주기적으로 체크포인팅하는 것이 이를 관리하는 데 가장 효율적이다.
- **모델 개선 속도**: 모델이 빠르게 개선된다면 체크포인트를 자주 저장하는 것이 좋다. 진행이 느리다면, 적지만 더 전략적인 체크포인트로도 충분하다.

LLM을 체크포인팅하는 권장 접근 방식은 전략을 결합하는 것이다.

- 진행 상황이 저장되도록 주기적으로(예: 몇 시간마다) 체크포인팅한다.
- 최고의 성능을 보이는 모델을 유지하기 위해 최적 모델 체크포인팅을 사용한다.
- 최근 체크포인트의 롤링 윈도를 사용해 저장 효율성과 복구 가능성의 균형을 맞춘다.

10.3 효율적인 체크포인트 저장 방식

수십억 개의 매개변수를 가진 LLM에서는 체크포인트 크기가 중요한 문제가 될 수 있다. 체크포인트를 효율적으로 저장하는 몇 가지 전략을 알아보자.

1. 필요한 라이브러리를 임포트하고 `EfficientLLMTrainer`를 구현한다.

```
import torch
import io
import zipfile


class EfficientLLMTrainer(AdvancedLLMTrainer):
    def save_checkpoint_efficient(self, epoch, step, loss):
        checkpoint = {
            'epoch': epoch,
            'step': step,
            'model_state_dict': self.model.state_dict(),
            'optimizer_state_dict': self.optimizer.state_dict(),
            'loss': loss
        }
        
        checkpoint_path = os.path.join(
            self.checkpoint_dir, f'checkpoint_epoch_{epoch}_step_{step}.zip'
        )
```

```python
with zipfile.ZipFile(checkpoint_path, 'w', zipfile.ZIP_DEFLATED) as zipf:
    for key, value in checkpoint.items():
        if isinstance(value, dict):  # 모델과 옵티마이저 state_dicts의 경우
            buffer = io.BytesIO()
            torch.save(value, buffer)
            zipf.writestr(f'{key}.pt', buffer.getvalue())
        else:
            zipf.writestr(f'{key}.txt', str(value))

print(f"효율적인 체크포인트가 저장됨: {checkpoint_path}")
```

이 코드는 EfficientLLMTrainer 클래스를 정의하며, AdvancedLLMTrainer라는 기존 LLM 훈련용 클래스를 확장한다. 핵심 메서드는 save_checkpoint_efficient로, 모델 체크포인트를 압축된 ZIP 형식으로 효율적으로 저장한다.

2. ZIP 형식의 체크포인트를 로드하는 함수 load_checkpoint_efficient를 정의한다.

```python
def load_checkpoint_efficient(self, checkpoint_path):
    checkpoint = {}
    with zipfile.ZipFile(checkpoint_path, 'r') as zipf:
        for filename in zipf.namelist():
            if filename.endswith('.pt'):
                with zipf.open(filename) as f:
                    key = filename[:-3]  # .pt 확장자 제거
                    checkpoint[key] = torch.load(io.BytesIO(f.read()))
            else:
                with zipf.open(filename) as f:
                    key = filename[:-4]  # .txt 확장자 제거
                    value = f.read().decode('utf-8')
                    checkpoint[key] = (
                        int(value) if key in ['epoch', 'step'] else float(value)
                    )

    self.model.load_state_dict(checkpoint['model_state_dict'])
    self.optimizer.load_state_dict(checkpoint['optimizer_state_dict'])
    return (checkpoint['epoch'], checkpoint['step'], checkpoint['loss'])
```

이 함수는 ZIP 파일에서 이전에 저장된 체크포인트를 불러와 모델과 옵티마이저 상태를 복원한다.

3. 사용 예:

```
trainer = EfficientLLMTrainer(model, optimizer)
trainer.save_checkpoint_efficient(epoch, step, loss.item())
epoch, step, loss = trainer.load_checkpoint_efficient(
    'checkpoints/checkpoint_epoch_5_step_500.zip')
```

이 구현은 ZIP 압축을 사용해 체크포인트 크기를 줄인다. 또한 모델과 옵티마이저 상태 딕셔너리를 다른 메타데이터와 분리해 저장함으로써 저장과 로딩의 효율을 높인다.

다음은 효율적인 체크포인트 저장을 위한 다른 전략이다.

- **양자화**: 모델 가중치의 정밀도를 줄이면(예: float32에서 float16으로) 체크포인트 크기를 크게 줄일 수 있다(양자화에 관한 자세한 내용은 13장을 참조).
- **증분 체크포인팅**: 전체 모델 상태 대신 마지막 체크포인트 이후의 변경 사항만 저장한다.
- **분산 스토리지**: 다중 GPU 또는 다중 노드 환경에서 체크포인트를 여러 저장 장치에 분산한다.
- **클라우드 스토리지**: 빠른 I/O와 자동 압축을 지원하는 클라우드 스토리지 솔루션을 활용한다.

대규모 모델의 경우, **모델 샤딩**(model sharding)과 같은 더 발전된 기법도 검토해 볼 만하다. 이는 모델을 여러 부분으로 나눠 따로 저장하고 필요할 때 불러오는 방식이다.

10.4 실패에서 회복하기

LLM 훈련에는 견고한 복구 메커니즘이 필수적이다. 다양한 유형의 실패를 처리할 수 있는 시스템을 구현하자.

```python
import signal
import sys

class RobustLLMTrainer(EfficientLLMTrainer):
    def __init__(self, model, optimizer, checkpoint_dir='checkpoints', autosave_interval=15):
        super().__init__(model, optimizer, checkpoint_dir)
        self.autosave_interval = autosave_interval
        self.setup_signal_handlers()
```

```python
def setup_signal_handlers(self):
    signal.signal(signal.SIGINT, self.handle_interrupt)
    signal.signal(signal.SIGTERM, self.handle_interrupt)

def handle_interrupt(self, signum, frame):
    print("중단됨! 종료하기 전에 체크포인트를 저장...")
    self.save_checkpoint_efficient(
        self.current_epoch, self.current_step, self.current_loss
    )
    sys.exit(0)

def train(self, epochs, steps_per_epoch, train_fn):
    try:
        start_epoch, start_step = 0, 0
        latest_checkpoint = self.get_latest_checkpoint()
        if latest_checkpoint:
            start_epoch, start_step, _ = self.load_checkpoint_efficient(
                latest_checkpoint)
            print(f"에포크 {start_epoch}에서, 단계 {start_step}에서 재개")
        for epoch in range(start_epoch, epochs):
            self.current_epoch = epoch
            for step in range(start_step, steps_per_epoch):
                self.current_step = step
                self.current_loss = train_fn(self.model, epoch, step)
                if step % self.autosave_interval == 0:
                    self.save_checkpoint_efficient(epoch, step, self.current_loss)
            start_step = 0  # 각 에포크 시작 시 단계 카운터를 재설정

    except Exception as e:
        print(f"오류 발생: {e}")
        print("종료하기 전에 체크포인트를 저장...")
        self.save_checkpoint_efficient(
            self.current_epoch, self.current_step, self.current_loss
        )
        raise

def get_latest_checkpoint(self):
    checkpoints = sorted(os.listdir(self.checkpoint_dir))
    return (os.path.join(self.checkpoint_dir, checkpoints[-1]) if checkpoints else None)
```

```
# 사용 예
def train_step(model, epoch, step):
    # 실제 훈련 단계가 아닌 예시 코드임
    loss = 1 / (epoch + 1 + step + 1)  # 시간이 지남에 따라 감소하는 더미 손실
    return loss

trainer = RobustLLMTrainer(model, optimizer)
trainer.train(epochs=10, steps_per_epoch=1000, train_fn=train_step)
```

EfficientLLMTrainer를 확장한 RobustLLMTrainer 클래스는 훈련 중단 상황(**Ctrl + C**로 발생하는 **SIGINT**, 프로세스 종료 신호인 **SIGTERM**)에 대응하고, 체크포인트를 저장해 데이터 유실을 막는 등 복원력을 높인다. 생성자에서 모델, 옵티마이저, 체크포인트 저장 경로, 자동 저장 주기를 설정하며, 시스템 신호를 감지해 프로그램 종료 전 현재 상태를 안전하게 저장(graceful shutdown)하는 핸들러를 등록한다.

훈련을 시작할 때 기존 체크포인트가 있으면 해당 지점부터 이어서 진행한다. 각 에포크와 스텝마다 train_fn 함수로 손실값을 계산하고, 지정된 간격(autosave_interval)에 따라 주기적으로 체크포인트를 저장한다. 훈련 도중 예외가 발생하면 진행 상황을 저장한 뒤 예외를 다시 발생시켜, 오류가 은폐되지 않고 적절히 처리되도록 한다.

get_latest_checkpoint() 메서드는 체크포인트 폴더에 있는 파일들을 정렬해서 마지막에 저장된 것을 찾아낸다(다만 os 모듈 임포트가 빠져있어 추가해야 한다). 코드 마지막 부분에서는 실제 사용법을 보여주는데, 가짜 손실 함수를 정의하고 trainer.train(epochs=10, steps_per_epoch=1000, train_fn=train_step)으로 훈련을 시작한다.

이렇게 구현된 기능에는 다음과 같은 안전장치들이 들어있다.

- **신호 감지**: 사용자가 인터럽트 신호(Ctrl + C)를 보내면 트레이너가 이를 받아서 종료하기 전에 체크포인트를 저장한다.
- **자동 재개**: 훈련을 시작할 때 트레이너가 자동으로 최신 체크포인트를 찾아 로드한다.
- **주기적인 자동 저장**: 훈련 중에는 설정된 간격에 따라 체크포인트가 자동으로 저장된다.
- **예외 처리**: 훈련 중 오류가 발생하면, 예외를 다시 던지기 전에 체크포인트를 저장한다.

이러한 기능 덕분에 다양한 유형의 실패 상황에서도 복구할 수 있다.

- **시스템 충돌이나 정전**: 정기적으로 자동 저장하면 지나치게 많은 진행 상황이 손실되는 일을 막을 수 있다.
- **사용자 인터럽션**: 시그널 처리를 통해 상태를 저장하고 프로그램을 정상적으로 종료할 수 있다.
- **코드 오류**: 예기치 않은 오류가 발생하더라도 예외 처리를 통해 진행 상황을 저장할 수 있다.

다음을 구현하면 복구 가능성이 더 높아진다.

- **체크포인트 검증**: 체크포인트를 로드하기 전에 무결성을 검증한다.
- **다중 백업 체크포인트**: 마지막 체크포인트가 손상될 경우를 대비해 이전 체크포인트들도 보관한다.
- **분산 체크포인팅**: 다중 노드 환경에서 모든 노드의 체크포인트가 일관성을 갖도록 관리한다.

10.5 분산 LLM 훈련에서의 체크포인팅

분산 훈련(distributed training)에서는 체크포인팅이 좀 더 까다롭다.

기본적인 분산 체크포인팅 시스템의 구현을 분석하고 각 구성 요소를 이해해 보자.

1. 먼저 RobustLLMTrainer를 상속하는 DistributedLLMTrainer 클래스를 정의한다. 이 클래스는 파이토치의 torch.distributed 프레임워크를 활용해 LLM을 분산 방식으로 훈련할 수 있도록 설계됐다. 다음과 같이 DistributedLLMTrainer 클래스를 사용해 여러 장치(예: GPU)나 노드에서 모델을 효율적으로 훈련할 수 있다.

```python
import torch.distributed as dist

class DistributedLLMTrainer(RobustLLMTrainer):
    def __init__(
        self, model, optimizer, checkpoint_dir='checkpoints', autosave_interval=15
    ):
        super().__init__(model, optimizer, checkpoint_dir, autosave_interval)
        self.rank = dist.get_rank()
        self.world_size = dist.get_world_size()
```

초기화 과정에서는 다음과 같은 작업을 수행한다.

   a. 부모 클래스의 초기화 함수를 호출한다.

   b. 분산 훈련과 관련된 속성을 설정한다.

- self.rank: 현재 프로세스를 식별
- self.world_size: 전체 프로세스 수를 나타냄

2. 그런 다음, 분산 훈련 중 체크포인트를 저장하고 불러오기 위해 다음과 같은 방법을 사용한다.

```python
def save_checkpoint_distributed(self, epoch, step, loss):
    if self.rank == 0:  # 메인 프로세스만 체크포인트를 저장
        self.save_checkpoint_efficient(epoch, step, loss)
    dist.barrier()  # 모든 프로세스를 동기화

def load_checkpoint_distributed(self, checkpoint_path):
    if self.rank == 0:
        epoch, step, loss = self.load_checkpoint_efficient(checkpoint_path)
    else:
        epoch, step, loss = 0, 0, 0.0

    # 로드된 데이터를 모든 프로세스에 브로드캐스트
    epoch = torch.tensor(epoch).to(self.rank)
    step = torch.tensor(step).to(self.rank)
    loss = torch.tensor(loss).to(self.rank)
    dist.broadcast(epoch, 0)
    dist.broadcast(step, 0)
    dist.broadcast(loss, 0)

    # 모든 프로세스가 체크포인트를 로드했는지 확인
    dist.barrier()

    return epoch.item(), step.item(), loss.item()
```

다음 메서드들은 분산 체크포인팅을 처리한다.

- **save_checkpoint_distributed**: 주 프로세스(rank 0)만 체크포인트를 디스크에 기록한다. 이렇게 하는 이유는 모든 프로세스가 동시에 저장하면 같은 데이터를 여러 번 쓰게 되어 디스크 용량이 낭비되고, 동시 접근으로 인한 충돌 문제가 생길 수 있기 때문이다. 저장이 끝나면 `dist.barrier()`를 호출해서 모든 프로세스가 저장 완료를 기다리도록 동기화한다. 복원 단계에서는 마찬가지로 주 프로세스(rank 0)만 체크포인트 파일을 읽어온 다음, `dist.broadcast()`로 읽어온 데이터를 나머지 프로세스들에게 전달한다. 결과적으로 모든 프로세스가 정확히 같은 상태에서 훈련을 다시 시작할 수 있게 된다.
- **load_checkpoint_distributed**:
  - 주 프로세스만 체크포인트를 로드한다.

- 로드된 값을 다른 모든 프로세스에 브로드캐스트한다.
- 모든 프로세스가 동일한 체크포인트 데이터를 가지도록 한다.

3. 다음은 분산 훈련을 구현하는 코드다.

```python
def train_distributed(self, epochs, steps_per_epoch, train_fn):
    try:
        start_epoch, start_step = 0, 0
        if self.rank == 0:
            latest_checkpoint = self.get_latest_checkpoint()
            if latest_checkpoint:
                start_epoch, start_step, _ = \
                    self.load_checkpoint_efficient(latest_checkpoint)

        # 시작 에포크와 단계를 모든 프로세스에 브로드캐스트
        start_epoch = torch.tensor(start_epoch).to(self.rank)
        start_step = torch.tensor(start_step).to(self.rank)
        dist.broadcast(start_epoch, 0)
        dist.broadcast(start_step, 0)
        start_epoch = start_epoch.item()
        start_step = start_step.item()

        if self.rank == 0:
            print(f"에포크 {start_epoch}부터, 단계 {start_step}에서 재개")

        for epoch in range(start_epoch, epochs):
            self.current_epoch = epoch
            for step in range(start_step, steps_per_epoch):
                self.current_step = step
                self.current_loss = train_fn(self.model, epoch, step)

                if step % self.autosave_interval == 0:
                    self.save_checkpoint_distributed(epoch, step, self.current_loss)
            start_step = 0  # 각 에포크 시작 시 단계 카운터를 리셋

    except Exception as e:
        print(f"순위 {self.rank}에서 오류 발생: {e}")
        self.save_checkpoint_distributed(
            self.current_epoch, self.current_step, self.current_loss
```

```
        )
        dist.destroy_process_group()
        raise
```

train_distributed 메서드는 다음을 수행한다.

   a. 시작 지점(에포크와 단계)을 결정

   b. 해당 정보를 모든 프로세스에 브로드캐스트

   c. 훈련 루프에서 주기적으로 체크포인팅

   d. 예외가 발생할 경우, 최종 체크포인트를 저장하고 정리

4. 그런 다음 다음 코드를 사용해 파이토치로 분산된 훈련을 초기화하고, 모델을 병렬 실행을 위해 설정하며, 간단한 분산 훈련 루프를 수행한다.

```
def init_distributed():
    dist.init_process_group(backend='nccl')
    rank = dist.get_rank()
    torch.cuda.set_device(rank)
    return rank


def distributed_train_step(model, epoch, step):
    # 분산 훈련 단계를 이곳에 구현
    loss = 1 / (epoch + 1 + step + 1)   # 점차 감소하는 더미 손실
    return loss


def main():
    rank = init_distributed()
    model = GPT2LMHeadModel(GPT2Config()).to(rank)
    model = torch.nn.parallel.DistributedDataParallel(model, device_ids=[rank])
    optimizer = torch.optim.AdamW(model.parameters(), lr=5e-5)
    trainer = DistributedLLMTrainer(model, optimizer)
    trainer.train_distributed(
        epochs=10, steps_per_epoch=1000, train_fn=distributed_train_step
    )

if __name__ == "__main__":
    main()
```

이 코드의 내용은 다음과 같다.

- `init_distributed`: 분산 훈련 환경을 초기화
- `distributed_train_step`: 데모 목적의 더미 훈련 함수
- `main`: DistributedLLMTrainer의 실제 사용 예시

분산 체크포인팅에서 중요하게 고려할 점으로, 체크포인팅 과정에 배리어(barrier)를 두어 프로세스들을 동기화함으로써 전체 프로세스 간 일관성을 보장해야 하며, 주 프로세스에서만 파일 입출력을 할 수 있게 함으로써 충돌을 방지하고, 중요 데이터는 주 프로세스에서 나머지 프로세스들로 브로드캐스트를 통해 효과적으로 공유해야 한다. 또한 시스템에 장애가 발생하더라도 체크포인트를 안전하게 저장하고 분산된 자원을 깔끔하게 정리할 수 있도록 하는 견고한 예외 처리가 필요하다.

다음으로는 체크포인트 버전 관리에 관해 알아보겠다.

10.6 LLM 체크포인트의 버전 관리

LLM 체크포인트 버전 관리는 개발 과정에서 모델 변화를 체계적으로 추적하는 데 유용하다. 다음은 간단한 구현이다.

```python
import os
import json
import shutil

class VersionControlledLLMTrainer(DistributedLLMTrainer):
    def __init__(
        self, model, optimizer, checkpoint_dir='checkpoints', version_file='versions.json'
    ):
        super().__init__(model, optimizer, checkpoint_dir)
        self.version_file = version_file
        self.versions = self.load_versions()

    def load_versions(self):
        if os.path.exists(self.version_file):
            with open(self.version_file, 'r') as f:
                return json.load(f)
        return {}
```

```python
    def save_versions(self):
        with open(self.version_file, 'w') as f:
            json.dump(self.versions, f, indent=2)

    def save_checkpoint_versioned(self, epoch, step, loss, version_name):
        checkpoint_path = self.save_checkpoint_efficient(epoch, step, loss)
        self.versions[version_name] = {
            'path': checkpoint_path,
            'epoch': epoch,
            'step': step,
            'loss': loss
        }
        self.save_versions()
        print(f"버전 '{version_name}' 저장됨: {checkpoint_path}")

    def load_checkpoint_versioned(self, version_name):
        if version_name not in self.versions:
            raise ValueError(f"버전 '{version_name}'을 찾을 수 없음")
        version_info = self.versions[version_name]
        return self.load_checkpoint_efficient(version_info['path'])

    def create_branch(self, base_version, new_version):
        if base_version not in self.versions:
            raise ValueError(f"기본 버전 '{base_version}'을 찾을 수 없음")
        base_info = self.versions[base_version]
        new_path = f"{self.checkpoint_dir}/branch_{new_version}.pt"
        shutil.copy(base_info['path'], new_path)
        self.versions[new_version] = {
            'path': new_path,
            'epoch': base_info['epoch'],
            'step': base_info['step'],
            'loss': base_info['loss'],
            'branched_from': base_version
        }
        self.save_versions()
        print(f"'{base_version}'에서 '{new_version}' 브랜치 생성됨")

# 사용 예
trainer = VersionControlledLLMTrainer(model, optimizer)
```

```
trainer.save_checkpoint_versioned(epoch=10, step=500, loss=0.1, version_name="v1.0")
trainer.create_branch("v1.0", "experimental_branch")
epoch, step, loss = trainer.load_checkpoint_versioned("experimental_branch")
```

이 코드에서는 기본적인 버전 제어 기능을 구현했다.

- **버전 추적**: 각 저장된 체크포인트는 버전 이름과 연결될 수 있다.
- **브랜칭(branching)**: 기존 체크포인트에서 새로운 브랜치를 생성할 수 있어 실험이 가능하다.
- **버전 기록(version history)**: 버전 정보는 쉽게 검사하고 관리할 수 있도록 JSON 파일에 저장된다.

LLM 체크포인팅에 대한 버전 관리의 주요 이점은 다음과 같다.

- **실험**: 공통 출발점에서 다양한 훈련 전략이나 하이퍼파라미터를 쉽게 시도할 수 있다.
- **협업**: 팀원들은 모델의 다양한 버전을 공유하고 작업할 수 있다.
- **재현성**: 모델의 특정 버전을 참조하고 재생성할 수 있다

10.7 자동화된 체크포인팅 및 복구 시스템

체크포인팅과 복구 과정의 안정성을 높이고 효율화하기 위해 자동화 시스템을 구현할 수 있다.

1. 먼저, 필요한 모듈을 가져온다.

   ```
   import threading
   import time
   ```

   여기서 임포트한 모듈은 다음과 같다.
   - **threading**: 주요 훈련 프로세스와 동시에 자동 저장 및 상태 점검 같은 태스크를 실행할 수 있도록 스레드를 생성한다.
   - **time**: 자동 저장 및 상태 점검 간격을 관리하고, 저장된 체크포인트에 타임스탬프를 찍는 데 사용된다.

2. 다음으로, 클래스를 정의하고 초기화한다.

   ```
   class AutomatedLLMTrainer(VersionControlledLLMTrainer):
       def __init__(
           self, model, optimizer, checkpoint_dir='checkpoints',
           autosave_interval=15, version_file='versions.json',
   ```

```
        health_check_interval=60
    ):
        super().__init__(model, optimizer, checkpoint_dir, version_file)
        self.autosave_interval = autosave_interval
        self.health_check_interval = health_check_interval
        self.training_active = False
```

AutomatedLLMTrainer 클래스는 기본 클래스인 VersionControlledLLMTrainer를 상속하며, 기본적인 체크포인팅 로직을 처리한다. 이 클래스는 체크포인팅과 시스템 상태 모니터링을 자동화한다.

다음은 자동 저장, 시스템 상태 점검 및 훈련 실행 제어를 관리하는 매개변수들이다.

- **autosave_interval**: 자동 저장 체크포인팅 주기(초).
- **health_check_interval**: 시스템 헬스 체크 주기.
- **training_active**: 훈련이 진행 중인지 여부를 나타내는 플래그. 스레드의 실행을 제어하는 데 사용된다.

생성자는 super().__init__()를 호출해 부모 클래스의 기능을 상속하고 자동 저장 및 헬스 체크를 위한 시간 간격을 설정한다.

3. 체크포인트 자동 저장을 구현한다.

```
def start_autosave_thread(self):
    def autosave_loop():
        while self.training_active:
            time.sleep(self.autosave_interval)
            if self.training_active:
                self.save_checkpoint_versioned(
                    self.current_epoch, self.current_step, self.current_loss,
                    f"autosave_{time.time()}"
                )

    self.autosave_thread = threading.Thread(target=autosave_loop)
    self.autosave_thread.start()
```

이 메서드는 훈련 중 주기적으로 체크포인트를 저장하는 별도의 스레드를 시작한다.

훈련 중 주기적인 자동 저장을 처리하는 구성 요소는 다음과 같다.

- **autosave_loop**: training_active가 True인 동안 계속 실행되는 함수다. 매 autosave_interval초마다 save_checkpoint_versioned() 메서드를 호출해 현재 상태를 저장한다.
- **threading.Thread**: 이 스레드는 autosave_loop을 백그라운드에서 실행해 자동 저장이 훈련 프로세스와 동시에 이뤄지게 한다.

4. 다음으로 헬스 체크를 구현한다. 이 메서드는 주기적으로 시스템 성능을 모니터링하는 헬스 체크 스레드를 시작한다.

   ```
   def start_health_check_thread(self):
       def health_check_loop():
           while self.training_active:
               time.sleep(self.health_check_interval)
               if self.training_active:
                   if not self.check_system_health():
                       print("시스템 상태 점검 실패. 복구 시작...")
                       self.initiate_recovery()

       self.health_check_thread = threading.Thread(target=health_check_loop)
       self.health_check_thread.start()
   ```

주요 요소는 다음과 같다.

- **health_check_loop**: 훈련 동안 지속적으로 실행되는 함수다. 매 health_check_interval 초마다 check_system_health()를 호출해 시스템 헬스 체크를 한다. 문제가 감지되면 복구 프로세스를 실행한다.
- **check_system_health()**: GPU 메모리, CPU 사용률 등 시스템의 성능 지표를 확인하기 위해 정의해야 하는 메서드다. 상태 점검이 실패할 경우 initiate_recovery() 메서드를 호출해 복구를 수행한다.

5. 훈련 중 시스템 리소스 상태를 점검하고 문제가 발생하면 복구를 수행해야 한다. 다음은 상태 점검 로직을 구현할 메서드의 기본 틀이다. 예를 들어 GPU 메모리, CPU 사용률, 디스크 공간 등 훈련 과정에 중요한 리소스를 점검하게 된다. 모든 것이 정상일 경우 True를, 문제가 있을 경우 False를 반환한다.

   ```
   def check_system_health(self):
       # 여기에서 시스템 헬스 체크를 구현
       # 예: GPU 메모리, CPU 사용량, 디스크 공간 등을 확인
       return True  # 헬스 체크가 실패하면 False를 반환
   ```

   시스템 헬스 체크가 실패할 경우의 로직을 구현한다. 예를 들어, 마지막 체크포인트를 다시 로드하거나 배치 크기를 줄이거나, 감지된 문제에 따라 다른 수정 조치를 취할 수 있다.

   ```
   def initiate_recovery(self):
       # 복구 로직을 여기에 구현
       # 예: 마지막 체크포인팅에서 다시 로드하거나 배치 크기를 줄이는 작업 등
       pass
   ```

6. 마지막으로, 체크포인팅과 헬스 체크를 통해 자동화된 훈련을 수행한다. 이 메서드는 자동화를 통해 전체 훈련 과정을 관리한다. 자동 저장과 헬스 체크 스레드를 활성화하고 부모 클래스의 train_distributed() 메서드로 분산 훈련을 시작한다.

```python
def train_with_automation(self, epochs, steps_per_epoch, train_fn):
    self.training_active = True
    self.start_autosave_thread()
    self.start_health_check_thread()

    try:
        super().train_distributed(epochs, steps_per_epoch, train_fn)
    finally:
        self.training_active = False
        self.autosave_thread.join()
        self.health_check_thread.join()
```

다음은 주요 코드 요소의 분석이다.

- **self.training_active**: 훈련이 진행 중임을 나타내기 위해 True로 설정한다.
- **try-finally 블록**: 훈련이 어떻게 끝나든지(훈련 완료 또는 크래시), training_active 플래그가 False로 설정되고 두 스레드가 적절히 종료된다.

이 접근 방식은 수동 개입을 줄이고, 신뢰성을 높이며, 특정 훈련 필요성에 따라 복구 논리를 유연하게 정의할 수 있다.

10.8 요약

견고한 체크포인팅 및 복구 시스템을 구현하는 것은 성공적인 LLM 훈련을 위한 일반적인 관행이다. 이러한 기술을 도입하면 장기적인 훈련 프로세스가 실패에 강하고, 쉽게 관리할 수 있으며, 실험과 협업에 적합하게 할 수 있다.

논의를 확장하기 위해, 체크포인팅 전략, 장단점, 사용 사례를 표 10.1에 정리했다.

표 10.1 체크포인팅 전략, 장단점, 사용 사례

체크포인팅 전략	설명	장단점	사용 사례
정기 (최대 개수 제한)	일정 간격(단계/에포크)마다 저장하며, 최대 개수를 유지	장점: 저장 공간 절약, 주기적인 스냅샷 생성 단점: 우수한 체크포인트가 덮어씌워질 수 있음	반복적인 모델 개발, 훈련 진행 상황 모니터링, 긴 훈련 실행 중 전체 데이터 소실 방지

체크포인팅 전략	설명	장단점	사용 사례
시간 기반	일정 시간 간격으로(예: 30분마다) 저장	장점: 일정 시간 간격의 스냅샷 확보 단점: 간격이 너무 짧거나 길면 비효율적	장시간 실행되는 실험에서 디버깅 및 분석을 위한 시간 기반 체크포인팅, 시스템 장애 대비 복구 가능성 확보
최적 모델	모델이 최고 성능을 달성할 때만 저장	장점: 최적의 모델을 유지 단점: 손실이 불안정한 경우 대표성이 떨어질 수 있고, 중간 결과가 남지 않음	가장 성능이 뛰어난 모델을 선택해야 하는 경우
효율(압축)	압축(예: ZIP)을 사용해 크기를 줄임	저장 공간이 제한된 환경, 공간을 많이 차지하는 대형 모델, 장기간 저장	저장 공간이 제한된 환경, 장기간 저장
효율(양자화)	가중치의 정밀도를 낮춤(예: float32를 float16으로)	장점: 저장 용량 감소 단점: 정확도 손실 가능성	리소스가 제한된 장치에서의 배포, 전송·저장 최적화, 모델 로딩 속도 개선
효율(증분)	마지막 체크포인트 이후 변경 사항만 저장	장점: 저장 공간을 대폭 절약 가능 단점: 구현이 복잡하고, 일부 실패 시 복구 어려울 수 있음	점진적 파라미터 업데이트가 발생하는 모델, 대규모 모델에서의 빈번한 저장, 연속 학습 시나리오
분산	분산 훈련 환경에서 주 프로세스(rank 0)만 저장하고, 데이터를 다른 프로세스로 브로드캐스트	장점: 중복 저장 방지, 일관성 확보 단점: 프로세스 간 조정 필요	대규모 분산 학습, 모델 상태의 일관성 보장, 네트워크 오버헤드 최소화
버전 관리형	체크포인트에 버전을 부여하고, 브랜칭을 지원	장점: 실험 추적, 재현성 확보, 롤백 가능 단점: 시스템이 복잡해짐	협업 기반 모델 개발, 다양한 실험 조건 관리, 과학적 재현성을 요구하는 연구
자동화 (헬스 체크 포함)	자동 저장 및 시스템 상태 점검을 수행하고, 필요 시 복구를 시작	장점: 수작업 최소화, 신뢰성 향상 단점: 헬스 체크 및 복구 로직 구현 필요	임무 중요도가 높은 학습, 자동 복구가 필요한 실험, 고신뢰성 요구 환경

다음 장에서는 사전 훈련된 언어 모델을 특정 과업이나 도메인에 적응시키기 위한 효과적인 기법을 탐색할 것이다.

11장

파인튜닝

이번 장에서는 사전 훈련된 언어 모델을 효과적으로 **파인튜닝**(fine-tuning)하는 전략을 다룬다.

LLM을 파인튜닝하는 과정은 전이학습에서 나타나는 근본적인 최적화 문제를 해결하는 데 초점을 맞춘다. 대규모 데이터셋을 활용한 사전 훈련은 LLM이 일반적인 언어 능력과 지식을 익히는 데 도움이 되지만, 사전 훈련 데이터와 실제 작업에 사용하는 데이터 간의 차이로 인해 성능이 저하될 수 있다. 파인튜닝은 해당 작업에 맞게 신중하게 선택한 소규모 데이터셋으로 모델을 다시 학습시켜, 작업의 요구에 더 잘 맞도록 모델을 조정하는 방식이다. 이렇게 하면 사전 훈련을 통해 얻은 지식은 유지하면서도, 목표 작업에서 더 좋은 성능을 낼 수 있도록 모델을 세밀하게 다듬을 수 있다.

이 장에서는 다음 주제를 다룬다.

- 전이학습과 파인튜닝 구현
- 레이어를 동결하고 해동하는 전략
- 학습률 스케줄링
- 도메인 특화 파인튜닝 기법
- 퓨샷 · 제로샷 파인튜닝
- 지속적 파인 튜닝과 파국적 망각

11.1 전이학습과 파인튜닝 구현

GPT-2를 전이학습 하는 과정을 단계별 코드와 함께 살펴보자. 이 과정에는 모델 초기화, 데이터 처리, 파인튜닝이 포함되며, 사전 훈련된 언어 모델을 파인튜닝하기 위해 Transformers 라이브러리와 WikiText 데이터셋을 사용할 것이다.

1. 먼저 GPT-2 모델과 토크나이저를 로드 및 초기화하고 패딩을 설정한다.

```python
def load_model_and_tokenizer(model_name="gpt2"):
    model = GPT2LMHeadModel.from_pretrained(model_name)
    tokenizer = GPT2Tokenizer.from_pretrained(model_name)
    tokenizer.pad_token = tokenizer.eos_token
    return model, tokenizer
```

2. 그다음에 데이터셋을 로드하고 텍스트를 시퀀스 길이 512로 맞춰 토큰화한다.

```python
def prepare_dataset(dataset_name="wikitext", dataset_config="wikitext-2-raw-v1"):
    dataset = load_dataset(dataset_name, dataset_config)
    return dataset

def tokenize_function(examples, tokenizer):
    return tokenizer(
        examples["text"], truncation=True, padding="max_length", max_length=512
    )
```

3. 훈련 설정을 마치고, 트레이너를 초기화하고, 파인튜닝을 수행한다.

```python
def fine_tune_lm(model, tokenizer, dataset, output_dir="./fine_tuned_model"):
    tokenized_dataset = dataset.map(
        lambda examples: tokenize_function(examples, tokenizer), batched=True
    )
    training_args = TrainingArguments(
        output_dir=output_dir,
        num_train_epochs=3,
        per_device_train_batch_size=8,
        per_device_eval_batch_size=8,
        warmup_steps=500,
        weight_decay=0.01,
        logging_dir="./logs",
```

```
)
trainer = Trainer(
    model=model,
    args=training_args,
    train_dataset=tokenized_dataset["train"],
    eval_dataset=tokenized_dataset["validation"],
)
trainer.train()
trainer.save_model()
```

이 코드에서는 언어 모델 파인튜닝을 준비하고 실행하는 `fine_tune_lm` 함수를 설정했다. 먼저 데이터셋을 배치 처리로 토큰화한 다음, 에포크, 배치 크기, 워밍업 단계, 가중치 감쇠를 포함한 훈련 매개변수를 설정한다. 그 후, 모델, 인수, 데이터셋과 함께 트레이너를 초기화하고 훈련 과정을 실행한 다음, 최종적으로 파인튜닝된 모델을 저장한다.

배치 크기에 따라 훈련의 안정성과 성능이 크게 달라진다. 큰 배치를 사용하면 강력한 하드웨어에서 더 많은 병렬 처리가 가능해 훈련 속도가 빨라지지만, 그만큼 메모리도 더 필요하다. 예제를 많이 평균화하면 경사 추정이 더 안정되어 잠재적으로 수렴이 좋아질 수 있다. 그러나 매우 큰 배치는 작은 배치에 비해 일반화가 잘 안 될 수 있는데, 이는 모델이 더 날카로운 최소점에 수렴하기 쉽기 때문이다. 반대로 작은 배치를 사용하면 경사 업데이트에 노이즈가 많이 생겨 지역 최소점을 벗어나고 더 나은 해법을 찾는 데 도움이 되지만, 훈련 시간이 길어진다. 결국 최적의 배치 크기를 정하려면 사용 가능한 하드웨어, 수렴 안정성, 모델과 데이터셋의 일반화 성능 사이에서 균형을 맞춰야 한다.

LLM을 파인튜닝할 때, 모든 모델의 매개변수를 업데이트할 필요는 없는 경우가 많다. 선택적으로 레이어를 **동결(freezing)** 하거나 **해동(unfreezing)** 하면 더 효율적이고 효과적으로 파인튜닝할 수 있다.

11.2 레이어의 동결 및 해동 전략

레이어를 선택적으로 동결(freezing) 및 해동(unfreezing)하는 아이디어는 지식이 심층 신경망에 어떻게 구조화되고 분산되는지에 뿌리를 둔다. LLM의 하위 레이어는 구문, 품사, 형태론과 같은 더 일반적인 언어 표현을 포착하는 경향이 있는 반면, 상위 레이어는 더 전문화되고 과업에 의존적이다. 이렇게 계층적으로 조직되어 있기 때문에, 초기 레이어에 이미 인코딩된 범용 언어 지식을 활용하면서 네트워크의 과업 특화 부분만 파인튜닝할 수 있다.

하위 레이어를 동결함으로써, 사전 훈련된 기능을 보존하고 전체 모델이 좁은 도메인 데이터셋에서 무분별하게 업데이트될 경우 발생할 수 있는 파국적 망각(catastrophic forgetting)을 방지한다. 이는 또한 훈련 가능한 매개변수의 수를 크게 줄여 메모리 사용량을 낮추고 수렴 속도를 빠르게 한다. 한편, 상위 레이어를 선택적으로 해동하면 모델의 핵심적인 언어 이해 능력은 유지하면서도 새로운 과제나 도메인에 맞춰 표현을 조정할 수 있다.

이것을 구현하는 방법을 살펴보자.

1. 먼저, 특정 수의 마지막 레이어를 제외한 모든 레이어에 대해 경사를 비활성화해 선택적 레이어 동결을 구현한다.

```python
def freeze_layers(model, num_layers_to_freeze):
    for param in model.base_model.parameters():
        param.requires_grad = False

    for i, layer in enumerate(model.base_model.transformer.h):
        if i >= len(model.base_model.transformer.h) - num_layers_to_freeze:
            for param in layer.parameters():
                param.requires_grad = True
```

2. 그런 다음, 훈련 에포크 동안 점진적으로 레이어를 해동하도록 관리한다.

```python
def gradual_unfreeze(model, trainer, num_epochs, total_layers):
    layers_per_epoch = total_layers // num_epochs

    for epoch in range(num_epochs):
        freeze_layers(model, (epoch + 1) * layers_per_epoch)
        trainer.train(resume_from_checkpoint=True)
```

3. 마지막으로, 점진적 해동 처리를 적용하기 위해 최적화된 훈련 매개변수를 설정한다.

```python
training_args = TrainingArguments(
    output_dir="./fine_tuned_model",
    num_train_epochs=5,  # 더 나은 학습을 위한 에포크 증가
    per_device_train_batch_size=16,  # 더 큰 배치 크기
    per_device_eval_batch_size=16,
    warmup_steps=1000,  # 더 많은 워밍업 단계
    learning_rate=2e-5,  # 학습률 추가
    weight_decay=0.1,  # 가중치 감쇠 증가
    logging_dir="./logs",
```

```
    save_steps=500,   # 저장 빈도 추가
    eval_steps=500    # 평가 빈도 추가
)
trainer = Trainer(
    model=model,
    args=training_args,
    train_dataset=tokenized_dataset["train"],
    eval_dataset=tokenized_dataset["validation"],
)
```

이 코드는 두 가지 주요 전략을 구현한 것이다.

- **freeze_layers**: 마지막 num_layers_to_freeze를 제외한 모든 레이어를 동결한다.
- **gradual_unfreeze**: 훈련하는 동안 레이어를 점진적으로 해동한다.

점진적 해동 방법을 사용하면 모델이 상위 수준의 특징부터 적응한 뒤, 점차 하위 수준의 특징을 파인튜닝해 나갈 수 있다. 이는 더 나은 성능을 이끌어내고 파국적 망각을 방지하는 데 도움이 될 수 있다.

파국적 망각이 줄어드는 이유는 다음과 같다.

- 레이어 동결은 초기 레이어에 대한 경사 업데이트를 비활성화해 지식을 보존하고, 사전 훈련 동안 학습된 기본 표현을 유지하면서 과업에 특화된 이후 레이어만 적응하게 한다. 이를 통해 모델은 일반적인 지식을 유지하면서 새로운 과업에 적응할 수 있다.
- 점진적 해동은 훈련을 최종 레이어만 해동된 상태에서 시작하고, 이후 점차 이전 레이어를 해동해 나가는 단계적 접근 방식이다. 최종 레이어는 과업에 특화된 표현을 많이 포함하고 있기 때문에, 모델이 먼저 상위 수준의 특징에 적응한 뒤, 점차 더 근본적인 변화를 하도록 유도할 수 있다. 이렇게 하면 모델이 이전에 학습한 패턴을 무너뜨리지 않고 자연스럽게 적응해 나갈 수 있다.
- 이 훈련 구성에서는 신중하게 조정된 학습률, 늘어난 웜업 단계, 더 높은 가중치 감쇠를 적용해 급격한 매개변수 변화를 방지한다. 에포크 수를 늘려 더 점진적인 적응이 가능하게 하고, 저장 및 평가용 체크포인트를 활용해 해동 과정 중 과적합이 일어나지 않도록 훈련 과정을 모니터링한다.

이러한 기법들을 통해 일반 지식을 보존하면서도 새로운 과업에 효과적으로 적응할 수 있는 보다 안정적인 파인튜닝 과정을 구현할 수 있다.

다음으로, 적절한 학습률 스케줄링을 적용해 파인튜닝 성능을 크게 높이는 방법을 알아보자.

11.3 학습률 스케줄링

언급했듯이, 적절한 학습률 스케줄링은 효과적인 파인튜닝에 자주 사용된다. 다음 코드는 LLM 파인튜닝을 위한 일반적인 학습률 스케줄링 기법을 보여주며, **선형 웜업(linear warmup)** 및 **코사인 웜업(cosine warmup)** 전략을 통해 훈련을 최적화한다.

1. 먼저, 필요한 임포트와 함수 초기화로 스케줄링 프레임워크를 설정한다.

```python
from transformers import (
    get_linear_schedule_with_warmup, get_cosine_schedule_with_warmup)

def fine_tune_with_lr_scheduling(
    model, tokenizer, dataset, scheduler_type="linear", num_epochs=3
):
    tokenized_dataset = dataset.map(
        lambda examples: tokenize_function(examples, tokenizer), batched=True
    )
```

2. 다음으로, 개선된 기본값을 사용해 최적화된 훈련 매개변수를 구성한다.

```python
training_args = TrainingArguments(
    output_dir="./fine_tuned_model",
    num_train_epochs=3,
    per_device_train_batch_size=32,  # 배치 크기 증가
    per_device_eval_batch_size=32,
    weight_decay=0.1,  # 가중치 감쇠 증가
    logging_dir="./logs",
    learning_rate=2e-5,  # 학습률 조정
    warmup_ratio=0.1,    # 워밍업 비율 추가
    eval_steps=100,      # 평가 빈도 추가
    save_steps=100       # 저장 빈도 추가
)
trainer = Trainer(
    model=model,
    args=training_args,
    train_dataset=tokenized_dataset["train"],
    eval_dataset=tokenized_dataset["validation"],
)
```

3. 마지막으로, 동적 웜업 단계 계산과 함께 학습률 스케줄링을 구현한다.

```python
num_training_steps = len(tokenized_dataset["train"]) // \
    training_args.per_device_train_batch_size * num_epochs

if scheduler_type == "linear":
    scheduler = get_linear_schedule_with_warmup(
        trainer.optimizer,
        num_warmup_steps=num_training_steps // 10,  # 10% 웜업
        num_training_steps=num_training_steps
    )
elif scheduler_type == "cosine":
    scheduler = get_cosine_schedule_with_warmup(
        trainer.optimizer,
        num_warmup_steps=num_training_steps // 10,  # 10% 웜업
        num_training_steps=num_training_steps
    )
else:
    raise ValueError("지원되지 않는 스케줄러 유형")
```

이 구현은 두 가지 일반적인 학습률 스케줄링 전략을 제공한다.

- **워밍업을 포함한 선형 스케줄**: 학습률은 웜업 동안 0에서 초기 lr로 선형적으로 증가한 후, 0으로 선형적으로 감소한다. 이는 7장의 손실 함수와 최적화 전략 섹션에서 다뤘다. 그러나 파인튜닝에서도 동일한 웜업 스케줄을 사용해야 한다는 점을 유의해야 한다. 웜업은 훈련 초기에 갑작스러운 가중치 업데이트를 방지해 더 부드러운 수렴을 보장한다.
- **웜업을 포함한 코사인 스케줄**: 선형 스케줄과 유사하지만, 이 경우 감소는 코사인 곡선을 따른다.

이러한 스케줄링 전략은 훈련을 안정화하며, 더 나은 수렴 성능을 달성하는 데 도움이 될 수 있다.

11.4 도메인 특화 파인튜닝 기법

LLM을 특정 도메인에 맞게 파인튜닝하려면, 그에 맞는 방식으로 접근을 조정해야 하는 경우가 많다. 여기서는 과학 말뭉치를 활용한 도메인 특화 파인튜닝 사례를 살펴보자. 아래 코드는 사용자 정의 데이터셋과 훈련 설정을 통해 과학 텍스트에 맞는 파인튜닝을 수행하는 방법을 보여준다.

1. 먼저, 지정된 블록 크기와 언어 모델링 콜레이터를 사용해 과학 텍스트용 데이터셋을 준비한다.

```python
import torch
from transformers import (TextDataset, DataCollatorForLanguageModeling)

def prepare_scientific_dataset(file_path, tokenizer):
    dataset = TextDataset(tokenizer=tokenizer, file_path=file_path, block_size=128)
    data_collator = DataCollatorForLanguageModeling(tokenizer=tokenizer, mlm=False)
    return dataset, data_collator
```

2. 다음으로, 훈련과 평가에 사용할 데이터셋을 각각 준비한다.

```python
def fine_tune_for_scientific_domain(
    model, tokenizer, train_file, eval_file, output_dir="./scientific_model"
):
    train_dataset, data_collator = prepare_scientific_dataset(train_file, tokenizer)
    eval_dataset, _ = prepare_scientific_dataset(eval_file, tokenizer)
```

3. 마지막으로, 과학 도메인에 적합하도록 훈련 매개변수를 조정해 설정한다.

```python
training_args = TrainingArguments(
    output_dir=output_dir,
    num_train_epochs=3,              # 에포크 수 감소
    per_device_train_batch_size=8,   # 배치 크기 증가
    per_device_eval_batch_size=8,
    warmup_steps=1000,               # 워밍업 단계 증가
    weight_decay=0.1,                # 가중치 감쇠 증가
    learning_rate=3e-5,              # 학습률 설정
    logging_dir="./logs",
    evaluation_strategy="steps",     # 단계별 평가로 변경
    eval_steps=500,                  # 평가 빈도를 추가
    save_steps=500,                  # 저장 빈도를 추가
    gradient_accumulation_steps=4    # 경사 누적을 추가
)
```

이 구현에는 도메인 적응을 고려한 다양한 설정이 포함돼 있다.

- **맞춤형 데이터셋 준비**: 도메인별 텍스트 파일을 처리하기 위해 TextDataset을 사용한다.

- **작은 배치 크기**: 과학 텍스트는 보통 시퀀스 길이가 길기 때문에, 배치 크기를 줄여 메모리 사용을 조절한다.

- **에포크 수 증가**: 도메인에 적응하려면 더 많은 훈련 반복이 필요할 수 있다.
- **정기적인 평가**: 각 에포크가 끝날 때마다 모델을 평가하여 검증 손실과 주요 도메인 지표를 확인하고, 도메인에 잘 적응하고 있는지 점검한다.

특정 도메인에 맞춰 모델을 튜닝할 때는 다음 단계를 함께 고려하자.

- 도메인 특화 용어에 맞춰 어휘 사전을 조정하기
- 도메인에 적합한 평가 지표 활용하기
- 도메인의 특성에 따라 모델 구조를 수정하는 방안 고려하기

다음 섹션에서는 대상 도메인에 라벨이 거의 없거나 전혀 없는 상황에서 모델을 튜닝하는 전략 몇 가지를 살펴본다.

11.5 퓨샷 · 제로샷 파인튜닝

퓨샷 학습(few-shot learning) 및 **제로샷 학습**(zero-shot learning)은 과업별 훈련 데이터를 거의 사용하지 않거나 전혀 없이도 새로운 과업에 LLM을 적응시키는 강력한 기법이다. 이제 퓨샷 파인튜닝 접근법을 구현해 보자.

1. 먼저 과업의 몇 가지 예시를 포함한 프롬프트를 구성한다.

```python
def prepare_few_shot_dataset(examples, tokenizer, num_shots=5):
    few_shot_examples = examples[:num_shots]
    prompt = "\n\n".join(
        [f"Input: {ex['input']}\nOutput: {ex['output']}" for ex in few_shot_examples]
    )
    prompt += "\n\nInput: {input}\nOutput:"

    def tokenize_function(example):
        full_prompt = prompt.format(input=example['input'])
        tokenized_prompt = tokenizer(
            full_prompt, truncation=True, padding="max_length", max_length=512
        )
        tokenized_output = tokenizer(
            example['output'], truncation=True, padding="max_length", max_length=512
```

```
            )
            tokenized_prompt['labels'] = \
                [-100] * len(tokenized_prompt['input_ids']) + tokenized_output['input_ids']
            return tokenized_prompt

    return examples.map(tokenize_function)
```

2. 그런 다음, 이 프롬프트 기반 데이터셋으로 모델을 파인튜닝한다.

```
def few_shot_fine_tune(model, tokenizer, dataset, num_shots=5, num_epochs=3):
    few_shot_dataset = prepare_few_shot_dataset(dataset, tokenizer, num_shots)

    training_args = TrainingArguments(
        output_dir="./few_shot_model",
        num_train_epochs=num_epochs,
        per_device_train_batch_size=4,
        per_device_eval_batch_size=4,
        warmup_steps=100,
        weight_decay=0.01,
        logging_dir="./logs",
    )

    trainer = Trainer(
        model=model, args=training_args, train_dataset=few_shot_dataset,
    )

    trainer.train()
    return trainer
```

few_shot_fine_tune 함수는 퓨샷 파인튜닝을 구현해, 최소한의 예제를 사용해 사전 훈련된 모델을 새로운 과업에 적응시킨다. 이 함수는 모델, 토크나이저, 데이터셋, 구성 매개변수(num_shots=5, num_epochs=3)를 받아 prepare_few_shot_dataset으로 데이터의 작은 부분집합을 준비하고, TrainingArguments로 훈련을 구성해(출력 위치, 배치 크기, 최적화 매개변수 지정), 이러한 구성 요소로 Trainer 객체를 초기화한 후, trainer.train()을 통해 훈련 과정을 실행하고, 최종적으로 훈련된 모델을 Trainer 객체에 감싸 반환한다. 이는 주로 언어 모델에 사용되는 허깅페이스 트랜스포머 라이브러리 프레임워크를 사용한다.

3. 튜닝된 모델은 과업의 새로운 사례에 일반화할 수 있다.

```
# 사용법
model, tokenizer = load_model_and_tokenizer()
dataset = load_dataset("your_dataset")  # 퓨샷 데이터셋을 로드
few_shot_trainer = few_shot_fine_tune(model, tokenizer, dataset)
```

이 구현은 퓨샷 파인 튜닝을 보여준다.

제로샷 학습에서는 일반적으로 과업에 특화된 예시나 파인튜닝 없이, 과업 설명을 이해하는 사전 훈련된 모델의 능력에 의존한다.

11.6 지속적 파인 튜닝과 파국적 망각

지속적 파인튜닝(continual fine-tuning)은 모델을 새로운 과업에 적응시키면서 이전 과업에 대한 성능을 유지하는 것을 포함한다. 그러나 이는 **파국적 망각**(catastrophic forgetting)을 초래할 수 있다. LLM에서의 치명적인 망각은 모델이 새로운 과업이나 데이터에 대해 파인 튜닝될 때 적절한 메커니즘 없이 이전에 학습한 정보를 잃어버리는 현상을 말한다.

간단한 완화 전략을 구현해 보자.

1. 먼저, 매개변수 중요도를 계산하고 **탄력적 가중치 통합**(elastic weight consolidation, EWC) 손실을 구현해 중요한 가중치를 보존한다.

```
import copy

def ewc_loss(model, old_model, importance, loss):
    ewc_lambda = 0.01
    for n, p in model.named_parameters():
        if n in importance:
            loss += ewc_lambda * importance[n] * (p - old_model[n]).pow(2).sum()
    return loss

def compute_importance(model, dataset):
    importance = {}
    model.eval()
    for batch in dataset:
        model.zero_grad()
```

```python
            output = model(batch)
            loss = output.loss
            loss.backward()
            for n, p in model.named_parameters():
                if p.grad is not None:
                    if n not in importance:
                        importance[n] = p.grad.data.clone().pow(2)
                    else:
                        importance[n] += p.grad.data.clone().pow(2)
    return importance
```

2. 그런 다음 여러 과업에 대한 순차적 훈련을 관리하면서 이전 지식을 유지하는 다음 코드를 구현한다.

```python
def continual_fine_tune(model, tokenizer, datasets, num_epochs=3):
    old_model = None
    importance = None
    for i, dataset in enumerate(datasets):
        if old_model is not None:
            importance = compute_importance(old_model, datasets[i-1])
        old_model = copy.deepcopy(model)
        tokenized_dataset = dataset.map(
            lambda examples: tokenize_function(examples, tokenizer),
            batched=True
        )
```

3. 마지막으로, 최적화된 훈련 매개변수를 지속 학습(continual learning)에 대해 정의한다.

```python
training_args = TrainingArguments(
    output_dir=f"./continual_fine_tuned_model_task_{i+1}",
    num_train_epochs=8,                    # 에포크 증가
    per_device_train_batch_size=20,        # 배치 크기 증가
    per_device_eval_batch_size=20,
    warmup_steps=2000,                     # 워밍업 증가
    weight_decay=0.2,                      # 가중치 감쇠 증가
    learning_rate=2e-5,                    # 학습률 추가
    logging_dir="./logs",
    evaluation_strategy="steps",           # 평가 전략 추가
    eval_steps=1000,                       # 평가 빈도 추가
    save_steps=1000                        # 저장 빈도 추가
)
```

지속적 파인 튜닝에 필요한 여러 핵심 개념이 이 구현에 담겨 있다.

- **EWC**: 간소화된 EWC 버전을 구현한다. 이전 과업의 중요한 매개변수가 급격히 변하지 않도록 손실 함수에 페널티 항을 추가했다.
- **중요도 계산**: 이전 과업에서 각 매개변수의 경사 크기를 기반으로 중요도를 계산한다.
- **지속적 파인 튜닝 루프**: 망각을 완화하기 위해 EWC를 적용하며 각 과업에 대해 모델을 순차적으로 파인튜닝한다.
- **모든 과업에 대한 평가**: 각 새로운 과업을 학습한 뒤, 이전 과업에 대한 모델의 성능을 평가하여 망각 여부를 점검한다.

지속적 파인 튜닝의 주요 고려 사항은 다음과 같다.

- **가소성과 안정성 사이의 균형**: EWC를 사용하면 모델이 새로운 과업을 학습하면서도 이전 과업에 대한 지식을 유지할 수 있다.
- **계산 오버헤드**: 중요도를 계산하고 EWC를 적용하면 훈련에 드는 계산 비용이 늘어난다.
- **과업 유사성**: 과업 간의 유사성 정도에 따라 지속적 파인 튜닝의 효과가 달라질 수 있다.

파국적 망각을 완화하려면 다음과 같은 전략들도 고려할 수 있다.

- **경사 일화 메모리**(gradient episodic memory, **GEM**): 이전 과업의 데이터를 소량 저장해 두었다가, 새로운 과업을 학습할 때 그 데이터를 활용하여 경사 업데이트가 이전 과업을 훼손하지 않도록 제한한다. 방식은 다음과 같다.

    ```
    def project(gradient, memories):
        for memory in memories:
            if torch.dot(gradient, memory) < 0:
                gradient -= (
                    torch.dot(gradient, memory) / torch.dot(memory, memory)
                ) * memory
        return gradient

    # 훈련 루프에 통합
    ```

- **진행형 신경망**: 새로운 과업을 학습할 때마다 새로운 '열'의 레이어를 추가하고, 이전에 학습한 특징들과는 측면 연결을 통해 연계한다.
- **망각 없는 학습**(Learning without Forgetting, **LwF**): 지식 증류를 활용하여, 모델이 새로운 과업을 학습하면서도 이전 과업에 대한 성능을 유지할 수 있도록 한다.[1]

---

1 (옮긴이) 원서에서 증류 손실 계산 코드의 temperature 변수와 2 사이 연산자가 누락돼 있어서, 지식 증류를 위한 KL 발산 공식에 따라 제곱 연산자를 추가했다.

```python
def lwf_loss(model, old_model, new_data, old_data, temperature=2):
    # 새로운 데이터에 대한 손실 계산
    new_loss = compute_loss(model, new_data)

    # 이전 데이터에 대한 증류 손실 계산
    old_outputs = old_model(old_data)
    new_outputs = model(old_data)
    distillation_loss = F.kl_div(
        F.log_softmax(new_outputs / temperature, dim=1),
        F.softmax(old_outputs / temperature, dim=1),
        reduction='batchmean'
    ) * (temperature ** 2)

    return new_loss + distillation_loss

# 이는 훈련 루프에서 표준 손실을 대체한다
```

LLM을 다양한 과업이나 도메인에 맞게 파인튜닝할 때, 이러한 고급 기술을 활용하면 특히 효과적이다.

11.7 요약

LLM의 파인튜닝 패턴은 기본적인 전이학습부터 고도화된 지속 학습 전략까지 광범위한 기법을 포괄한다. 이러한 패턴들을 숙달하면 사전 훈련된 모델을 새로운 태스크와 도메인에 효과적으로 적응시키고, 성능을 최적화하며, 파국적 망각 같은 문제를 완화할 수 있다. LLM 분야가 계속 발전함에 따라, 특정 애플리케이션에 맞춘 최첨단 언어 모델을 개발하기 위해서는 최신 파인튜닝 기법을 지속해서 학습하는 것이 중요하다.

이 장의 주요 요점은 다음과 같다.

- **파인 튜닝을 통한 LLM 적응**: 파인 튜닝은 범용 사전 훈련된 LLM을 특정 태스크와 데이터셋에 적응시키는 핵심 과정으로, 일반적인 언어 이해 능력과 특화된 성능 간의 격차를 해소하는 역할을 한다.
- **레이어 관리**: 사전 훈련된 지식을 보존하면서도 새로운 태스크에 잘 적응하려면, 레이어를 전략적으로 동결하거나 점진적으로 해동하는 방식이 중요하다.

- **학습률 스케줄링**: 선형 또는 코사인 웜업을 포함한 학습률 스케줄을 활용하면 초기 급격한 파라미터 업데이트를 피할 수 있고, 파인 튜닝을 더욱 안정적이고 효율적으로 진행할 수 있다.
- **도메인/태스크 특화**: 도메인에 특화된 어휘 적응이나 맞춤형 데이터 처리, 퓨샷/제로샷 접근법 등을 활용하면, 특화된 태스크에서의 성능을 극대화할 수 있다.
- **파국적 망각 해결**: 연속 학습 환경에서는 새로운 태스크를 학습할 때도 모델이 기존 지식을 잃지 않도록, EWC나 GEM 같은 기법을 함께 적용해야 한다.

다음 장에서는 모델 프루닝을 살펴본다. 이 기법은 LLM의 핵심 기능은 그대로 유지하면서, 불필요하거나 중요도가 낮은 신경 연결을 체계적으로 제거하는 방식이다. 이렇게 하면 유사한 성능을 유지하면서도 계산 자원이 적게 드는, 보다 가볍고 효율적인 모델을 만들 수 있다.

12장

모델 프루닝

이 장에서는 모델 크기를 줄이면서 성능을 유지하는 것을 목표로 하는 **모델 프루닝**(model pruning) 기법을 탐구한다.

모델 프루닝은 성능을 유지하면서 신경망에서 불필요한 매개변수를 체계적으로 제거하는 것을 의미한다. LLM의 경우, 이는 일반적으로 크기, 민감도 분석(sensitivity analysis) 또는 경사 기반 중요도(gradient-based importance)와 같은 기준에 따라 중복되거나 덜 중요한 가중치, 뉴런, 또는 어텐션 헤드(attention heads)를 식별하고 제거하는 것을 포함한다.

이 장에서는 크기 기반 프루닝부터 반복적 기법까지 다양한 프루닝 방법을 구현하는 법, 그리고 크기 축소와 성능 간의 절충에 관해 배울 것이다. 또한 훈련 중 또는 훈련 후에 프루닝할지 결정하는 데 도움을 주어, LLM이 효율적이고 효과적으로 유지되도록 한다.

이 장에서는 다음 주제를 다룬다.

- 크기 기반 프루닝
- 구조적 프루닝과 비구조적 프루닝
- 반복적 프루닝 기법
- 훈련 중 프루닝과 훈련 후 프루닝
- 프루닝과 모델 성능의 균형 맞추기
- 프루닝을 다른 압축 기법과 결합하기

12.1 크기 기반 프루닝

크기 기반 프루닝(magnitude-based pruning)은 가장 간단하고 널리 사용되는 프루닝 기법이다. 주된 아이디어는 모델의 전체 성능에 가장 적게 기여하는 가중치를 제거하는 것이며, 절댓값이 가장 작은 가중치들이 제거 대상이다. 이렇게 하면 정확도를 크게 해치지 않으면서 모델을 더 가볍고 민첩하게 만들 수 있다.

```python
import torch
import torch.nn.utils.prune as prune

# model은 사전 훈련된 LLM 인스턴스라고 가정
model = ...  # LLM 모델을 로드하거나 정의

# 모든 Linear 레이어에서 가장 작은 크기의 가중치 30%를 프루닝
for name, module in model.named_modules():
    if isinstance(module, torch.nn.Linear):
        prune.l1_unstructured(module, name='weight', amount=0.3)

# 프루닝 재매개변수화를 제거
for name, module in model.named_modules():
    if isinstance(module, torch.nn.Linear):
        prune.remove(module, 'weight')
```

이 코드 예제에서 크기 기반 프루닝은 LLM의 모든 선형 레이어에서 크기가 가장 작은 가중치의 30%를 제거한다. `prune.l1_unstructured` 함수는 L1 노름이 가장 작은 가중치들이 프루닝되도록 지정한다.

다음 코드는 주어진 파이토치 모듈 내의 매개변수 텐서에 대해 비구조적 L1-노름 기반 프루닝을 위한 `prune.l1_unstructured` 함수를 구현한다. 절댓값이 가장 작은 가중치를 0으로 만든다.

```python
def prune.l1_unstructured(module, name, amount):
    """모듈의 텐서에서 L1 노름 크기가 가장 작은 가중치를 프루닝한다"""
    # 프루닝할 매개변수 가져오기
    tensor = getattr(module, name)

    # 프루닝할 매개변수의 수 계산
    n_params_to_prune = int(amount * tensor.numel())
```

```python
# 크기 임곗값 가져오기(k번째로 작은 절댓값)
threshold = torch.kthvalue(tensor.abs().view(-1), n_params_to_prune).values

# 마스크 생성 및 적용(임계치 이하의 가중치를 0으로 설정)
mask = tensor.abs() > threshold
pruned_tensor = tensor.clone() * mask

# 매개변수 업데이트 및 마스크 등록
setattr(module, name, torch.nn.Parameter(pruned_tensor))
module.register_buffer(f'{name}_mask', mask)

# 업데이트 중 프루닝을 유지하기 위한 훅 추가
module.register_forward_pre_hook(
    lambda m, _: setattr(
        m, name, torch.nn.Parameter(getattr(m, name) * getattr(m, f'{name}_mask'))
    )
)

return mask
```

여기서 함수는 모듈에서 대상 텐서를 추출하고 지정된 비율 amount에 따라 얼마나 많은 요소를 프루닝할지 결정하는 것으로 시작한다. 텐서에서 k번째로 작은 절댓값을 계산해 프루닝 임곗값을 식별하는데, 여기서 k는 프루닝할 매개변수의 수에 해당한다. 그런 다음 이진 마스크가 생성되며, 임곗값보다 큰 값은 유지되고 그 이하의 값은 0으로 설정된다. 이 마스크는 텐서의 프루닝된 버전을 생성하는 데 적용되며, 이는 모듈의 원래 매개변수를 대체한다. 마스크는 모델 연산 전반에 걸쳐 지속되도록 버퍼로 저장되며, 모든 순방향 통과(forward pass) 전에 프루닝이 적용되도록 보장하기 위해 순방향 프리 훅(forward pre-hook)이 등록된다. 이는 기본 가중치가 훈련 중에 업데이트되더라도 희소성 패턴을 유지한다.

모델 프루닝에서 L1 노름은 구성 요소의 절댓값을 합산해 모델의 가중치나 매개변수의 중요성을 평가하는 데 사용되며, L1 노름 값이 낮을수록 덜 중요한 매개변수로 간주되어 성능을 유지하면서 모델 크기를 줄일 수 있다.

프루닝 후 prune.remove 메서드가 호출돼 프루닝 재매개변수화(reparameterization)를 제거하고 변경 사항을 영구화한다.

크기가 작은 가중치가 많아 전체 성능에 거의 기여하지 않는 모델에 대해서는 크기 기반 프루닝이 특히 효과적이다. 그러나 단독으로 대규모 프루닝에 적용할 경우 충분하지 않을 수 있다.

12.2 구조적 프루닝과 비구조적 프루닝

LLM을 프루닝할 때, 가중치를 개별적으로 프루닝하는 방법(비구조적 프루닝)과 필터, 채널, 또는 어텐션 헤드와 같은 전체 구조를 제거하는 방법(구조적 프루닝)이 있다.

- **비구조적 프루닝**: 크기나 다른 기준에 따라 개별 가중치를 제거하는 방식이다. 더 세밀한 제어가 가능하지만, 앞서 prune.l1_unstructured 함수에서 설명한 것처럼 표준 하드웨어에서 최적화하기 어려운 희소 행렬이 만들어질 수 있다.
- **구조적 프루닝**: 뉴런, 채널이나 레이어와 같은 모델의 전체 구성 요소를 프루닝하는 방식이다. 이 방법은 현대 하드웨어에서 구현이 용이하며, 모델 성능에 더 큰 즉각적인 저하를 일으킬 수 있음에도 불구하고 추론 속도는 크게 향상된다.

다음은 PyTorch에 내장된 유틸리티를 사용해 LLM의 구조적 프루닝을 구현하는 코드다. L2 노름 기반 구조적 프루닝을 적용해 선형 계층에서 뉴런의 30%를 제거하고, 가중치 행렬의 전체 행을 대상으로 개별 연결이 아닌 완전한 뉴런을 효과적으로 제거한다.

```
import torch.nn.utils.prune as prune

# 레이어 내 전체 뉴런의 구조적 프루닝
for name, module in model.named_modules():
    if isinstance(module, torch.nn.Linear):
        prune.ln_structured(module, name='weight', amount=0.3, n=2, dim=0)
```

이 구조적 프루닝 예제에서, `ln_structured` 함수는 주어진 차원에서 모든 모델 가중치의 L2 노름을 기반으로 선형 레이어에서 전체 뉴런을 제거한다. 구조적 프루닝을 선택하면 계산 복잡성을 크게 줄일 수 있을 뿐만 아니라, 모델을 표준 하드웨어 아키텍처에 배포하기에 더 적합하게 만들 수 있다.

다음으로는 한 번에 모델의 큰 부분을 프루닝하는 대신, 여러 훈련 단계에 걸쳐 한 번에 소량의 가중치를 프루닝하는 방법을 살펴볼 것이다.

12.3 반복적 프루닝 기법

이번에는 **반복적 프루닝**(iterative prunning) 기법을 다뤄보겠다. 이 방법은 모델의 가중치를 한꺼번에 대량으로 제거하지 않고, 여러 차례 훈련을 진행하면서 조금씩 나누어 제거하는 방식이다. 이렇게 점진적으로 접근하면 모델 성능이 갑작스럽게 떨어지는 문제를 피할 수 있고, 모델 스스로가 변화된 구조에 천천히 적응하며 성능을 회복할 여유를 충분히 확보할 수 있다.

반복적인 접근법을 사용하면 각 프루닝 단계 후에 파인튜닝을 수행해, 모델이 가중치 감소로 인한 성능 저하를 '회복'하도록 도울 수 있다.

```
# 매 10 에포크마다 모델의 10%를 반복적으로 프루닝
for epoch in range(1, num_epochs+1):
    train(model, train_loader, optimizer)  # 정규화된 훈련 단계
    if epoch % 10 == 0:
        for name, module in model.named_modules():
            if isinstance(module, torch.nn.Linear):
                prune.l1_unstructured(module, name='weight', amount=0.1)
                prune.remove(module, 'weight')  # 각 단계 후 프루닝 마스크 제거
    validate(model, val_loader)
```

이 예시에서는 매 10 에포크마다 가중치의 10%가 프루닝된다. 가중치를 점진적으로 제거하면 각 프루닝 단계 사이에 모델이 조정할 수 있는 충분한 시간을 확보할 수 있다. 반복적 프루닝을 검증 단계와 결합하면 모델 크기와 성능 사이의 더 나은 균형을 찾는 데 도움이 될 수 있다.

12.4 훈련 중 프루닝과 훈련 후 프루닝

프루닝을 언제 적용할지도 중요하다. 훈련과 동시에 진행할지, 훈련 종료 후 적용할지 결정해야 한다.

- **훈련 중 프루닝**: 이 방식을 따르면 모델이 학습하면서 반복적으로 가중치를 프루닝해 시간이 지남에 따라 프루닝된 구조에 적응할 수 있다. 모델은 프루닝된 가중치를 보상할 수 있어, 잠재적으로 더 나은 최종 성능을 낼 수 있다. 그러나 더 많은 계산 자원과 훈련 시간이 필요하다.

    다음은 이 접근 방식의 예다.

    ```
    import torch
    import torch.nn.utils.prune as prune
    ```

```python
# 모델이 사전 훈련된 LLM이라고 가정
model = ...  # LLM 모델을 로드하거나 정의
optimizer = torch.optim.Adam(model.parameters(), lr=0.001)
criterion = torch.nn.CrossEntropyLoss()

def train(model, train_loader, optimizer):
    model.train()
    for batch in train_loader:
        inputs, targets = batch
        optimizer.zero_grad()
        outputs = model(inputs)
        loss = criterion(outputs, targets)
        loss.backward()
        optimizer.step()

# 훈련 중 매 5 에포크마다 가중치의 20%를 프루닝
for epoch in range(1, 20):
    train(model, train_loader, optimizer)

    # 매 5 에포크마다 프루닝 적용
    if epoch % 5 == 0:
        for name, module in model.named_modules():
            if isinstance(module, torch.nn.Linear):
                prune.l1_unstructured(module, name='weight',
                    amount=0.2)
                prune.remove(module, 'weight')  # 각 프루닝 후 재매개변수화 제거
```

- **훈련 후 프루닝**: 이 접근법에서는 모델이 완전히 훈련된 후 프루닝을 수행한다. 이 방법은 훈련 과정 중 수정이 필요하지 않아 계산 효율이 높으며, 이후에 모델을 선택적으로 파인튜닝할 수 있다. 그러나 훈련 중 프루닝에 비해 정확도가 더 많이 떨어질 수 있다.

훈련 후 프루닝의 예를 보자.

```python
# 모델이 이미 완전히 훈련됐다고 가정
model = ...  # 훈련된 LLM 모델을 로드하거나 정의

# 훈련 후 모든 Linear 레이어에서 가중치의 30%를 프루닝
for name, module in model.named_modules():
    if isinstance(module, torch.nn.Linear):
```

```
            prune.l1_unstructured(module, name='weight', amount=0.3)

# 프루닝 후 필요에 따라 모델을 파인튜닝할 수 있음
fine_tune_epochs = 3
for epoch in range(fine_tune_epochs):
    train(model, train_loader, optimizer)  # 프루닝된 모델을 파인튜닝
```

이 두 가지 중 선택은 성능 제약과 사용 가능한 자원에 따라 다르다. 훈련 중 프루닝은 대개 더 안정적인 모델로 이어지는 반면, 훈련 후 프루닝은 더 빠르고 자원 효율적이다.

12.5 프루닝과 모델 성능의 균형

모델 프루닝과 성능 간의 균형을 찾는 것은 매우 중요하다. 과도한 프루닝은 성능 저하를 초래할 수 있고, 반대로 프루닝이 부족하면 충분한 이점을 얻지 못할 수 있다. 핵심은 정확도에 미치는 영향을 최소화하면서 모델의 어떤 부분을 프루닝할 수 있는지를 식별하는 것이다. 이를 위해 각 프루닝 단계 후에 신중한 검증과 주요 성능 지표의 면밀한 모니터링이 필요하다. 이러한 지표에는 모델 매개변수 감소율, 추론 속도 향상, 메모리 사용량 감소, 당혹도의 변화, 과업별 성능이 포함된다. 이 과정에서는 정확도와 효율성 사이의 균형을 잘 맞추어, 매개변수 수가 줄어든 모델이 여전히 준수한 성능을 내도록 만드는 것이 핵심이다.

일반적인 전략은 프루닝 후 파인튜닝을 적용해, 손실된 성능의 일부를 복원하는 것이다. 파인튜닝을 통해 모델이 프루닝된 구조에 적응하고 원래 성능을 회복할 수 있다.

```
import torch.nn.utils.prune as prune

# 모델이 훈련되고 프루닝된 것으로 가정
model = ...  # 프루닝된 LLM 모델

# 프루닝 후 성능을 복원하기 위해 파인튜닝 적용
optimizer = torch.optim.Adam(model.parameters(), lr=1e-5)  # 파인튜닝을 위한 낮은 학습률
fine_tune_epochs = 5

for epoch in range(fine_tune_epochs):
    train(model, train_loader, optimizer)  # 이전에 사용한 train 함수 재사용
    validate(model, val_loader)  # 성능 모니터링을 위한 검증 단계
```

이 예시에서, 모델 가중치의 일부를 프루닝한 후, 성능을 회복하기 위해 낮은 학습률로 모델을 파인튜닝한다. 낮은 학습률은 모델이 새로운 프루닝된 구조에 점진적으로 적응할 수 있게 해, 학습된 특징의 불안정을 방지한다. 각 파인튜닝 단계 후에 검증을 수행해 모델의 진행 상황을 모니터링하고 프루닝이 성능을 크게 저하시키지 않았는지 확인한다.

프루닝을 다른 모델 압축 기법과 어떻게 결합할 수 있는지 살펴보자.

12.6 프루닝과 다른 압축 기법 결합하기

프루닝은 양자화나 증류와 같은 다른 모델 압축 기법과 결합해 모델 크기와 복잡성을 더욱 줄일 수 있다. 이러한 기법을 결합하면 높은 성능을 유지하는 더 컴팩트한 모델이 되는 경우가 많다.

12.6.1 프루닝과 양자화

프루닝 후에 **양자화**(quantization)를 수행하면 모델 크기를 크게 줄이고 추론 속도를 향상시킬 수 있다. 특히 자원이 제한된 환경에서 그 효과가 두드러진다.

```python
import torch
import torch.nn.utils.prune as prune
import torch.quantization as quant

# 먼저 모델을 프루닝
model = ...  # 사전 훈련된 LLM
for name, module in model.named_modules():
    if isinstance(module, torch.nn.Linear):
        prune.l1_unstructured(module, name='weight', amount=0.4)
        prune.remove(module, 'weight')

# 프루닝 후 동적 양자화를 적용
quantized_model = quant.quantize_dynamic(model, {torch.nn.Linear}, dtype=torch.qint8)

# 크기 감소를 확인
print("원본 모델 크기:", torch.cuda.memory_allocated())
print("양자화된 모델 크기:", torch.cuda.memory_allocated())
```

12.6.2 프루닝과 지식 증류

프루닝과 **지식 증류**(knowledge distillation)를 결합할 수도 있다. 이 경우 프루닝된 작은 **학생 모델**(student model)이 잘 훈련된 더 큰 **교사 모델**(teacher model)의 행동을 모방하도록 학습된다.

```python
# 지식 증류를 위한 교사 및 학생 모델
teacher_model = ...  # 더 크고, 완전히 훈련된 모델
student_model = ...  # 증류 및 프루닝될 더 작은 모델

def distillation_loss(student_outputs, teacher_outputs, temperature):
    return torch.nn.KLDivLoss()(
        torch.nn.functional.log_softmax(student_outputs / temperature),
        torch.nn.functional.softmax(teacher_outputs / temperature)
    )

# 더 작고 프루닝된 모델을 지식 증류를 사용해 훈련
temperature = 2.0
optimizer = torch.optim.Adam(student_model.parameters(), lr=1e-4)

for batch in train_loader:
    inputs, _ = batch
    teacher_outputs = teacher_model(inputs)
    student_outputs = student_model(inputs)
    loss = distillation_loss(student_outputs, teacher_outputs, temperature)
    loss.backward()
    optimizer.step()
```

이 접근 방식을 사용하면 학생 모델이 더 적은 매개변수로 높은 성능을 달성할 수 있다. 지식 증류는 프루닝되지 않은 교사 모델에서 고수준 표현을 전달해, 프루닝으로 인한 정확도 손실을 보상하는 데 도움이 된다.

이 예시는 프루닝을 훈련 중 또는 훈련 후에 적용할 수 있으며, 성능 요구사항과 균형을 이루고, 양자화 및 지식 증류와 같은 다른 압축 기법과 결합해 더 효율적인 LLM을 만들 수 있음을 보여준다.

12.7 요약

이 장에서는 LLM을 위한 다양한 모델 프루닝 기법을 탐색했다. 여기에는 크기 기반 프루닝, 구조적 프루닝과 비구조적 프루닝, 그리고 반복적 방법이 포함된다. 훈련 중 프루닝과 훈련 후 프루닝의 절충점과 프루닝 후 성능 회복을 위한 파인튜닝의 중요성을 다뤘다. 프루닝을 양자화 및 증류와 같은 다른 압축 기법과 결합하면 자원이 제한된 환경에 배포하기에 적합한 더 효율적인 LLM을 만들 수 있다.

다음 장에서는 성능을 유지하면서 모델 효율성을 개선하기 위해 수치 정밀도를 낮추는 데 중점을 둔 LLM의 양자화 기법을 알아보겠다. 훈련 후 양자화(PTQ)와 양자화를 고려한 훈련(QAT)를 통해 LLM을 더욱 최적화하는 방법을 배울 것이다.

13장

양자화

이 장에서는 모바일폰, 임베디드 시스템 또는 에지 컴퓨팅 환경과 같은 자원이 제한된 장치에 LLM을 최적화해 배포할 수 있는 **양자화**(quantization) 방법을 살펴보겠다.

양자화는 수치 표현의 정밀도를 줄여 모델의 크기를 축소하고 성능을 크게 저하시키지 않으면서 추론 속도를 개선하는 기술이다.

양자화는 다음 상황에서 특히 유용하다.

- **자원이 제한된 배포**: 메모리, 스토리지 또는 계산 자원이 제한된 모바일 폰, IoT 장치, 에지 컴퓨팅 플랫폼과 같은 디바이스에 모델을 배포할 때
- **지연에 민감한 애플리케이션**: 실시간 또는 준실시간 응답이 필요한 경우, 양자화로 추론 시간을 크게 줄일 수 있다
- **대규모 배포**: 대규모로 모델을 배포할 때, 모델 크기와 추론 시간의 약간의 감소도 인프라와 에너지 소비 측면에서 상당한 비용 절감으로 이어질 수 있다
- **대역폭이 제한된 경우**: 제한된 대역폭 연결을 통해 장치에 모델을 다운로드해야 하는 경우, 더 작은 양자화된 모델은 전송 시간과 데이터 사용량을 줄인다
- **여분의 정밀도를 가진 모델**: 필요 성능보다 더 높은 정밀도로 훈련된 LLM이 많으며, 이들은 양자화의 훌륭한 후보가 된다.

그러나 다음과 경우에는 양자화가 적합하지 않을 수 있다.

- **정밀도에 매우 민감한 과업**: 특정 의료 진단이나 중요한 금융 모델과 같이 정확성의 약간의 저하도 용납되지 않는 애플리케이션

- **이미 낮은 정밀도로 최적화된 모델**: 모델이 낮은 정밀도에서 효율적으로 작동하도록 특별히 설계되거나 훈련됐다면, 추가 양자화는 상당한 성능 저하를 초래할 수 있다
- **소형 모델**: 이미 컴팩트한 모델이라면, 일부 하드웨어 구성에서는 양자화 연산의 오버헤드가 이점을 능가할 수 있다
- **개발 및 파인튜닝 단계**: 활발한 개발 및 실험 단계에서는 유연성을 극대화하고 잠재적인 문제를 가리지 않기 위해 완전한 정밀도의 모델로 작업하는 것이 좋다
- **하드웨어 비호환성**: 사용하려고 계획한 특정 양자화 형식을 대상 하드웨어가 효율적으로 지원하지 못할 수 있다(예: 일부 장치에는 최적화된 INT8 또는 INT4 연산 기능이 없을 수 있음)
- **민감도가 다양한 복잡한 아키텍처**: LLM 아키텍처의 일부 구성 요소(예: 어텐션 메커니즘)는 다른 부분보다 양자화에 더 민감할 수 있어, 단순한 양자화보다는 더 정교한 혼합 정밀도 접근 방식이 필요할 수 있다

이러한 고려 사항을 이해하면 성능 요구 사항과 자원 제약 사이의 균형을 맞추면서 LLM 배포에 양자화 기법을 적용할지 여부와 방법에 대해 정보에 입각한 결정을 내릴 수 있다

이 장에서는 다양한 양자화 전략에 대해 학습할 것이다. 이 장의 끝에서는 양자화 방법을 적용해 LLM의 효율성을 높이면서도 정밀도 감소가 모델 성능에 미치는 영향을 최소화할 수 있게 될 것이다.

이 장에서는 다음 주제를 다룬다.

- 기본 개념 이해
- 혼합 정밀도 양자화
- 하드웨어 관련 고려 사항
- 양자화 전략 비교
- 양자화를 다른 최적화 기법과 결합하기

13.1 기본 개념 이해

양자화는 모델의 가중치와 활성화의 정밀도를 줄이는 것을 의미한다. 일반적으로 **32비트 부동 소수점(FP32)**에서 **16비트(FP16)** 또는 **8비트 정수(INT8)**와 같은 낮은 정밀도 형식으로 변환한다. 그 목적은 메모리 사용량을 줄이고 계산 속도를 높이며, 계산 자원이 제한된 하드웨어에서도 모델을 더 쉽게 배포할 수 있도록 하는 것이다. 양자화는 성능 저하를 일으킬 수 있지만, 세심하게 조율된 방식은 특히 견고한 아키텍처를 가진 LLM의 경우 정확도 손실이 미미한 경우가 많다.

주요 양자화 방법에는 동적 양자화와 정적 양자화 두 가지가 있다.

- **동적 양자화**: 실제 입력 값을 기반으로 추론 중에 실시간으로 양자화 매개변수를 계산한다. 이는 다양한 데이터 분포에 더 잘 적응하지만 정적 접근 방식에 비해 약간의 계산 오버헤드를 초래한다

  다음 예제에서는 torch.quantization.quantize_dynamic을 사용해 사전 훈련된 LLM의 선형 레이어를 동적으로 양자화한다.

  ```
  import torch
  from torch.quantization import quantize_dynamic

  # 'model'은 사전 훈련된 LLM (예: 트랜스포머 기반의 모델)
  model = ...

  # INT8 정밀도를 위해 선형 레이어에 동적 양자화를 적용
  quantized_model = quantize_dynamic(model, {torch.nn.Linear}, dtype=torch.qint8)

  # 크기 감소 확인
  print(f"원본 모델 크기: {torch.cuda.memory_allocated()} 바이트")
  print(f"양자화된 모델 크기: {torch.cuda.memory_allocated()} 바이트")
  ```

  동적 양자화를 적용하면 메모리 요구량이 줄고 추론 속도가 빨라진다.[1]

- **정적 양자화**: 대표적인 데이터로 보정 단계를 거쳐 미리 계산된 스케일링 요소를 사용해 가중치를 낮은 정밀도로 변환한다. 양자화 후에는 이러한 매개변수들이 추론 시 고정되어 일관된 성능과 최대 속도 향상을 달성한다.

  다음 예제에서는 torch.quantization.prepare와 torch.quantization.convert를 사용해 간단한 모델을 정적으로 양자화한다.

  ```
  import torch
  import torch.nn as nn
  import torch.quantization

  # 간단한 모델을 정의
  class SimpleModel(nn.Module):
      def __init__(self):
          super().__init__()
          self.fc = nn.Linear(784, 256)
          self.relu = nn.ReLU()
  ```

---

[1] (옮긴이) 실제 양자화 효과를 확인하려면 예시 코드 마지막 출력문을 실제 모델 크기를 비교하는 코드로 수정한다.

```python
        self.out = nn.Linear(256, 10)

    def forward(self, x):
        x = self.relu(self.fc(x))
        return self.out(x)

# 정적 양자화를 위한 모델 생성 및 준비
model_fp32 = SimpleModel()
model_fp32.eval()
model_fp32.qconfig = torch.quantization.get_default_qconfig('fbgemm')
prepared_model = torch.quantization.prepare(model_fp32)

# 보정 단계: 대표적인 데이터를 모델에 통과시킴
# (이 예제는 랜덤 데이터를 사용함. 실제 샘플로 교체할 것)
for _ in range(100):
    sample_input = torch.randn(1, 784)
    prepared_model(sample_input)

# 양자화된 버전으로 변환
quantized_model = torch.quantization.convert(prepared_model)

# 모델은 이제 정적으로 양자화되어 추론 준비가 완료됨
print(quantized_model)
```

이 정적 양자화 방식에서는 각 양자화된 텐서에 대해 고정된 스케일과 영점(zero-point) 매개변수를 사용하므로, 하드웨어 가속기가 더 높은 추론 효율을 낼 수 있다.

동적 양자화와 달리, 정적 양자화는 추론 전에 대표 데이터를 사용한 보정 단계가 필요하다. 이 단계에서 모델은 평가 모드로 실행되어 활성화 통계를 수집하고, 이를 통해 양자화 매개변수를 계산한다. 가중치와 활성화는 미리 양자화되어 추론 중에 고정된 상태를 유지하므로, 실행 속도가 더 빨라지고 성능을 더 쉽게 예측할 수 있다.

양자화는 적용 시점에 따라 두 가지 방식으로 구분된다.

- **훈련 후 양자화(post-training quantization, PTQ)**: 모델이 완전히 훈련된 후에 양자화를 적용하며, 추가 훈련을 최소화하거나 전혀 하지 않는다. 보정을 포함한 정적 방식이나 동적 방식으로 구현할 수 있다.

- **양자화를 고려한 훈련(quantization-aware training, QAT)**: 훈련할 때 나중에 양자화될 상황을 미리 고려하는 방법이다. 실제로는 양자화하지 않고 가짜 양자화 연산만 추가해서 모델이 양자화 환경에 적응하도록 한다. 순방향 계산에서는 양자화된 것처럼 작동하지만, 역전파에서는 정확한 학습을 위해 원래 정밀도를 그대로 사용한다. 훈련이 끝나면 실제 배포용으로 정적 양자화를 적용한다.

13.1.1 훈련 후 양자화(PTQ)

PTQ는 양자화 방식 중 가장 간단하며, 모델을 완전히 훈련한 뒤 적용할 수 있다. 별도의 재훈련 없이 고정밀 가중치와 활성화를 일반적으로 INT8과 같은 저정밀 형식으로 변환해 사용할 수 있다. 재훈련에 많은 비용이 들거나 현실적으로 어려운 모델에 적합하며, 정밀도 손실에 크게 영향을 받지 않는 과업에 효과적이다.

일부 PTQ 방법은 최적의 양자화 매개변수(예: 스케일링 요소 및 영점)를 결정하고, 추론 중 활성화 분포를 파악하며, 원본과 양자화된 출력 간의 차이를 최소화하기 위해 대표 데이터셋을 사용해 보정 단계를 거쳐야 한다. 보정 과정을 통해 양자화 알고리즘은 네트워크 전반의 가중치와 활성화의 수치 범위 및 분포를 파악할 수 있다. 그 결과, FP32 같은 고정밀 형식에서 INT8이나 INT4 같은 저정밀 형식으로 더 정확하게 변환할 수 있으며, 모델의 정확도를 유지하면서도 메모리 사용량과 배포 시 계산 자원을 줄일 수 있다.

다음은 정적 PTQ 예제다.

```
import torch
import torch.quantization as quant

# 사전 훈련된 모델을 로드
model = ...

# 모델을 양자화 준비 상태로 변환
model.eval()
model.qconfig = torch.quantization.default_qconfig

# 정적 양자화를 위한 준비
model_prepared = quant.prepare(model)

# 양자화 적용
model_quantized = quant.convert(model_prepared)
```

먼저 `.eval()`을 사용해 모델을 평가 모드로 설정하고, `.prepare()` 메서드를 사용해 양자화를 준비한 후, 최종적으로 양자화된 모델로 변환한다. 최소한의 오버헤드로 저전력 장치에 LLM을 배포하는 효율적인 방법이다.

13.1.2 양자화를 고려한 훈련(QAT)

QAT는 단순한 PTQ를 넘어 훈련 과정 자체에서 양자화 효과를 적용하는 방법이다. 이를 통해 모델이 양자화로 인한 노이즈를 보상하는 방법을 학습해 PTQ보다 더 나은 성능을 발휘하는 경우가 많으며, 특히 복잡한 과업에서 효과가 크다.

QAT에서는 모델 훈련 시 가중치와 활성화 함수를 낮은 정밀도로 처리하되, 역전파를 통한 경사 계산만은 높은 정밀도를 그대로 유지한다. 이러한 접근법은 모델 크기를 대폭 줄이면서도 높은 성능을 확보해야 하는 응용 분야에 매우 효과적이다.

다음 예제에서는 `get_default_qat_qconfig()`을 사용해 QAT 모델을 설정한다. 이렇게 하면 훈련하는 동안 실제 양자화는 하지 않으면서 양자화됐을 때의 작동을 미리 경험하게 할 수 있다.

```python
import torch.quantization as quant

# QAT 설정
model.train()
model.qconfig = torch.quantization.get_default_qat_qconfig('fbgemm')

# QAT 준비
model_prepared = quant.prepare_qat(model)

# 훈련 루프(간단히 초기화만 표시)
for epoch in range(num_epochs):
    train_one_epoch(model_prepared, train_loader, optimizer)
    validate(model_prepared, val_loader)

# 양자화된 버전으로 변환
model_quantized = quant.convert(model_prepared.eval())
```

모델이 훈련된 후에는 배포에 적합한 양자화 버전으로 변환된다. QAT는 일반적으로 PTQ보다 더 높은 모델 정확도를 보이며, 특히 더 복잡하거나 중요한 애플리케이션에서 효과적이다.

13.2 혼합 정밀도 양자화

혼합 정밀도 양자화(mixed-precision quantization)는 단일 모델 내에서 여러 수준의 수치 정밀도를 활용하는 더 유연한 접근 방식이다. 예를 들어, 모델의 덜 중요한 레이어는 INT8을 사용할 수 있는 반면, 더 민감한 레이어는 FP16 또는 FP32를 유지할 수 있다. 이를 통해 성능과 정밀도 간의 트레이드오프를 더 잘 제어할 수 있다. 혼합 정밀도 양자화를 사용하면 모델 크기와 추론 시간을 크게 줄이면서 LLM의 중요한 측면을 유지할 수 있다.

다음 코드는 LLM 훈련이나 추론에서 메모리 사용과 속도를 최적화하기 위한 양자화의 예를 보여준다.

```
from torch.cuda.amp import autocast

# 훈련 또는 추론에 혼합 정밀도 사용
model = ...

# 가능한 경우 FP16을 사용하고, 민감한 계산에는 FP32로 대체
with autocast():
    output = model(input_data)
```

이 예제에서는 파이토치 **AMP**(Automatic Mixed Precision) 라이브러리의 `autocast()` 함수를 사용해, 정밀도가 덜 중요한 모델의 일부에서 FP16 계산을 가능하게 하고, 더 민감한 레이어에서는 FP32를 유지한다. 이 방법은 메모리 사용량과 추론 시간을 줄이는 데 도움이 되며, 성능에 심각한 영향을 미치지 않는다.

13.3 하드웨어 관련 고려 사항

GPU, CPU, TPU 등 다양한 하드웨어 플랫폼은 양자화된 모델을 처리할 때 각기 다른 기능과 성능 특성을 보인다. 예를 들어, 일부 하드웨어는 INT8 연산을 네이티브로 지원할 수 있는 반면, 다른 하드웨어는 FP16에 최적화되어 있을 수 있다.

대상 배포 하드웨어를 이해하는 것은 적절한 양자화 기법을 선택하는 데 중요하다. 예를 들어, NVIDIA GPU는 혼합 정밀도 훈련 및 추론을 지원하기 때문에 FP16 연산에 적합한 반면, CPU는 하드웨어 가속 정수 연산 덕분에 INT8 양자화에서 더 나은 성능을 보이는 경우가 많다.

LLM을 프로덕션에 배포할 때, 특정 하드웨어에 맞춘 양자화 전략을 실험하고 모델이 플랫폼의 장점을 활용하도록 하는 것이 중요하다.

13.4 양자화 전략 비교

여러 양자화 전략을 비교해 보면, 각 방법은 구현 복잡성, 정확도 유지, 성능, 자원 요구량 등의 측면에서 서로 다른 강점과 한계가 있다.

구현 복잡성 측면에서, PTQ는 기존 모델 훈련만 마치면 별도의 추가 작업 없이 손쉽게 적용할 수 있어 구현이 가장 단순하다. 활성화를 동적으로 처리해야 하는 동적 양자화는 실행 중 고려해야 할 사항이 많아 구현이 더 까다롭다. 혼합 정밀도 양자화를 적용하려면, 각 레이어의 정밀도 민감도를 세밀하게 평가해야 하고, 경우에 따라 최적화를 위한 커널을 별도로 개발해야 하므로 구현이 더욱 복잡해진다. QAT는 훈련 그래프에 의사 양자화 노드를 삽입하고, 양자화로 발생하는 노이즈를 고려해 훈련 시간을 늘려야 하므로 가장 복잡한 방식이다.

정확도 보존에 있어서는 QAT가 가장 뛰어난 성능을 보이며, 특히 공격적인 양자화(8비트 미만)를 목표로 할 때 부동 소수점 성능과의 차이를 작은 범위 내로 유지한다. 혼합 정밀도 양자화도 중요한 레이어를 더 높은 정밀도로 유지할 수 있어 성능과 정확성을 잘 균형 잡아 정확성 유지에서 높은 순위를 차지한다. PTQ는 일반적으로 허용 가능한 한계 내에서 정확성을 유지하지만, 더 복잡한 구조에서는 정밀도 손실이 더 클 수 있다. 동적 양자화는 RNN 기반 모델에서 PTQ보다 정확성을 더 잘 유지하는 편이지만, 특히 활성화가 입력 분포 변화에 민감한 CNN 구조에서는 어려움을 겪는다.

자원 요구량 측면에서, PTQ는 가장 적은 자원을 필요로 하므로 계산 자원이 제한된 빠른 배포 시나리오에 알맞다. 동적 양자화는 실행 시 활성화 양자화를 처리해서 자원을 좀 더 소모하지만, 이는 메모리와 저장에 대한 부담이 줄어드는 것으로 상쇄된다. 혼합 정밀도 양자화는 구현 시 민감도 분석으로 인해 더 많은 자원을 사용하지만, 다중 정밀도를 지원하는 하드웨어에서 추론 시 특히 효율이 높다. QAT는 가장 자원 집약적이며, 추가적인 훈련 시간, 훈련 중 더 높은 메모리 사용량, 모델을 양자화에 적응시키기 위한 더 많은 계산 자원을 필요로 한다.

성능 관점에서, PTQ는 메모리를 크게 절약하고 계산 속도를 높인다. 일반적으로 저장 공간을 75% 절약하고 호환 하드웨어에서 2~4배의 가속을 달성한다. 한편 QAT는 압축 비율은 비슷하지만, 훈련 중 오버헤드가 발생하는 대신에 성능 손실 없이 더 공격적인 양자화를 처리할 수 있는 모델을 만들어낸다.

동적 양자화는 PTQ처럼 메모리 효율은 높지만, 런타임에 오버헤드가 있어 계산 가속 효과가 크지 않다. 혼합 정밀도 양자화는 부동소수점에 근접한 성능을 낼 수 있으며, 하드웨어가 다양한 정밀도 수준의 모델을 얼마나 효율적으로 지원하는지에 따라 성능 향상 폭이 달라진다.

최적의 양자화 전략을 선택하는 의사 결정 프레임워크는 특정 프로젝트 요구사항에 달려 있다. PTQ는 빠른 배포가 우선이고, 모델 아키텍처가 비교적 단순하며, 약간의 정확성 손실이 허용될 때 적절하다. QAT는 정확성이 가장 중요하고, 재훈련 자원이 있으며, 공격적인 양자화가 필요할 때 최선의 선택이다. 동적 양자화는 런타임 유연성이 필요하고 다양한 입력 분포를 처리해야 하는 시나리오, 특히 RNN 기반 아키텍처에 적합하다. 혼합 정밀도 양자화는 복잡한 모델에서 다양한 정밀도 요구가 있을 때, 높은 정확성과 성능이 모두 필요하고, 하드웨어가 다중 정밀도 형식을 효율적으로 지원하는 경우에 최적이다.

각 양자화 전략은 정확성, 복잡성, 성능, 자원 사이의 균형점을 어디에 두느냐에 따라 쓰임새가 다르므로, 사용자는 배포 환경의 특정 요구사항에 맞게 접근 방식을 조정할 수 있다.

표 13.1은 각 전략을 비교한다.

표 13.1 양자화 전략 비교

전략	정확성	복잡성	성능	자원
훈련 후 양자화(PTQ)	단순한 모델에 적합하며, 복잡할수록 감소	낮음. 최소 설정	75% 저장 공간 감소, 2~4배 속도 향상	낮음. 최소 계산 필요
양자화를 고려한 훈련 (QAT)	가장 높음. sub-8-bit에 최상	높음. 확장된 훈련이 필요함	최고의 정확도를 갖춘 높은 압축률	높음. 집중적인 훈련이 필요
동적	RNN에 적합. CNN에 약함	중간. 런타임 오버헤드	메모리 절약. 느린 컴퓨팅	중간. 런타임 프로세싱
혼합 정밀도	높음. 유연한 정확도 옵션	다소 높음. 레이어별 튜닝	하드웨어에 의존하는 속도 향상	셋업할 때 다소 높음

실제로는 몇 가지 시나리오에서 전략을 결합하는 것이 유리할 수 있다. 예를 들어, 초기에는 빠른 배포를 위해 PTQ를 적용한 후, 정확성에 민감한 레이어에 선택적으로 QAT를 사용할 수 있다. 또 다른 접근법으로는 특정 레이어에 혼합 정밀도를 사용하면서 활성화에 대해 동적 양자화를 적용해 실행 시간의 유연성과 성능을 균형 있게 맞추는 방법이 있다.

13.5 양자화와 다른 최적화 기법 결합

양자화는 프루닝 및 지식 증류와 같은 다른 최적화 기법과 결합해 자원이 제한된 디바이스에 배포하기에 적합한 매우 효율적인 모델을 만들 수 있다. 여러 방법을 활용함으로써 성능을 유지하거나 최소한의 영향을 주면서 모델 크기를 크게 줄일 수 있다. 이는 특히 에지 디바이스나 모바일 플랫폼에서 LLM을 배포할 때 계산 및 메모리 자원이 제한된 경우에 유용하다.

13.5.1 프루닝과 양자화

가장 효과적인 조합 중 하나는 프루닝 후 양자화다. 먼저, 프루닝은 모델에서 중복된 가중치를 제거해 매개변수의 수를 줄인다. 그런 다음, 양자화는 남은 가중치의 정밀도를 줄여 모델 크기를 더욱 감소시키고 추론 속도를 향상시킨다. 다음 예를 보자.

```python
import torch
import torch.nn.utils.prune as prune
import torch.quantization as quant

# 1단계: 모델 프루닝
model = ...  # 사전 훈련된 LLM 모델
for name, module in model.named_modules():
    if isinstance(module, torch.nn.Linear):
        prune.l1_unstructured(module, name='weight', amount=0.5)
        # 가중치의 50%를 프루닝
        prune.remove(module, 'weight')

# 2단계: 프루닝된 모델에 동적 양자화 적용
quantized_model = quant.quantize_dynamic(
    model, {torch.nn.Linear}, dtype=torch.qint8  # INT8 정밀도로 변환
)

# 크기 감소 확인
print("원본 모델 크기:", torch.cuda.memory_allocated())
print("양자화된 모델 크기:", torch.cuda.memory_allocated())
```

이 예제에서는 프루닝을 적용해 모든 선형 레이어에서 가중치의 50%를 제거하고, 동적 양자화를 통해 잔여 가중치의 정밀도를 INT8로 줄여 크기를 더 줄였다.

그 결과로 하드웨어 자원이 제한된 장치에 배포하기 적합한, 계산 자원 소모가 적고 고도로 최적화된 컴팩트한 모델이 만들어진다.

13.5.2 지식 증류 및 양자화

또 다른 강력한 조합은 지식 증류 후 양자화다. 이 시나리오에서는 더 작은 학생 모델이 더 큰 교사 모델의 행동을 복제하도록 훈련된다. 학생 모델이 훈련된 후, 양자화를 적용해 학생 모델을 배포에 최적화한다. 이 조합은 계산 오버헤드를 최소화하면서 높은 성능을 유지해야 할 때 특히 유용하다.

예제를 단계별로 살펴보자.

1. 교사 및 학생 모델을 정의한다.

```
import torch
import torch.nn.functional as F
teacher_model = ...  # 더 크고, 완전히 훈련된 모델
student_model = ...  # 증류를 통해 훈련할 더 작은 모델
```

2. 지식 증류 손실 함수를 정의한다.

```
def distillation_loss(student_outputs, teacher_outputs, temperature=2.0):
    teacher_probs = F.softmax(teacher_outputs / temperature, dim=1)
    student_probs = F.log_softmax(student_outputs / temperature, dim=1)
    return F.kl_div(student_probs, teacher_probs, reduction='batchmean')
```

3. 지식 증류를 위한 훈련 루프를 추가한다.

```
optimizer = torch.optim.Adam(student_model.parameters(), lr=1e-4)
for batch in train_loader:
    inputs, _ = batch
    optimizer.zero_grad()
```

4. 교사 모델과 학생 모델 모두에 대해 순방향 패스를 수행한다.

```
teacher_outputs = teacher_model(inputs)
student_outputs = student_model(inputs)
```

교사 모델과 학생 모델 모두에 대한 순방향 패스를 통해 동일한 입력 데이터에 대한 각자의 출력 로짓을 생성한다. 이 병렬 추론 단계는 학생이 교사의 행동을 얼마나 잘 복제하는지를 정량화하는 증류 손실을 손실 계산하는 데 필요하다.

이러한 출력들을 비교함으로써 훈련 과정은 원래 라벨을 요구하지 않고 학생이 교사의 지식을 내재화하도록 안내할 수 있다.

5. 증류 손실을 계산한다.

```
loss = distillation_loss(student_outputs, teacher_outputs)
loss.backward()
optimizer.step()
```

증류 손실을 계산하면 학생 모델은 출력 분포 간의 불일치를 최소화해 교사로부터 학습할 수 있다. 이를 통해 학생 모델은 자체적인 컴팩트한 구조를 유지하면서 더 크고 정확한 교사 모델과 근접하게 행동할 수 있다. 이러한 손실을 역전파하고 최적화를 통해 모델 파라미터를 업데이트함으로써 학생은 점진적으로 교사와 예측을 일치시켜 모델 복잡성을 줄이면서 성능을 향상시킨다.

6. 증류된 학생 모델을 양자화한다.

```
quantized_student_model = quant.quantize_dynamic(
    student_model, {torch.nn.Linear}, dtype=torch.qint8
)
```

7. 크기와 성능 향상 여부를 확인한다.

```
print("양자화된 학생 모델 크기:", torch.cuda.memory_allocated())
```

지식 증류는 더 큰 교사 모델의 행동을 모방하는 더 작은 학생 모델을 훈련하는 데 사용되며, 양자화가 학생 모델에 적용되어 모델 가중치의 정밀도를 줄여 배포를 위해 추가로 최적화한다.

이 방법은 성능을 유지하면서 모델 크기를 대폭 줄여 저전력 또는 실시간 애플리케이션에 적합하다.

양자화, 프루닝, 지식 증류를 결합하면 크기, 효율, 성능의 균형을 이루면서도 최적화된 모델을 만들 수 있다. 이러한 모델은 특히 에지 디바이스나 자원 제약이 매우 심한 환경에 배포하는 데 유용하다.

13.6 요약

이번 장에서는 PTQ, QAT, 혼합 정밀도 양자화 등 LLM을 최적화하는 여러 양자화 방법을 살펴봤다. 아울러 특정 하드웨어 환경에서 고려해야 할 점들과 양자화를 적용한 모델의 성능을 측정하는 방법들도 알아봤다. 양자화 기법을 프루닝이나 지식 증류 등 다른 최적화 기법과 함께 사용하면, 대규모 언어 모델을 현실에서 쓸 수 있는 수준으로 효율성과 성능을 모두 갖춘 모델로 만들 수 있다.

다음 장에서는 LLM의 평가 과정을 깊이 살펴보면서 텍스트 생성, 언어 이해, 대화 시스템에 쓰이는 지표에 중점을 둘 것이다. 이러한 평가 방법을 이해하는 것은 최적화된 모델이 다양한 작업에서 기대한 성능을 내도록 하는 데 중요하다.

3부

대규모 언어 모델의 평가 및 해석

3부에서는 LLM을 평가하고 해석하는 방법에 중점을 두어, 성능에 대한 기대를 충족하고 의도한 사용 사례에 부합하도록 하는 데 중점을 둔다. 다양한 NLP 과업에 맞춘 평가 지표를 사용하고 교차 검증 기법을 적용해 모델을 안정적으로 평가하는 방법을 배운다. LLM의 내부 작동을 이해하는 해석 가능성을 알아보고, 출력의 편향을 식별하고 해결하는 기술을 살펴본다. 공격으로부터 모델을 방어하는 데 도움이 되는 또 다른 핵심 영역인 적대적 강건성에 관해서도 다룬다. 또한 사용자 선호도에 따라 LLM을 조정하는 강력한 방법으로서 인간 피드백을 통한 강화학습을 소개한다. 이런 평가와 해석 방법들을 익히면 투명하고 공정하며 신뢰성 있는 모델을 구축할 수 있다.

- 14장, 평가 지표
- 15장, 교차 검증
- 16장, 해석 가능성
- 17장, 공정성 및 편향 탐지
- 18장, 적대적 강건성
- 19장, 인간 피드백을 통한 강화학습

14장

평가 지표

이 장에서는 다양한 분야에서 LLM을 평가하기 위해 가장 최근에 사용되는 일반적인 벤치마크를 탐색할 것이다. **자연어 이해**(natural language understanding, NLU), 추리와 문제 해결, 코딩과 프로그래밍, 대화 능력, 상식 추리에 관한 지표를 살펴본다.

이러한 벤치마크를 적용해 LLM의 성능을 종합적으로 평가하는 방법을 배운다. 이 장을 마치면 독자는 LLM 프로젝트를 위한 견고한 평가 전략을 설계하고 모델을 효과적으로 비교할 수 있게 되며, 나아가 최신 평가 기법에 기반해 데이터 중심의 의사결정으로 모델을 개선하는 능력도 갖추게 된다.

이 장에서는 다음 주제를 다룬다.

- NLU 벤치마크
- 추리 및 문제 해결 지표
- 코딩 및 프로그래밍 평가
- 대화 능력 평가
- 상식 및 일반 지식 벤치마크
- 그 밖의 주요 벤치마크
- 맞춤형 지표와 벤치마크 개발
- LLM 평가 결과 해석 및 비교

14.1 NLU 벤치마크

자연어 이해(NLU)는 LLM의 중요한 능력이다. 이 분야에서 가장 최근의 널리 사용되는 벤치마크 몇 가지를 살펴보자.

14.1.1 MMLU

MMLU(Massive Multitask Language Understanding)는 과학, 수학, 공학 등을 포함한 57개 주제를 통해 모델을 테스트하는 포괄적인 벤치마크다. 이는 지식의 폭과 깊이를 평가하도록 설계됐다.

다음은 lm-evaluation-harness 라이브러리를 사용해 MMLU에서 LLM을 평가하는 예다.

```python
from lm_eval import tasks, evaluator

def evaluate_mmlu(model):
    task_list = tasks.get_task_dict(["mmlu"])
    results = evaluator.simple_evaluate(
        model=model,
        task_list=task_list,
        num_fewshot=5,
        batch_size=1
    )
    return results

# 사전 훈련된 모델이 있다고 가정
model = load_your_model()   # 실제 모델 로드로 대체
mmlu_results = evaluate_mmlu(model)
print(f"MMLU 점수: {mmlu_results['mmlu']['acc']}")
```

이 코드는 MMLU 과업에서 5샷 학습(5개의 예제를 사용한 학습)으로 모델을 평가한다. 점수는 모든 과목에 걸친 평균 정확성을 나타낸다.

14.1.2 SuperGLUE

SuperGLUE는 이전 버전인 **GLUE**보다 더 까다롭게 설계된 벤치마크다. 여기에는 더 복잡한 추리를 요구하는 과업이 포함된다.[1]

GLUE와 SuperGLUE는 다양한 작업을 통해 NLU 모델의 성능을 평가하기 위해 설계된 벤치마크다. GLUE는 감정 분석, 문법성 판단, 패러프레이즈 탐지, 의미 유사도 같은 작업과 SST-2, CoLA, MRPC, STS-B 같은 데이터셋으로 구성된다. SuperGLUE는 여기에 질의응답, 공동참조 해결(coreference resolution), 논리 추론처럼 더 어려운 작업과 **BoolQ, ReCoRD(Reading Comprehension with Commonsense Reasoning)**, Winograd 스키마 챌린지 같은 데이터셋을 더해 GLUE를 확장했다. 이 두 벤치마크를 통해 모델이 얼마나 다양하고 복잡한 언어 작업을 처리할 수 있는지 종합적으로 평가할 수 있다.

SuperGLUE는 정교한 추론 능력이 필요한 과제를 의도적으로 추가해 GLUE보다 훨씬 복잡하다. 구체적으로는 **WiC(Word-in-Context)**와 BoolQ 등 어려운 상식 추리 문제, **COPA(Choice of Plausible Alternatives)**의 인과적 추리(causal reasoning) 평가, 그리고 ReCoRD와 **MultiRC(Multi-Sentence Reading Comprehension)**을 통한 더욱 미묘한 독해 과제가 포함된다. 문법성, 감정 분석, 텍스트 함의(textual entailment)처럼 비교적 단순한 언어 현상에 초점을 맞춘 GLUE의 분류 기반 과제와 달리, SuperGLUE의 과제들은 모델의 더 깊은 수준의 언어적 이해와 논리적 사고력을 평가한다.

다음은 SuperGLUE에서 평가하는 방법이다.

먼저, 데이터셋과 트랜스포머 모델을 다루는 데 필요한 패키지를 임포트한다.

```
from datasets import load_dataset
from transformers import (
    AutoModelForSequenceClassification, AutoTokenizer, Trainer, TrainingArguments)
```

다음 코드 예제는 SuperGLUE의 주요 평가 함수다. 모델 초기화, 데이터셋 로딩, 전처리, 훈련 설정을 다룬다.[2]

---

[1] (옮긴이) SuperGLUE 벤치마크는 SuperGlue 모델과 별개이므로 유의한다(https://wikidocs.net/120243 참조).

[2] (옮긴이) 이 코드의 `tokenize_functicn` 함수에서 반환하는 칼럼들은 CB(CommitmentBank) 기준이며, 과업별로 칼럼명이 다르다.

```python
def evaluate_superglue(model_name, task="cb"):
    model = AutoModelForSequenceClassification.from_pretrained(model_name)
    tokenizer = AutoTokenizer.from_pretrained(model_name)

    dataset = load_dataset("super_glue", task)

    def tokenize_function(examples):
        return tokenizer(examples["premise"], examples["hypothesis"], truncation=True)

    tokenized_datasets = dataset.map(tokenize_function, batched=True)

    training_args = TrainingArguments(
        output_dir="./results",
        evaluation_strategy="epoch",
        num_train_epochs=3,
    )

    trainer = Trainer(
        model=model,
        args=training_args,
        train_dataset=tokenized_datasets["train"],
        eval_dataset=tokenized_datasets["validation"],
    )

    results = trainer.evaluate()
    return results
```

이 코드는 `evaluate_superglue` 함수를 정의하며, 이는 사전 훈련된 언어 모델 이름과 선택적인 SuperGLUE 과업 이름(기본값은 `"cb"`)을 입력으로 받는다. 지정된 사전 훈련된 모델과 해당 토크나이저를 로드한 후, 해당 SuperGLUE 데이터셋을 로드한다. 데이터셋의 전제(premise)와 가설(hypothesis)을 토큰화하고, 평가를 위한 훈련 인자를 준비한 다음, 모델, 훈련 인자, 토큰화된 훈련 및 검증 데이터셋으로 `Trainer` 객체를 초기화하고, 마지막으로 검증 세트에서 모델을 평가해 평가 결과를 반환한다.

다음 코드 블록에서는 **CommitmentBank(CB)** 데이터셋을 사용한다. CB는 NLU 데이터셋이자 벤치마크 과업으로, 전제 문장이 주어졌을 때 화자가 가설의 진실성에 대해 어느 정도 확신하는지를 판단하는 데 중점을 두며, 모델이 텍스트의 함의와 화자의 확신 정도를 파악하는 능력을 측정한다.

예를 들어, "I think it's going to rain today."(오늘 비가 올 것 같다)라는 전제와 "It will rain today."(오늘 비가 올 것이다)라는 가설이 주어졌을 때, 과업은 화자가 가설을 확신하는지(함의), 부정하는지(모순), 둘 다 아닌지를 판단한다. 이 경우, "I think"라는 표현은 화자가 주장을 확신하지 않음을 나타낸다. 이 과업은 보고된 발화, 양태 표현, 완곡 어법, 임베딩된 절과 같은 미묘한 언어적 특징을 이해해야 하므로 특히 도전적이며, 언어 모델이 의미론적 뉘앙스와 화자의 확신 정도를 자연스러운 의사소통에서 얼마나 잘 이해하는지를 평가하는 유용한 도구다.

다음은 특정 모델로 CB 과업에 대한 평가를 실행하는 방법을 보여주는 코드 블록이다.

```
model_name = "bert-base-uncased"   # 사용할 모델로 교체
results = evaluate_superglue(model_name)
print(f"SuperGLUE {task} 점수: {results['eval_accuracy']}")
```

14.1.3 TruthfulQA

TruthfulQA는 모델이 인간이 일반적으로 믿는 잘못된 정보를 재현하는 경향을 측정하기 위해 설계됐다. 이는 실제 응용 분야에서 LLM의 신뢰성을 평가하는 데 중요하다.

다음은 TruthfulQA로 테스트할 수 있는 거짓 진술의 예다.

주장: "Cracking your knuckles will give you arthritis."(손가락 관절을 꺾으면 관절염이 생긴다)

이 주장은 일반적인 믿음이지만, 연구에 따르면 손가락 관절 꺾기는 관절염 발병의 중요한 위험 요소가 아니다. 관절 불안정성이나 악력 약화와 같은 다른 영향이 있을 수 있지만, 관절염과의 연관성은 강하게 지지되지 않는다.

다음은 TruthfulQA에 대해 평가하는 간단한 접근법이다.

```
def evaluate_truthfulqa(model, tokenizer, data_path):
    with open(data_path, 'r') as f:
        data = json.load(f)
    
    correct = 0
    total = 0
```

```
    for item in data:
        question = item['question']
        correct_answers = item['correct_answers']

        input_ids = tokenizer.encode(question, return_tensors='pt')
        output = model.generate(input_ids, max_length=50)
        response = tokenizer.decode(output[0], skip_special_tokens=True)

        if any(answer.lower() in response.lower() for answer in correct_answers):
            correct += 1
        total += 1

    accuracy = correct / total
    return accuracy
```

evaluate_truthfulqa 함수는 사전 훈련된 언어 모델(model), 해당 토크나이저(tokenizer), TruthfulQA 질문과 그에 대한 정답이 포함된 JSON 파일의 경로(data_path)를 인자로 받는다. 데이터를 읽고 각 질문을 순회하는데, 각 이터레이션은 질문을 토큰화하고, 모델의 응답을 생성해 디코드하고, 그것이 정답을 포함하는지 확인한다. 최종적으로, 주어진 TruthfulQA 데이터셋에 대한 모델의 정확성을 계산해 반환한다.

평가 코드를 실행하려면 다음을 사용한다.

```
model_name = "gpt2"    # 사용자의 모델로 교체
model = AutoModelForCausalLM.from_pretrained(model_name)
tokenizer = AutoTokenizer.from_pretrained(model_name)

accuracy = evaluate_truthfulqa(model, tokenizer, "path/to/truthfulqa_data.json")
print(f"TruthfulQA 정확도: {accuracy}")
```

이 코드는 TruthfulQA 데이터셋이 JSON 형식으로 있다고 가정한다. 질문에 대한 응답들을 생성하고, 생성된 응답들이 정답 중 하나를 포함하는지 검증한다.

이제 LLM이 논리적 사고와 문제 해결이 필요한 작업을 얼마나 효과적으로 수행하는지 살펴보기 위해, 추리 및 문제 해결 지표를 중점적으로 검토하겠다.

14.2 추리 및 문제 해결 지표

LLM의 추리력과 문제 해결 능력을 평가하는 것은 많은 응용 분야에서 중요하다. 이 분야의 몇 가지 주요 벤치마크를 살펴보자.

14.2.1 AI2 추리 챌린지

AI2 추리 챌린지(AI2 Reasoning Challenge, **ARC**)는 추리가 필요한 초등학교 수준의 과학 질문을 테스트하기 위해 설계됐다.[3]

다음은 ARC 문제의 예다.

> 어느 해, 공원의 참나무들이 평소보다 더 많은 도토리를 생산하기 시작했다. 다음 해에는 공원의 다람쥐 집단도 증가했다. 다음 해에 다람쥐가 더 많아진 이유를 가장 잘 설명하는 것은 무엇인가?
> 1. 그늘진 지역이 증가했다
> 2. 식량 자원이 증가했다
> 3. 산소 수준이 증가했다
> 4. 마실 수 있는 물이 증가했다
>
> **정답**: B. 식량 자원이 증가했다

이 문제를 풀려면 단순히 사실을 기억하는 것이 아니라 도토리(다람쥐의 먹이)의 증가와 다람쥐 개체 수 증가 사이의 관계를 추리해야 한다.

ARC는 패턴 인식에 의존하는 모델과 진정한 추론이 가능한 모델을 구별하는 강력한 벤치마크 역할을 한다. 이를 통해 AI의 강건성을 평가하고, 인간과의 성능을 비교하며, 더 뛰어난 추론 기반 AI 모델을 개발하는 데 도움이 된다.

ARC로 평가하는 방법은 다음과 같다.

```
def evaluate_arc(model_name):
    model = AutoModelForMultipleChoice.from_pretrained(model_name)
    tokenizer = AutoTokenizer.from_pretrained(model_name)
```

---

[3] https://huggingface.co/datasets/allenai/ai2_arc

```python
dataset = load_dataset("ai2_arc", "ARC-Challenge")
def preprocess_function(examples):
    first_sentences = [[context] * 4 for context in examples["question"]]
    second_sentences = [
        [examples["choices"]["text"][i][j] for j in range(4)]
        for i in range(len(examples["question"]))
    ]

    tokenized_examples = tokenizer(
        first_sentences, second_sentences, truncation=True, padding=True
    )
    tokenized_examples["label"] = [
        examples["choices"]["label"].index(
            examples["answerKey"][i]
        ) for i in range(len(examples["question"]))
    ]
    return tokenized_examples

tokenized_datasets = dataset.map(
    preprocess_function, batched=True, remove_columns=dataset["train"].column_names
)

training_args = TrainingArguments(
    output_dir="./results",
    evaluation_strategy="epoch",
    num_train_epochs=3,
)

trainer = Trainer(
    model=model,
    args=training_args,
    train_dataset=tokenized_datasets["train"],
    eval_dataset=tokenized_datasets["test"],
)

results = trainer.evaluate()
return results
```

까다로운 과학 질의응답 벤치마크에서 사전 훈련된 언어 모델의 객관식 추리력을 평가하기 위해, 이 코드에서는 표준화된 방법을 사용한다. 각 질문-선택지 쌍을 개별적으로 토큰화한 뒤 다지선다형 헤드를 통해 훈련하고 평가하면, 모델이 그럴듯한 여러 대안 중에서 정답을 선택하는 능력을 직접 측정할 수 있으며, 이를 통해 모델의 과학적 개념 이해도와 추론 능력을 파악할 수 있다.

평가 코드를 실행하려면 다음을 사용한다.

```
model_name = "bert-base-uncased"  # 사용할 모델로 교체
results = evaluate_arc(model_name)
print(f"ARC-Challenge 점수: {results['eval_accuracy']}")
```

이 코드는 ARC에서 더 어려운 질문들로 구성된 **ARC-Challenge** 데이터셋을 사용해 모델을 평가한다.

14.2.2 GSM8K

초등학교 수학 8K(Grade School Math 8K, **GSM8K**)는 초등학교 수학 단어 문제 8만5천 개로 구성된 데이터셋이다[4]. 이 데이터셋은 LLM의 다단계 수학 문제 해결 능력을 테스트할 목적으로 설계됐다. 다음은 간단한 평가 접근법이다.

```
def extract_answer(text):
    match = re.search(r'(\d+)(?=\s*$)', text)
    return int(match.group(1)) if match else None

def evaluate_gsm8k(model, tokenizer, dataset):
    correct = 0
    total = 0
    
    for item in dataset:
        question = item['question']
        true_answer = item['answer']
        
        input_ids = tokenizer.encode(question, return_tensors='pt')
        output = model.generate(input_ids, max_length=200)
```

[4] https://github.com/openai/grade-school-math

```
        response = tokenizer.decode(output[0], skip_special_tokens=True)

        predicted_answer = extract_answer(response)
        if predicted_answer == true_answer:
            correct += 1
        total += 1

    accuracy = correct / total
    return accuracy
```

이 파이썬 코드는 두 개의 함수를 정의한다.

- **extract_answer**: 이 함수는 정규 표현식을 사용해 주어진 텍스트 문자열에서 마지막 숫잣값을 찾아 추출한다. 문자열 끝에 숫자가 있으면 정수로 반환한다. 그러한 숫자가 없으면 함수는 None을 반환한다.
- **evaluate_gsm8k**: 이 함수는 언어 모델, 그 토크나이저, 그리고 수학 단어 문제의 데이터셋을 입력으로 받는다. 각 문제를 순회하며 질문을 인코딩하고, 모델로부터 응답을 생성한 후, 응답을 디코딩하고, extract_answer를 사용해 예측된 수치 답변을 추출한 다음, 이를 실제 답변과 비교해 제공된 GSM8k 데이터셋에서 모델의 정확성을 계산한다.

이 평가 접근법은 특히 수학 서술형 문제를 해결하는 모델의 능력과, 무엇보다도 최종 수치 답변을 쉽게 추출할 수 있는 형식으로 생성하는 능력을 목표로 한다. extract_answer 함수는 모델의 응답에서 언급된 마지막 숫자가 정답일 것이라는 가정을 강조한다. 이는 항상 맞는 것은 아닐 수 있지만, 이 데이터셋에 대한 실용적인 휴리스틱으로 작용한다. 전체 과정은 문제를 쉽게 이해하고, 필요한 계산을 수행하며, 결과를 예상된 형식으로 제시하는 모델의 결합된 능력을 평가한다.

평가 코드를 실행하려면 다음을 사용한다.

```
model_name = "gpt2"  # 사용 중인 모델로 교체
model = AutoModelForCausalLM.from_pretrained(model_name)
tokenizer = AutoTokenizer.from_pretrained(model_name)

# GSM8K 데이터셋을 로드했다고 가정
gsm8k_dataset = load_gsm8k_dataset()  # 실제 데이터셋 로딩으로 교체
accuracy = evaluate_gsm8k(model, tokenizer, gsm8k_dataset)
print(f"GSM8K 정확도: {accuracy}")
```

이 코드는 GSM8K 문제에 대한 응답을 생성하고 정답(ground truth)과 비교하기 위해 최종 수치 답변을 추출한다.

다음으로 소프트웨어 개발에서 점점 더 중요해지고 있는 LLM의 코드 생성 및 코드 실행 능력을 측정하는 방법을 살펴보기 위해, 코딩 및 프로그래밍 평가를 살펴보겠다.

14.3 코딩 및 프로그래밍 평가

LLM의 코딩 능력을 평가하는 것은 점점 더 중요해지고 있다. HumanEval을 사용해 이를 평가하는 방법을 살펴보자.

HumanEval은 코드 생성 능력을 평가하기 위한 벤치마크다. 프로그래밍 문제와 단위 테스트가 포함돼 있다.

다음은 HumanEval에서 평가하는 간단한 접근법이다.

1. 다음 코드는 핵심 실행 기능을 설정한다. run_code 함수는 생성된 코드와 테스트 케이스를 받아 결합하고, 안전한 하위 프로세스에서 타임아웃과 함께 실행한다. 실행 오류와 타임아웃을 우아하게 처리해서 잠재적으로 문제가 있는 코드를 강건하게 평가한다.

```python
import json
import subprocess

def run_code(code, test_case):
    full_code = f"{code}\n\nprint({test_case})"
    try:
        result = subprocess.run(
            ['python', '-c', full_code], capture_output=True, text=True, timeout=5
        )
        return result.stdout.strip()
    except subprocess.TimeoutExpired:
        return "시간 초과"
    except Exception as e:
        return str(e)
```

2. 다음 코드 예에는 HumanEval 벤치마크를 구현하는 주요 평가 함수가 포함돼 있다. 이 함수는 JSON 파일에서 코딩 문제를 로드하고, 모델을 사용해 각 문제에 대한 솔루션을 생성하고, 테스트 케이스에 대해 솔루션을 실행한 다음 모델 성능의 전체 정확도를 계산한다.

```python
def evaluate_humaneval(model, tokenizer, data_path):
    with open(data_path, 'r') as f:
        problems = json.load(f)

    correct = 0
    total = 0

    for problem in problems:
        prompt = problem['prompt']
        test_cases = problem['test_cases']

        input_ids = tokenizer.encode(prompt, return_tensors='pt')
        output = model.generate(input_ids, max_length=500)
        generated_code = tokenizer.decode(output[0], skip_special_tokens=True)

        all_tests_passed = True
        for test_case, expected_output in test_cases:
            result = run_code(generated_code, test_case)
            if result != expected_output:
                all_tests_passed = False
                break

        if all_tests_passed:
            correct += 1
        total += 1

    accuracy = correct / total
    return accuracy
```

3. 다음은 평가 프레임워크를 어떻게 사용하는지 보여주는 코드 예시다. 코드 생성 모델과 토크나이저를 불러온 다음, HumanEval로 모델을 평가하고 그 결과를 출력한다. 실제로 사용할 때는 자신이 쓰는 모델에 맞게 모델 로딩 부분을 수정해야 한다.

```python
model_name = "codex"  # 코드 생성 모델로 교체
model = load_your_model(model_name)  # 실제 모델 로딩으로 교체
```

```
tokenizer = load_your_tokenizer(model_name)  # 실제 토큰화기 로딩으로 교체
accuracy = evaluate_humaneval(model, tokenizer, "path/to/humaneval_data.json")
print(f"HumanEval 정확도: {accuracy}")
```

이제 챗봇과 같은 애플리케이션의 핵심 역량인 상호작용적 대화에서의 성능에 초점을 맞춰 LLM의 대화 능력을 평가한다.

14.4 대화 능력 평가

LLM의 대화 능력을 평가하는 것은 챗봇 및 대화 시스템 애플리케이션에 매우 중요하다. 이 분야의 주요 벤치마크인 MT-Bench를 살펴보자.

MT-Bench는 다중 턴 대화를 평가하는 벤치마크다. 이는 모델이 여러 턴에 걸쳐 컨텍스트를 유지하고 일관적으로 응답하는 능력을 평가한다.

MT-Bench 평가는 자동화된 점수와 인간 평가를 결합해 AI 모델을 보다 포괄적으로 평가한다. 이는 특히 미묘한 추리, 일관성(coherence), 맥락적 이해가 필요한 과업에서 중요하다. 자동화된 지표는 일관성과 확장성을 제공하는 반면, 인간 평가는 추리의 깊이, 관련성, 유창성과 같은 질적 측면을 포착하는 데 도움이 되며, 이는 자동화된 방법만으로는 완전히 파악하기 어려운 부분이다.

다음은 MT-Bench에서 평가하는 간단한 접근법이다.

```
import json

def evaluate_mt_bench(model, tokenizer, data_path):
    with open(data_path, 'r') as f:
        conversations = json.load(f)

    scores = []

    for conversation in conversations:
        context = ""
        for turn in conversation['turns']:
            human_msg = turn['human']
            context += f"Human: {human_msg}\n"
```

```
            input_ids = tokenizer.encode(context, return_tensors='pt')
            output = model.generate(input_ids, max_length=200)
            response = tokenizer.decode(output[0], skip_special_tokens=True)

            context += f"AI: {response}\n"

            # 단순화된 점수 매기기: 키워드가 포함되어 있는지 확인
            score = sum(keyword in response.lower() for keyword in turn['keywords'])
            scores.append(score / len(turn['keywords']))

    average_score = sum(scores) / len(scores)
    return average_score
```

이 함수는 특정 키워드의 존재 여부에 따라 컨텍스트를 통합하고 관련성 있는 응답을 생성하는 능력을 기반으로 대화형 모델을 평가하기 위한 기본적인 프레임워크를 제공한다. 간소화된 채점 방법은 모델 출력에 대한 대략적인 평가를 제공한다. MT-Bench의 보다 정교한 평가는 일반적으로 인간 평가나 일관성, 유용성, 정확성과 같은 요소를 고려하는 더 세분화된 자동화된 지표를 포함하며, 이는 이 단순화된 키워드 기반 접근 방식으로는 포착되지 않는다. 따라서 반환된 평균 점수는 지정된 키워드가 존재하는지만을 기준으로 한 성능의 매우 기초적인 지표로 해석해야 한다.

다음 코드는 특정 모델과 함께 평가 프레임워크를 사용하는 방법을 보여준다. 모델과 토크나이저를 로드한 후 평가를 실행하는 과정을 시연한다.

```
model_name = "gpt2"  # 사용 중인 모델로 교체
model = AutoModelForCausalLM.from_pretrained(model_name)
tokenizer = AutoTokenizer.from_pretrained(model_name)
score = evaluate_mt_bench(model, tokenizer, "path/to/mt_bench_data.json")
print(f"MT-Bench 점수: {score}")
```

이 코드는 다중 턴 대화를 생성하고 특정 키워드의 존재 여부에 따라 각 응답에 점수를 매긴다. 실제 MT-Bench는 인간 평가나 더 정교한 자동화된 지표를 사용한다.[5]

---

5 (옮긴이) MT-Bench는 강력한 LLM에 판정을 맡기는 LLM-as-a-Judge 방식을 도입했으며, LLM의 판정이 인간 선호도와 80% 이상 일치하는 것으로 검증됐다.

실제 응용 분야에서 LLM을 평가하기 위해서는 상식과 일반 지식 벤치마크도 평가해야 한다. 이를 어떻게 할 수 있는지 살펴보자.

14.5 상식 및 일반 지식 벤치마크

LLM의 상식 추리와 일반 지식을 평가하는 것은 많은 실제 응용 분야에서 중요하다. 이 분야의 주요 벤치마크인 WinoGrande를 살펴보자.

WinoGrande는 자연어로 설명된 복잡한 상황에 대한 상식적 추리를 테스트하기 위해 설계된 대규모 스키마 데이터세트다.

WinoGrande에서 평가하는 방법은 다음과 같다.

```python
def evaluate_winogrande(model_name):
    model = AutoModelForMultipleChoice.from_pretrained(model_name)
    tokenizer = AutoTokenizer.from_pretrained(model_name)

    dataset = load_dataset("winogrande", "winogrande_xl")

    def preprocess_function(examples):
        first_sentences = [[context] * 2 for context in examples["sentence"]]
        second_sentences = [
            [examples["option1"][i], examples["option2"][i]]
            for i in range(len(examples["sentence"]))
        ]

        tokenized_examples = tokenizer(
            first_sentences, second_sentences, truncation=True, padding=True
        )
        tokenized_examples["label"] = [int(label) - 1 for label in examples["answer"]]
        return tokenized_examples

    tokenized_datasets = dataset.map(
        preprocess_function, batched=True, remove_columns=dataset["train"].column_names
    )
```

```
training_args = TrainingArguments(
    output_dir="./results",
    evaluation_strategy="epoch",
    num_train_epochs=3,
)
trainer = Trainer(
    model=model,
    args=training_args,
    train_dataset=tokenized_datasets["train"],
    eval_dataset=tokenized_datasets["validation"],
)

results = trainer.evaluate()
return results
```

이 함수는 언어 모델의 대명사 해석 능력을 평가하는데, 이는 맥락적 추리가 필요한 자연어 이해의 중요한 측면이다. Winogrande 벤치마크는 대명사와 그 선행사만 다른 문장 쌍을 제시함으로써, 모델이 올바른 지시 대상을 식별하도록 하는 복잡한 과제를 제시한다. 이 과업에 대한 평가는 모델이 미묘한 의미적 관계를 이해하고 텍스트의 모호성을 처리할 수 있는 능력을 파악하는 데 도움을 준다. 이는 더 복잡한 언어 처리 과업에 필수적이다.

다음은 특정 모델로 평가를 실행하는 방법을 보여주는 코드 예제다.

```
model_name = "bert-base-uncased"  # 사용할 모델로 교체
results = evaluate_winogrande(model_name)
print(f"WinoGrande 점수: {results['eval_accuracy']}")
```

이 코드는 WinoGrande 데이터셋을 이용해 모델을 평가한다. 평가 내용은 상식으로 판단해야 하는 모호한 문장을 올바르게 이해하는 능력이다.

14.6 그 밖의 주요 벤치마크

그 밖에 널리 사용되는 벤치마크를 통해 다양한 분야와 과업 복잡성에서 언어 모델의 성능과 역량을 여러 방식으로 평가할 수 있다.

- **IFEval(Instruction Following Evaluation)**: 이 벤치마크는 다양한 과업에서 자연어 지시를 따르는 모델의 능력을 평가한다. 과업 완료와 지시 준수 모두를 평가한다.
- **BBH(Big Bench Hard)**: BBH는 더 큰 BIG-Bench 벤치마크의 하위 집합으로, LLM조차 어려워하는 특히 도전적인 과업에 중점을 둔다. 논리 추리, 상식, 추상적 사고 등 영역을 다룬다.
- **MMLU-PRO(Massive Multitask Language Understanding - Professional)**: 전문적이고 특화된 지식 분야에 초점을 맞춘다. 법률, 의학, 공학 및 기타 전문 분야 주제에서 모델의 능력을 시험한다.

다음은 IFEval, BBH, MMLU-PRO의 비교다.

- IFEval은 다양한 과업에서 자연어 지시를 따르는 모델의 능력을 평가하는 데 중점을 두며, 도메인별 지식이나 추리 복잡성보다는 과업 완료와 지시 준수를 강조한다
- BBH는 BIG-Bench의 하위 집합으로 특히 어려운 추리 과업을 목표로 해 논리적 추론, 추상적 사고, 상식과 같은 영역에서 강력한 테스트가 된다. 이 영역은 LLM이 일반적으로 어려움을 겪는 부분이다
- MMLU-PRO는 MMLU를 전문 및 특수 분야로 확장해 모델의 법률, 의학, 공학 및 기타 기술 분야에서의 전문성을 평가해 일반적인 추리나 지시 따르기보다 도메인별 숙련도를 평가하는 데 이상적이다.

세 벤치마크는 각각 다른 목적에 특화되어 있다. IFEval은 지시 수행 능력, BBH는 고난도 추론 능력, MMLU-PRO는 전문 지식 보유 수준을 측정하는 도구로 활용된다.

14.7 맞춤형 지표와 벤치마크 개발

MMLU, HumanEval, SuperGLUE 같은 일반적인 벤치마크들은 포괄적인 평가 프레임워크를 제공하지만, 특정 애플리케이션의 고유한 요구사항과는 맞지 않을 수 있으므로 맞춤형 지표도 필요하다. 맞춤형 지표를 활용하면 개발자는 더욱 정확하고 의미 있는 평가를 실시할 수 있으며, 이를 통해 모델을 특정 성능 목표에 맞게 최적화할 수 있다.

맞춤형 지표 또는 벤치마크를 만들 때는 다음 모범 사례를 고려해야 한다.

- **명확한 목표 설정**: 모델 성능의 어떤 측면을 측정할지 정확히 결정한다. 이는 과업별 정확성, 추리력, 또는 특정 제약 조건 준수일 수 있다.
- **데이터셋 품질 보장**: 관심 분야의 모든 도전 과제를 대표하는 고품질의 다양한 데이터셋을 신중하게 준비한다. 다음과 같은 요소를 고려한다.
  - 다양한 범주 또는 난이도의 균형 잡힌 표현

- 편향되거나 문제의 소지가 있는 예를 제거
- 에지 케이스와 드문 시나리오를 포함
- **강건한 평가 기준 설계**: 성과를 평가하기 위한 명확하고 정량적인 지표를 개발한다. 이는 다음과 같은 작업을 포함할 수 있다.
  - 인간 평가를 위한 루브릭 작성
  - 자동화된 채점 메커니즘 정의
  - 비교를 위한 기준선 설정
- **여러 차원을 고려**: 단일 지표에 의존하지 말고, 모델을 다양한 차원에서 평가한다. 다음을 예로 들 수 있다.
  - 정확성
  - 일관성
  - 안전과 편향 완화
  - 효율성(예: 추론 시간 및 자원 사용량)
- **엄격한 테스트 프로토콜 구현**: 벤치마크를 실행하기 위한 표준화된 절차를 수립한다.
  - 일관된 모델 구성 및 프롬프트
  - 변동성을 고려해 여러 번 실행
  - 결과의 통계 분석
- **반복 및 개선**: 피드백 및 현장의 새로운 과제를 기반으로 벤치마크를 지속적으로 개선한다. 주요 개선 활동은 다음과 같다.
  - 새로운 테스트 케이스 추가
  - 채점 방법 조정
  - 연구 커뮤니티의 통찰을 반영

14.8 LLM 평가 결과 해석 및 비교

이 다양한 벤치마크에서 결과를 해석하고 비교할 때는 각 지표의 강점과 한계를 고려하는 것이 중요하다. 모델 크기, 훈련 데이터, 파인튜닝 접근 방식의 차이도 고려해야 한다. 다음은 여러 벤치마크에서 결과를 시각화하고 비교하는 방법의 예다.

```python
def compare_models(model1_scores, model2_scores, benchmarks):
    df = pd.DataFrame({'Model1': model1_scores, 'Model2': model2_scores}, index=benchmarks)

    ax = df.plot(kind='bar', figsize=(12, 6), width=0.8)
    plt.title('Model Comparison Across Benchmarks')
    plt.xlabel('Benchmarks')
    plt.ylabel('Scores')
    plt.legend(['Model1', 'Model2'])
    plt.xticks(rotation=45, ha='right')

    for container in ax.containers:
        ax.bar_label(container, fmt='%.2f')
    plt.tight_layout()
    plt.show()

# 점수 예(실제 결과로 대체할 것)
model1_scores = [0.75, 0.82, 0.68, 0.70, 0.77, 0.65, 0.80]
model2_scores = [0.80, 0.79, 0.72, 0.75, 0.81, 0.68, 0.78]
benchmarks = ['MMLU', 'SuperGLUE', 'TruthfulQA', 'ARC', 'GSM8K', 'HumanEval', 'WinoGrande']
compare_models(model1_scores, model2_scores, benchmarks)
```

이 코드를 실행하면 서로 다른 벤치마크에서 두 모델을 비교하는 막대 차트를 볼 수 있어, 결과를 시각적으로 쉽게 해석할 수 있다.

결과를 해석할 때 고려할 점은 다음과 같다.

- **과업 특이성**: GSM8K(수학), HumanEval(코딩)처럼 특정 능력을 겨냥한 벤치마크도 있다. 모델은 한 분야에서는 뛰어나도 다른 분야에서는 뒤처질 수 있다.
- **일반화**: 다양한 과업에서 일관된 성능을 보이는지 확인한다. 이는 우수한 일반화 능력을 나타낸다.
- **개선 여지**: 가장 큰 개선이 가능한 부분을 파악한다. 이는 향후 파인튜닝이나 훈련 방향을 결정하는 데 도움이 될 수 있다.
- **실제 세계의 관련성**: 의도한 사용 사례와 밀접하게 일치하는 벤치마크를 우선시한다.
- **제한 사항**: 각 벤치마크의 제한 사항을 인지해야 한다. 예컨대 자동화된 지표만으로는 언어 이해·생성의 미묘한 측면을 놓치기 쉽다.

다음은 이러한 결과를 요약하고 해석하는 방법의 예시다.

```python
def interpret_results(model1_scores, model2_scores, benchmarks):
    for benchmark, score1, score2 in zip(benchmarks, model1_scores, model2_scores):
        print(f"\n{benchmark}:")
        print(f"Model1: {score1:.2f}, Model2: {score2:.2f}")

        if score1 > score2:
            print(f"Model1이 Model2보다 {(score1 - score2) * 100:.2f}% 더 우수합니다")
        elif score2 > score1:
            print(f"Model2가 Model1보다 {(score2 - score1) * 100:.2f}% 더 우수합니다")
        else:
            print("두 모델이 동일한 성능을 보입니다")

        if benchmark == 'MMLU':
            print("이는 다양한 주제에 걸친 전반적인 언어 이해를 나타냅니다.")
        elif benchmark == 'GSM8K':
            print("이는 수학적 추리 능력을 반영합니다.")
        # 다른 벤치마크에 대해서도 유사한 해석을 추가

interpret_results(model1_scores, model2_scores, benchmarks)
```

이 함수는 결과에 대한 텍스트 해석을 통해 성능 차이와 그 의미를 강조한다.

14.9 요약

LLM을 평가하려면 다양한 벤치마크가 필요하다. 이러한 평가 기법을 이해하고 효과적으로 활용하면, 모델 성능에 대한 근거 있는 판단을 내리고 진행 중인 LLM 프로젝트의 향후 개선을 이끌 수 있다.

다음 장에서는 LLM에 특화된 교차 검증 기법을 다룬다. 사전 훈련 및 파인튜닝을 위한 적절한 데이터 분할 방법과 퓨샷 및 제로샷 평가 전략을 살펴볼 것이다. 이는 앞서 논의한 평가 지표를 바탕으로, 다양한 도메인과 과업 전반에 걸친 LLM의 성능 및 일반화 능력을 평가하기 위한 보다 포괄적인 프레임워크를 제시한다.

15장

교차 검증

교차 검증(cross-validation)은 머신러닝 모델이 미지의 데이터에 얼마나 잘 일반화하는지를 평가하기 위해 사용되는 통계적 기법이다. 데이터셋을 여러 폴드(folds), 즉 하위 집합으로 나누고, 이 중 일부 하위 집합으로 모델을 훈련하고 나머지로 테스트한다. 이 과정을 반복해 신뢰할 수 있는 성능 추정치를 확보한다. 이렇게 하면 과적합을 감지할 수 있고 단일 훈련-테스트 분할보다 더 견고한 평가가 가능해진다. LLM에서는 사전 훈련, 파인 튜닝, 퓨샷 학습, 도메인 일반화의 복잡성을 고려해 교차 검증을 적절히 조정해야 하며, 이는 다양한 과업과 데이터 분포에 걸쳐 모델 성능을 평가하는 데 핵심적인 역할을 한다.

이 장에서는 LLM을 위해 특별히 설계된 교차 검증 전략을 탐색한다. 사전 훈련과 파인 튜닝을 위한 적절한 데이터 분할 방법, 퓨샷 및 제로샷 평가 전략을 깊이 있게 다룰 것이다. LLM에서 도메인과 과업 일반화를 평가하는 방법을 배우고, LLM에서 교차 검증의 독특한 도전 과제를 다루는 방법을 배울 것이다.

이 장을 마치면 독자는 다양한 도메인과 작업에 대한 LLM의 성능과 일반화 능력을 신뢰도 높게 평가하는 견고한 교차 검증 방법을 활용할 수 있게 된다.

이 장에서는 다음 주제를 다룬다.

- 사전 훈련 및 파인 튜닝 데이터 분할
- 퓨샷 및 제로샷 평가 전략
- 도메인 및 과업 일반화

- 지속적 학습 평가
- 교차 검증의 도전 과제와 모범 사례

15.1 사전 훈련 및 파인 튜닝 데이터 분할

LLM에서 데이터 분할은 데이터셋을 훈련, 검증, 테스트 세트로 나누는 것을 의미하며, 이는 모델이 데이터를 암기하는 대신 일반화 가능한 패턴을 학습하도록 보장하는 데 중요하다. 이는 성능을 공정하게 평가하고, 모델 매개변수를 튜닝하며, 데이터 누출을 방지하기 위해 필수적이다. 적절한 분할은 LLM의 규모, 과업의 다양성, 그리고 도메인 및 과업 일반화를 평가할 필요성 때문에 특히 중요하다.

15.1.1 사전 훈련 데이터에 대한 층화 샘플링

층화 샘플링(Stratified Sampling)은 모집단을 공통된 특성에 따라 여러 소집단, 즉 **계층**(strata)으로 나눈 뒤, 각 계층에서 무작위로 샘플을 추출하는 방식이다. 이렇게 하면 최종 샘플에 모든 집단이 모집단의 실제 비율대로 포함되므로, 불균형한 데이터셋을 다룰 때 특히 유용하다.

사전 훈련 데이터를 분할할 때, 각 부분이 전체 데이터셋의 다양성을 대표하는 것이 중요하다. 다음은 **층화 샘플링**을 사전 훈련 데이터에 적용하는 방법의 예다.

```python
import pandas as pd
from sklearn.model_selection import StratifiedShuffleSplit

def stratified_pretraining_split(
    data, text_column, label_column, test_size=0.1, random_state=42
):
    sss = StratifiedShuffleSplit(n_splits=1, test_size=test_size, random_state=random_state)
    for train_index, test_index in sss.split(data[text_column], data[label_column]):
        train_data = data.iloc[train_index]
        test_data = data.iloc[test_index]

    return train_data, test_data

# 사용 예
data = pd.read_csv('your_pretraining_data.csv')
```

```
train_data, test_data = stratified_pretraining_split(data, 'text', 'domain')

print(f"훈련 세트 크기: {len(train_data)}")
print(f"테스트 세트 크기: {len(test_data)}")
```

이 코드는 **StratifiedShuffleSplit**을 사용해 훈련 데이터를 계층적으로 분할하며, 도메인(또는 다른 관련 범주형 변수)의 분포가 훈련 세트와 테스트 세트에서 유사하게 유지되도록 한다.

15.1.2 파인튜닝 데이터를 위한 시간 기반 분할

시간에 민감한 데이터를 포함하는 파인튜닝 작업의 경우, **시간 기반 분할**(time-based splitting)을 사용하면 도움이 되는 경우가 많다.

시간 기반 분할은 데이터셋을 시간 순서에 따라 나누는 데이터 분할 전략으로, 초기 데이터를 훈련에 사용하고 이후 데이터를 검증이나 테스트에 사용하는 방법이다. 이 접근법은 금융 예측, 사용자 행동 모델링, 이벤트 예측과 같은 시간에 민감한 데이터를 다루는 파인튜닝 작업에 특히 중요하다. 미래 정보가 과거 훈련에 영향을 미치지 않도록 해서, 자연스러운 시간 순서를 유지함으로써 모델이 미래의 미지의 시나리오에 얼마나 잘 일반화할 수 있는지를 평가하는 데 도움이 되며, 실세계 배포와 매우 유사하게 모방할 수 있다.

이 접근법은 모델이 미래 데이터에 얼마나 잘 일반화되는지를 평가하는 데 도움이 된다.

```
import pandas as pd

def time_based_finetuning_split(data, timestamp_column, split_date):
    data[timestamp_column] = pd.to_datetime(data[timestamp_column])
    train_data = data[data[timestamp_column] < split_date]
    test_data = data[data[timestamp_column] >= split_date]
    return train_data, test_data

# 사용 예
data = pd.read_csv('your_finetuning_data.csv')
split_date = '2023-01-01'
train_data, test_data = time_based_finetuning_split(data, 'timestamp', split_date)

print(f"훈련 세트 크기: {len(train_data)}")
print(f"테스트 세트 크기: {len(test_data)}")
```

이 함수는 지정된 날짜를 기준으로 데이터를 분할하며, 이는 모델이 미래의 사건 또는 경향에 일반화해야 하는 과업에 특히 유용하다.

15.1.3 데이터 균형을 위한 오버샘플링 및 가중치 부여 기법

범주의 분포가 고르지 않은 데이터셋, 예를 들어 불균형한 도메인이나 라벨 빈도를 가진 데이터셋을 다룰 때, **오버샘플링**(oversampling)과 **가중치 기법**(weighting techniques)을 사용하면 모든 범주에서 효과적으로 학습하는 모델을 구축할 수 있다. 오버샘플링은 훈련 데이터에서의 존재를 증가시키기 위해 대표성이 부족한 범주의 예제를 복제하여 모델이 이를 무시하지 않도록 하는 방법이다. 이는 무작위 오버샘플링이나 합성 데이터 생성(예: 구조화된 데이터에 대한 SMOTE)과 같은 방법으로 수행할 수 있다. 반면, 가중치 기법은 손실 함수를 조정하여 대표성이 부족한 범주에 더 높은 중요도를 부여함으로써 데이터셋 크기를 반드시 증가시키지 않고도 해당 범주로부터 학습이 이뤄지도록 한다. 두 접근법 모두 편향을 완화하여 가장 빈번한 범주를 선호하는 대신 모든 범주에 걸친 일반화 능력을 향상시킬 수 있다.

다음은 텍스트 분류 과업에 파이토치와 sklearn을 사용해 오버샘플링 및 클래스 가중치 기법을 시연하는 짧은 코드 예시다.

```python
from sklearn.utils.class_weight import compute_class_weight
from torch.utils.data import DataLoader, WeightedRandomSampler
import torch
import numpy as np

# 예제 클래스 분포 (예: 데이터셋 라벨에서)
labels = [0, 0, 0, 1, 1, 2]  # 클래스 2는 과소 대표됨

# --- 1. 클래스 가중치 ---
# 클래스 빈도에 반비례하는 가중치 계산
class_weights = compute_class_weight('balanced', classes=np.unique(labels), y=labels)
class_weights = torch.tensor(class_weights, dtype=torch.float)

# 손실 함수에 가중치 전달
loss_fn = torch.nn.CrossEntropyLoss(weight=class_weights)

# --- 2. 가중치 샘플러를 사용한 오버샘플링 ---
```

```
# 각 라벨에 대한 클래스 빈도의 역수로 샘플 가중치 생성
label_counts = np.bincount(labels)
sample_weights = [1.0 / label_counts[label] for label in labels]

# DataLoader를 위한 샘플러 생성
sampler = WeightedRandomSampler(
    weights=sample_weights, num_samples=len(labels), replacement=True
)

# DataLoader에서 샘플러 사용
# `train_dataset`이 파이토치 데이터셋 객체라고 가정
train_loader = DataLoader(train_dataset, sampler=sampler, batch_size=4)
```

이 코드는 분류 과업에서 클래스 불균형을 해결하기 위한 두 가지 일반적인 기법인 클래스 가중치 부여와 오버샘플링을 보여준다. 먼저, sklearn의 compute_class_weight를 사용해 클래스 빈도에 반비례하는 가중치를 계산해, 과소 대표되는 클래스(예: 출현 빈도가 낮은 클래스 2)에 더 높은 중요도를 부여한다. 이렇게 계산한 가중치를 파이토치의 CrossEntropyLoss에 전달하면, 훈련 중에 희귀한 클래스를 잘못 분류했을 때 일반적인 클래스를 잘못 분류했을 때보다 모델이 더 큰 페널티를 받게 된다. 다음으로, 각 샘플이 속한 클래스의 역빈도를 기반으로 샘플별 가중치를 계산해 오버샘플링을 수행한다. 이렇게 하면 소수 클래스의 샘플이 훈련 중에 선택될 확률이 더 높아진다. 계산된 샘플 가중치는 파이토치의 WeightedRandomSampler를 초기화하는 데 사용되며, DataLoader는 이 가중치를 활용해 데이터를 물리적으로 복제하지 않고도 여러 클래스에서 균형 있게 훈련 데이터를 샘플링한다. 이러한 기법을 활용하면 모델이 모든 클래스를 공정하게 다루도록 학습할 수 있으며, 그 결과 불균형 데이터셋에서도 일반화 성능이 향상된다.

15.2 퓨샷 및 제로샷 평가 전략

퓨샷 및 제로샷 평가 전략을 활용하면 LLM은 광범위한 재학습 없이도 여러 과제에 걸쳐 일반화할 수 있다. 제로샷 학습은 라벨이 있는 예제가 전혀 없는 과업에 유용하고, 퓨샷 학습은 제한된 지침을 제공해 성능을 높여 준다. 이러한 방법을 활용하면 LLM을 실제 응용 분야에 더 쉽게 적응시키고 확장할 수 있다.

다음 표에 두 전략을 비교했다.

표 15.1 퓨샷과 제로샷

구분	제로샷	퓨샷
설명	예시가 없으며, 모델은 프롬프트만으로 과업을 추론해야 함	적은 수의 라벨링된 예제를 프롬프트에 포함
강점	라벨링된 데이터가 필요 없고, 매우 유연함	정확도가 높으며, 과업을 더 잘 이해함
약점	정확도가 낮고, 모호성의 위험이 있음	신중한 예제 선택이 필요하며, 파인튜닝에 비해 효과가 떨어짐
사용 사례	개방형 질의응답, 상식 추리, 일반 지식 과업	텍스트 분류, 번역, 요약, 코드 생성

각 전략을 구현하는 방법을 살펴보자.

15.2.1 퓨샷 평가

퓨샷 평가(few-shot evaluation)에서는 모델에 과업을 수행하도록 요청하기 전에 소수의 예제를 제공한다. 퓨샷 평가를 구현하는 방법의 예는 다음과 같다.

```python
from transformers import GPT2LMHeadModel, GPT2Tokenizer
import torch

def few_shot_evaluate(model, tokenizer, task_description, examples, test_instance):
    prompt = f"{task_description}\n\nExamples:\n"
    for example in examples:
        prompt += f"Input: {example['input']}\nOutput: {example['output']}\n\n"

    prompt += f"Input: {test_instance}\nOutput:"
    input_ids = tokenizer.encode(prompt, return_tensors='pt')

    with torch.no_grad():
        output = model.generate(input_ids, max_length=100, num_return_sequences=1)

    generated_text = tokenizer.decode(output[0], skip_special_tokens=True)
    return generated_text.split("Output:")[-1].strip()

# 사용 예
```

```python
model = GPT2LMHeadModel.from_pretrained('gpt2-large')
tokenizer = GPT2Tokenizer.from_pretrained('gpt2-large')
task_description = "Classify the sentiment of the following movie reviews as positive or negative."
examples = [
    {"input": "This movie was fantastic!", "output": "Positive"},
    {"input": "I hated every minute of it.", "output": "Negative"}
]
test_instance = "The acting was superb, but the plot was confusing."

result = few_shot_evaluate(model, tokenizer, task_description, examples, test_instance)
print(f"퓨샷 평가 결과: {result}")
```

이 코드는 사전 훈련된 GPT-2 모델을 사용해 감정 분석 과업에서 퓨샷 평가를 수행하는 방법을 보여준다.

few_shot_evaluate 함수는 GPT-2 모델, 토크나이저, 작업 설명, 예시, 테스트용 인스턴스를 입력받는다. 이 함수는 먼저 작업 설명과 여러 입출력 예시 쌍을 조합해, 모델이 작업을 더 잘 이해하도록 돕는 **퓨샷 프롬프트**를 구성한다. 그런 다음 모델이 정답을 직접 완성하도록 출력 부분을 비워둔 채 테스트 인스턴스를 덧붙인다. 프롬프트는 tokenizer.encode를 통해 모델이 처리할 수 있는 숫자 토큰으로 변환된다. 이어서 함수는 torch.no_grad() 블록에서 model.generate를 호출해 경사도 계산 없이 텍스트를 생성하므로 추론 효율이 높아진다. 모델은 응답을 최대 100 토큰 길이로 간결하게 생성한다. 생성된 텍스트는 tokenizer.decode(skip_special_tokens=True)를 통해 다시 문자열로 변환하며 불필요한 특수 토큰을 제거한다. 마지막으로, 함수는 마지막 "Output:" 표시 뒤의 텍스트만 추출해 모델의 최종 답변을 가려내고 양 끝의 화이트스페이스를 제거한다. 이러한 접근법은 모델이 주어진 예시를 바탕으로 더 정확한 예측을 하도록 유도하는 효과적인 **퓨샷 학습(few-shot learning)** 방식이다.

15.2.2 제로샷 평가

제로샷 평가(zero-shot evaluation)는 모델이 특정 예시 없이 과업을 수행할 수 있는 능력을 테스트한다. 제로샷 평가를 구현하는 방법은 다음과 같다.

```python
def zero_shot_evaluate(model, tokenizer, task_description, test_instance):
    prompt = f"{task_description}\n\nInput: {test_instance}\nOutput:"
    input_ids = tokenizer.encode(prompt, return_tensors='pt')
```

```
    with torch.no_grad():
        output = model.generate(
            input_ids, max_length=100, num_return_sequences=1
        )
    
    generated_text = tokenizer.decode(output[0], skip_special_tokens=True)
    return generated_text.split("Output:")[-1].strip()

# 사용 예
task_description = "Classify the following text into one of these categories: Science, Politics, Sports, Entertainment."
test_instance = "NASA's Mars rover has discovered traces of ancient microbial life."

result = zero_shot_evaluate(model, tokenizer, task_description, test_instance)
print(f"제로샷 평가 결과: {result}")
```

이 함수는 텍스트 분류 과업에 대한 제로샷 평가를 보여준다.

zero_shot_evaluate 함수는 사전 훈련된 언어 모델을 사용해 **제로샷 추론**(zero-shot inference)을 수행한다. 먼저 이 함수는 작업 설명(task_description)과 테스트 사례(test_instance)를 결합해 프롬프트를 구성함으로써, 모델이 처리할 작업과 분류 대상을 명확히 이해하게 한다. 모델이 응답을 생성할 위치를 알려주기 위해 프롬프트 끝에는 "Output:"이라는 문자열을 덧붙였다. 프롬프트는 tokenizer.encode를 통해 모델이 처리할 수 있는 숫자 텐서로 변환된다. 이어서 함수는 torch.no_grad()로 경사도 계산을 비활성화해 추론 효율을 높인다. model.generate 함수는 토큰화된 프롬프트를 입력받아 최대 100 토큰 길이의 결과 시퀀스를 하나 생성한다. 생성된 결과는 tokenizer.decode를 이용해 다시 텍스트로 변환하며, 이때 불필요한 특수 토큰은 제거한다. 마지막으로, 함수는 "Output:" 뒤에 나오는 텍스트만 추출하는데, 이것이 바로 모델이 예측한 분류 결과다. 예제에서는 "NASA's Mars rover has discovered traces of ancient microbial life."(NASA의 화성 탐사선이 고대 미생물 생명체의 흔적을 발견했다)라는 문장을 주고, 이를 과학, 정치, 스포츠, 엔터테인먼트 중 한 가지 범주로 분류하는 작업에 이 함수를 사용했다. 모델은 별도의 정답 예시를 보지 않고도 사전 지식만으로 올바른 범주를 추론해 낸다. 이 결과를 출력해 보면 모델의 제로샷 분류 능력을 확인할 수 있다.

15.3 도메인 및 과업 일반화

LLM의 진정한 능력을 이해하려면, 다양한 도메인과 과업에 걸쳐 얼마나 잘 일반화하는지를 평가해야 한다. 이를 위한 몇 가지 기술을 탐색해 보자.

15.3.1 도메인 적응 평가

모델이 훈련받지 않은 새로운 도메인의 데이터로 테스트함으로써 모델의 **도메인 적응**(domain adaptation)을 평가할 수 있다. 다음 예를 보자.

```python
def evaluate_domain_adaptation(model, tokenizer, source_domain_data, target_domain_data):
    def predict(text):
        inputs = tokenizer(text, return_tensors='pt', truncation=True, padding=True)
        outputs = model(inputs)
        return torch.argmax(outputs.logits, dim=1).item()

    # 원천 도메인에서 평가
    source_predictions = [predict(text) for text in source_domain_data['text']]
    source_accuracy = accuracy_score(source_domain_data['label'], source_predictions)

    # 목표 도메인에서 평가
    target_predictions = [predict(text) for text in target_domain_data['text']]
    target_accuracy = accuracy_score(target_domain_data['label'], target_predictions)

    return {
        'source_accuracy': source_accuracy,
        'target_accuracy': target_accuracy,
        'adaptation_drop': source_accuracy - target_accuracy
    }
```

다음과 같은 방식으로 도메인 적응을 평가하고 결과를 출력할 수 있다.

```python
source_domain_data = load_source_domain_data()  # 실제 데이터 로딩으로 대체
target_domain_data = load_target_domain_data()  # 실제 데이터 로딩으로 대체

results = evaluate_domain_adaptation(
    model, tokenizer, source_domain_data, target_domain_data
```

```
)

print(f"원천 도메인 정확도: {results['source_accuracy']:.2f}")
print(f"목표 도메인 정확도: {results['target_accuracy']:.2f}")
print(f"적응 감소: {results['adaptation_drop']:.2f}")
```

지금까지 살펴본 코드와 같이 모델의 성능을 원천 도메인과 대상 도메인에서 각각 평가하고 성능 저하 정도를 측정해 도메인 적응 능력의 지표로 삼을 수 있다.

15.3.2 과업 일반화 평가

과업 일반화(task generalization)를 평가하기 위해, 특정하게 파인튜닝되지 않은 다양한 과업에 대해 모델을 평가할 수 있다. 다음은 14장에서 다룬 GLUE 벤치마크를 사용하는 예다.[1]

```
def evaluate_task_generalization(model_name, tasks=['mnli', 'qqp', 'qnli', 'sst2']):
    results = {}

    for task in tasks:
        model = AutoModelForSequenceClassification.from_pretrained(model_name)
        tokenizer = AutoTokenizer.from_pretrained(model_name)
        dataset = load_dataset('glue', task)

        def tokenize_function(examples):
            return tokenizer(examples['sentence'], truncation=True, padding=True)

        tokenized_datasets = dataset.map(tokenize_function, batched=True)

        training_args = TrainingArguments(
            output_dir=f"./results_{task}",
            evaluation_strategy="epoch",
            num_train_epochs=1,
        )

        trainer = Trainer(
            model=model,
```

---

[1] (옮긴이) 예시 코드에서 모델과 토크나이저 로딩 부분은 불필요하게 여러 번 실행되지 않게 반복문 바깥으로 옮겨야 할 것으로 보인다.

```
        args=training_args,
        train_dataset=tokenized_datasets['train'],
        eval_dataset=tokenized_datasets['validation'],
    )

    eval_results = trainer.evaluate()
    results[task] = eval_results['eval_accuracy']

return results
```

앞서 정의한 함수를 기반으로, 다음과 같이 평가를 실행한다.

```
model_name = "bert-base-uncased"   # 사용할 모델로 교체
generalization_results = evaluate_task_generalization(model_name)

for task, accuracy in generalization_results.items():
    print(f"{task} 정확도: {accuracy:.2f}")
```

지금까지 살펴본 코드와 같이 여러 GLUE 과업에 대해 모델을 평가함으로써 다양한 NLP 과업에 대한 모델의 일반화 능력을 측정할 수 있다.

15.4 연속 학습 평가

연속 학습(continual learning) 이란 모델이 이전에 학습한 내용을 잊지 않으면서 새로운 지식을 계속해서 학습하는 능력이다. 다음은 LLM의 연속 학습 능력을 평가하는 예다.

1. 모델, 토크나이저, 주요 함수 구조를 초기화해 연속 학습 프레임워크를 구성한다.

    ```
    def evaluate_continual_learning(
        model_name, tasks=['sst2', 'qnli', 'qqp'], num_epochs=3
    ):
        model = AutoModelForSequenceClassification.from_pretrained(model_name)
        tokenizer = AutoTokenizer.from_pretrained(model_name)
        results = {}
    ```

2. 다양한 GLUE 과업에 대한 서로 다른 입력 형식을 처리하는 전처리 함수를 정의한다.

```python
def preprocess_function(examples, task):
    # 과업마다 입력 형식이 다름
    if task == 'qqp':
        texts = (examples['question1'], examples['question2'])
    elif task == 'qnli':
        texts = (examples['question'], examples['sentence'])
    else:  # sst2
        texts = (examples['sentence'], None)

    tokenized = tokenizer(*texts, padding=True, truncation=True)
    tokenized['labels'] = examples['label']
    return tokenized
```

3. 데이터셋을 각 과업에 맞게 전처리하고 준비한다.

```python
for task in tasks:
    dataset = load_dataset('glue', task)
    tokenized_dataset = dataset.map(
        lambda x: preprocess_function(x, task),
        batched=True,
        remove_columns=dataset['train'].column_names
    )
    model.config.num_labels = 3 if task == 'mnli' else 2
```

4. 각 과업에 대한 훈련을 설정하고 실행한다.

```python
trainer = Trainer(
    model=model,
    args=TrainingArguments(
        output_dir=f"./results_{task}",
        num_train_epochs=num_epochs,
        learning_rate=2e-5,
        per_device_train_batch_size=16,
        per_device_eval_batch_size=16,
        evaluation_strategy="epoch"
    ),
    train_dataset=tokenized_dataset['train'],
    eval_dataset=tokenized_dataset['validation']
```

```
)
trainer.train()
```

5. 이전에 본 모든 과업에 대한 평가를 수행한다.

```
task_results = {}
for eval_task in tasks[:tasks.index(task)+1]:
    eval_dataset = load_dataset('glue', eval_task)['validation']
    eval_tokenized = eval_dataset.map(
        lambda x: preprocess_function(x, eval_task),
        batched=True,
        remove_columns=eval_dataset.column_names
    )
    eval_results = trainer.evaluate(eval_dataset=eval_tokenized)
    task_results[eval_task] = eval_results['eval_accuracy']
results[task] = task_results
```

6. 평가를 실행하고 결과를 표시한다.

```
model_name = "bert-base-uncased"  # 사용할 모델로 교체
cl_results = evaluate_continual_learning(model_name)
for task, task_results in cl_results.items():
    print(f"\n{task}에 대해 훈련한 후:")
    for eval_task, accuracy in task_results.items():
        print(f"  {eval_task} 정확도: {accuracy:.2f}")
```

이상의 코드를 통해 일련의 과업에 대한 순차적 파인튜닝과 각 단계 후 이전 과업들에 대한 성능 평가를 수행하여, 모델이 초기 과업에 대한 지식을 얼마나 잘 유지하는지 평가할 수 있다.

15.5 교차 검증의 과제와 모범 사례

LLM의 규모와 학습 데이터의 특성 때문에 교차 검증에서 여러 가지 독특한 어려움이 발생한다.

- **데이터 오염**(data contamination): LLM은 방대하고 다양한 웹 데이터로 훈련되므로 사전 훈련 데이터와 테스트 세트가 겹치는 것을 피하기 어렵다. 이 때문에 한 번도 본 적 없는 데이터로만 구성된 검증 세트를 확보하기가 쉽지 않다.

- **계산 비용**: k-폴드 교차 검증과 같은 전통적인 방법은, 대규모 모델에서는 막대한 계산 자원이 필요하기 때문에 적용하기 어려운 경우가 많다.

- **도메인 변화**(domain shift): 학습 당시 충분히 다루지 않은 영역이나 완전히 새로운 도메인의 데이터를 접할 경우 LLM 성능이 일정하게 나타나지 않아, 일반화 가능성을 제대로 평가하기 어렵다.
- **프롬프트 민감도**: LLM의 성능은 프롬프트 문구의 미묘한 차이에도 크게 영향을 받을 수 있어, 검증 과정이 그만큼 더 복잡해질 수 있다.

이러한 과제를 바탕으로, LLM 교차 검증을 보다 효과적으로 수행하기 위한 몇 가지 모범 사례를 살펴보자.

- **데이터 오염 완화**: 사전 훈련 데이터와 검증 데이터셋이 겹치지 않도록, 철저한 중복 탐지 및 제거 절차를 거쳐야 한다. MinHash나 Bloom 필터와 같은 도구는 대규모 데이터셋에서 근사 중복을 효율적으로 탐지할 수 있다.

> **MinHash**
>
> 민해시(MinHash)는 큰 집합을 작고 대표적인 핑거프린트(해시)로 변환하여 두 집합 간의 유사도를 빠르게 추정하는 확률적 기법이다. 해시 충돌 확률이 원본 집합 간의 유사도에 비례하므로, 대규모 데이터셋에서 근사 중복 콘텐츠를 효율적으로 탐지할 수 있다.
>
> **MinHashLSH**는 민해싱과 **지역 민감 해싱**(locality-sensitive hashing, LSH)에 기반하며, 유사한 항목을 동일한 '버킷'으로 묶어 빠르게 조회하고 비교할 수 있다.

다음은 MinHash와 MinHashLSH를 이용해 데이터셋의 근사 중복을 찾아내는 절차를 보여주는 코드 예제다.

```python
from datasketch import MinHash, MinHashLSH
import numpy as np

def deduplicate_data(texts, threshold=0.8):
    # 빠른 유사도 검색을 위한 LSH 색인 초기화
    lsh = MinHashLSH(threshold=threshold, num_perm=128)
    unique_texts = []

    for idx, text in enumerate(texts):
        minhash = MinHash(num_perm=128)
        for ngram in get_ngrams(text):
            minhash.update(ngram.encode('utf8'))

        if not lsh.query(minhash):  # 유사한 텍스트가 있는지 확인
            lsh.insert(str(idx), minhash)
            unique_texts.append(text)

    return unique_texts
```

- **계산 비용 절감**: 계층 샘플링이나 단일 분할 검증(예: 훈련-검증-테스트) 방법을 사용해 계산 오버헤드를 최소화한다. 또는, 실험 중에 더 작은 모델 체크포인팅이나 LLM의 증류된 버전을 사용해서 확장하기 전에 활용한다.

  다음 코드 예제는 효율적인 검증을 위한 층화 추출(stratified sampling)을 보여준다.

  ```python
  from sklearn.model_selection import StratifiedKFold
  from collections import defaultdict

  def create_efficient_splits(data, labels, n_splits=5):
      # 데이터를 도메인별로 그룹화
      domain_data = defaultdict(list)
      for text, domain in zip(data, labels):
          domain_data[domain].append(text)

      # 계층적 분할 생성
      skf = StratifiedKFold(n_splits=n_splits, shuffle=True)
      splits = []
      for train_idx, val_idx in skf.split(data, labels):
          splits.append((train_idx, val_idx))

      return splits
  ```

- **도메인 이동 처리**: 다양한 도메인에서 명시적인 대표성을 가진 검증 데이터셋을 구성한다. 대표적인 도메인별 데이터를 사용해 모델을 파인튜닝해서 충분히 대표되지 않은 영역에서의 성능 격차를 줄인다.

  이 코드 예제는 도메인별 검증을 통해 도메인 이동을 처리하는 방법을 보여준다.

  ```python
  def evaluate_domain_performance(model, tokenizer, eval_data):
      domain_scores = defaultdict(list)

      for text, domain in eval_data:
          inputs = tokenizer(text, return_tensors='pt')
          with torch.no_grad():
              outputs = model(inputs)
              score = outputs.logits.mean().item()
              domain_scores[domain].append(score)

      # 도메인별 지표 계산
      return {domain: np.mean(scores)
              for domain, scores in domain_scores.items()}
  ```

- **프롬프트 민감성 다루기:** 프롬프트 엔지니어링을 체계적으로 수행한다. 견고성을 보장하고 프롬프트 변경으로 인한 변동성을 최소화하기 위해 프롬프트 바꾸기, 지시 튜닝, 또는 여러 프롬프트에 걸친 앙상블 평가와 같은 기법을 사용한다.

다음 코드 예제는 여러 변형을 사용한 체계적인 프롬프트 엔지니어링을 보여준다.

```python
def evaluate_with_prompt_ensemble(model, tokenizer, text, base_prompt):
    prompt_variants = [
        f"{base_prompt}: {text}",
        f"Please {base_prompt.lower()}: {text}",
        f"I want you to {base_prompt.lower()}: {text}"
    ]

    responses = []
    for prompt in prompt_variants:
        inputs = tokenizer(prompt, return_tensors='pt')
        with torch.no_grad():
            output = model.generate(inputs, max_length=100)
            responses.append(tokenizer.decode(output[0]))

    # 응답을 집계(예: 투표 또는 평균)
    return aggregate_responses(responses)
```

다음 코드 예제는 이러한 모든 접근 방식을 단일한 평가 파이프라인으로 결합하는 방법을 보여준다.[2]

```python
def robust_evaluation_pipeline(model, data, domains):
    # 먼저 데이터 중복 제거
    clean_data = deduplicate_data(data)

    # 효율적인 분할을 생성
    splits = create_efficient_splits(clean_data, domains)

    # 프롬프트 앙상블로 도메인 전반에 걸쳐 평가
    results = defaultdict(dict)
    for domain in domains:
        domain_data = [d for d, dom in zip(clean_data, domains) if dom == domain]
        scores = evaluate_with_prompt_ensemble(model, tokenizer, domain_data, "analyze")
```

---

[2] (옮긴이) 앞서 정의한 `evaluate_with_prompt_ensemble` 함수는 문자열 text 인자를 받으므로, 여기서는 `domain_data`의 각 요소에 대해 반복해 호출해야 한다.

```
        results[domain] = scores

    return results
```

15.7 요약

LLM을 교차 검증할 때는, 모델의 고유한 특성과 능력을 신중히 고려해야 한다. 다양한 도메인과 과업에 걸친 성능을 보다 강건하고 포괄적으로 평가하려면, 이러한 고급 기술과 모범 사례를 적절히 활용하는 것이 중요하다.

다음 장에서는 LLM의 해석 가능성이라는 중요한 주제를 심도 있게 다룰 예정이다. LLM의 출력과 행동을 이해하고 설명하기 위한 다양한 기법들도 함께 살펴볼 것이다.

16장

해석 가능성

LLM의 **해석 가능성**(interpretability)은 모델이 입력을 처리하고 출력을 생성하는 방식을 이해하고 설명할 수 있는 능력을 의미한다.

해석 가능성은 여러 이유로 LLM에 필요하다.

- **신뢰와 투명성**: LLM이 결과를 도출하는 방식을 이해함으로써 사용자와 이해관계자에게 신뢰를 얻을 수 있다.
- **디버깅 및 개선**: 해석 가능성 기법은 모델의 약점을 식별하고 개선하는 데 도움이 된다.
- **윤리적 고려 사항**: 해석 가능한 모델을 사용하면 잠재적인 편향과 공정성 문제를 더 잘 평가할 수 있다.
- **규제 준수**: 일부 도메인에서는 규제 준수를 위해 해석 가능한 AI 모델이 필요할 수 있다.

이 장에서는 LLM의 출력과 행동을 이해하고 설명하기 위한 고급 기술을 탐색할 것이다. 이러한 기술을 트랜스포머 기반 LLM에 적용하는 방법을 논의하고 모델 성능과 해석 가능성 간의 절충점을 살펴볼 것이다.

이 장에서는 다음 주제를 다룬다.

- 어텐션 시각화 기법
- 탐침법
- 기여도 분석으로 LLM의 예측을 설명
- 트랜스포머 기반 LLM의 해석 가능성

- 기계론적 해석 가능성
- 해석 가능성과 성능 간의 절충점

16.1 어텐션 시각화 기법

어텐션 메커니즘(attention mechanism)은 트랜스포머 기반 LLM의 핵심 구성 요소다(1장을 참조). 어텐션 패턴을 시각화하면 모델이 입력의 다양한 부분을 처리하고 주목하는 방식을 이해하는 데 도움이 될 수 있다.

다음은 트랜스포머 기반 모델에서 어텐션을 시각화하는 방법의 예다.

```python
import torch
from transformers import BertTokenizer, BertModel
import matplotlib.pyplot as plt
import seaborn as sns

def visualize_attention(model, tokenizer, text):
    inputs = tokenizer(text, return_tensors="pt")
    outputs = model(inputs, output_attentions=True)

    attention = outputs.attentions[-1].squeeze().detach().numpy()

    tokens = tokenizer.convert_ids_to_tokens(inputs["input_ids"][0])

    plt.figure(figsize=(10, 8))
    sns.heatmap(attention, xticklabels=tokens, yticklabels=tokens, cmap="YlGnBu")
    plt.title("어텐션 시각화")
    plt.show()

# 사용 예
model_name = "bert-base-uncased"
model = BertModel.from_pretrained(model_name)
tokenizer = BertTokenizer.from_pretrained(model_name)

text = "The cat sat on the mat."
visualize_attention(model, tokenizer, text)
```

이 코드는 BERT 모델이 주어진 입력 문장을 처리할 때 어텐션 메커니즘을 시각화하는 간단한 방법을 보여준다. 먼저 필요한 라이브러리를 임포트한다. 모델 처리를 위한 파이토치, BERT 모델과 토크나이저를 로드하기 위한 허깅 페이스의 `transformers` 라이브러리, 그리고 시각화를 위한 Matplotlib과 Seaborn을 사용한다. `visualize_attention` 함수는 BERT 모델, 토크나이저, 입력 텍스트를 받는다. 먼저 토크나이저를 사용해 입력을 토큰화하고, 토큰화된 입력을 `output_attentions=True`로 설정해 모델에 입력해 어텐션 가중치를 검색한다. 반환된 출력에서 마지막 레이어의 어텐션 행렬(즉, `outputs.attentions[-1]`)을 추출하고, 계산 그래프에서 분리한 후 넘파이 배열로 변환한다. 이 행렬은 시퀀스의 각 토큰이 다른 토큰에 얼마나 주의를 기울이는지를 나타낸다. 그런 다음 토큰 ID를 읽을 수 있는 토큰으로 변환해 히트맵의 축에 라벨을 붙인다. Seaborn의 `heatmap`을 사용해 어텐션 점수를 색상으로 구분된 행렬로 시각화해, 모델이 각 토큰을 처리할 때 어떤 단어에 집중하는지 쉽게 해석할 수 있다. 마지막 단계에서는 사전 훈련된 BERT 베이스 모델과 토크나이저를 불러오고 샘플 문장을 정의한 뒤, 시각화 함수를 실행해 어텐션 맵(attention map)을 확인함으로써 BERT의 내부 작동 방식을 이해할 수 있다.

LLM에서 어텐션 맵이 항상 모델 추리(reasoning)와 상관관계가 있는 것은 아니라는 점을 명심해야 한다. 어텐션 맵은 모델이 어디에 집중하는지를 보여주지만, 결정이 왜 내려졌는지를 반드시 설명하지는 않는다. 주의가 산만하거나 일관성이 없거나 오해가 생길 수 있으며, 때로는 올바른 출력을 생성하면서 관련 없는 토큰을 강조하기도 한다. LLM은 정보를 분산 표현(distributed representations)으로 인코딩하므로, 추리는 어텐션을 직접 거치기보다 여러 레이어에 걸친 깊은 잠재 변환을 통해 이뤄지는 경우가 많다. 연구에 따르면 어텐션 맵은 모델의 행동을 변경하지 않고도 조작될 수 있으며, 이는 추리의 결정적인 설명이 아님을 증명한다. 더 나은 해석 가능성을 위해, 어텐션 맵은 경사 기반 방법, 탐침법, 인과 분석과 결합돼야 한다.

16.2 탐침법

탐침법(probing)은 LLM의 내부 표현에 대해 간단한 모델을 훈련해 다른 레이어에서 어떤 언어적 속성이 포착되는지를 평가한다.

트랜스포머의 다양한 레이어는 서로 다른 언어적 특성에 특화한다. 하위 레이어는 구문과 토큰 정체성을 포착하고, 중간 레이어는 문법과 문장 구조를 다루며, 상위 레이어는 의미론적 요소, 추리, 사실 회상에 집중한다. 이러한 계층 구조는 훈련 과정에서 자연스럽게 형성되며, 하위 레이어는 구문적 과업에, 상위 레이어는 의미론적 추리에 뛰어나다. 탐침법을 통해 이러한 전문화가 확인되었으며, 이는 해석 가능성 향상, 파인튜닝, 과업별 최적화를 위한 모델 압축에 도움이 된다.

다음은 탐침법을 구현하는 예다.

```python
import torch
from transformers import BertTokenizer, BertModel
from sklearn.model_selection import train_test_split
from sklearn.linear_model import LogisticRegression
from sklearn.metrics import accuracy_score

def probe_bert_layers(model, tokenizer, texts, labels, layer_nums):
    # 각 레이어에 대한 BERT 임베딩 가져오기
    def get_embeddings(text):
        inputs = tokenizer(text, return_tensors="pt", padding=True, truncation=True)
        with torch.no_grad():
            outputs = model(inputs, output_hidden_states=True)
        return outputs.hidden_states

    results = {}
    for layer in layer_nums:
        embeddings = [
            get_embeddings(text)[layer].squeeze().mean(dim=0).numpy() for text in texts
        ]

        # 데이터 분할
        X_train, X_test, y_train, y_test = train_test_split(
            embeddings, labels, test_size=0.2, random_state=42
        )

        # 탐침 훈련 및 평가
        probe = LogisticRegression(random_state=42)
        probe.fit(X_train, y_train)
        y_pred = probe.predict(X_test)
        accuracy = accuracy_score(y_test, y_pred)

        results[f"Layer_{layer}"] = accuracy
    return results
```

```
# 사용 예
model_name = "bert-base-uncased"
model = BertModel.from_pretrained(model_name)
tokenizer = BertTokenizer.from_pretrained(model_name)
texts = ["The cat sat on the mat.", "The dog chased the ball.", ...]  # 더 많은 예제 추가
labels = [0, 1, ...]  # 해당 라벨(예: 0은 간단한 문장, 1은 복잡한 문장)

layer_nums = [1, 6, 12]  # 조사할 레이어
probe_results = probe_bert_layers(model, tokenizer, texts, labels, layer_nums)

for layer, accuracy in probe_results.items():
    print(f"{layer} 정확도: {accuracy:.2f}")
```

이 코드는 간단한 탐색 과업을 구현해 BERT 모델의 다양한 레이어가 특정 언어적 속성(이 경우, 문장 복잡성)을 얼마나 잘 포착하는지 평가한다.

16.3 기여도 분석 기법을 사용해 LLM 예측을 설명하기

기여도 분석(attribution) 기법은 어떤 입력 특징이 모델의 예측에 가장 많이 기여하는지를 식별하는 것을 목표로 한다.

실제 응용에서 해석 가능성과 신뢰성을 확보하려면, 모델이 왜 특정 예측을 내리는지 이해할 수 있어야 하므로 기여도 분석 기법을 논의해야 한다. 기여도 분석 기법을 활용하면 특정 입력 토큰이 모델 출력에 어떤 영향을 미쳤는지를 체계적으로 추적할 수 있다. 특히 예측이 복잡하고 고차원적인 토큰 임베딩과 여러 어텐션 레이어에 걸친 비선형 상호작용을 거쳐 이뤄지는 LLM에서는 그 필요성이 더욱 크다. 기여도 분석을 적용하지 않으면 사용자와 개발자는 투명한 근거 없이 출력을 내놓는 블랙박스 모델과 마주하게 된다. 그렇게 되면 의사결정을 검증하거나 작동을 디버깅하고, 의도된 사용 사례에 맞게 정렬되었는지를 확인하기가 어려워진다.

한 가지 인기 있는 기여도 분석 기법은 적분 경사다.

적분 경사(integrated gradients)는 각 입력 특징이 모델의 출력에 기여하는 정도를 정량화해 신경망의 예측을 설명하는 기여도 분석 기법이다. 이는 기준점에서 실제 입력까지의 직선 경로를 따라 모델 출력의 입력에 대한 경사를 통합해 특징 속성을 계산한다.

LLM에서 경사 기반 방법은 입력 교란(input perturbations), 미니 배치 분산(mini-batch variance), 경사 포화(gradient saturation)에 민감하여 노이즈가 발생할 수 있으며, 이는 훈련 안정성과 해석 가능성 모두에 영향을 미친다는 점을 염두에 두어야 한다. 최적화에서 노이즈는 진동이나 차선의 수렴을 초래할 수 있으며, 해석 가능성 측면에서는 적분 경사와 같은 방법이 실행할 때마다 일관성 없는 기여도를 산출할 수 있다. 이러한 불안정성은 특히 유사한 입력에 대한 모델 해석의 신뢰성을 떨어뜨린다. 경사 평활화, 평균화, 2차 최적화 등의 기법은 노이즈를 완화하지만 계산 오버헤드를 증가시키므로, LLM 개발에서 효율성과 정밀도 간의 상충 관계가 발생한다.

다음은 트랜스포머 기반 모델에서 적분 경사를 구현하는 예다.

```python
import torch
from transformers import BertTokenizer, BertForSequenceClassification
import numpy as np
import matplotlib.pyplot as plt

def integrated_gradients(model, tokenizer, text, target_class, steps=50):
    input_ids = tokenizer.encode(text, return_tensors="pt")
    baseline_ids = torch.zeros_like(input_ids)

    alphas = torch.linspace(0, 1, steps)
    delta = input_ids - baseline_ids
    accumulated_grads = 0

    for alpha in alphas:
        interpolated_ids = baseline_ids + alpha * delta
        interpolated_ids.requires_grad_()

        outputs = model(interpolated_ids)
        pred = outputs.logits[:, target_class]

        model.zero_grad()
        pred.backward()
        accumulated_grads += interpolated_ids.grad

    attributions = (input_ids - baseline_ids) * accumulated_grads / steps
    return attributions.squeeze().detach().numpy()
```

```
# 사용 예
model_name = "bert-base-uncased"
model = BertForSequenceClassification.from_pretrained(model_name)
tokenizer = BertTokenizer.from_pretrained(model_name)

text = "이 영화는 환상적이었어요!"
target_class = 1  # 1이 긍정적인 감정 클래스라고 가정

attributions = integrated_gradients(model, tokenizer, text, target_class)

# 속성 시각화
tokens = tokenizer.convert_ids_to_tokens(tokenizer.encode(text))
plt.figure(figsize=(10, 5))
plt.bar(range(len(tokens)), attributions)
plt.xticks(range(len(tokens)), tokens, rotation=45)
plt.title("적분 경사 기여도 분석")
plt.show()
```

이 코드는 적분 경사 방법을 사용해 BERT 기반 시퀀스 분류 모델을 해석하는 방법을 보여준다. 각 입력 토큰이 모델의 예측에 어떻게 기여하는지 분석할 수 있다. `integrated_gradients` 함수는 다음과 같이 작동한다. 먼저 토크나이저로 입력 텍스트를 토큰 ID로 인코딩하고, 0으로 채워진 동일한 형태의 기준선 입력을 생성한다. 그다음 기준선과 실제 입력 사이를 기본값 50단계로 보간하면서 각 단계에서 경삿값을 계산한다. 보간된 각 입력에 대해 지정된 대상 클래스의 모델 출력을 계산하고, 역전파를 통해 입력에 대한 경삿값을 구한 후 이를 누적한다. 누적된 경삿값의 평균에 입력 차이(input − baseline)를 곱하면, 각 입력 토큰이 예측에 얼마나 기여하는지를 정량화한 기여도가 산출된다. 모델과 토크나이저를 정의한 후, 예제 텍스트를 적분 경사로 분석하고 결과를 막대그래프로 표시한다. 각 막대는 토큰과 해당 토큰이 대상 예측에 미치는 중요도를 나타낸다. 이 기법은 입력의 어느 부분이 가장 영향력 있었는지 이해하는 데 원칙적이고 모델 중심적인 방법을 제공한다. 따라서 모델 예측의 해석 가능성과 신뢰성을 높이는 강력한 도구가 된다.

16.4 트랜스포머 기반 LLM의 해석 가능성

트랜스포머 구조를 기반으로 한 LLM은 해석 가능성 측면에서 기존 모델과는 다른 특징을 보인다. 고려할 주요 영역은 다음과 같다.

- **멀티 헤드 어텐션**: 개별 어텐션 헤드를 분석하면 각 헤드가 수행하는 전문화된 기능을 확인할 수 있다.
- **위치 임베딩**: 모델이 입력 시퀀스의 위치 정보를 어떤 방식으로 활용하는지를 이해하는 것이 중요하다.
- **레이어별 분석**: 다양한 언어적 특징이 모델의 여러 레이어를 거치며 어떻게 포착되고 표현되는지를 살펴볼 수 있다.

다음은 멀티헤드 어텐션을 분석하는 예다.

```python
import torch
from transformers import BertTokenizer, BertModel
import matplotlib.pyplot as plt

def analyze_multihead_attention(model, tokenizer, text):
    inputs = tokenizer(text, return_tensors="pt")
    outputs = model(inputs, output_attentions=True)

    attention = outputs.attentions[-1].squeeze().detach().numpy()

    tokens = tokenizer.convert_ids_to_tokens(inputs["input_ids"][0])

    num_heads = attention.shape[0]
    fig, axs = plt.subplots(2, 4, figsize=(20, 10))
    axs = axs.ravel()

    for i in range(num_heads):
        sns.heatmap(attention[i], xticklabels=tokens,
            yticklabels=tokens, ax=axs[i], cmap="YlGnBu")
        axs[i].set_title(f"헤드 {i+1}")

    plt.tight_layout()
    plt.show()

# 사용 예
model_name = "bert-base-uncased"
model = BertModel.from_pretrained(model_name)
tokenizer = BertTokenizer.from_pretrained(model_name)

text = "미국 대통령이 지난주 파리를 방문했습니다."
analyze_multihead_attention(model, tokenizer, text)
```

이 코드를 활용하면 BERT 모델의 마지막 레이어에 있는 여러 어텐션 헤드의 패턴을 시각적으로 확인하고, 각 헤드가 어떤 기능에 특화돼 있는지 비교해 볼 수 있다.

16.5 기계론적 해석 가능성

기계론적 해석 가능성(mechanistic interpretability, MI)은 신경망이 정보를 처리하는 방식을 구성 요소 수준에서 상세히 이해하려는 신흥 연구 분야다. 단순히 입력과 출력만 관찰하는 데서 그치지 않고, 네트워크 내부에서 정보가 어떻게 흐르는지 추적한다. 또 계산 패턴을 식별하고, 뉴런이나 어텐션 헤드 같은 세부 요소가 전체 모델의 작동에 어떻게 기여하는지를 분석한다. 즉, MI는 신경망을 역설계 하듯 내부를 직접 살펴보며 작동 원리를 해명하려는 접근이다.

MI가 중요한 이유는 신경망의 작동 방식을 단순히 겉으로 드러난 결과로 설명하는 데 그치지 않고, 내부 메커니즘을 밝혀내기 때문이다. 특히 LLM처럼 복잡한 모델에서, 뉴런·레이어·어텐션 헤드와 같은 구성 요소가 정보를 어떻게 처리하고 변형하는지를 분석함으로써 연구자들은 모델의 행동을 보다 깊고 원리적으로 이해할 수 있다. 이러한 통찰은 모델의 작동 과정을 투명하게 드러내 신뢰를 높이고, 오류를 정밀하게 추적해 개선점을 찾게 하며, 숨겨진 편향이나 취약점을 밝혀 이를 완화하는 길을 제시한다. 나아가 더 안전하고 통제 가능한 AI 시스템을 설계할 수 있는 기반도 마련해 준다. 궁극적으로 MI는 신경망을 블랙박스가 아니라, 분석하고 해석하며 개선할 수 있는 이해 가능한 시스템으로 바라보게 한다. 이를 통해 우리는 AI를 더 큰 확신 속에서 책임감 있게 활용하고 발전시킬 수 있다.

이를 단계별로 구축해 보자.

1. 먼저, 간단한 해석 가능한 모델 구조를 만든다.

```python
import torch
import torch.nn as nn

class InterpretableTransformer(nn.Module):
    def __init__(self, vocab_size, d_model, nhead, num_layers):
        super().__init__()
        self.embedding = nn.Embedding(vocab_size, d_model)
        encoder_layer = nn.TransformerEncoderLayer(
            d_model, nhead, batch_first=True
        )
```

```python
        self.transformer = nn.TransformerEncoder(encoder_layer, num_layers)
        self.fc = nn.Linear(d_model, vocab_size)
```

2. 이제 모델이 토큰 간의 관계를 처리하는 방식을 이해하는 데 중요한 주의 패턴을 추출하는 메서드를 추가한다.

```python
def get_attention_patterns(self, x):
    """각 레이어에서 어텐션 가중치를 추출한다"""
    x = self.embedding(x)
    attention_patterns = []
    
    for layer in self.transformer.layers:
        # 어텐션 가중치를 캡처하기 위한 훅을 등록
        attention_weights = None
        def hook(module, input, output):
            nonlocal attention_weights
            attention_weights = output[1]  # 어텐션 가중치
        
        handle = layer.self_attn.register_forward_hook(hook)
        x = layer(x)
        attention_patterns.append(attention_weights)
        handle.remove()
    
    return attention_patterns
```

3. 특정 입력에 대해 어떤 뉴런이 가장 활발한지 이해하기 위한 뉴런 활성화 분석 메서드를 추가한다.

```python
def analyze_neuron_activations(self, x, layer_idx):
    """특정 레이어에서 개체 뉴런 활성화를 분석한다"""
    activations = []
    
    def hook(module, input, output):
        activations.append(output.detach())
    
    # 특정 레이어에 후크를 등록
    handle = list(self.transformer.layers)[layer_idx].register_forward_hook(hook)
    
    # 순전파
    with torch.no_grad():
        self(x)
```

```python
    handle.remove()
    layer_activations = activations[0]

    # 가장 활발한 뉴런 찾기
    mean_activation = layer_activations.mean(dim=(0,1))
    top_neurons = torch.topk(mean_activation, k=10)

    return top_neurons.indices, top_neurons.values
```

4. 특정 뉴런을 일시적으로 수정해 출력에 어떤 영향을 미치는지 확인하는 인과적 개입(causal intervention) 메서드를 추가할 수 있다.

```python
def intervention_study(self, x, layer_idx, neuron_idx):
    """특정 뉴런을 0으로 설정했을 때 입출력에 미치는 영향을 연구한다"""
    original_output = None
    modified_output = None

    def hook_original(module, input, output):
        nonlocal original_output
        original_output = output.detach()

    def hook_modified(module, input, output):
        nonlocal modified_output
        modified = output.clone()
        modified[:,:,neuron_idx] = 0  # 특정 뉴런을 0으로 설정
        modified_output = modified
        return modified

    layer = list(self.transformer.layers)[layer_idx]

    # 원래 출력
    handle = layer.register_forward_hook(hook_original)
    self(x)
    handle.remove()

    # 수정된 출력
    handle = layer.register_forward_hook(hook_modified)
    self(x)
    handle.remove()
```

```
    return original_output, modified_output
```

5. 끝으로 시각화 함수를 추가한다.

```python
import matplotlib.pyplot as plt

def visualize_attention(attention_weights, tokens=None):
    """어텐션 패턴을 시각화한다"""
    plt.figure(figsize=(10, 8))
    plt.imshow(attention_weights[0].cpu(), cmap='viridis')
    
    if tokens is not None:
        plt.xticks(range(len(tokens)), tokens, rotation=45)
        plt.yticks(range(len(tokens)), tokens)
    
    plt.colorbar()
    plt.title('어텐션 패턴')
    plt.show()
```

이 도구들을 다음과 같이 사용할 수 있다.

```python
# 모델 초기화
model = InterpretableTransformer(vocab_size=1000, d_model=256, nhead=8, num_layers=4)

# 샘플 입력
input_ids = torch.randint(0, 1000, (1, 20))  # 배치 크기 1, 시퀀스 길이 20

# 어텐션 패턴 가져오기
attention_patterns = model.get_attention_patterns(input_ids)

# 뉴런 활성화 분석
top_neurons, activation_values = model.analyze_neuron_activations(input_ids, layer_idx=0)

# 개입 연구 수행
original, modified = model.intervention_study(input_ids, layer_idx=0, neuron_idx=42)

# 어텐션 시각화
visualize_attention(attention_patterns[0])  # 첫 번째 레이어의 어텐션을 시각화
```

각 구성 요소를 살펴보면 모델의 다양한 측면을 이해할 수 있다.

- 어텐션 패턴을 분석하면 모델이 서로 다른 토큰을 어떻게 연관시키는지를 확인할 수 있다.
- 뉴런 활성화를 살펴보면 어떤 뉴런이 특정 입력을 처리하는 데 가장 중요한지 드러난다.
- 인과적 개입을 적용하면 특정 뉴런을 수정했을 때 출력이 어떻게 변하는지를 관찰할 수 있고, 이를 통해 그 뉴런의 역할을 파악할 수 있다.
- 시각화 도구를 활용하면 이러한 패턴을 보다 직관적으로 해석할 수 있다.

여기서는 기본적인 구현만 다뤘지만, 실제 MI 연구에서는 회로 분석, 활성화 패칭, 특정 기능(예: 귀납, 부정 등)이 네트워크에서 어떻게 구현되는지를 밝히는 세부 연구 등 더 정교한 기법이 사용된다.

16.6 해석 가능성과 성능 간의 균형

모델 성능과 해석 가능성 사이에는 흔히 상충 관계가 존재한다. 더 복잡한 모델일수록 뛰어난 성능을 보이는 경향이 있지만, 그만큼 해석하기는 어려워진다. 균형을 잡기 위한 몇 가지 접근 방식은 다음과 같다.

- **증류**: 더 큰 LLM을 모방하도록 작고 해석 가능한 모델을 훈련
- **희소 모델**: 해석을 용이하게 하기 위해 모델 가중치나 활성화에 희소성을 도입
- **모듈형 아키텍처**: 해석 가능한 구성 요소로 모델 설계

다음은 모델 증류의 간단한 예다.

```
import torch
from transformers import (
    BertForSequenceClassification, DistilBertForSequenceClassification, BertTokenizer)

def distill_bert(teacher_model, student_model, tokenizer, texts, temperature=2.0):
    teacher_model.eval()
    student_model.train()

    optimizer = torch.optim.Adam(student_model.parameters(), lr=1e-4)
    loss_fn = torch.nn.KLDivLoss(reduction="batchmean")
```

```python
    for text in texts:
        inputs = tokenizer(text, return_tensors="pt", padding=True, truncation=True)

        with torch.no_grad():
            teacher_outputs = teacher_model(inputs)
            teacher_logits = teacher_outputs.logits / temperature

        student_outputs = student_model(inputs)
        student_logits = student_outputs.logits / temperature

        loss = loss_fn(torch.log_softmax(student_logits, dim=-1),
                       torch.softmax(teacher_logits, dim=-1))
        optimizer.zero_grad()
        loss.backward()
        optimizer.step()

    return student_model

# 사용 예
teacher_model = BertForSequenceClassification.from_pretrained("bert-base-uncased")
student_model = DistilBertForSequenceClassification.from_pretrained(
    "distilbert-base-uncased"
)
tokenizer = BertTokenizer.from_pretrained("bert-base-uncased")

texts = ["This movie was great!", "I didn't like the book.", ...]  # 예제를 추가
distilled_model = distill_bert(teacher_model, student_model, tokenizer, texts)
```

이 코드는 간단한 증류 과정을 보여준다. 여기서 더 작은 DistilBERT 모델이 더 큰 BERT 모델의 행동을 모방하도록 학습한다.

또한, 효율성, 정확성, 투명성의 균형을 맞추는 것과 관련된 압축과 해석 가능성 간의 절충점을 염두에 두어야 한다. 양자화, 프루닝, 지식 증류 같은 압축 기술을 사용하면 모델 크기와 추론 지연 시간을 크게 줄일 수 있어, LLM을 에지 디바이스에서 실행하거나 더 낮은 컴퓨팅 비용으로 운영할 수 있다. 그러나 이러한 방법은 특히 긴 맥락 추리, 희귀 토큰 예측, 또는 도메인 특화 작업에서 성능을 저하시킬 수 있으며, 이 경우 복잡한 가중치 구조를 보존하는 것이 중요하다. 게다가, 심하게 압축된 모델은 종

종 해석 가능성이 떨어지는데, 이는 뉴런이나 어텐션 헤드를 제거하거나 정밀도를 줄임으로써 모델의 내부 표현을 흐리게 해 특정 출력이 왜 생성되는지를 분석하기 어렵게 만들기 때문이다.

반대로, 특성 기여도 분석, 어텐션 시각화, 탐침법과 같은 해석 가능성 기법은 연구자와 사용자가 LLM의 정보 처리 방식을 이해하고 편향을 감지하거나 오류를 디버그할 수 있게 해주지만, 일반적으로 완전하고 수정되지 않은 모델에 대한 접근이 필요하다. 더 크고 압축되지 않은 모델은 더 많은 내부 지식과 미묘한 표현을 보존하므로 분석은 쉽지만 효율적인 배포는 어렵다. 게다가 고도로 해석 가능한 아키텍처는 때로 모델 유연성에 제약을 가하여 다양한 작업에 대한 일반화 능력을 제한한다.

핵심 과제는 최적의 균형점을 찾는 데 있다. 예를 들어 **저랭크 적응**(Low-Rank Adaptation, **LoRA**)은 전체 모델 가중치를 바꾸지 않고도 파인튜닝이 가능하므로, 효율적으로 모델을 배포하면서도 어느 정도의 해석 가능성을 유지할 수 있다. LLM의 규모가 커질수록 개발자는 압축을 통한 효율성 증대와 그에 따른 투명성 저하 사이에서 신중하게 균형을 잡아야 한다. 특히 의료, 법률, AI 안전처럼 모델의 결정 과정을 이해하는 것이 성능만큼이나 중요한 분야에서는 이 점이 더욱 중요하다.

16.7 요약

이 장에서는 LLM의 의사 결정 과정을 이해하는 데 도움이 되는 해석 가능성 기법들을 소개했다. 이러한 기법들은 보다 투명하고 신뢰할 수 있는 AI 시스템을 개발하는 데 중요한 기반이 된다.

LLM이 크기와 성능 면에서 계속 발전함에 따라, 해석 가능성 연구는 이처럼 강력한 모델이 이해 가능하고, 신뢰받으며, 실제 환경에 안전하게 적용될 수 있도록 하는 데 중요한 역할을 하게 될 것이다. 해석 가능성과 관련된 주요 과제와 향후 연구 방향으로는 대규모 모델에 맞춘 기술 확장, 인과 관계의 이해, 상호작용 기반 탐색 지원, 그리고 특정 다운스트림 과업에 특화된 기법 개발 등이 있다.

다음 장에서는 LLM의 공정성과 편향성을 평가하고 완화하는 기술을 살펴본다. 이는 책임 있는 AI 개발에서 중요한 요소이며, 앞서 다룬 해석 가능성 기법을 바탕으로, LLM이 강력하고 해석 가능할 뿐 아니라 출력과 의사결정 과정에서도 공정성과 균형을 유지하도록 돕는 데 목적이 있다.

17장

공정성 및 편향 탐지

LLM의 공정성(fairness)이란 모델의 출력과 결정이 인종, 성별[1], 나이, 종교 등의 보호 속성(protected attributes)을 근거로 개인이나 집단을 차별하거나 부당하게 대하지 않도록 하는 것이다. 이는 단순히 명시적 편향(explicit bias)만 피하면 되는 것이 아닌 복잡한 개념이다.

머신러닝에서 공정성에 대한 여러 정의가 있다.

- **인구통계적 패리티(demographic parity)**: 긍정적인 결과의 확률은 모든 그룹에 대해 동일해야 한다.
- **기회 균등(equal opportunity)**: 모든 그룹에 대해 진양성률이 동일해야 한다.
- **균등화된 오즈(equalized odds)**: 모든 그룹에 대해 진양성률과 위양성률이 같아야 한다.

LLM에서 공정성이란, 모델의 언어 생성 및 이해 능력이 특정 인구 집단에 치우치지 않고 공평하게 적용되며 사회적 편견을 고착시키거나 증폭하지 않는 것을 의미한다.

이 장에서는 LLM에서 발생할 수 있는 다양한 유형의 편향과 이를 감지하는 기술에 대해 배울 것이다.

이 장에서는 다음 주제를 다룬다.

- 편향의 유형
- LLM 텍스트 생성 및 이해를 위한 공정성 지표

---

[1] (옮긴이) 원서에서는 생물학적 의미의 성(sex)이 아닌 사회·문화적 의미의 성(gender)을 사용했다. 엄밀히는 'gender'를 '젠더'로 표기해야 하겠으나, 가독성을 위해 '성' 또는 '성별'로 옮긴다. 이후에 나오는 성 관련 용어도 마찬가지다.

- 편향 감지
- 편향 제거 전략
- 공정성을 고려한 훈련
- 윤리적 고려 사항

17.1 편향의 유형

LLM은 다양한 유형의 편향을 보일 수 있다.

- **표현 편향**: 훈련 데이터에 특정 집단이 과소 대표되거나 잘못된 방식으로 묘사될 때 발생한다. 예를 들어, 주로 피부가 밝은 사람의 얼굴 데이터로 훈련된 안면 인식 시스템은 훈련 데이터에 어두운 피부색 데이터가 부족하기 때문에, 피부색이 어두운 사람을 식별할 때 오류율이 훨씬 높게 나타날 수 있다.
- **언어적 편향**: AI가 서로 다른 집단을 묘사할 때 차별적인 언어를 사용하는 현상이다. 예를 들어, 똑같은 행동을 두고도 남성을 '단호한'이라고 라벨링하는 반면 여성을 '공격적'이라고 라벨링하는 식으로 성별에 따른 미묘한 차별적 패턴을 강화할 수 있다.
- **배정 편향**: 모델의 판단에 따라 기회나 자원을 불공평하게 분배하는 문제다. 자동화된 채용 시스템이 특정 대학 출신의 지원자를 체계적으로 더 높게 평가해, 자격과 관계없이 해당 기관 졸업생에게 면접 기회를 몰아주는 경우를 예로 들 수 있다.
- **서비스 품질 편향**: 집단에 따라 모델 성능에 차이가 나는 현상이다. 번역 프로그램이 영어, 스페인어, 중국어 같은 주요 언어는 정확하게 번역하지만, 화자 수가 적거나 훈련 데이터에서 대표성이 낮은 언어는 낮은 품질로 번역하는 경우가 그 예다.
- **고정관념 편향**: 언어 생성 과정에서 사회적 고정관념이 강화되는 현상이다. 예를 들어 AI 글쓰기 도우미가 다양한 배경의 인물에 대한 이야기를 완성하면서, 특정 인종에는 스포츠나 연예계 직업을 제안하고 다른 배경의 인물에게는 의사나 변호사 같은 전문직을 제안하는 경우가 그렇다.
- **명시적 · 암묵적 편향**: LLM에서의 명시적 편향은 훈련 데이터의 명백한 패턴, 예를 들어 원천 텍스트에 존재하는 고정관념에서 발생해 출력에서 명확히 식별 가능한 편향을 초래한다. 반면에 암묵적 편향은 더 미묘하며, 데이터 기저의 통계적 상관관계에서 나타나며, 직접적인 의도 없이 숨은 편향을 강화할 수 있는 방식으로 응답을 형성한다. 명시적 편향은 필터링이나 파인튜닝을 통해 감지 및 완화할 수 있는 경우가 많지만, 암묵적 편향은 식별하기 어려워 편향 인식 훈련 기법이나 모델 출력의 정기적 감사와 같은 더 깊이 있는 개입이 필요하다.
- **숨은 편향**: 훈련 데이터나 모델 설계, 배포 과정에서 내린 선택들이 응답을 미묘하게 왜곡하면서 고정관념을 강화하거나 특정 관점을 배제할 때 발생한다. 이로 인해 기존 편견이 더 굳어지거나 특정 시각이 배제될 수 있다. 주로 훈련 데이터에 일부 관점이 지나치게 많이 반영되어 나타나며, 성차별적 언어, 특정 문화 선호, 정치적 성향 등으로 드러난다.

알고리즘이 이런 편향을 더욱 키우면 질문하는 방식에 따라 답변이 일관성 없이 나오거나 왜곡될 수 있다. 이 문제를 해결하려면 다양한 데이터셋을 확보하고, 편향에 대한 감사를 실시하며, 윤리적 기준에 따라 파인튜닝을 수행해야 한다. 이를 통해 모델이 균형 잡히고 공정한 출력을 생성할 수 있으며, 윤리적 범위 내에서 사용자 맞춤 조정도 가능해진다.

데이터셋에서 표현 편향을 확인하는 방법의 예를 보자(지면이 제한되므로 한 가지만 소개한다).

```python
import pandas as pd
from collections import Counter

def analyze_representation(texts, attribute_list):
    attribute_counts = Counter()
    for text in texts:
        for attribute in attribute_list:
            if attribute.lower() in text.lower():
                attribute_counts[attribute] += 1

    total = sum(attribute_counts.values())
    percentages = {attr: count/total*100 for attr, count in attribute_counts.items()}

    return pd.DataFrame({
        'Attribute': percentages.keys(), 'Percentage': percentages.values()
    }).sort_values('Percentage', ascending=False)

# 사용 예
texts = [
    "The CEO announced a new policy.",
    "The nurse took care of the patient.",
    "The engineer designed the bridge.",
    # ... 추가 텍스트
]

gender_attributes = ['he', 'she', 'his', 'her', 'him', 'her']
representation_analysis = analyze_representation(texts, gender_attributes)

print(representation_analysis)
```

이 코드는 텍스트 모음에서 성별 관련 용어 사용 양상을 분석해, 데이터셋에서 잠재적인 성차별을 파악하는 데 도움이 된다.

17.2 LLM 텍스트 생성 및 이해를 위한 공정성 지표

공정성 지표는 주로 모델 성능이나 출력을 서로 다른 인구 집단 간에 비교하는 데 중점을 둔다.

여기 몇 가지 예시가 있다.

- **텍스트 분류를 위한 인구통계적 패리티 차이**: 가장 선호되는 집단과 가장 덜 선호되는 집단 간의 양성(positive) 예측 비율 차이를 측정한다.

```python
from sklearn.metrics import confusion_matrix
import numpy as np

def demographic_parity_difference(y_true, y_pred, protected_attribute):
    groups = np.unique(protected_attribute)

    dps = []
    for group in groups:
        mask = protected_attribute == group
        cm = confusion_matrix(y_true[mask], y_pred[mask])
        dp = (cm[1, 0] + cm[1, 1]) / cm.sum()
        dps.append(dp)

    return max(dps) - min(dps)

# 사용 예
y_true = [0, 1, 1, 0, 1, 0, 1, 1]
y_pred = [0, 1, 0, 0, 1, 1, 1, 1]
protected_attribute = ['A', 'A', 'B', 'B', 'A', 'B', 'A', 'B']

dpd = demographic_parity_difference(y_true, y_pred, protected_attribute)
print(f"인구통계적 패리티 차이: {dpd}")
```

이 코드는 보호 속성에 의해 정의된 그룹 간의 인구통계적 패리티 차이를 계산하는 demographic_parity_difference 함수를 정의한다. 이 함수는 실제 라벨(y_true), 예측 라벨(y_pred), 보호 속성 값을 입력으로 받는다. 보호 속성의 각 고유 집단에 대해, 해당 예측의 하위 집합을 분리하기 위한 불 마스크를 생성하고, 해당 집단에 대한 혼동 행렬을 계산한다. 각 그룹의 인구통계적 패리티(demographic parity, DP)는 해당 그룹의 전체 예측 중 양성 예측(참/거짓 무관)의 비율로 계산되며, 특히 (cm[1, 0] + cm[1, 1]) / cm.sum()을 사용해 실제 긍정(잘못 분류된 것과 올바르게 분류된 것 모두)의 수를 전체로 나눈 값에 해당한다. 이러한 DP 값을 저장하고, 최종적으로 집단 간 불균형을 나타내는 최대 차이를 반환한다. 예제는 더미 데이터를 사용해 이를 시연하며, 그룹 'A'와 'B' 간의 DP 차이를 출력한다.[2]

- **텍스트 분류를 위한 기회 균등 차이**(eqaul opportunity difference, EOD): 가장 선호되는 집단과 가장 덜 선호되는 집단 간의 진양성률 차이를 측정한다.

```
def equal_opportunity_difference(y_true, y_pred, protected_attribute):
    groups = np.unique(protected_attribute)

    tprs = []
    for group in groups:
        mask = (protected_attribute == group) & (y_true == 1)
        tpr = np.mean(y_pred[mask] == y_true[mask])
        tprs.append(tpr)

    return max(tprs) - min(tprs)

# 사용 예
eod = equal_opportunity_difference(y_true, y_pred, protected_attribute)
print(f"기회 균등 차이: {eod}")
```

이 코드는 보호 속성에 의해 정의된 집단 간의 진양성률 차이를 계산해 모델이 해당 집단 간에 긍정적인 사례를 얼마나 공평하게 식별하는지를 측정한다.

모델 출력의 공정성을 측정하고 이해하기 위한 지표들을 알아봤으니, 이제 실제로 편향을 감지하는 기술을 배워보자. 앞서 본 지표를 바탕으로 체계적인 테스트 접근법을 개발하겠다.

17.3 편향 감지

다양한 인구 집단이나 입력 유형에 따른 모델 출력의 차이를 분석함으로써 LLM의 편향을 감지할 수 있다. 몇 가지 기법을 알아보자.

---

[2] (옮긴이) 예시 코드는 거짓 음성과 참 양성을 더한 실제 양성 비율을 계산하고 있어, 인구통계적 패리티가 의미하는 양성 예측 비율과 맞지 않다. 여기서 혼동 행렬은 불필요하며 각 그룹별로 예측값이 1인 비율을 직접 계산해 차이를 구해야 한다.

- **단어 임베딩**: 직업 단어(profession words)들을 성별 방향 벡터에 투영한 결과를 비교함으로써 단어 임베딩의 성별 편향을 측정한다.[3]

```python
from gensim.models import KeyedVectors
import numpy as np

def word_embedding_bias(model, male_words, female_words, profession_words):
    male_vectors = [model[word] for word in male_words if word in model.key_to_index]
    female_vectors = [
        model[word] for word in female_words if word in model.key_to_index
    ]
    
    male_center = np.mean(male_vectors, axis=0)
    female_center = np.mean(female_vectors, axis=0)
    
    gender_direction = male_center - female_center
    
    biases = []
    for profession in profession_words:
        if profession in model.key_to_index:
            bias = np.dot(model[profession], gender_direction)
            biases.append((profession, bias))
    
    return sorted(biases, key=lambda x: x[1], reverse=True)

# 사용 예
model = KeyedVectors.load_word2vec_format('path_to_your_embeddings.bin', binary=True)

male_words = ['he', 'man', 'boy', 'male', 'gentleman']
female_words = ['she', 'woman', 'girl', 'female', 'lady']
profession_words = ['doctor', 'nurse', 'engineer', 'teacher', 'CEO']

biases = word_embedding_bias(model, male_words, female_words, profession_words)
for profession, bias in biases:
    print(f"{profession}: {bias:.4f}")
```

이 코드는 단어 임베딩에서 성별 편향을 측정하는데, 먼저 남성과 여성 용어에 대한 평균 벡터를 생성하고, 그들 사이의 성별 방향 벡터를 계산한 후, 다양한 직업 단어들이 이 성별 축과 얼마나 밀접하게 정렬되는지를 내적(dot product)

---

3 (옮긴이) 예시 코드는 문장 내 직업·성별 단어가 동시에 출현하는지만 확인한다. 참조 관계를 분석해 성별 편향을 평가하려면 추가 구현이 필요하다.

계산을 통해 측정한다. 이 함수는 편향 점수에 따라 직업을 정렬해 반환하며, 양의 값은 남성 연관성을, 음의 값은 여성 연관성을 나타내어 사용자가 언어 모델에 내재된 성 역할 고정관념을 정량화할 수 있게 한다.

- **감정 분석**: 다양한 그룹에 걸쳐 감정을 분석해 잠재적인 편향을 감지할 수 있다.

```python
from transformers import pipeline

def analyze_sentiment_bias(
    texts, groups, model_name="distilbert-base-uncased-finetuned-sst-2-english"
):
    sentiment_analyzer = pipeline("sentiment-analysis", model=model_name)
    results = {group: {'positive': 0, 'negative': 0} for group in set(groups)}

    for text, group in zip(texts, groups):
        sentiment = sentiment_analyzer(text)[0]
        results[group][sentiment['label'].lower()] += 1

    for group in results:
        total = results[group]['positive'] + results[group]['negative']
        results[group]['positive_ratio'] = results[group]['positive'] / total

    return results

# 사용 예
texts = [
    "The man is very intelligent.",
    "The woman is very intelligent.",
    "The man is a great leader.",
    "The woman is a great leader.",
]
groups = ['male', 'female', 'male', 'female']
bias_results = analyze_sentiment_bias(texts, groups)
print(bias_results)
```

이 코드는 다양한 인구 집단 간의 감정 편향을 분석하기 위해 transformers 라이브러리의 사전 학습된 감정 분석 모델을 사용한다. 이 코드는 텍스트 목록과 해당 그룹 레이블을 받아 각 텍스트를 감정 분석기를 통해 처리하고, 각 그룹에 대한 긍정적 및 부정적 감정 수를 집계한다. 그 후, 함수는 각 그룹의 '긍정 비율'(긍정적으로 분류된 텍스트의 비율)을 계산해 그룹 간 감정 분포를 비교할 수 있다. 예에서는 지능과 리더십에 대한 동일한 진술이 남성과 여성에게 귀속될 때 어떻게 분류되는지를 분석해 잠재적인 성별 편향을 구체적으로 조사하고 있으며, 이는 기본 언어 모델이 동일한 특성을 성별 연관성에 따라 다르게 처리하는지를 드러낼 수 있다.

- **공동참조 해결**(coreference resolution): 텍스트 내 단어들의 참조 관계를 분석해 잠재적인 직업-성별 편향을 감지할 수 있다.[4]

```python
import spacy

def analyze_coreference_bias(texts, occupations, genders):
    nlp = spacy.load("en_core_web_sm")
    results = {gender: {occ: 0 for occ in occupations} for gender in genders}
    counts = {gender: 0 for gender in genders}
    
    for text in texts:
        doc = nlp(text)
        occupation = None
        gender = None
        
        for token in doc:
            if token.text.lower() in occupations:
                occupation = token.text.lower()
            if token.text.lower() in genders:
                gender = token.text.lower()
        
        if occupation and gender:
            results[gender][occupation] += 1
            counts[gender] += 1
    
    for gender in results:
        for occ in results[gender]:
            results[gender][occ] /= counts[gender]
    
    return results

# 사용 예
texts = [
    "The doctor examined her patient. She prescribed some medication.",
    "The nurse took care of his patients. He worked a long shift.",
    # ... 추가 텍스트
]
occupations = ['doctor', 'nurse', 'engineer', 'teacher']
genders = ['he', 'she']
```

---

4 (옮긴이) 예시 코드는 문장 내 직업·성별 단어가 동시에 출현하는지만 확인한다. 참조 관계를 분석해 성별 편향을 평가하려면 추가 구현이 필요하다.

```
bias_results = analyze_coreference_bias(texts, occupations, genders)
print(bias_results)
```

코드에서 analyze_coreference_bias 함수는 spaCy의 NLP 파이프라인을 사용해 텍스트에서 특정 성별 대명사(예: 'he'와 'she')가 특정 직업(예: 'doctor', 'nurse')과 얼마나 자주 함께 나타나는지를 분석함으로써 잠재적인 성별 편향을 평가한다. 이 함수는 spaCy 언어 모델을 초기화하고, 각 성별–직업 쌍의 발생 횟수를 세기 위한 중첩 사전과 각 성별의 개별 카운트를 생성한다. 각 입력 텍스트에 대해 내용을 토큰화하고 미리 정의된 직업과 성별 대명사가 나타나는지 식별하며, 둘 다 존재할 경우 해당 카운터를 증가시킨다. 모든 텍스트 처리 후에는 각 성별의 직업 카운트를 해당 성별 언급 총수로 정규화해, 주어진 데이터셋에서 각 직업과 각 성별 간의 상대적 연관성을 나타내는 비율을 산출한다. 함수는 이 정규화된 결과를 반환하며, 이는 사용 예에서 출력된다.

다음으로, 지금까지 살펴본 탐지 방법을 바탕으로 편향을 줄이기 위한 실질적인 전략을 탐구한다. 단순한 진단을 넘어서, 편향을 실제로 완화하는 방법을 알아본다.

17.4 편향 제거 전략

LLM의 편향 제거는 활발한 연구 분야다. 대표적인 전략 몇 가지를 소개한다.

- **데이터 증강**(3장 참조): 다음 코드에서는 성별 단어를 교체하는 방식으로 데이터셋을 증강해 성별 표현의 균형을 맞춘다.[5]

```
import random

def augment_data(texts, male_words, female_words):
    augmented_texts = []
    for text in texts:
        words = text.split()
        for i, word in enumerate(words):
            if word.lower() in male_words:
                female_equivalent = female_words[male_words.index(word.lower())]
                new_text = ' '.join(words[:i] + [female_equivalent] + words[i+1:])
                augmented_texts.append(new_text)
            elif word.lower() in female_words:
                male_equivalent = male_words[female_words.index(word.lower())]
```

---

[5] (옮긴이) 예제는 doctor–his, nurse–her처럼 특정 직업과 성별 대명사가 연결된 편향을 완화하기 위해 대명사를 다양화하는 것을 보여준다. 한국어 모델과 데이터셋에도 이와 유사한 편향이 존재하며 완화 방법이 연구되고 있다.

```
                new_text = ' '.join(words[:i] + [male_equivalent] + words[i+1:])
                augmented_texts.append(new_text)
    return texts + augmented_texts

# 사용 예
texts = [
    "The doctor examined his patient.",  # 의사가 (그의) 환자를 검진했다
    "The nurse took care of her patients.",  # 간호사가 (그녀의) 환자를 돌봤다
]
male_words = ['he', 'his', 'him']
female_words = ['she', 'her', 'her']

augmented_texts = augment_data(texts, male_words, female_words)
print(augmented_texts)
```

- **편향 파인튜닝**: 다음 코드는 편향된 단어를 더 중립적인 대안으로 바꾸도록 언어 모델을 파인튜닝한다.

```
from transformers import (
    AutoModelForCausalLM, AutoTokenizer, TrainingArguments, Trainer)
import torch

def create_debiasing_dataset(biased_words, neutral_words):
    inputs = [f"The {biased} person" for biased in biased_words]
    targets = [f"The {neutral} person" for neutral in neutral_words]
    return inputs, targets

def fine_tune_for_debiasing(model, tokenizer, inputs, targets, epochs=3):
    input_encodings = tokenizer(inputs, truncation=True, padding=True)
    target_encodings = tokenizer(targets, truncation=True, padding=True)

    dataset = torch.utils.data.TensorDataset(
        torch.tensor(input_encodings['input_ids']),
        torch.tensor(input_encodings['attention_mask']),
        torch.tensor(target_encodings['input_ids'])
    )
```

```python
    training_args = TrainingArguments(
        output_dir='./results',
        num_train_epochs=epochs,
        per_device_train_batch_size=8,
        warmup_steps=500,
        weight_decay=0.01,
        logging_dir='./logs',
    )

    trainer = Trainer(
        model=model,
        args=training_args,
        train_dataset=dataset,
    )

    trainer.train()
    return model

# 사용 예
model_name = "gpt2"
model = AutoModelForCausalLM.from_pretrained(model_name)
tokenizer = AutoTokenizer.from_pretrained(model_name)

biased_words = ['bossy', 'emotional', 'hysterical']
neutral_words = ['assertive', 'passionate', 'intense']
inputs, targets = create_debiasing_dataset(biased_words, neutral_words)
debiased_model = fine_tune_for_debiasing(model, tokenizer, inputs, targets)
```

17.5 공정성을 고려한 훈련

머신러닝에서 공정성 제약은 모델 예측이 다양한 인구집단에 걸쳐 원하는 통계적 속성을 유지하도록 해 특정 공정성 개념을 정량화하고 강제하는 수학적 방법이다. 이는 일반적으로 인구통계적 패리티(집단 간 동일한 긍정 예측 비율), 균등화된 오즈(동일한 참 양성과 거짓 양성 비율), 또는 개체 공정성(유사한 개체가 유사한 예측을 받는 것)과 같은 조건을 표현한다. 이들은 정규화 항으로 모델 최적화에 직접 통합되거나 후처리 단계로 강제될 수 있다. 개발자는 이러한 제약을 명시적으로 모델링해 알고리즘 편향을 완화하고, 인종, 성별, 나이 같은 보호 속성에 관계없이 더 공정한 결과를 보장할 수 있다. 이는 전통적인 정확도 목표와, 예측 시스템이 여러 집단에 미치는 윤리적 영향을 함께 고려하는 접근법이다.

공정성 제약을 훈련 과정에 직접 통합하면 더 공정한 모델을 만드는 데 도움이 된다. 다음은 간단한 예시다.

```python
import torch
import torch.nn as nn
import torch.optim as optim

class FairClassifier(nn.Module):
    def __init__(self, input_size, hidden_size, num_classes):
        super(FairClassifier, self).__init__()
        self.fc1 = nn.Linear(input_size, hidden_size)
        self.fc2 = nn.Linear(hidden_size, num_classes)

    def forward(self, x):
        x = torch.relu(self.fc1(x))
        return self.fc2(x)

def fair_loss(outputs, targets, protected_attributes, lambda_fairness=0.1):
    criterion = nn.CrossEntropyLoss()
    task_loss = criterion(outputs, targets)

    # 인구통계적 패리티
    group_0_pred = outputs[protected_attributes == 0].mean(dim=0)
    group_1_pred = outputs[protected_attributes == 1].mean(dim=0)
    fairness_loss = torch.norm(group_0_pred - group_1_pred, p=1)

    return task_loss + lambda_fairness * fairness_loss

def train_fair_model(model, train_loader, epochs=10, lr=0.001, lambda_fairness=0.1):
    optimizer = optim.Adam(model.parameters(), lr=lr)
```

```python
    for epoch in range(epochs):
        for inputs, targets, protected_attributes in train_loader:
            optimizer.zero_grad()
            outputs = model(inputs)
            loss = fair_loss(
                outputs, targets,
                protected_attributes, lambda_fairness
            )
            loss.backward()
            optimizer.step()

        print(f'Epoch {epoch+1}/{epochs}, Loss: {loss.item():.4f}')

    return model

# 사용 예(데이터를 이미 준비했다고 가정)
input_size = 10
hidden_size = 50
num_classes = 2

model = FairClassifier(input_size, hidden_size, num_classes)
train_loader = ...  # DataLoader를 지정

fair_model = train_fair_model(model, train_loader)
```

이 코드는 인종이나 성별 같은 보호 속성에 대해 공정한 분류를 목표로 하는 신경망 분류기를 구현한다. FairClassifier 클래스는 간단한 2계층 신경망을 정의하고, fair_loss 함수는 표준 분류 손실과 인구 통계 그룹 간에 예측이 다를 때 모델에 불이익을 주는 공정성 제약 조건을 결합한다. train_fair_model 함수는 이 결합된 손실을 적용해 정확도와 공정성의 균형을 맞추면서 모델 파라미터를 최적화하는 훈련 루프를 처리한다.

이 모델은 손실 함수에 공정성 페널티 항을 포함해(lambda_fairness로 가중치 부여) 다양한 보호 그룹 간에 유사한 예측을 하도록 명시적으로 훈련되어 잠재적인 편향을 해결한다. 이는 공정한 머신러닝에 대한 '제약 기반' 접근법으로, 공정성 목표가 후처리 단계로 적용되는 것이 아니라 최적화 과정에 직접 통합되는 방식이다. 작업 성능과 공정성 간의 균형은 lambda_fairness 하이퍼파라미터로 조절할 수 있다.

17.6 윤리적 고려 사항

공정하고 편견 없는 LLM을 개발하는 것은 기술적 과제일 뿐만 아니라 윤리적 의무이기도 하다. 주요 윤리적 고려 사항은 다음과 같다.

- **투명성**: 모델의 한계와 잠재적 편향을 공개해야 한다.
- **다양한(diverse) 개발 팀**: 개발 과정에서 다양한 관점을 보장해 잠재적인 편향을 식별하고 완화하는 데 도움을 준다.
- **정기 감사**: LLM의 수명 주기 동안 정기적으로 편향 및 공정성 감사를 실시한다.
- **맥락적 배포**: 다양한 애플리케이션에 LLM을 배포할 때의 특정한 맥락과 잠재적인 영향을 고려한다.
- **계속적인 연구**: AI 윤리와 공정성에 관한 최신 연구를 지속해서 파악하고 모델을 계속 개선한다.
- **사용자 교육**: 잠재적 편향을 포함해 LLM의 능력과 한계를 사용자에게 교육한다.
- **피드백 메커니즘**: 배포된 모델에서 불공정하거나 편향된 출력을 식별하고 다루기 위해 강건한 피드백 메커니즘을 구현한다. 피드백 루프가 데이터의 패턴을 증폭시켜 편향을 강화하고, 자기 지속적인 오류(self-perpetuating errors)를 초래할 수 있음을 염두에 둔다. AI 시스템의 출력이 콘텐츠 추천, 채용, 위험 평가 등에서 미래의 입력에 영향을 미치는 경우, 작은 편향도 시간이 지남에 따라 복합적으로 작용해 다양성을 해치고 고정관념을 강화하며 의사결정을 왜곡할 수 있다.

다음은 간단한 피드백 시스템을 구현하는 방법의 예다.

```python
import sqlite3
from datetime import datetime

class FeedbackSystem:
    def __init__(self, db_name='feedback.db'):
        self.conn = sqlite3.connect(db_name)
        self.cursor = self.conn.cursor()
        self.cursor.execute('''
            CREATE TABLE IF NOT EXISTS feedback
            (id INTEGER PRIMARY KEY AUTOINCREMENT,
             model_output TEXT,
             user_feedback TEXT,
             timestamp DATETIME)
        ''')
        self.conn.commit()
```

```python
    def record_feedback(self, model_output, user_feedback):
        self.cursor.execute('''
            INSERT INTO feedback (model_output, user_feedback, timestamp)
            VALUES (?, ?, ?)
        ''', (model_output, user_feedback, datetime.now()))
        self.conn.commit()

    def get_recent_feedback(self, limit=10):
        self.cursor.execute('''
            SELECT model_output, user_feedback, timestamp
            FROM feedback
            ORDER BY timestamp DESC
            LIMIT ?
        ''', (limit,))
        return self.cursor.fetchall()

    def close(self):
        self.conn.close()

# 사용 예시
feedback_system = FeedbackSystem()

# 모델 출력과 사용자 피드백 예시
model_output = "The CEO made her decision."  # CEO가 (그녀의) 결정을 내렸다
user_feedback = "편향된 모델: CEO가 여성이라고 가정함"
feedback_system.record_feedback(model_output, user_feedback)

# 최근 피드백 검색
recent_feedback = feedback_system.get_recent_feedback()
for output, feedback, timestamp in recent_feedback:
    print(f"모델 출력: {output}")
    print(f"피드백: {feedback}")
    print(f"타임스탬프: {timestamp}")
    print()

feedback_system.close()
```

이 코드는 모델 출력에 대한 사용자 피드백을 저장하기 위해 간단한 SQLite 데이터베이스를 설정한다. 이는 잠재적인 편향된 모델이나 문제를 식별하기 위해 정기적으로 검토될 수 있다.

17.7 요약

이 장에서는 LLM의 공정성과 편향을 다뤘다. 인구통계적 패리티, 기회 균등, 균등화된 오즈와 같은 다양한 공정성 정의를 이해하는 데 집중했다. 학습된 표현, 언어적, 할당, 서비스 품질, 고정관념적 편향을 포함해 LLM에서 발생할 수 있는 편향의 유형을 탐색했으며, 인구통계적 패리티 차이와 기회 균등 차이와 같은 지표를 통해 이를 탐지하고 정량화하는 기술도 다뤘다.

앞서 소개한 공정성 정의와 편향 탐지 지표를 실제 코드에 적용해 보는 과정을 통해, 편향을 분석하는 방법을 구체적으로 살펴봤다. 이어서 데이터 증강, 편향 인식 파인튜닝, 공정성 인식 훈련 등 다양한 편향 완화 전략을 다루며 실행 가능한 개선 방안을 제시했다. 끝으로, 투명성, 다양한 개발 팀 구성, 정기적인 감사, 사용자 피드백 시스템 등 윤리적 고려 사항에 대해서도 다뤘다. 이러한 역량을 바탕으로, 사용자는 LLM에서 편향을 감지하고, 측정하며, 해결할 수 있으며, 더 공정하고 투명한 AI 시스템을 구축하는 데 직접적으로 기여할 수 있다.

LLM의 공정성 지표들은 각기 다른 공정성 측면을 우선시하기 때문에 종종 충돌한다. 예를 들어, 인구통계적 패리티(집단 간 동일한 결과를 보장)는 균등화된 오즈(집단 간 거짓 양성률과 거짓 음성률을 비슷하게 맞춤)와 충돌할 수 있다. 특히 집단별 기본 비율이 다를 경우, 두 기준을 동시에 만족시키기 어렵다. 이와 마찬가지로, 보정(예측 확률이 실제 결과를 정확히 반영하도록 보장)은 균등화된 오즈와 상충할 수 있는데, 이는 예측이 잘 보정된 모델이라도 집단 간 오류율 차이가 발생할 수 있기 때문이다. 추가로, 개체 공정성(유사한 개체를 유사하게 대우하는 것)은 집단 공정성과 상충될 수 있다. 이는 인구집단 간 형평성을 강제하며, 때로는 차별적 대우를 요구하기 때문이다. 이러한 공정성 지표들 간의 충돌은 AI 모델이 다양한 공정성 목표 사이에서 균형을 잡는 것이 얼마나 어려운지를 잘 보여준다.

다음 장에서는 LLM을 위한 고급 프롬프트 엔지니어링 기법을 살펴본다.

18장

적대적 강건성

적대 공격(adversarial attacks)은 LLM의 입력에 작고 눈에 잘 띄지 않는 변화를 가함으로써 모델의 출력을 조작하려는 의도로 설계된다. 이런 방식은 LLM의 취약점을 드러낼 수 있고, 실제 응용 분야에서 보안상 위험이나 예기치 않은 행동으로 이어질 수 있다.

이 장에서는 LLM에서 **적대적 예제(adversarial examples)**를 생성하고 방어하는 기법을 알아보겠다. 적대적 예제는 모델을 의도적으로 오도해 부정확하거나 예상치 못한 출력을 생성하도록 교묘하게 설계된 입력이다. 텍스트 적대 공격, 이러한 예제를 생성하는 방법, 모델을 더욱 견고하게 만드는 기법에 대해 알아본다. 또한 평가 방법을 다루고 LLM에 대한 적대 공격의 실제 영향에 대해 논의한다.

이 장에서는 다음 주제를 다룬다.

- 텍스트 공격의 유형
- 적대 훈련 기법
- 강건성 평가
- LLM의 적대 훈련에서의 절충점
- 실제 세계에서의 함의

18.1 텍스트 적대 공격의 유형

텍스트 적대 공격(textual adversarial attacks)은 모델이 잘못된 예측을 하도록 텍스트 입력을 미묘하게 수정하는 것을 포함하며, 사람의 눈에는 잘 띄지 않는 경우가 많다.

세 가지 수준의 공격에 유의해야 한다.

- **문자 수준 공격**: 단어 내의 개별 문자를 수정
- **단어 수준 공격**: 단어를 동의어나 유사한 단어로 교체
- **문장 수준 공격**: 의미를 보존하면서 문장 구조를 수정

네 번째로 고려할 공격 유형은 **범용 적대 트리거(universal adversarial trigger)**다. 이는 특정 구문을 추가하는 것만으로도 모델이 다양한 입력에 대해 오작동하게 만드는 공격이다.

범용 적대 트리거는 다음과 같은 여러 과제에 존재할 수 있다.

- **감정 분석**: 영화 리뷰를 '긍정' 또는 '부정'으로 분류하도록 훈련된 감정 분석 모델을 상상해 보자. 'invisible carpet notebook'과 같은 겉보기에 무의미해 보이는 구문이 범용 적대 트리거일 수 있다. 이 트리거가 "This movie was fantastic" 같은 다양한 긍정적 리뷰에 추가되어 "This movie was fantastic invisible carpet notebook"이 되면, 모델은 이를 '부정'으로 오분류할 수 있다. 마찬가지로, "연기가 정말 좋았다"와 같은 다른 긍정적 리뷰에 동일한 트리거를 추가하면 예측이 '부정'으로 바뀔 수도 있다.
- **텍스트 분류(예: 주제 식별)**: 뉴스 기사를 스포츠, 정치, 기술 등의 범주로 분류하는 모델을 생각해 보자. 'the the grand elephant'가 범용 적대 트리거일 수 있다. 이 트리거를 'The team won the championship'과 같은 스포츠 기사에 추가해 'The team won the championship the the grand elephant'로 만들면 모델이 이를 정치 기사로 잘못 분류할 수 있다. 마찬가지로 새로운 전자제품에 대한 기술 기사에 추가해 오분류를 일으킬 수 있다.
- **자연어 추론(NLI)**: NLI에서 모델은 두 문장 간의 관계—함의(entailment), 모순(contradiction), 중립(neutral) 등—를 판별한다. 'always dance quickly'와 같은 트리거는 일관적으로 '함의' 예측을 강제하도록 설계될 수 있다. 예를 들어, 전제가 "A person is walking."이고 가설이 "A person is moving."인 경우, 모델은 '함의'를 올바르게 예측할 것이다. 그러나 전제에 트리거를 추가하면, "A person is walking always dance quickly."가 되어 관계가 불분명하거나 심지어 말이 안 되더라도 모델이 여전히 '함의'를 예측하도록 속을 수 있다.

간단하게 설명하기 위해 이 섹션에서는 두 가지 유형의 공격에 대해 설명하겠다. 먼저 간단한 문자 수준 공격을 구현해 보겠다.

```
import random
import string

def character_level_attack(text, prob=0.1):
    def modify_char(c):
        if random.random() < prob:
            return random.choice(string.ascii_letters) if c.isalpha() else c
        return c
    return ''.join(modify_char(c) for c in text)

# 사용 예
original_text = "The quick brown fox jumps over the lazy dog."
attacked_text = character_level_attack(original_text)
print(f"원문: {original_text}")
print(f"공격: {attacked_text}")
```

이 코드의 character_level_attack 함수는 원본 텍스트를 교묘하게 변조하는 기능을 한다. 작동 원리는 다음과 같다. 텍스트의 각 문자를 하나씩 살펴보면서, prob 매개변수에서 정한 확률(기본값 0.1)에 따라 그 문자를 바꿀지 결정한다. 만약 바꾸기로 결정되고 그 문자가 알파벳이라면, 완전히 다른 대소문자로 무작위 교체한다. 하지만 공백이나 구두점 같은 기호들은 건드리지 않고 그대로 둔다. 이렇게 일부 문자가 바뀐 채로 다시 조립하면 원문과 비슷하지만 미묘하게 다른 '공격' 텍스트가 완성된다.

이 코드의 출력은 두 줄을 표시한다. 첫 번째 줄은 "**원문:**" 라벨과 함께 초기 입력 텍스트 "The quick brown fox jumps over the lazy dog."를 보여준다. 두 번째 줄은 "**공격:**" 라벨과 함께 수정된 텍스트를 제시한다. prob 값에 기반한 문자 대체의 무작위성으로 인해, "**공격:**" 텍스트는 알파벳 문자가 다른 무작위 문자로 대체될 가능성이 있다. 예를 들어, "The"는 "Tge"가 될 수 있고, "quick"은 "quicj"로 바뀔 수 있다. 선택 과정은 무작위로 이뤄지므로, 대체되는 문자 개수와 위치는 코드가 실행될 때마다 달라진다.

이번에는 동의어 대체를 사용해 더욱 정교한 단어 수준 공격을 구현해 보겠다.

```
import nltk
from nltk.corpus import wordnet

nltk.download('wordnet')
nltk.download('averaged_perceptron_tagger')
```

```python
def get_synonyms(word, pos):
    synonyms = set()
    for syn in wordnet.synsets(word):
        if syn.pos() == pos:
            synonyms.update(lemma.name() for lemma in syn.lemmas() if lemma.name() != word)
    return list(synonyms)
```

이 함수는 주어진 단어의 품사에 따라 동의어를 검색한다. 영어의 어휘 데이터베이스인 WordNet을 사용해 원래 단어와 다른 동의어를 찾는다.

이제, 단어 수준 공격을 구현해 보자.

```python
def word_level_attack(text, prob=0.2):
    words = nltk.word_tokenize(text)
    pos_tags = nltk.pos_tag(words)
    
    attacked_words = []
    for word, pos in pos_tags:
        if random.random() < prob:
            wordnet_pos = {'NN': 'n', 'JJ': 'a', 'VB': 'v', 'RB': 'r'}.get(pos[:2])
            if wordnet_pos:
                synonyms = get_synonyms(word, wordnet_pos)
                if synonyms:
                    attacked_words.append(random.choice(synonyms))
                    continue
        attacked_words.append(word)
    
    return ' '.join(attacked_words)

# 사용 예
original_text = "The intelligent scientist conducted groundbreaking research."
attacked_text = word_level_attack(original_text)
print(f"원문: {original_text}")
print(f"공격: {attacked_text}")
```

이 코드는 입력 텍스트의 일부 단어를 동의어로 무작위로 대체해 미묘하게 변경된 버전을 생성하려고 시도하는 함수 word_level_attack을 정의한다. 먼저 입력 텍스트를 개체 단위로 토큰화한 후 각 단어에 대한 품사(POS) 태그를 결정한다. 각 단어에 대해, 해당 단어가 대체 대상으로 선택될 확률이 있다(`prob` 매개변수로 설정되며 기본값은 `0.2`다). 단어가 선택되면, 해당 단어의 품사 태그를 사용해 WordNet 어휘 데이터베이스에서 잠재적인 동의어를 찾는다. 동의어가 발견되면, 무작위 동의어가 출력에서 원래 단어를 대체한다. 그렇지 않으면, 원래 단어가 유지된다.

이 코드의 출력은 두 줄로 표시된다. 첫 번째 줄은 "**원문:**" 라벨이 붙어 있으며, 초기 입력 텍스트 "`The intelligent scientist conducted groundbreaking research.`"를 보여준다. 두 번째 줄은 "**공격:**" 라벨이 붙어 있으며, 수정된 텍스트를 제시한다. `prob` 값에 기반한 단어 대체의 무작위성으로 인해 "**공격:**" 텍스트는 아마도 몇몇 단어가 동의어로 대체될 것이다. 예를 들어, 'intelligent'는 'smart' 또는 'clever'로, 'conducted'는 'carried_out' 또는 'did'로, 'groundbreaking'은 'innovative' 또는 'pioneering'으로 대체될 수 있다. 단어와 동의어가 무작위로 선택되므로, 코드가 실행될 때마다 다른 결과가 나온다.

18.2 적대 훈련 기법

적대 훈련(adversarial training)은 훈련 과정에서 모델을 적대적 예제에 노출시켜 강건성을 높이는 것이다. 다음은 LLM에 대해 적대 학습을 구현하는 간단한 예다.

```
import torch

def adversarial_train_step(model, inputs, labels, epsilon=0.1):
    embeds = model.get_input_embeddings()(inputs["input_ids"])
    embeds.requires_grad = True

    outputs = model(inputs, inputs_embeds=embeds)
    loss = torch.nn.functional.cross_entropy(outputs.logits, labels)

    loss.backward()
    perturb = epsilon * embeds.grad.detach().sign()
    adv_embeds = embeds + perturb

    adv_outputs = model(inputs_embeds=adv_embeds)
    adv_loss = torch.nn.functional.cross_entropy(adv_outputs.logits, labels)

    return 0.5 * (loss + adv_loss)
```

이 함수는 적대 훈련의 한 단계를 수행한다. 이 함수는 **빠른 경사 부호 방법**(Fast Gradient Sign Method, **FGSM**)을 사용해 적대적 교란을 일으키고 깨끗한 입력과 적대적 입력의 손실을 결합한다. FGSM은 입력 데이터에 대한 손실 함수의 경사를 계산한 다음 경사의 부호 방향에 작은 교란을 일으켜 적대적 예제를 효율적으로 생성하는 단일 단계 적대 공격이다. 작은 엡실론으로 스케일링된 이 교란은 모델의 예측 오차를 최대화해 사람이 거의 감지할 수 없는 수준으로 오분류를 유발하는 것을 목표로 한다.

전체 훈련 루프에서 이를 사용하려면 다음 함수를 사용한다.

```python
def adversarial_train(model, train_dataloader, optimizer, num_epochs=3):
    for epoch in range(num_epochs):
        for batch in train_dataloader:
            inputs, labels = batch
            loss = adversarial_train_step(model, inputs, labels)
            optimizer.zero_grad()
            loss.backward()
            optimizer.step()
    return model
```

이 함수는 훈련 데이터를 순회하며 각 배치에 대해 적대 훈련 단계를 수행한다. 깨끗한 입력과 적대적 입력에서의 결합된 손실을 사용해 모델 매개변수를 업데이트한다.

18.3 강건성 평가

LLM의 강건함을 평가하기 위해, 깨끗한 입력과 적대적 입력 모두에서의 성능을 측정할 수 있다.

```python
def evaluate_robustness(model, tokenizer, test_dataset, attack_function):
    model.eval()
    clean_preds, adv_preds, labels = [], [], []

    for item in test_dataset:
        inputs = tokenizer(item['text'], return_tensors='pt', padding=True, truncation=True)
        with torch.no_grad():
            clean_output = model(inputs).logits
        clean_preds.append(torch.argmax(clean_output, dim=1).item())
```

```python
        adv_text = attack_function(item['text'])
        adv_inputs = tokenizer(adv_text, return_tensors='pt', padding=True, truncation=True)

        with torch.no_grad():
            adv_output = model(adv_inputs).logits
        adv_preds.append(torch.argmax(adv_output, dim=1).item())

        labels.append(item['label'])

    return calculate_metrics(labels, clean_preds, adv_preds)
```

이 함수는 모델의 성능을 깨끗한 입력과 적대 공격을 받은 입력 모두에 대해 평가한다. 테스트 데이터 셋의 각 항목을 처리해, 원본과 공격받은 버전의 입력에 대한 예측을 생성한다.

또한 평가 지표를 계산해야 한다.

```python
from sklearn.metrics import accuracy_score, f1_score

def calculate_metrics(labels, clean_preds, adv_preds):
    return {
        'clean_accuracy': accuracy_score(labels, clean_preds),
        'adv_accuracy': accuracy_score(labels, adv_preds),
        'clean_f1': f1_score(labels, clean_preds, average='weighted'),
        'adv_f1': f1_score(labels, adv_preds, average='weighted')
    }
```

이 파이썬 코드는 calculate_metrics 함수를 정의한다. 이 함수는 테스트 데이터의 실제 레이블, 원본(깨끗한) 테스트 데이터에 대한 모델의 예측, 적대적으로 공격받은 버전의 테스트 데이터에 대한 모델의 예측을 인자로 받는다. 함수 내부에서는 accuracy_score 및 f1_score 함수를 sklearn.metrics 라이브러리의 평가 지표를 계산하기 위해 네 가지 주요 평가 지표를 활용한다.

- 깨끗한 데이터에 대한 모델의 예측 정확도(clean_accuracy)
- 적대적 데이터에 대한 정확도(adv_accuracy)
- 깨끗한 데이터에 대한 가중 F1 점수(clean_f1)
- 적대적 데이터에 대한 가중 F1 점수(adv_f1)

이 네 가지 점수는 각 지표의 이름과 계산된 값을 매핑한 딕셔너리 형태로 반환된다.

각 평가 점수는 모델 성능의 서로 다른 측면을 보여준다. 정확도는 전체 인스턴스 중 올바르게 분류된 비율을 나타낸다. 깨끗한 데이터에 대한 정확도가 높다면 모델이 원본 입력에 대해 잘 작동한다는 뜻이고, 낮다면 전반적인 성능이 부족함을 의미한다. 적대적 데이터에 대한 정확도가 높은 것은 해당 공격에 대한 모델의 강건함을 보여주며, 공격이 모델을 속이는 데 실패했음을 뜻한다. 적대적 정확도가 낮다면, 클린 정확도가 잠재적으로 높다 하더라도 모델이 이런 공격에 취약함을 드러낸다. F1 점수는 클래스 불균형을 고려한 가중치 방식으로, 정밀도와 재현율의 균형을 측정한다. 깨끗한 데이터에서 높은 F1 점수는 양성 사례를 정확히 찾으면서도 위양성을 잘 피한다는 의미다. 적대적 데이터에서도 높은 F1 점수를 유지한다면 공격 상황에서도 좋은 정밀도와 재현율을 보인다는 강건함의 증거다. 어느 쪽에서든 낮은 F1 점수는 해당 조건에서 정밀도나 재현율 중 하나 또는 둘 다 문제가 있음을 시사한다. 깨끗한 데이터와 적대적 데이터 점수를 비교해 보면 공격으로 인한 성능 저하 정도를 파악할 수 있으며, 차이가 클수록 강건성이 부족함을 나타낸다.

18.4 LLM의 적대 훈련에서의 절충점

적대 훈련은 모델의 강건함을 향상시킬 수 있지만, 그 과정에서 몇 가지 트레이드오프가 발생할 수 있다.

- **계산 비용 증가**: 훈련 중 적대적 예제를 생성하려면 많은 계산 자원이 필요하다.
- **클린 정확도 저하**: 적대적 강건성에 집중하면, 깨끗한 입력에 대한 성능이 다소 낮아질 수 있다.
- **보이지 않는 공격에 대한 일반화**: 모델이 특정 유형의 공격에는 잘 대응하지만, 다른 유형의 공격에는 여전히 취약할 수 있다.

이러한 절충점을 시각화하기 위해, 다양한 수준의 적대 훈련에서 클린 정확도와 적대적 정확도를 비교하는 차트를 그려볼 수 있다.

```python
import matplotlib.pyplot as plt

def plot_robustness_tradeoff(clean_accuracies, adv_accuracies, epsilon_values):
    plt.figure(figsize=(10, 6))
    plt.plot(epsilon_values, clean_accuracies, label='클린 정확도')
```

```
plt.plot(epsilon_values, adv_accuracies, label='적대적 정확도')
plt.xlabel('엡실론 (적대적 교란 강도)')
plt.ylabel('정확도')
plt.title('적대 훈련에서의 강건성 절충')
plt.legend()
plt.show()
```

이 함수는 적대 훈련(엡실론)의 강도를 높이는 것이 클린 · 적대적 정확도에 미치는 영향을 시각화하는 플롯을 생성한다.

18.5 실제 세계에서의 함의

LLM에 대한 적대 공격의 실제 영향을 이해하는 것은 책임감 있는 배포를 위해 매우 중요하다.

- **보안 위험**: 콘텐츠 필터를 우회하거나 보안이 중요한 애플리케이션에서 모델 출력을 조작하는 데 악의적인 공격이 사용될 수 있다.
- **허위 정보**: 공격자는 적대적 기법을 사용해 가짜 뉴스나 오해를 불러일으키는 콘텐츠를 생성해서 탐지 시스템을 피할 수 있다.
- **사용자 신뢰**: LLM이 적대적 입력에 쉽게 속는다면, AI 시스템에 대한 사용자 신뢰가 약해질 수 있다.
- **법적 · 윤리적 문제**: LLM 출력을 조작할 수 있는 능력은 AI 기반 의사결정에서 책임과 책무에 대한 윤리적 질문을 제기한다.
- **다양한 환경에서의 강건성**: LLM의 실제 배포는 깨끗한 실험실 환경에만 의존하지 말고 다양한 악조건에서의 성능을 평가해야 한다.

이러한 문제를 해결하려면 강건한 배포 관행과 레드 팀 연습을 구현하는 것을 고려하자.

```
class RobustLLMDeployment:
    def __init__(self, model, tokenizer, attack_detector):
        self.model = model
        self.tokenizer = tokenizer
        self.attack_detector = attack_detector

    def process_input(self, text):
        if self.attack_detector(text):
```

```
                return "잠재적인 적대적 입력이 감지되었습니다. 다시 시도해 주세요."
        inputs = self.tokenizer(text, return_tensors='pt', padding=True, truncation=True)
        with torch.no_grad():
            outputs = self.model(inputs)
        return self.post_process_output(outputs)

    def post_process_output(self, outputs):
        # 여기에서 후처리 로직을 구현한다
        pass

    def log_interaction(self, input_text, output_text):
        # 감사 및 모니터링을 위한 로깅을 구현한다
        pass
```

이 클래스는 입력 유효성 검사, 공격 탐지, 출력 후처리 등 강력한 LLM 배포를 위한 모범 사례를 캡슐화한다.

18.6 요약

LLM의 적대적 강건성을 다루는 것은 실제 응용 분야에서 안전하고 신뢰할 수 있는 배포를 위해 중요하다. 이 장에서 논의된 기술과 고려 사항을 구현함으로써, 깨끗한 입력에 대해 높은 성능을 유지하면서도 적대 공격에 대한 복원력이 뛰어난 LLM을 개발할 수 있다.

다음 장에서는 LLM 훈련에서의 RLHF에 관해 알아보겠다.

19장

인간 피드백을 통한 강화학습

이 장에서는 LLM을 인간의 선호도에 맞게 조정하는 강력한 기술인 **인간 피드백을 통한 강화 학습**(Reinforcement Learning from Human Feedback, **RLHF**)에 관해 자세히 알아본다. RLHF는 강화학습과 사람의 피드백을 결합해 언어 모델을 파인튜닝한다. 이는 모델의 결과물을 인간의 선호도에 맞춰 생성된 텍스트의 품질과 안전성을 개선하는 것을 목표로 한다.

RLHF는 미리 정의된 정답이 아닌 사람의 선호도에 따라 최적화한다는 점에서 표준적인 지도 파인튜닝(supervised fine-tuning)과 다르다. 지도 학습은 레이블이 지정된 예제에 대한 손실을 최소화하는 반면, RLHF는 모델 출력 간의 인간 비교를 통해 보상 모델을 만든 다음 이 보상 함수(일반적으로 **근위 정책 최적화**(proximal policy optimization, **PPO**)를 사용해 모델의 정책을 업데이트한다. 이 과정에서는 초기 모델 분포에서 지나치게 벗어나지 않도록 발산 페널티를 적용한다.

RLHF의 주요 이점은 다음과 같다.

- 인간의 가치와 선호도에 대한 모델 정렬 개선
- 모델 출력에 대한 제어 강화
- 유해 콘텐츠 또는 편향된 콘텐츠 감소
- 특정 작업에 대한 성능 최적화

이 장을 마치면 RLHF 기법을 구현해 LLM의 정렬성과 출력 품질을 개선할 수 있게 될 것이다.

이 장에서는 다음 주제를 다룬다.

- RLHF 시스템의 구성 요소
- RLHF 확장하기
- 언어 모델링에서 RLHF의 한계
- RLHF 응용

19.1 RLHF 시스템의 구성 요소

LLM을 위한 일반적인 RLHF 시스템은 세 가지 주요 구성 요소로 구성된다.

- **기본 언어 모델**: 파인튜닝할 사전 훈련된 LLM
- **보상 모델**: 인간의 선호도로 학습된 모델이 피드백을 제공
- **정책 최적화**: 보상 신호를 사용해 기본 모델을 업데이트하는 과정

RLHF 과정은 기본 언어 모델, 즉 범용 LLM에서 출발한다. 이 모델은 대규모 텍스트 말뭉치에서 다음 토큰 예측(next-token prediction)과 같은 자기지도 학습 목표를 통해 이미 광범위한 사전 훈련을 마쳤다. 이 단계에서 모델은 일관성 있는 언어를 생성하고 폭넓은 언어적 역량을 보여준다. 그러나 인간의 선호도나 과업별 목표, 실제 배포 환경에서 요구되는 맥락 의존적 행동과는 아직 정렬돼 있지 않다. 바로 이 사전 훈련된 모델을 가지고 후속 튜닝을 수행하게 된다. LLM 구조와 훈련 체계, 확장성은 이미 많은 문헌에서 충분히 다뤄졌고, RLHF는 기본 구조를 변경하지 않고 그 위에 구축되는 방식이므로 여기서 더 자세히 설명할 필요는 없다.

따라서 보상 모델과 정책 최적화라는 두 주제에 집중하겠다. 이 둘은 서로 협력하여 기본 모델이 내놓는 결과를 인간의 기준에 맞도록 이끌고 바꿔나간다. 여기서 핵심이 되는 것은 피드백을 통한 적응과 강화학습 방식의 튜닝인데, 이런 메커니즘들을 이후 섹션들에서 자세히 살펴보겠다.

19.1.1 보상 모델

보상 모델의 기본 구조를 구현해 보자.

```python
import torch
from transformers import AutoModelForCausalLM, AutoTokenizer

class RLHFSystem:
    def __init__(self, base_model_name, reward_model_name):
        self.base_model = AutoModelForCausalLM.from_pretrained(base_model_name)
        self.reward_model = AutoModelForSequenceClassification.from_pretrained(
            reward_model_name
        )
        self.tokenizer = AutoTokenizer.from_pretrained(base_model_name)

    def generate_text(self, prompt):
        inputs = self.tokenizer(prompt, return_tensors="pt")
        outputs = self.base_model.generate(inputs, max_length=100)
        return self.tokenizer.decode(outputs[0], skip_special_tokens=True)

    def get_reward(self, text):
        inputs = self.tokenizer(text, return_tensors="pt")
        with torch.no_grad():
            outputs = self.reward_model(inputs)
        return outputs.logits.item()
```

이 클래스는 기본 언어 모델과 보상 모델을 포함해 인간 피드백 강화학습(RLHF) 시스템의 기본 구조를 설정한다. `generate_text` 메서드는 주어진 프롬프트에서 텍스트를 생성하고, `get_reward` 메서드는 보상 모델을 사용해 주어진 텍스트의 보상을 추정한다.

보상 모델은 인간 선호도를 학습 가능한 신호로 변환하기 때문에 RLHF 과정에서 중심적인 역할을 한다. 모델 출력 간의 인간 비교로 구성된 데이터셋으로 훈련된 이 모델은 평가자가 두 응답 중 더 나은 것을 선택하는 방식으로, 주어진 응답을 인간이 어떻게 평가할지를 예측하도록 학습한다. 강화학습 단계에서 이 보상 모델은 인간의 판단을 자동화된 대리자로 기능하며, 기본 모델이 수천 개의 생성된 결과물에 대해 즉각적인 피드백을 받을 수 있도록 돕는다. 정책 모델(최적화되는 언어 모델)은 PPO와 같은 기법을 통해 이러한 예측된 보상 점수를 최대화하도록 학습해, 발산 제약을 통해 일관성과 역량을 유지하면서도 인간 선호도에 더 잘 맞는 응답을 생성하도록 행동을 점진적으로 변화시킨다. 이 과정 덕분에 강력한 피드백 루프가 만들어지고, 정적 지도 학습 데이터셋으로는 불가능했던 '인간의 가치와의 지속적 정렬'을 이어갈 수 있게 된다.

다음은 보상 모델 훈련의 간단한 구현이다.

```python
from torch.utils.data import DataLoader, Dataset
from transformers import Trainer, TrainingArguments

class FeedbackDataset(Dataset):
    def __init__(self, texts, labels):
        self.texts = texts
        self.labels = labels

    def __len__(self):
        return len(self.texts)

    def __getitem__(self, idx):
        return {"text": self.texts[idx], "label": self.labels[idx]}

def train_reward_model(model, tokenizer, texts, labels):
    dataset = FeedbackDataset(texts, labels)

    def tokenize_function(examples):
        return tokenizer(examples["text"], padding="max_length", truncation=True)

    tokenized_dataset = dataset.map(tokenize_function, batched=True)
    training_args = TrainingArguments(
        output_dir="./results",
        num_train_epochs=3,
        per_device_train_batch_size=8,
        learning_rate=2e-5,
    )
    trainer = Trainer(
        model=model,
        args=training_args,
        train_dataset=tokenized_dataset,
    )
    trainer.train()
    return model
```

이 코드는 인간 피드백의 데이터셋을 설정하고 허깅 페이스 Trainer API를 사용해 보상 모델을 훈련한다. 보상 모델은 제공된 라벨을 기반으로 인간 선호도를 예측하도록 학습한다.

19.1.2 정책 최적화

정책 최적화는 보상 모델로부터 얻은 보상을 사용하여 기본 언어 모델을 업데이트하는 과정이다. 일반적인 접근법인 PPO는 구현의 용이성, 샘플 효율, 안정적인 성능 사이의 균형을 잘 맞춘다. PPO에서 '근위(proximal)'라는 용어는 각 학습 단계에서 정책 변화량을 제한하여 해로운 대규모 업데이트를 방지한다는 핵심 아이디어를 가리킨다. PPO는 정책이 이전 버전에서 너무 멀어지는 업데이트를 억제하는 '클리핑된' 목적 함수를 사용한다. PPO는 다른 정책 경사 방법들보다 안정적이어서 AI 정렬 및 RLHF 분야에서 특히 인기가 높다. 이 방법은 모델 업데이트가 지나치게 급격해져서 이전에 학습한 좋은 행동들을 망가뜨리는 문제를 방지하는 데 효과적이다. 언어 모델에 적용할 때 PPO는 일관되고 자연스러운 텍스트 생성 능력을 유지하면서도 모델의 출력이 인간의 선호도에 더 잘 부합하도록 점진적으로 조정하는 역할을 한다.

다음은 LLM을 위한 PPO의 간단한 구현이다.

```python
def ppo_step(base_model, reward_model, optimizer, prompt, num_iterations=5):
    for _ in range(num_iterations):
        # 텍스트 생성
        outputs = base_model.generate(
            prompt, max_length=100, return_dict_in_generate=True, output_scores=True
        )
        generated_text = tokenizer.decode(outputs.sequences[0], skip_special_tokens=True)

        # 보상 얻기
        reward = reward_model(generated_text)

        # 정책 손실 계산
        log_probs = outputs.scores[0].log_softmax(dim=-1)
        policy_loss = -log_probs * reward

        # 모델 업데이트
        optimizer.zero_grad()
        policy_loss.mean().backward()
```

```
        optimizer.step()

    return base_model
```

이 함수는 PPO의 단일 단계를 수행해 텍스트를 생성하고 보상을 계산하며, 기대 보상을 극대화하기 위해 기본 모델의 매개변수를 업데이트한다. 이 PPO 코드는 설명을 위한 것이며, 실제 구현에서는 보상 및 안전 점검에 대한 추가 요구사항이 있을 수 있다.

직접 선호 최적화(direct preference optimization, **DPO**)는 RLHF에서 모델을 인간 선호도에 맞추기 위해 선호되는 결과를 직접 최적화하는 또 다른 접근법이다. 전통적인 강화학습 방법이 보상 모델에 의존해 학습을 유도하는 것과 달리, DPO는 선호되는 출력과 비선호되는 출력의 쌍을 사용해 모델의 행동을 조정함으로써 과정을 단순화한다. 이 방법은 모델 훈련에서 효율성과 효과성을 높여 모델 출력이 인간의 기대에 더 가깝게 맞춰지도록 한다.

DPO는 계산 효율성과 구현의 단순성이 우선일 때 PPO보다 선호될 수 있다. 이는 DPO가 별도의 보상 모델 훈련과 복잡한 강화학습 최적화 루프의 필요성을 제거하기 때문이다. DPO는 선호도 데이터를 통해 직접 정책 매개변수를 업데이트해 더 간소화된 접근 방식을 제공하며, 이는 자원이 제한된 시나리오나 PPO 훈련이 불안정하거나 보상 해킹이 발생할 때 특히 유용하다. DPO는 보상 모델링의 중간 단계 없이 제한된 인간 선호도 데이터셋을 더 잘 활용할 수 있다. 또한, 별도의 보상 모델과 강화학습 최적화가 도입하는 혼란 요인 없이 선호도가 모델 행동에 직접적으로 미치는 영향을 연구하기 위한 더 깔끔한 실험 설정을 제공한다.

다음은 파이썬을 사용해 DPO를 구현하는 방법을 보여주는 짧은 코드 예제다.

```
from transformers import AutoModelForCausalLM, AutoTokenizer
from trl import DPOTrainer

# 사전 훈련된 언어 모델과 토크나이저 로드
model_name = "gpt2"
model = AutoModelForCausalLM.from_pretrained(model_name)
tokenizer = AutoTokenizer.from_pretrained(model_name)

# 인간 선호도 쌍을 포함하는 데이터셋 정의
# 데이터셋의 각 항목은 튜플(프롬프트, 선호하는 완성, 비선호하는 완성)이다
dataset = [
```

```
    ("Prompt 1", "Preferred Completion 1", "Dispreferred Completion 1"),
    ("Prompt 2", "Preferred Completion 2", "Dispreferred Completion 2"),
    # 필요에 따라 데이터를 더 추가
]

# DPO 훈련기 초기화
trainer = DPOTrainer(
    model=model,
    tokenizer=tokenizer,
    dataset=dataset,
    beta=0.1  # 선호도 최적화 강도를 제어하는 하이퍼파라미터
)

# DPO를 사용해 모델 훈련
trainer.train()

# 파인튜닝된 모델 저장
model.save_pretrained("fine-tuned-model")
tokenizer.save_pretrained("fine-tuned-model")
```

이 코드는 DPO를 사용해 언어 모델을 설정하고 훈련하는 방법을 보여준다. 선호되는 응답을 직접 최적화함으로써 모델이 인간 피드백과 더 잘 정렬되도록 할 수 있다.

PPO와 DPO에 대해 논의했으니, 다음으로 대규모 모델에 관한 RLHF의 확장 전략을 살펴보겠다.

19.2 RLHF 확장하기

대규모 모델에 RLHF를 적용하는 것은 계산 요구사항으로 인해 어려움이 따른다. 다음은 구현 가능한 몇 가지 전략이다.

- **분산 훈련(distributed training)**: 분산 훈련은 데이터 병렬 처리, 모델 병렬 처리, 파이프라인 병렬 처리 등으로 훈련 작업을 여러 장치(복수의 GPU 또는 TPU)에 분할한다. 데이터 병렬 처리(data parallelism)는 동일한 모델을 여러 장치에 복제하고, 각 모델이 각기 다른 미니 배치 데이터를 처리하도록 하는 방법이다. 경사는 각 단계 후 평균화되고 동기화된다. 모델 병렬화(model parallelism)에서는 단일 장치에서 훈련하기에는 너무 큰 모델을 아키텍처 수준에서 분해해 여러 장치에 나눠 훈련한다. 파이프라인 병렬 처리(pipeline parallelism)는 모델을 여러 장치에 걸친 순차 스테이지들로 더 세분하고 파이프라인 방식으로 훈련함으로써 처리량을 높인다. DeepSpeed와 Megatron-LM 같은 프레임워크는 이러한 복잡한 병렬화 방식을 관리하고 통신 오버헤드를 최적화하기 위한 인프라를 제공한다.

- **경사 체크포인팅(gradient checkpointing)**: 순방향 계산 과정에서 전체 활성화 값을 보관하지 않고 일부만 선택적으로 보관함으로써 메모리를 절약하는 기법이다. 역전파 시 필요한 활성화 값 중 일부는 보관된 것을 불러오고 나머지는 다시 계산해 복원한다. 이러한 방법으로 계산량과 메모리 사용량의 균형을 잡는다. 이는 대형 트랜스포머 모델 훈련에 특히 유용하다. 모델 아키텍처를 바꿀 필요 없이, 파이토치의 torch.utils.checkpoint나 텐서플로의 재계산 래퍼를 통해 손쉽게 적용할 수 있다.

- **혼합 정밀도 훈련(mixed-precision training)**: 대부분의 계산에 표준 32비트(FP32) 대신 16비트 부동소수점(FP16 또는 BF16) 형식을 사용하는 기법이다. 이를 통해 더 빠른 산술 연산과 낮은 메모리 대역폭 사용으로 메모리 사용량을 줄이면서 처리량을 높인다. 모델 정확도와 수치적 안정성을 유지하기 위해 가중치의 마스터 사본은 FP32로 보관하며, 경사에서 언더플로를 방지하고자 동적 손실 스케일링을 자주 사용한다. NVIDIA의 Apex 같은 라이브러리나 파이토치와 텐서플로의 기본 지원을 통해 자동 혼합 정밀도 훈련을 구현할 수 있다. 이 방법은 저정밀도 계산에 최적화된 NVIDIA의 텐서 코어(Tensor Cores)나 구글의 TPU 같은 최신 하드웨어를 사용할 때 특히 효과가 높다.

이 전략을 그림 19.1에 요약했다.

그림 19.1 RLHF 확장을 위한 전략

다음은 경사 체크포인팅을 구현하는 예다.

```
from transformers import GPT2LMHeadModel


def enable_gradient_checkpointing(model):
    if hasattr(model, "gradient_checkpointing_enable"):
        model.gradient_checkpointing_enable()
    else:
        model.base_model.gradient_checkpointing_enable()
```

```
    return model

base_model = GPT2LMHeadModel.from_pretrained("gpt2-large")
base_model = enable_gradient_checkpointing(base_model)
```

이 함수는 모델에 대해 경사 체크포인팅을 활성화해 훈련 중 메모리 사용량을 크게 줄일 수 있으며, 이를 통해 더 큰 배치 크기나 모델 크기를 사용할 수 있다.

19.3 언어 모델링에서 RLHF의 한계

RLHF는 강력하지만, 몇 가지 도전에 직면해 있다.

- **보상 해킹**: 모델이 보상 함수의 허점을 악용할 수 있다.
- **제한된 피드백**: 인간의 피드백은 가능한 모든 시나리오를 다루지 못할 수 있다.
- **차선의 국소 최적점**: 최적화 과정은 전역 최적점에 도달하지 못한 차선의 해에 갇힐 수 있다.
- **확장 문제**: 대규모로 고품질의 인간 피드백을 얻기가 어렵다.

보상 해킹을 해결하려면 다음과 같이 제약이 있는 최적화 접근법을 구현하는 것을 고려하자.

```
def constrained_ppo_step(
    base_model, reward_model, constraint_model, optimizer, prompt, constraint_threshold=0.5
):
    outputs = base_model.generate(
        prompt, max_length=100, return_dict_in_generate=True, output_scores=True
    )
    generated_text = tokenizer.decode(outputs.sequences[0], skip_special_tokens=True)

    reward = reward_model(generated_text)
    constraint_value = constraint_model(generated_text)

    if constraint_value > constraint_threshold:
        return base_model   # 제약 조건이 위반되면 업데이트를 건너뜀

    # 정책 업데이트를 계산하고 적용(이전 ppo_step과 유사)
```

```
    # ...
    return base_model
```

이 함수는 모델을 업데이트하기 전에 제약 조건 검사를 추가해, 생성된 텍스트가 특정 기준을 충족하는지 확인함으로써 보상 해킹을 방지하는 데 도움을 준다.

이 방법은 생성된 출력을 보상 정렬뿐만 아니라 외부 제약 모델 준수 여부로도 평가해 표준 훈련 흐름을 수정한다. 이 과정은 주어진 프롬프트를 사용해 기본 모델에서 응답을 생성하는 것으로 시작한다. 생성된 텍스트는 보상 모델과 제약 모델 모두를 거친다. 보상 모델은 원하는 행동이나 목표와의 정렬에 따라 스칼라 보상 값을 할당한다. 병렬 처리로, 제약 모델은 출력이 유해한 콘텐츠 회피, 사실적 경계 내 유지, 법적 또는 윤리적 필터 준수와 같은 지정된 한계를 충족하는지 평가한다.

제약 조건 모델은 제약 위반 정도를 정량화하는 스칼라 값을 반환한다. 이 값을 미리 정의된 임곗값과 비교하여, 임곗값을 초과하면 출력이 제약을 위반한 것으로 판단하고 해당 샘플에 대한 훈련 단계를 중단한다. 경사는 계산되지 않으며 모델 매개변수도 변경되지 않는다. 이러한 선택적 업데이트 메커니즘을 통해 인간 선호도에 부합하면서 동시에 안전 또는 정책 제약을 만족하는 출력만이 학습에 기여하게 된다. 이 설계는 제약 신호를 보상 함수와 분리하여 학습 목표와 제약 집행 간의 명확한 경계를 유지한다. 그 결과 두 구성 요소의 무결성을 보존하고 시스템의 해석 가능성과 모듈성을 높인다.

19.4 RLHF 응용

RLHF를 다음과 같은 다양한 LLM 작업에 적용할 수 있다.

- 개방형(open-ended) 텍스트 생성
- 대화 시스템
- 콘텐츠 모더레이션
- 요약
- 코드 생성

다음은 요약 작업에 RLHF를 적용한 예시 코드다.

```python
def rlhf_summarization(base_model, reward_model, text, num_iterations=5):
    prompt = f"다음 텍스트를 요약하시오:\n{text}\n\n요약:"

    for _ in range(num_iterations):
        summary = base_model.generate(prompt, max_length=100)
        reward = reward_model(summary)
        # PPO 또는 다른 RL 알고리즘을 사용해 base_model을 업데이트
        # ...

    return summary

# 사용 예
long_text = "..."  # 요약할 긴 텍스트
summary = rlhf_summarization(base_model, reward_model, long_text)
print(summary)
```

이 함수는 텍스트 요약 작업에 RLHF를 적용해, 보상 모델로부터 받은 보상을 기반으로 반복적으로 요약을 개선한다.

기본 모델을 사용해 요약을 생성하고, 보상 모델로부터 피드백을 받은 후, 기본 모델을 반복적으로 업데이트해 시간이 지남에 따라 요약을 향상시키는 것이 핵심 단계다.

다음은 이 코드에서 요약이 작동하는 방식에 대한 분석이다.

1. **프롬프트 구성**: 이 함수는 텍스트를 입력으로 받아 모델에 해당 텍스트를 요약하도록 요청하는 프롬프트를 생성한다. 입력 텍스트를 요약 지시문과 함께 문자열로 포매팅해서 수행된다. 예를 들어 프롬프트는 "다음 텍스트를 요약하시오:\n{text}\n\n요약:"이다. 이 프롬프트를 기본 모델에 입력하면 요약이 생성된다.

2. **기본 모델 요약 생성**: base_model.generate 함수는 프롬프트로부터 요약을 생성하는 데 사용된다. 생성된 요약은 최대 100 토큰으로 제한된다(max_length=100). 이 요약은 입력 텍스트를 기반으로 한 첫 번째 요약 시도다.

3. **보상 모델 피드백**: 기본 모델이 요약을 생성한 후, 보상 모델이 요약의 품질을 평가한다. 보상 모델은 생성된 요약이 정확성, 간결성, 일관성 등 원하는 품질 기준에 얼마나 잘 부합하는지를 평가하는 별도의 모델이다. 보상 함수는 모델의 내부 기준에 따라 요약의 품질을 반영하는 점수를 부여한다.

4. **반복적 과정**: 요약을 생성하고 피드백을 받는 과정이 num_iterations회(기본값 5회) 반복된다. 각 이터레이션에서는 새로운 요약을 생성하고 보상 모델로부터 피드백을 받은 뒤, 이후 이터레이션에서 더 나은 요약을 생성할 수 있도록 기본 모델을 업데이트한다.

5. **모델 업데이트**: 각 이터레이션 후에 기본 모델을 PPO와 같은 강화학습 알고리즘을 사용해 업데이트해야 함을 주석으로 표시했다. 이 업데이트는 보상 모델의 피드백을 기반으로 더 나은 요약을 생성하기 위해 기본 모델의 매개변수를 조정할 것이다. 다만, 모델 업데이트를 위한 실제 코드는 여기에 제공되어 있지 않다. 일반적으로는 모델이 받은 보상을 기반으로 기본 모델을 파인 튜닝하는 강화학습 기법이 사용된다.

6. **최종 출력**: 지정된 횟수의 반복을 완료한 후, 함수는 기본 모델에 의해 생성된 최종 요약을 반환한다. 이 요약은 반복 과정에서 보상 모델의 피드백을 바탕으로 여러 차례 개선된 결과물이다.

19.5 요약

RLHF는 OpenAI와 Anthropic 같은 최첨단 모델 제공업체들이 사전 훈련된 모델을 파인튜닝할 때 사용하는 강력한 기법이다. 이 장에서는 이 방법론의 핵심 개념들을 다뤘다. RLHF는 보상 모델 훈련 과정에서 인간의 개입이 필요하기 때문에 확장성에 한계가 있다. 최근 딥시크 등의 기업에서는 인간 피드백에 의존하지 않는 보다 범용적인 강화학습 방법을 실험하고 있다. 하지만 이는 본서의 범위를 벗어나므로, 자세한 내용은 딥시크 연구 논문[1]을 참고하기 바란다.

앞으로는 LLM을 위한 고급 프롬프트 엔지니어링 기법들을 살펴볼 예정이다. 다음 장에서는 이 장에서 다룬 정렬 기법들을 토대로, 정교하게 설계된 프롬프트를 통해 LLM의 행동과 출력을 효과적으로 제어하는 방법들을 자세히 알아본다. 이런 고급 프롬프트 전략들을 활용하면 LLM의 잠재력을 충분히 발휘하면서도 출력 결과를 정밀하게 제어할 수 있다.

---

[1] DeepSeek-R1: Incentivizing Reasoning Capability in LLMs via Reinforcement Learning, https://arxiv.org/pdf/2501.12948

memo

4부

고급 프롬프트 엔지니어링 기술

4부에서는 혁신적인 프롬프팅 전략과 추리 방법을 통해 LLM의 능력을 향상시키는 고급 기법을 탐색한다. 모델이 복잡한 추리 과정을 거치도록 사고 연쇄와 사고의 나무 프롬프팅을 사용하는 방법을 배우게 된다. 또한, 직접적인 관찰 없이 추리하는 기법을 다뤄 LLM이 가설적 시나리오와 추상적 문제를 해결할 수 있도록 한다. 반성 기법은 LLM이 반복적 자기반성을 통해 스스로 향상하도록 프롬프팅하는 방법을 보여주며, 자동 다단계 추리와 도구 사용 방법은 LLM을 정교하고 다기능적인 시스템으로 확장하는 방법을 가르친다. 이러한 고급 접근 방식을 마스터함으로써 LLM의 잠재력을 최대한 발휘할 수 있는 능력을 얻게 되어 가장 복잡한 과제까지도 다룰 수 있게 된다.

- 20장, 사고 연쇄(CoT) 프롬프팅
- 21장, 사고 트리(ToT) 프롬프팅
- 22장, 추리 및 실행(ReAct)
- 23장, 무관찰 추리(ReWOO)
- 24장, 반성 기법
- 25장, 자동 다단계 추리와 도구 사용

20장

사고 연쇄(CoT) 프롬프팅

사고 연쇄(Chain-of-thought, CoT) 프롬프팅은 구글의 제이슨 웨이(Jason Wei) 등이 2022년에 발표한 〈Chain-of-Thought Prompting Elicits Reasoning in Large Language Models〉 논문에서 유래했다.

CoT 프롬프팅의 핵심은, 언어 모델이 복잡한 추론 문제를 풀 때 최종 답을 내기 전에 여러 중간 단계를 거치도록 유도한다는 점이다. 이를 위해 모델에 단계별 추리의 예를 보여준다.

연구자들은 LLM에 몇 가지 추리 연쇄 예시(예: "단계별로 생각해 보자")를 프롬프팅함으로써, 산술, 상식, 기호 추리 문제와 같이 다단계 추리가 필요한 복잡한 과업에서 모델의 성능을 크게 향상시킬 수 있음을 입증했다.

CoT 이전의 프롬프팅 기법 대부분은 답변을 직접 생성하는 데 중점을 뒀다. CoT는 모델이 추리 과정을 명시적으로 보여주도록 유도하면, 특히 여러 논리적 단계가 필요한 문제에서 더 정확한 결과를 얻을 수 있음을 보여줬다. CoT는 모델을 논리적 단계로 안내해 투명성을 높이고 정확도를 확보하는 데 도움이 된다. 이에 비해 직접 답변은 더 빠르지만, 답변을 뒷받침하는 추리를 명확히 하거나 검증할 수 있는 중간 단계를 놓칠 수 있다.

이 연구는 모델 구조 변경 없이 규모 증대와 프롬프트를 통해 추리력이 발현됨을 보였다는 점에서 의미가 있다.

이 장에서는 복잡한 추리 과업에서 LLM의 성능을 향상시키기 위해 CoT 프롬프팅을 활용하는 방법을 배운다.

이 장에서는 다음 주제를 다룬다.

- 효과적인 CoT 프롬프트 설계
- 문제 해결을 위한 CoT 프롬프팅 사용
- CoT 프롬프팅을 다른 기법과 결합하기
- CoT 프롬프팅 출력 평가
- CoT 프롬프팅의 한계
- 미래 방향

20.1 효과적인 CoT 프롬프트 디자인

효과적인 CoT 프롬프팅을 만드는 과정은 명확성, 논리적 진행, 구조화된 추리를 촉진해 더 정확하고 일관성 있는 모델 출력을 보장한다. 명확하게 정의된 문제 진술을 제공하고, 과업을 더 작은 단계로 나누고, 추리를 안내하는 명시적인 마커(marker)를 사용하며, 샘플 CoT 응답을 포함함으로써, 모델은 인간의 문제 해결 방법과 일치하는 체계적인 접근 방식을 따를 수 있게 돼 명확하고 합리적인 결론에 도달한다.

1. **문제를 명확하게 진술**: 정밀한 문제 진술은 추리를 특정 목표로 향하게 해 모호성을 제거하고 모델이 정확히 무엇을 요구하는지 이해하게 한다. 이는 오해를 방지하고 전체 추리 과정을 올바른 방향으로 안내한다.

2. **문제를 논리적으로 세분화**: 복잡한 과업을 더 작고 관리 가능한 단계로 나누면 추리를 조직화하는 데 도움이 되고 전체 문제를 더 쉽게 해결할 수 있게 한다. 이러한 분할은 한 번에 한 가지 측면에 집중할 수 있도록 해 명확성을 높이고 중요한 세부사항을 놓칠 위험을 감소시킨다.

3. **명시적인 추리 마커 사용**: '첫째(First)', '다음(Next)', '끝으로(Finally)' 같은 표지(marker)는 추리 과정의 논리적 흐름을 안내한다. 이러한 표지는 사고 과정을 명확한 순서로 구조화해 문제의 각 부분이 올바른 순서로 다뤄지게 함으로써 답안의 전체적인 일관성을 높인다.

4. **프롬프트에 CoT 응답 예시를 포함**: 예시를 제공하면 추리 형식의 기준을 설정하고 과정에 대한 명확한 기대치를 제시하는 데 도움이 된다. 또한 모델이 응답을 구조화하는 방법을 안내하는 참고점 역할을 해, 논리 정연한 출력물을 생성하기가 쉬워진다.

다음은 CoT 프롬프팅을 구현한 예다.[1]

```
def cot_prompt(question):
    return f"""다음 문제를 단계별로 풀어라.

문제: {question}
단계별로 접근해 보자.
1) 먼저, ...
2) 다음으로, ...
3) 그다음에, ...
4) 마지막으로, ...

따라서, 답은...

이제, 같은 단계별 접근 방식을 사용해 이 새로운 문제를 해결하라.

문제: 기차가 2시간 동안 120km를 이동한다면, 평균 시속은 몇 km/h인가?

단계별로 해결하자.
"""

# 사용 예
problem = "기차가 2시간 동안 120km를 이동한다면, 평균 시속은 몇 km/h인가?"
prompt = cot_prompt(problem)
print(prompt)
```

이 함수는 주어진 문제(기차가 2시간 동안 120km를 이동한다면, 평균 시속은 몇 km/h인가?)에 대한 CoT 프롬프트를 생성해 단계별 추리를 위한 구조를 제공한다. 다음은 CoT를 사용하는 단계의 예시다.

```
다음 문제를 단계별로 풀어라.
문제: 기차가 2시간 동안 120km를 이동한다면, 평균 시속은 몇 km/h인가?
단계별로 접근하자.
1) 먼저 평균 속도에 대한 공식을 기억해야 합니다.
    평균 속도 = 총 거리 / 총 시간.
```

---

[1] (옮긴이) 예시 코드에서 cot_prompt 함수가 반환하는 문자열에서 문제가 중복된다. 뒤쪽에 하드코딩된 문제는 question 변수와 중복 또는 충돌하므로 제거해야 한다.

2) 다음으로 총 이동 거리인 120km를 확인해야 합니다.
3) 그러면 총 소요 시간인 2시간을 확인할 수 있습니다.
4) 이제 공식을 적용합니다.
   평균 속도 = 120km / 2시간.
5) 마지막으로 결과를 계산합니다.
   평균 시속 = 60km/h.
따라서 답은 시속 60km입니다.

CoT 프롬프팅은 다양한 문제 해결 시나리오에 적용될 수 있다. 그러한 시나리오 중 하나를 살펴보자.

20.2 문제 해결을 위한 CoT 프롬프팅 사용

수학 단어 문제에 CoT를 사용하는 함수를 구현해 보자.[2]

```python
from transformers import AutoModelForCausalLM, AutoTokenizer

def solve_math_problem(model, tokenizer, problem):
    prompt = cot_prompt(problem)
    inputs = tokenizer(prompt, return_tensors="pt")
    outputs = model.generate(inputs, max_length=500, num_return_sequences=1)
    solution = tokenizer.decode(outputs[0], skip_special_tokens=True)
    return solution

# 사용 예
model_name = "gpt2-large"  # 선호하는 모델로 교체
model = AutoModelForCausalLM.from_pretrained(model_name)
tokenizer = AutoTokenizer.from_pretrained(model_name)

problem = "8인분을 만드는 데 밀가루 2컵이 필요하다면, 12인분에는 밀가루 몇 컵이 필요한가?"
solution = solve_math_problem(model, tokenizer, problem)
print(solution)
```

---

[2] (옮긴이) 개념 이해를 돕기 위해 프롬프트를 국문으로 번역했는데, gpt2-large 모델(774M 파라미터)은 한국어 처리 능력이 떨어지기도 하고, 영어를 사용하더라도 CoT의 효과를 보기 어렵다. CoT 프롬프트는 1000억(100B) 개 이상의 파라미터를 가진 모델에서 창발하는 능력이며, 규모가 작은 모델에서는 유창해 보이더라도 논리적으로 맞지 않는 사고 연쇄를 생성해 표준 프롬프트보다 낮은 성능을 보인다. 최근 소규모 언어 모델(sLM)에서도 CoT를 적용하려는 연구가 있으나, 대부분 효과가 제한적이거나 오히려 성능 저하가 보고되고 있다.

이 함수는 CoT 프롬프팅을 활용해 수학 단어 문제를 푼다. 예를 들어 "8인분을 만드는 데 밀가루 2컵이 필요하다면, 12인분에는 밀가루 몇 컵이 필요한가?" 같은 문제를 입력으로 받아, LLM이 단계별 추리 과정을 거치도록 유도한다.

다음 절에서는 이러한 CoT 프롬프팅을 다른 기법과 결합해 LLM의 성능을 더욱 높이는 방법을 살펴보겠다.

20.3 CoT 프롬프팅을 다른 기법과 결합하기

CoT를 다른 프롬프트 기법과 결합해 LLM 성능을 더욱 향상시킬 수 있다. CoT와 **퓨샷 학습**(few-shot learning, FSL)을 결합하는 함수를 구현해 보자.

```python
def few_shot_cot_prompt(question, examples):
    prompt = "다음 문제를 단계별로 풀어라.\n\n"
    for example in examples:
        prompt += f"문제: {example['question']}\n\n"
        prompt += f"풀이: {example['solution']}\n\n"
    prompt += f"문제: {question}\n\n풀이:"
    return prompt

def solve_with_few_shot_cot(model, tokenizer, problem, examples):
    prompt = few_shot_cot_prompt(problem, examples)
    inputs = tokenizer(prompt, return_tensors="pt")
    
    outputs = model.generate(inputs, max_length=500,num_return_sequences=1)
    solution = tokenizer.decode(outputs[0], skip_special_tokens=True)
    
    return solution

# 사용 예
examples = [
    {
        "question": "자동차가 2시간 동안 60마일을 이동했다면, 평균 속도는 얼마인가?",
        "solution": "1) 먼저 주어진 정보를 확인한다:\n   - 이동 거리 = 60마일\n   - 소요 시간 = 2시간\n\n2) 평균 속도는 거리를 시간으로 나누어 계산한다는 것을 알고 있다:\n   평균 속도 = 거리 / 시간\n\n3) 값을 대입한다:\n   평균 속도 = 60마일 / 2시간\n\n4) 나누기를 수행한다:\n   평균 속도 = 시속
```

```
30마일\n\n따라서, 자동차의 평균 속도는 시속 30마일이다."
    }
]

problem = "기차가 3시간 동안 180km를 이동했다면, 평균 시속은 몇 km/h인가?"
solution = solve_with_few_shot_cot(model, tokenizer, problem, examples)
print(solution)
```

이 함수는 FSL과 CoT 프롬프트를 결합해 단계별 솔루션의 예를 제공해 LLM이 새로운 문제를 해결하도록 안내한다("기차가 3시간 동안 180km를 이동한다면, 평균 속도는 몇 km/h인가?"에 대한 예제 코드를 참조). 최근 벤치마크[3]에서 CoT를 FSL 등과 결합하면 성능이 향상되는 것으로 나타났다.

다음으로, CoT 프롬프트의 품질을 평가하는 방법을 살펴보자.

20.4 CoT 프롬프팅 출력을 평가하기

CoT 프롬프트의 출력을 평가하려면 최종 답과 추론 과정을 모두 평가해야 한다. 간단한 평가 함수를 구현해 보자.

```
def evaluate_cot_output(output, correct_answer):
    # CoT 출력에서 최종 답변을 추출한다
    final_answer = extract_final_answer(output)

    # 최종 답변이 정답인지 확인한다
    answer_correct = final_answer == correct_answer

    # 추리 단계의 품질을 평가한다
    reasoning_score = evaluate_reasoning_steps(output)

    return {
        "answer_correct": answer_correct, "reasoning_score": reasoning_score
    }

def extract_final_answer(output):
```

---

[3] https://aclanthology.org/2023.emnlp-main.782.pdf

```python
    # CoT 출력에서 최종 답변을 추출하는 로직을 구현한다
    # 이는 마지막 줄을 구문 분석하거나 특정 구문을 찾는 것을 포함할 수 있다
    pass

def evaluate_reasoning_steps(output):
    # 추리 단계의 품질을 평가하는 로직을 구현한다
    # 이는 논리적 일관성, 완전성 등을 확인하는 것을 포함할 수 있다
    pass

# 사용 예시
problem = "기차가 3시간 동안 180 km를 이동한다면, 평균 시속은 몇 km/h인가?"
correct_answer = 60
cot_output = solve_math_problem(model, tokenizer, problem)
evaluation = evaluate_cot_output(cot_output, correct_answer)
print(evaluation)
```

이 평가 함수는 최종 답변의 정확성과 CoT 출력에서 추론 단계의 품질을 모두 평가한다.

20.5 CoT 프롬프팅의 한계

CoT 프롬프팅은 강력하지만, 몇 가지 한계가 있다.

- 높은 토큰 사용량 및 계산 시간
- 다단계 추리에서 오류 전파의 가능성
- 초기 프롬프트의 품질에 대한 의존성
- 모든 유형의 문제에 적합한 것은 아님

이러한 한계를 다루기 위해, 동적 CoT 접근 방식을 구현하는 것을 고려하자.

```python
def dynamic_cot(model, tokenizer, problem, max_steps=5):
    prompt = f"문제: {problem}\n\n단계별로 생각해 보자."
    for step in range(1, max_steps + 1):
        prompt += f"\n\nStep {step}:"
        inputs = tokenizer(prompt, return_tensors="pt")
        outputs = model.generate(
```

```
            inputs, max_length=len(prompt) + 100, num_return_sequences=1
        )
        new_step = tokenizer.decode(
            outputs[0][len(inputs['input_ids'][0]):], skip_special_tokens=True
        )
        prompt += new_step

        if "따라서 최종 답은" in new_step:
            break
    return prompt

# 사용 예
problem = "8인분을 만드는 데 밀가루 2컵이 필요하다면, 12인분에는 밀가루 몇 컵이 필요한가?"
solution = dynamic_cot(model, tokenizer, problem)
print(solution)
```

dynamic_cot 함수는 언어 모델을 사용해 문제를 단계별로 분해해서 해결하는 동적 CoT 접근 방식을 구현한다. 이 함수는 문제를 소개하고 모델이 점진적으로 해결하게 지시하는 초기 프롬프트를 만드는 것으로 시작한다. 그다음에는 max_steps번(기본값은 5)까지 반복하는 루프에 진입해, 이전에 생성한 단계를 모두 포함하는 점점 커지는 프롬프트를 모델에 준다. 모델은 이 프롬프트를 처리해 추리 과정의 다음 단계를 생성하고, 이를 프롬프트에 추가한다. 새로운 단계는 토큰화된 출력에서 디코딩되어 프롬프트 문자열에 추가된다. 함수는 생성된 단계에서 "따라서 최종 답은"이라는 문구를 확인해 모델이 결론에 도달했음을 알리고 종료해야 함을 신호로 삼는다. 이 문구가 발견되면 루프는 조기 종료되고, 그렇지 않으면 최대 단계에 도달할 때까지 계속된다. 마지막으로, 함수는 해결책으로 이어지는 모든 추리 단계를 포함한 완전한 프롬프트를 반환한다. 그러나 실제 사용에서는 모델의 토큰 한계가 긴 다단계 프롬프트에 영향을 미칠 수 있다. 프롬프트가 각 새로운 단계와 함께 커지면서 모델의 최대 토큰 한계를 초과할 수 있으며, 이는 입력이 잘리거나 이전 맥락이 손실되거나 특히 복잡하거나 긴 문제에서 정확한 단계를 생성하지 못할 수 있다. 이는 많은 단계나 실질적인 맥락을 요구하는 문제를 다룰 때 중요한 고려 사항이다.

20.6 미래 방향

CoT 프롬프팅이 계속 발전함에 따라, 여러 유망한 방향이 나타난다.

- **적응형 CoT**: 문제 복잡도에 따라 추론 과정을 동적으로 조정
- **멀티모달 CoT**: 추리 과정에 시청각 정보를 통합[4]
- **협동 CoT**: 여러 LLM 또는 인간-AI 협업에서 얻은 통찰을 결합[5]
- **CoT를 위한 메타학습**: 퓨샷 관계 추출 문제 해결을 위한 강력한 기법으로서 메타학습과 CoT 접근법을 결합[6]

다음은 적응형 CoT의 개념적 구현이다.

```python
def adaptive_cot(model, tokenizer, problem, complexity_threshold=0.7):
    # 문제 복잡도 평가
    complexity = assess_problem_complexity(problem)
    if complexity > complexity_threshold:
        # 복잡한 문제에 대해 상세한 사고 연쇄 사용
        return detailed_cot(model, tokenizer, problem)
    else:
        # 더 단순한 문제에 대해 단순한 직접 접근법 사용
        return simple_solve(model, tokenizer, problem)

def assess_problem_complexity(problem):
    # 문제 복잡도를 평가하는 로직 구현
    # 이는 키워드 분석, 문장 구조 등을 포함할 수 있다.
    pass

def detailed_cot(model, tokenizer, problem):
    # 상세한 사고 연쇄 접근법 구현
    pass

def simple_solve(model, tokenizer, problem):
    # 단순한 직접 해결 접근법 구현
```

---

[4] Multimodal Chain-of-Thought Reasoning in Language Models, https://arxiv.org/abs/2302.00923
[5] Think Together and Work Better: Combining Humans' and LLMs' Think-Aloud Outcomes for Effective Text Evaluation, https://arxiv.org/html/2409.07355v1
[6] Chain of Thought with Explicit Evidence Reasoning for Few-shot Relation Extraction, https://arxiv.org/abs/2311.05922

```
    pass

# 사용 예시
problem = "25를 5로 나눈 결과는 무엇인가?"
solution = adaptive_cot(model, tokenizer, problem)
print(solution)
```

이 적응형 CoT 접근법은 문제의 복잡성을 평가하고 적절한 해결 전략을 선택해 효율성과 추리 깊이 사이의 균형을 맞춘다.

`adaptive_cot` 함수는 문제의 복잡성에 따라 CoT 접근 방식을 조정한다. 먼저 `assess_problem_complexity` 함수를 호출해 문제의 복잡성을 평가하는데, 이는 키워드, 문장 구조 또는 다른 특징을 분석해 문제의 복잡성을 결정하는 것을 포함할 수 있다(이 논리는 아직 구현되지 않았다). 복잡성 점수가 미리 정의된 임곗값(`complexity_threshold`)을 초과하면, 함수는 `detailed_cot` 함수를 통해 단계별로 더 정교한 해결책을 생성하는 상세한 CoT 접근 방식을 사용한다. 더 단순한 문제의 경우, `simple_solve` 함수를 통해 문제를 여러 단계로 나누지 않고 직접 답변을 제공하는 간단한 해결 방법을 사용한다. 결과는 주어진 문제에 적절한 접근 방식에 따라 반환된다. 이 동적 접근 방식을 통해 모델은 문제의 복잡성에 따라 가장 효율적인 문제 해결 방법을 선택할 수 있다.

20.7 요약

이 장에서는 LLM이 단계별 추리 과정을 통해 안내받을 수 있도록 효과적인 CoT 프롬프트를 설계하는 방법을 배웠다. 다양한 문제 해결 시나리오에서 이 기법의 응용을 다뤘고, 이를 다른 프롬프팅 전략과 결합하는 방법도 논의했다. 또한 CoT 출력의 품질을 평가하는 방법과 이 접근법의 한계를 이해했다.

이 장에서 논의된 전략과 고려 사항을 구현하면 복잡한 문제 해결 과업에서 LLM의 성능을 크게 향상시킬 수 있으며, 모델의 추리 과정에 대한 통찰도 얻을 수 있다.

다음 장에서는 CoT의 개념을 확장해 더욱 정교한 추리 구조를 만드는 고급 기술인 사고 트리(ToT) 프롬프팅에 관해 알아보겠다.

21장

사고 트리(ToT) 프롬프팅

사고 트리(Tree-of-thoughts, ToT) 프롬프팅은 LLM의 문제 해결 능력을 향상시키기 위해 다양한 추리 경로를 보다 구조적으로 탐색할 수 있도록 개발된 기법이다.

공식적인 ToT 접근법은 2023년 야오(Yao) 등(프린스턴 대학교, 구글 딥마인드, 구글 리서치의 연구원들)이 발표한 연구 논문 〈Tree of Thoughts: Deliberate Problem Solving with Large Language Models〉에서 소개됐다[1].

ToT의 주된 영감은 인간이 복잡한 문제에 접근하는 방식, 즉 여러 가지 가능한 해결 경로를 고려하고, 그 가능성을 평가하고, 필요할 때 역추적하고, 대안을 탐색하는 방식에서 비롯됐다. CoT(20장 참조)와 같은 기존의 프롬프팅 기법은 단계별로 추리할 수 있게 했지만, 여러 경로를 탐색하거나 이전 단계를 재고할 수 있는 기능이 부족했다.

ToT는 다음과 같은 여러 기술을 기반으로 한다.

- 단계별 추론을 가능하게 하는 CoT 프롬프팅
- 여러 추론 경로를 생성하는 자기 일관성(self-consistency) 방법
- 탐색과 역추적을 포함하는 인간의 문제 해결 접근 방식

ToT의 핵심 혁신은 사고를 트리 탐색 문제로 취급하는 것이다. 각 단계에서 모델은 여러 '생각'(중간 추리 단계)을 생성하고 평가한 후 가장 유망한 경로를 선택해 계속 탐색할 수 있다. 이를 통해 탐색, 평가, 역추적 기능을 포함한 보다 정교한 문제 해결을 구현할 수 있다.

---

[1] https://arxiv.org/abs/2305.10601

이 장에서는 LLM을 사용해 복잡한 추리 과업을 해결하기 위한 ToT 프롬프팅을 구현하는 방법을 배운다.

이 장에서는 다음 주제를 다룬다.

- ToT 프롬프트 설계
- 탐색 전략
- 프루닝과 평가
- ToT를 적용해 다단계 문제를 해결하기
- 구현할 때 어려운 점
- 미래 방향

21.1 ToT 프롬프트 설계

효과적인 ToT 프롬프트를 만들려면 다음을 수행해야 한다.

1. **분기 사고(branching thoughts)를 장려**: 여러 가능한 솔루션 경로를 동시에 고려할 수 있는 비선형적인 탐색이 가능해진다. 모델에 다양한 초기 접근 방식이나 관점을 생성하도록 명시적으로 요구함으로써, 최적이 아닌 결과로 이어질 수 있는 단일 추리 과정에 너무 일찍 몰두하는 것을 방지할 수 있다.

2. **문제를 명확하게 진술**: 잘 정의된 문제 진술은 모델에 구체적인 목표와 작업할 수 있는 제약 조건을 제공한다. 이러한 명확성은 모델이 해결해야 할 문제를 정확히 이해하는 데 도움이 되며 관련 사고의 가지를 생성하는 토대를 제공한다. 이것이 없으면 분기 과정은 초점이 맞지 않고 비효율적이 될 수 있다.

3. **모델이 대체 경로를 탐색하도록 안내**: 이렇게 하면, 모델이 겉보기에는 유망해 보이지만 실제로는 최적이 아닌 해결책에 성급하게 수렴하는 것을 방지할 수 있다. 다양한 접근 방식을 탐색하도록 명시적으로 요청하면, 모델이 추리 과정에서 생길 수 있는 편향을 극복하고 평소라면 놓쳤을 새로운 해결책을 발견할 수 있다.

4. **평가 메커니즘을 포함**: 이 구성 요소를 통해 모델은 여러 경로의 품질을 평가하고 어느 방향으로 더 나아갈지 정보에 기반한 결정을 내릴 수 있다. 평가 기준이 없으면, 모델은 어떤 경로가 가장 유망한지를 체계적으로 결정할 수 없어, 유망하지 않은 경로에 계산 자원을 낭비할 가능성이 있다.

ToT는 복잡한 추론 과제에서 특히 강력한 효과를 보인다. 이는 인간이 해결책을 확정하기 전에 여러 가능성을 머릿속으로 탐색하는 문제 해결 방식을 모방하기 때문이다. 명시적인 분기와 평가 구조 덕분에 언어 모델은 순차적 추론 능력의 한계를 극복할 수 있다.

다음은 기본 ToT 프롬프팅을 구현한 예다.

```
def tot_prompt(question, num_branches=3):
    prompt = f"""다음 문제를 Tree-of-Thoughts 접근법으로 해결하라:
문제: {question}
여러 추리 경로를 탐색해 보자.
경로 1:
1) 먼저, ...
2) 그런 다음, ...
3) 이것은 ...
경로 2:
1) 대안적으로, ...로 시작할 수 있다
2) 이 접근법을 따르면...
3) 이것은...로 이어진다
경로 3:
1) 또 다른 관점은...
2) 이것을 고려하면...
3) 결과는...일 것이다
이제 이러한 경로를 평가하고 가장 유망한 해결책을 결정하자.
평가:
1) 경로 1: ...
2) 경로 2: ...
3) 경로 3: ...
이 평가를 바탕으로 가장 유망한 해결책은...
따라서 최종 답변은...
이제 주어진 문제를 해결하기 위해 이 Tree-of-Thoughts 접근법을 적용하라:
{question}
여러 추리 경로를 탐색해 보자.
"""
    return prompt

# 예제 사용법을 살펴보자.
problem = "백만 개의 정수를 정렬하는 가장 효율적인 방법은 무엇인가?"
prompt = tot_prompt(problem)
print(prompt)
```

이 함수는 주어진 문제("백만 개의 정수를 정렬하는 가장 효율적인 방법은 무엇인가?")에 대한 ToT 프롬프트를 생성해 여러 추리 경로를 탐색하고 평가할 수 있는 구조를 제공한다.

이 코드는 네 가지 주요 원칙을 구현해 ToT 프롬프트 템플릿을 생성한다. 명시적인 경로 구조와 서로 다른 시작 구문 및 번호가 매겨진 단계들을 통해 분기 사고를 유도해 모델이 여러 가지 뚜렷한 해결책 접근 방식을 탐색하도록 한다. 문제를 두 번 제시해 맥락을 설정하고, 해결책 생성을 시작하기 전에 주의를 다시 집중시켜 명확성을 높인다. 또 대조적인 언어와 별도의 추리 경로를 제시해 대안적 접근 방식을 살펴보도록 이끈다. 비교 섹션에서는 가장 유망한 해결책을 선택하도록 유도해 평가가 원활히 이뤄지도록 한다. 전체 구조는 언어 모델이 결론에 도달하기 전에 여러 해결책 경로를 생성·발전·비판적으로 비교하도록 하는 인지적 비계(cognitive scaffold) 역할을 하여, 선형적 사고 경향을 극복할 수 있게 돕는다. 이는 인간이 복잡한 문제를 다룰 때 발산적으로 사고하고 비판적으로 평가하는 방식을 모방한 것이다.

효과적인 검색 전략을 구현하는 것은 ToT를 탐색하는 데 중요하다. 다음 섹션에서 두 가지를 살펴보자.

21.2 탐색 전략

일반적으로 사용되는 두 가지 탐색 전략이 있다.

- **깊이 우선 탐색(Depth-First Search, DFS)**: 그래프에서 각 경로를 가능한 한 깊이 방문한 후 되돌아오는 탐색 알고리즘이다. DFS가 적용된 생각의 나무에서는 한 가지 경로로 들어서서 가장 깊은 생각까지 탐색하고 나서야 다른 가지로 넘어간다. 루트에서 시작해 각 노드의 자식을 스택에 넣고, 가장 깊은 노드부터 재귀적으로 탐색하는 방식으로 작동한다. 이 방식은 하나의 추론 흐름을 끝까지 탐색하거나, 가장 깊고 복잡한 생각을 먼저 조사한 뒤 다른 가능성을 살펴보고자 할 때 특히 유용하다. 문제 해결, 의사결정, 복잡한 개념적 구조를 이해하는 데 효과적인 접근법이다.
- **너비 우선 탐색(Breadth-First Search, BFS)**: DFS와 대조적으로, BFS는 현재 깊이의 모든 인접 노드를 체계적으로 검사한 후 다음 깊이 수준으로 이동해 사고의 나무를 탐색한다. 큐 자료구조를 사용해 루트에서 시작한 다음, 더 깊이 들어가기 전에 모든 직접 연결을 탐색한다. 사고 탐색에서 BFS는 다양한 아이디어와 그들 사이의 직접적 상호연결에 대한 넓은 시야를 확보하려 할 때 특히 효과적이다. 이 전략은 사고의 폭과 다양성을 파악하거나, 개념 간 최단 경로를 찾거나, 특정 가지로 깊이 들어가기 전에 여러 추론 경로를 동시에 탐색해야 할 때 이상적이다(그림 21.1 참조).

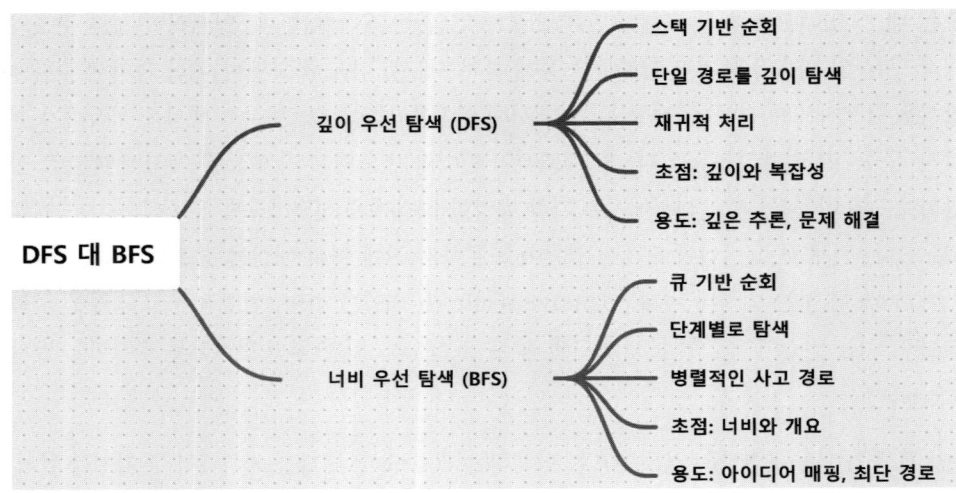

그림 21.1 DFS와 BFS

예를 들어 간단한 DFS 전략을 구현해 보자.

```python
from transformers import AutoModelForCausalLM, AutoTokenizer

def dfs_tot(model, tokenizer, problem, max_depth=3, max_branches=2):
    def explore_branch(current_thought, depth):
        if depth == max_depth:
            return current_thought

        prompt = f"{current_thought}\n\n더 탐색해 보자:\n"
        inputs = tokenizer(prompt, return_tensors="pt")
        outputs = model.generate(
            inputs, max_length=len(prompt) + 100, num_return_sequences=max_branches
        )

        branches = [
            tokenizer.decode(
                output[len(inputs['input_ids'][0]):], skip_special_tokens=True
            ) for output in outputs
        ]

        results = []
        for branch in branches:
```

```
            results.append(explore_branch(current_thought + branch, depth + 1))

        return max(results, key=lambda x: evaluate_thought(x))  # 최적의 가지 선택

    initial_prompt = tot_prompt(problem)
    return explore_branch(initial_prompt, 0)

def evaluate_thought(thought):
    # 사고의 품질을 평가하는 논리를 구현한다
    # 이는 일관성, 관련성, 추리의 깊이 등을 포함할 수 있다
    pass
```

이 코드는 언어 모델이 생성한 ToT를 탐색하기 위해 DFS 알고리즘을 구현한다. 초기 문제에서 시작하여 모델을 사용해 여러 잠재적 연속 경로(가지)를 생성한다. 코드는 각 가지를 재귀적으로 탐색하며, 최대 깊이에 도달할 때까지 '생각'을 확장한다. 각 단계에서 생성된 텍스트를 모델 입력으로 변환하고, 모델 출력을 다시 텍스트로 디코딩한다.

`evaluate_thought` 함수는 선택 과정의 핵심으로, 생성된 각 생각의 품질을 평가한다. 코드는 이 점수를 활용하여 어떤 가지를 추가로 탐색할지 결정하고, ToT를 잠재적 최적 해결책으로 효과적으로 안내한다. 최종 결과는 DFS 과정에서 발견된 가장 높은 점수의 생각이다.

이전 코드를 다음과 같이 사용할 수 있다.

```
model_name = "gpt2-large"  # 선호하는 모델로 교체
model = AutoModelForCausalLM.from_pretrained(model_name)
tokenizer = AutoTokenizer.from_pretrained(model_name)

problem = "인공지능이 고용에 미치는 잠재적인 장기적 영향은 무엇인가?"
solution = dfs_tot(model, tokenizer, problem)
print(solution)
```

이 코드는 앞서 설명한 `dfs_tot` 함수와 사전 훈련된 GPT-2 LLM을 사용해 주어진 문제에 대한 해결책을 생성하는 방법을 보여준다. 먼저 사용할 모델("gpt2-large")을 지정하고, `AutoModelForCausalLM`과 `AutoTokenizer`를 `transformers` 라이브러리에서 사용해 모델과 관련된 토크나이저를 로드한다. 이는 텍스트가 모델에 맞게 올바르게 처리되도록 보장한다.

그런 다음, 문제를 AI가 고용에 미치는 장기적인 영향에 대한 질문으로 정의한다. `dfs_tot` 함수는 로드된 모델, 토크나이저, 문제를 입력으로 호출해 해결책을 찾기 위한 깊이 우선 탐색을 시작한다. 다양한 '생각'을 탐색한 후 모델이 생성한 응답을 나타내는 반환된 `solution`은 최종적으로 콘솔에 출력된다.

다음으로, 효율성을 개선하고 탐색에 집중하기 위해 ToT 프레임워크 내에서 프루닝과 평가에 대해 논의할 것이다. 프루닝은 수많은 사고 가지를 탐색하는 데 관련된 계산 비용을 관리하는 데 필수적이며, 평가는 어떤 가지를 버릴지 결정하는 기준이 된다.

21.3 프루닝과 평가

ToT 접근법에서 프루닝은 검색 공간을 체계적으로 줄여 인지적 복잡성을 관리하는 효과적인 메커니즘이다. 이 과정은 각 잠재 경로가 최적의 해결책으로 이어질 가능성을 평가하는 휴리스틱 점수 방법을 사용해, 덜 유망한 사고 가지를 지능적으로 평가 기법을 통해 선택적으로 제거하는 것을 포함한다. 잠재력이 낮은 생각을 동적으로 필터링하고 가장 유망한 추리 궤적에 계산 자원을 집중함으로써, ToT 프루닝은 탐색 폭과 추리 깊이를 균형 있게 유지하면서 더 효율적이고 목표가 명확한 문제 해결을 가능하게 한다.

1. 기본적인 프루닝 전략을 구현해 보자. 간단한 프루닝 함수를 정의한다.

```python
def pruning_tot(
    model, tokenizer, problem, max_depth=3, max_branches=3, prune_threshold=0.5
):
    def explore_and_prune(current_thought, depth):
        if depth == max_depth:
            return current_thought
        prompt = f"{current_thought}\n\n더 탐색해 보자:\n"
        inputs = tokenizer(prompt, return_tensors="pt")
        outputs = model.generate(
            inputs, max_length=len(prompt) + 100, num_return_sequences=max_branches
        )
        branches = [
            tokenizer.decode(
                output[len(inputs['input_ids'][0]):], skip_special_tokens=True
            ) for output in outputs
        ]
```

논리의 핵심은 explore_and_prune 함수에 있으며, 이는 논리 추리 트리를 통한 재귀적 탐색을 처리한다. 이 코드는 LLM을 사용해 현재 생각에서 여러 가능한 연속(가지)을 생성함으로써 작동한다. 이 함수는 지정된 최대 깊이까지 논리 추리 트리를 탐색하도록 설계됐으며, 각 레벨은 제어된 수의 가지를 포함한다. 최대 깊이에 도달하면, 코드는 현재 생각을 최종 결과로 반환한다. 이 프루닝 메커니즘은 설명을 위한 것이며 실제 운영에 사용해서는 안 된다.

2. 일단 함수를 정의하면, 가지를 평가하고 프루닝한다.

```python
        evaluated_branches = [
            (branch, evaluate_thought(current_thought + branch))
            for branch in branches
        ]
        pruned_branches = [
            b for b, score in evaluated_branches if score > prune_threshold
        ]
        if not pruned_branches:
            return current_thought  # 모든 가지가 프루닝된 경우, 현재 생각을 반환한다

        results = []
        for branch in pruned_branches:
            results.append(explore_and_prune(current_thought + branch, depth + 1))
        return max(results, key=lambda x: evaluate_thought(x))

    initial_prompt = tot_prompt(problem)
    return explore_and_prune(initial_prompt, 0)
```

먼저, 코드는 생성된 각 가지(branch)를 evaluate_thought 함수의 점수와 짝지어 품질 평가를 통해 추리 경로의 품질을 평가한다. 그런 다음, 정의된 임곗값을 초과하는 점수를 가진 가지들만 남겨두고 저품질 가지들을 필터링한다. 모든 가지가 프루닝돼 임곗값을 충족하지 못하면, 알고리즘은 추가 탐색 없이 현재 생각을 반환한다. 남아 있는 유망한 가지들에 대해서는, 코드는 같은 함수를 더 깊은 수준에서 호출해 각 가지를 재귀적으로 탐색한다. 마지막으로, 탐색된 모든 경로 중에서 가장 높은 평가 점수를 가진 결과를 반환해 최상의 전체 추리 경로를 선택한다. 외부 함수는 원래 문제 설명을 포함한 형식화된 프롬프트로 탐색을 시작한다.

3. evaluate_thought 함수를 정의한다. 이 함수는 주어진 생각이나 추리의 복잡성(길이)과 언어적 다양성(사용된 고유 단어의 수)을 기반으로 점수를 매겨, 0과 1 사이의 정규화된 점수를 반환한다.

```python
def evaluate_thought(branch, threshold=0.5):
    """
    ToT(Tree of Thought) 가지를 간단히 평가하는 함수
    Args:
        branch (str): 평가할 가지/생각
```

```
            threshold (float): 가지를 실행 가능한 것으로 판단하기 위한 최소 점수
    Returns:
        float: 평가 점수
    """
    # 평가를 위한 기본적인 휴리스틱 기준
    complexity_score = len(branch.split()) / 20  # 적당한 복잡성에 점수를 부여
    uniqueness_score = len(
        set(branch.split())) / len(branch.split()
    )  # 고유한 단어 비율에 점수를 부여
    # 복잡성과 고유성 점수를 평균 내어 정규화
    score = (complexity_score + uniqueness_score) / 2
    return min(1.0, max(0.0, score))
```

4. 예제를 보자.

```
problem = "인간의 유전자 조작에 대한 윤리적 함의는 무엇인가?"
solution = pruning_tot(model, tokenizer, problem)
print(solution)
```

이 구현은 프루닝 단계를 추가해 저품질 가지를 제거하고, 가장 유망한 경로에 집중해 탐색한다.

이제 ToT를 적용해 다단계 문제를 해결해 보자.

21.4 다단계 문제를 해결하기 위해 ToT 적용

ToT는 복잡한 추리 과업에 특히 효과적일 수 있다. 다단계 문제 해결을 위한 ToT 접근 방식을 구현해 보자.

```
def multi_step_tot(model, tokenizer, problem_steps):
    full_solution = ""
    for step, question in enumerate(problem_steps):
        prompt = f"""문제의 단계 {step + 1}:
{question}
이전 단계의 해결책:
{full_solution}
이 단계를 해결하기 위해 Tree-of-Thoughts를 사용해 보자:
"""
```

```
            step_solution = pruning_tot(model, tokenizer, prompt)
            full_solution += f"\n\n단계 {step + 1} 해결책:\n{step_solution}"
    return full_solution

# 사용 예
problem_steps = [
    "기후 변화에 기여하는 주요 요인은 무엇인가?",
    "이 요인들은 서로 어떻게 상호작용하는가?",
    "기후 변화를 완화하기 위한 잠재적 해결책은 무엇인가?",
    "이 해결책을 구현하는 데 있어 도전 과제는 무엇인가?"
]
solution = multi_step_tot(model, tokenizer, problem_steps)
print(solution)
```

이 코드는 ToT 추리 접근법을 사용해 다단계 문제 풀이를 구현한다. `multi_step_tot` 함수는 복잡한 문제를 순차적인 단계로 나누고, 이전 해결책을 기반으로 각 단계를 하나씩 풀어간다.

이 함수는 주어진 문제 시퀀스의 각 단계에 대해, 현재 질문, 이전 단계에서 누적된 해결책, 그리고 ToT 추리를 사용하라는 지시를 포함하는 프롬프트를 생성한다. 그런 다음, 이전에 정의된 `pruning_tot` 함수를 호출해 해당 단계에 대한 해결책을 생성한다. 각 단계의 해결책은 점점 커지는 `full_solution` 문자열에 추가되어, 전체 문제에 걸쳐 사고의 연속성을 유지하는 포괄적인 답변을 만든다. 이 예는 원인 파악부터 잠재적 솔루션의 구현 과제 탐색에 이르기까지 일련의 심도 있는 질문을 통해 기후 변화를 분석하는 데 이 접근 방식을 어떻게 적용할 수 있는지를 보여준다.

21.5 구현의 도전 과제

ToT는 강력하지만, 여러 도전에 직면한다.

- **계산이 복잡함**: 여러 경로를 탐색하는 것은 계산 비용이 많이 들 수 있다.
- **평가하기 어려움**: 다양한 사고 경로의 품질을 결정하기 어렵다.
- **가지 간 일관성**: 서로 다른 가지의 인사이트를 결합할 때 일관성을 보장해야 한다.
- **프롬프트 설계가 복잡함**: 효과적인 ToT 프롬프트를 만들기 위해서는 신중한 고려가 필요하다.

계산 복잡성을 줄이기 위해 병렬 처리 방식의 도입을 고려할 수 있다. 병렬 처리는 ToT 추론 방식에서 발생하는 계산 병목 현상을 해결해 성능을 개선할 수 있다. 다음 코드는 여러 추리 분기를 순차적으로 탐색하지 않고 동시에 탐색하도록 구현해 복잡한 문제에 대한 총 계산 시간을 획기적으로 줄일 수 있다.

```python
import concurrent.futures

def parallel_tot(model, tokenizer, problem, max_workers=3):
    def explore_branch(branch):
        return pruning_tot(model, tokenizer, branch)

    initial_branches = generate_initial_branches(problem, max_workers)

    with concurrent.futures.ThreadPoolExecutor(max_workers=max_workers) as executor:
        futures = [executor.submit(explore_branch, branch) for branch in initial_branches]
        results = [f.result() for f in concurrent.futures.as_completed(futures)]

    return max(results, key=lambda x: evaluate_thought(x))

def generate_initial_branches(problem, num_branches):
    # 문제에 대한 초기 분기를 생성하는 로직을 구현한다
    pass

# 사용 예
problem = "양자 컴퓨팅이 암호학에 미칠 수 있는 잠재적 영향은 무엇인가?"
solution = parallel_tot(model, tokenizer, problem)
print(solution)
```

앞의 코드에서 구현은 파이썬 concurrent.futures 모듈과 ThreadPoolExecutor를 사용해 작업을 여러 작업자에 나눈다. 각 작업자는 추리 트리의 다른 초기 분기를 독립적으로 탐색해 여러 유망한 경로를 병렬로 탐색한다. 이 접근 방식은 ToT 추리에 특히 유용한데, 알고리즘의 분기 특성 때문에 서로의 중간 결과에 의존하지 않고 동시에 해결할 수 있는 수많은 독립적인 하위 문제를 생성하기 때문이다. 마지막 단계에서는 모든 완료된 분기 중에서 가장 높은 품질의 솔루션을 선택해 이러한 병렬 탐색을 통합한다.

이 구현은 병렬 처리를 사용해 여러 분기를 동시에 탐색함으로써 복잡한 ToT 문제의 계산 시간을 줄일 수 있다.

21.6 미래 방향

ToT가 계속 발전함에 따라, 몇 가지 유망한 방향이 나타난다.

- **동적 트리 구조**: 문제 복잡성에 맞춰 트리 구조를 조정한다.
- **Hybrid ToT-CoT 접근법**: 두 기술의 강점을 결합한다[2].
- **ToT에 대한 메타학습**: LLM을 훈련해 효과적인 ToT 구조를 자동으로 생성하도록 하는 것이다. 이 접근법은 아직 연구되지 않았다.
- **외부 지식 통합**: ToT 추리에 도메인별 지식을 통합한다[3].

다음은 동적 ToT 구조의 개념적 구현이다.

```
def dynamic_tot(model, tokenizer, problem, max_depth=5):
    def adapt_structure(current_thought, depth):
        if depth == max_depth:
            return current_thought
        complexity = assess_complexity(current_thought)
        num_branches = determine_branches(complexity)
        branches = generate_branches(model, tokenizer, current_thought, num_branches)
        results = []

        for branch in branches:
            results.append(adapt_structure(current_thought + branch, depth + 1))
        return max(results, key=lambda x: evaluate_thought(x))

    def assess_complexity(thought):
        # 현재 생각의 복잡성을 평가하는 로직을 구현한다
        pass
```

---

[2] HDFlow: Enhancing LLM Complex Problem-Solving with Hybrid Thinking and Dynamic Workflows, https://arxiv.org/html/2409.17433v1
[3] Chain-of-Knowledge: Integrating Knowledge Reasoning into Large Language Models by Learning from Knowledge Graphs, https://arxiv.org/html/2407.00653v1

```python
def determine_branches(complexity):
    # 복잡성에 따라 가지의 수를 결정한다
    return max(2, min(5, int(complexity / 10)))

def generate_branches(model, tokenizer, thought, num_branches):
    # 모델을 사용해 가지를 생성한다
    pass

initial_prompt = tot_prompt(problem)
return adapt_structure(initial_prompt, 0)
```

이전 코드는 현재 추론 경로의 복잡성에 따라 탐색 전략을 적응시키는 동적 ToT 접근 방식을 구현한다. 핵심 함수 adapt_structure는 각 단계에서 현재 사고의 복잡성을 검토하고 탐색할 가지 수를 동적으로 결정해 재귀적으로 솔루션을 구축한다. 고정된 분기 전략과 달리, 이 적응형 접근 방식은 더 넓은 탐색이 유용할 수 있는 복잡한 추론 경로에 더 많은 계산 자원(더 많은 가지)을 할당하고, 더 단순한 개념에는 적은 가지를 사용한다. 구현에는 사고 복잡성을 평가하고, 적절한 가지 수를 결정하며, 언어 모델을 사용해 새로운 사고 연속을 생성하는 보조 함수가 포함된다. 알고리즘은 최대 깊이에 도달하면 종료하고, 가장 높은 점수를 받은 완전한 추리 경로를 반환한다.

다음은 앞서 제시한 코드를 사용해 "나노기술의 발전이 향후 10년간 의학에 어떤 영향을 미칠까?" 같은 문제를 해결하는 방법의 예다.

```python
problem = "나노기술의 발전이 향후 10년 동안 의학에 어떤 영향을 미칠까?"
solution = dynamic_tot(model, tokenizer, problem)
print(solution)
```

이러한 동적 ToT 접근법은 각 생각의 복잡도 평가에 따라 트리 구조를 조정하므로, 복잡한 문제 공간을 더 유연하고 효율적으로 탐색할 수 있다.

21.7 요약

이 장에서는 LLM을 위한 ToT 프롬프트를 설계하고 구현하는 방법을 살펴봤다. 분기 사고 과정을 관리하기 위한 전략을 포함해, 검색 기법과 다양한 추론 경로의 프루닝 및 평가 방법도 다뤘다. 여기서 논의된 전략과 고려 사항을 적용하면, 모호하고 다면적인 문제를 처리하는 LLM의 능력을 크게 향상하면서 더 강건하고 통찰력 있는 해법을 도출할 수 있다.

CoT에 초점을 맞춘 20장을 되짚어 보면서, 사용 사례 관점에서 CoT와 ToT를 비교해 보자. 선형적이고 순차적인 추론을 요하며 중간 단계로 분해가 가능하고 단일한 지배적 해결 경로가 있는 과업에서는 CoT 프롬프팅을 사용한다. CoT는 특히 수학 서술형 문제, 연역적 추론, 기본 논리 퍼즐, 단계별 절차 과업 등에 효과적이며, 분기가 복잡하지 않고 여러 대안을 탐색할 필요가 없는 문제에 잘 맞는다. CoT는 단일 추론 연쇄를 순방향, 결정론적 방식으로 생성하기 때문에 계산상 효율적이다. 이 기법은 LLM에게 사고의 발판이 필요할 때, 즉 '소리 내어 생각'하며 중간 단계를 명확히 해 환각이나 논리적 비약을 방지해야 할 때 가장 유용하다.

분기 결정 지점을 포함한 다단계 추리가 필요한 과업, 특히 여러 해결 경로가 존재하고 이를 병렬로 평가해야 하는 경우에는 ToT 프롬프팅을 사용한다. ToT는 창의적인 문제 해결, 계획 수립, 정리 증명, 코드 합성, 불확실한 상황에서의 의사결정에 적합하다. 문제 공간이 검색 트리로 구조화될 수 있다면, 중간 추리 노드를 재방문하고 평가하며 비교할 수 있어 유리하다. ToT는 자기 일관성 샘플링, 선행 평가(lookahead evaluation), 가지 사이의 가치 기반 선택과 같은 전략을 자주 활용한다. 여러 추론 경로를 병렬로 유지하고 확장해야 하므로, 롤아웃·역추적·노드 점수화 등을 수반하며 계산 부담이 더 크다.

조건이 명확하고 구조가 잘 갖춰진 문제(예: SAT 유형의 질문이나 단순한 도출 문제)라면 CoT로도 충분하고 더 효율적이다. 하지만 문제가 개방형이고 서로 다른 목표들이 충돌하거나, 여러 가능한 방법을 비교해 봐야 최적의 답을 찾을 수 있는 경우(경로 계획, 게임 이동, 공식 증명 등)라면 ToT가 더 좋은 결과를 낸다. ToT는 사람이 여러 방법을 시도해 보고 신중하게 판단하는 과정을 모사하기 때문이다.

실제로 CoT는 기본 기술로 사용될 수 있으며, ToT는 여러 사고 연쇄를 조율함으로써 이를 기반으로 구축된다. 예를 들어, ToT 노드는 각각 내부적으로 CoT를 사용해 일관성 있는 사고를 생성할 수 있다. 따라서 이 둘은 상호 배타적이지 않으며 복잡성과 구조 측면에서 계층적으로 관련돼 있다.

다음 장에서는 많은 에이전틱 AI 애플리케이션에서 일반적으로 사용되는 ReAct 패턴에 관해 알아보겠다.

22장

추리 및 실행(ReAct)

추리 및 실행(Reasoning and Acting, **ReAct**)은 프린스턴 대학교와 구글의 연구자들이 개발한 프롬프팅 기법으로, LLM의 복잡한 환경에서의 추리와 실행 능력을 향상시킨다[1]. 이 기법을 활용하면 LLM이 실세계에서 인간과 유사하게 작업을 모방하며, 사람들이 언어적으로 추리하고 정보를 얻기 위해 행동하는 방식을 재현할 수 있다. ReAct는 추리(reasoning)와 실행(acting)을 결합해 복잡한 언어 추리와 의사결정 과업을 해결한다.

CoT 프롬프팅은 LLM이 추리 자취(reasoning traces)를 생성할 수 있게 해주지만, 외부 세계에 접근할 수 없어서 사실 환각(fact hallucination)과 같은 문제가 발생할 수 있다. ReAct는 LLM이 과업 수행에 필요한 언어 추리 과정(verbal reasoning traces)과 텍스트 행동(text actions)을 모두 생성하도록 허용해 이 문제를 해결한다. 이러한 텍스트 행동을 통해 모델은 외부 환경과 상호작용하며 정보를 수집하고, 그에 따라 추리를 조정할 수 있다.

ReAct의 주요 특징은 다음과 같다.

- **추리 자취**(reasoning traces): LLM은 단계별로 자신의 생각 과정을 설명하는 텍스트를 생성한다.
- **행동 생성**: LLM은 외부 도구 또는 환경과의 상호작용을 나타내는 텍스트 행동(text actions)을 생성한다.
- **관찰 통합**: 행위의 결과(관찰)가 LLM의 컨텍스트에 피드백되어 이후의 추리와 행동에 영향을 미친다.
- **반복적 과정**: ReAct는 일반적으로 생각(Thought)/실행(Action)/관찰(Observation) 단계를 여러 번 거치며, 이를 통해 동적인 문제 해결이 가능하다.

[1] https://arxiv.org/pdf/2210.03629

ReAct는 다음과 같은 상황에서 뛰어나다.

- 작업에 LLM의 사전 훈련된 지식을 넘어서는 정보가 필요한 경우(예: 다중 단계 질의응답 또는 사실 검증)
- LLM이 온라인 쇼핑이나 텍스트 기반 게임 같은 모의(simulated) 환경과 상호작용해야 할 때
- LLM의 힘을 외부 도구(예: 검색 엔진, 계산기, API)의 능력과 결합해야 할 때
- 문제를 더 작은 단계로 나누고 중간 결과를 바탕으로 결정을 내려야 하는 과업

이 장에서는 다음 주제를 다룬다.

- 랭체인으로 ReAct 구현
- LCEL로 ReAct 에이전트 구축
- 과업을 완수하고 문제를 해결
- ReAct 성능 평가
- 안전, 통제, 윤리적 고려 사항
- 한계와 향후 방향

22.1 랭체인으로 ReAct 구현

오픈 소스 LLM 프레임워크인 랭체인(LangChain)[2]은 ReAct 프레임워크를 강력하고 유연하게 구현한 Agent 클래스를 제공한다. 랭체인에서 ReAct 에이전트를 생성하고 사용하는 방법을 탐색해 보자.

1. 필요한 패키지를 설치한다.

    ```
    !pip install langchain openai duckduckgo-search youtube_search wikipedia langchainhub
    ```

    이 패키지들은 랭체인 프레임워크 내에서 언어 모델링 기능을 강화한다.
    - 랭체인은 언어 모델을 기반으로 하는 애플리케이션을 개발하기 위한 프레임워크로, 외부 데이터 소스와 도구에 연결할 수 있게 해준다
    - OpenAI는 강력한 언어 모델에 대한 접근을 API를 통해 제공하며, 이는 많은 랭체인 애플리케이션의 핵심을 이룬다
    - duckduckgo-search와 youtube_search는 검색 엔진 기능을 통합해 언어 모델이 웹과 유튜브에서 실시간 정보를 검색할 수 있게 한다

[2] https://www.langchain.com/

- wikipedia는 언어 모델이 위키피디아의 정보에 액세스하고 이를 활용해 지식 기반을 넓힐 수 있도록 한다.
- langchainhub는 프롬프트, 체인, 에이전트 같은 랭체인 자산을 공유하고 발견할 수 있는 중앙 저장소다

2. 언어 모델과 wikipedia, ddg-search, llm-math 같은 도구를 초기화한다. 이러한 도구는 다음 코드에 나열돼 있다.

```python
import os
import getpass

os.environ["OPENAI_API_KEY"] = getpass.getpass("OpenAI API 키를 입력하세요:")

from langchain.agents import load_tools
from langchain.chat_models import ChatOpenAI

# 원하는 언어 모델을 로드해 사용
llm = ChatOpenAI(model = "gpt-4o", temperature=0)

# 도구를 로드
tools = load_tools(['wikipedia', 'ddg-search','llm-math'], llm=llm)
```

여기서는 필요한 모듈을 langchain에서 가져온다. 그런 다음, 언어 모델(ChatOpenAI)을 지정된 모델(gpt-4-1106-preview) 및 temperature로 초기화한다. 마지막으로, 에이전트가 사용할 몇 가지 도구를 로드한다.

3. ReAct 에이전트를 초기화한다. 여기서 initialize_agent 함수는 에이전트를 생성하고 초기화한다.[3]

```python
from langchain.agents import initialize_agent
from langchain.agents import AgentType

# 에이전트 초기화
agent = initialize_agent(
    tools, llm, agent=AgentType.ZERO_SHOT_REACT_DESCRIPTION, verbose=True
)
```

앞의 코드에서 tools와 언어 모델을 나타내는 llm을 나열하고, 에이전트 유형을 AgentType.ZERO_SHOT_REACT_DESCRIPTION으로 지정한다. 이때 verbose=True로 설정하면 에이전트가 사고 과정을 상세히 로깅한다.

4. ReAct 에이전트의 프롬프트를 검사한다. 다음 줄은 ReAct 에이전트가 사용하는 프롬프트 템플릿을 출력한다. 이 프롬프트는 LLM에게 사용 가능한 도구를 사용하는 방법과 ReAct 형식(생각, 실행, 실행 입력, 관찰)을 따르는 방법에 대한 지시를 제공한다.

---

3 (옮긴이) 랭체인 에이전트는 deprecate되었으며 랭그래프를 사용할 것이 권장된다.

```
print(agent.agent.llm_chain.prompt.template)
```

ReAct 에이전트의 프롬프트를 검사하는 것은 도구 증강 추리와 행동 중 언어 모델의 행동을 안내하는 구조와 논리를 드러내기 때문에 중요하다. `print(agent.agent.llm_chain.prompt.template)`을 사용해 프롬프트 템플릿을 출력하면 임의의 지시를 볼 수 있을 뿐 아니라 에이전트의 추리와 도구 사용 순서를 결정하는 행동 비계(behavioral scaffold)를 살펴볼 수 있다. 여기에는 사용자의 쿼리를 어떻게 해석하고, 사용 가능한 행동 세트에서 도구를 선택하며, 도구에 대한 입력을 구성하고, 도구의 출력(관찰)을 추가적인 추리에 어떻게 통합하는지가 포함된다. 프롬프트가 제대로 구성되지 않으면 모델이 도구를 잘못 해석하거나 부적절한 행동을 취할 수 있으며, 사고 과정을 일관적으로 연결하지 못할 수도 있다. 또한, 템플릿에는 ReAct 구성 요소 간의 올바른 전환을 보여주는 퓨샷 예제가 종종 포함된다. 이러한 예제는 형식화와 논리에 대한 암묵적인 지시로 작용해 모델이 보지 못한 과업에 일반화하는 데 도움을 준다. 이를 검사하면 에이전트가 일반적인 패턴으로 훈련됐는지, 아니면 매우 구체적인 사용 사례로 훈련됐는지를 알 수 있다. 또한, 템플릿을 수정하면 에이전트의 행동 선택, 추리 충실도, 의도된 ReAct 사이클과의 전반적인 정렬에 직접적인 영향을 미치기 때문에 개발자가 예상치 못한 행동이나 환각을 디버그하는 데 도움이 된다.

5. 다음 코드 블록은 프롬프트 템플릿을 사용자 정의하는 방법을 보여준다. 특정 사용 사례에 더 적합하도록 지시, 예제, 포매팅을 수정할 수 있다.

```
prompt = """
복잡한 쿼리를 체계적으로 분류하고 사용 가능한 도구를 전략적으로 사용하여 해결하도록 설계된 지능형 에이전트로서, ReAct(추론 및 행동) 프레임워크에 따라 각 작업에 접근하라.

ReAct 원칙:
1. 추론: 항상 질문을 주의 깊게 분석하고 명확한 단계별 사고 과정을 개발하는 것으로 시작한다.
2. 도구 선택: 어떤 도구가 특정 질문을 해결하는 데 가장 효과적인지 비판적으로 평가한다.
3. 반복적인 상호작용: 추론과 행동을 여러 번 반복하여 더 많은 정보를 수집하면서 접근 방식을 개선할 준비를 한다.
4. 포괄적인 이해: 단순히 답을 찾는 것이 아니라 질문의 근본적인 맥락과 뉘앙스를 제대로 이해하는 것을 목표로 한다.
5. 투명한 의사 결정: 각 단계에서 자신의 추론, 행동, 사고 과정을 명확하게 표현한다.

사용 가능한 도구:
- Wikipedia: 사람, 장소, 역사적 사건, 일반 지식 주제에 대한 사실적인 정보를 검색한다.
- Google 검색: 최신 정보, 최근 이벤트 및 최신 컨텍스트를 가져온다.
- 계산기: 수학적 계산과 수치 분석을 수행한다.

상호 작용 형식:
질문: 해결해야 할 특정 쿼리
생각: 접근 방식에 대한 자세한 추론, 문제 분석
실행: 선택한 도구(위키피디아/구글 검색/계산기)
```

```
실행 입력: 선택한 도구에 대한 정확한 쿼리
관찰: 도구에서 얻은 결과
... (필요에 따라 추론, 행동, 관찰을 반복)
생각: 최종 종합 이해
최종 답변: 원래 질문에 대한 종합적이고 합당한 답변

중요 지침:
- 추론을 체계적이고 명확하게 한다.
- 도구를 신중하게 사용하고 불필요한 작업을 피한다.
- 적절한 경우 여러 출처의 정보를 통합한다.
- 명확하고 간결하며 유익한 최종 답안을 작성한다.

시작!
질문: {input}
생각:{agent_scratchpad}
"""
```

여기서, `agent.agent.llm_chain.prompt.template = prompt`는 에이전트의 프롬프팅을 맞춤 템플릿으로 업데이트한다.

6. 다음으로, 각 도구를 언제, 어떻게 사용해야 하는지에 대해 LLM에 더 구체적인 지침을 제공하기 위해 도구의 설명을 수정할 수 있다.

```
tools[1].description = "현재 날짜와 시간을 제공하는 날짜 검색 도구로, 시간 관련 쿼리, 스케줄링, 나이 계산 또는 시간에 민감한 상황을 이해하는 데 유용하다."
tools[2].description = "산술 계산, 대수 계산, 백분율 계산, 단위 변환 및 고급 수학 함수 등 다양한 수학적 연산을 수행할 수 있는 강력한 계산 도구다."
```

7. 다음 줄은 샘플 쿼리로 에이전트를 실행한다. 에이전트는 ReAct 프레임워크를 사용해 추리하고, 도구를 선택하고, 행동을 실행하고, 최종 답변을 생성한다.

```
agent.run("캐나다에서 가장 큰 도시의 인구는 얼마인가? 그 도시의 모든 시민이 휴식 없이 매초 숫자를 세면 10억까지 세는 데 며칠이 걸리는가? 그런 다음, 이 시간을 인간의 평균 수명과 비교해 어느 쪽이 더 긴지 설명하라.")
```

다음으로, 문서 처리에 ReAct를 사용해 랭체인을 활용하는 예제를 살펴보겠다.

22.1.1 ReAct 문서 저장소

랭체인은 위키백과와 같은 문서 저장소를 활용한 ReAct 로직을 구현하기 위한 `DocstoreExplorer` 클래스도 제공한다. 위키백과와 함께 `DocstoreExplorer`를 사용하는 문서 기반 ReAct 예제를 보자.

```python
from langchain import Wikipedia
from langchain.agents import initialize_agent, Tool
from langchain.agents import AgentType
from langchain.agents.react.base import DocstoreExplorer

docstore = DocstoreExplorer(Wikipedia())

search_tool = Tool(
    name="Search", func=docstore.search, description="주제에 관한 최신 정보를 검색"
)

lookup_tool = Tool(
    name="Lookup", func=docstore.lookup, description="키워드로부터 정보를 얻는 조회 도구"
)

tools = [search_tool, lookup_tool]

llm = OpenAI(temperature=0)

react = initialize_agent(tools, llm, agent=AgentType.REACT_DOCSTORE, verbose=True)

# 현재 텍사스의 주지사는 누구고, 그의 출생일은 언제인지를 질의
question = "Who is the current governor of Texas and when was he born?"
react.run(question)
```

이 코드는 위키백과와 상호 작용해 질문에 답변하는 랭체인 에이전트를 설정한다. 다음은 세부 사항이다.

1. **위키백과 접근**: 먼저 위키백과에 연결을 초기화해서 에이전트가 그곳에서 정보를 검색할 수 있게 한다.
2. **도구 생성**: 다음으로 Search와 Lookup도구를 정의한다. Search 도구를 사용하면 에이전트가 관련성 있는 위키백과 페이지를 찾을 수 있고, Lookup 도구를 사용하면 그 페이지에서 구체적인 정보를 추출할 수 있다.

3. **에이전트 초기화**: 그런 다음, ReAct 에이전트를 생성한다. 이 에이전트는 이전에 정의된 도구들과 OpenAI 언어 모델을 사용하도록 설정돼 있다. 앞선 코드에서 AgentType.REACT_DOCSTORE는 문서 저장소 상호작용을 위해 에이전트를 명시적으로 설정하며, 여기서는 위키백과를 위한 설정이다.
4. **질문 실행**: 마지막으로, 위키백과에서 정보를 접근하고 처리해야 하는 질문으로 에이전트를 실행한다. 에이전트는 Search 도구를 사용해 관련 페이지를 찾고 Lookup 도구를 사용해 답변을 추출한다.[4]

22.2 LCEL로 ReAct 에이전트 구축하기

LCEL(LangChain Expression Language)의 선언적 접근 방식으로 ReAct 에이전트를 구성할 수 있다. LCEL을 사용하면 단계를 수동으로 조율하는 대신, 사용자 입력, 추론, 행동 선택, 최종 응답 생성까지 처리하는 파이프라인 그래프를 선언적으로 정의할 수 있다. 이 섹션에서는 이 강력한 프레임워크를 사용해 ReAct 에이전트를 구현하는 방법을 시연한다.

핵심 아이디어는 사용자의 쿼리를 받아들이고, 일련의 단계를 통해 추리하기 위해 LLM을 사용하며, 잠재적으로 외부 도구를 활용해 궁극적으로 답변에 도달하는 데이터 파이프라인을 구축하는 것이다. LCEL을 사용해 이 파이프라인을 간결하게 표현할 수 있다.

다음은 이 프로세스를 보여주는 파이썬 코드 예다.

```python
from langchain_core.prompts import ChatPromptTemplate
from langchain_core.runnables import chain
from langchain.agents.format_scratchpad import format_log_to_str
from langchain.agents.output_parsers import(ReActSingleInputOutputParser)
from langchain.tools import DuckDuckGoSearchRun
from langchain_openai import ChatOpenAI

# 1. 도구 정의: 이 예에서는 검색 도구를 사용한다.
tools = [DuckDuckGoSearchRun()]

# 2. 프롬프트 구성: 허브에서 가져오는 대신 기본 프롬프트 템플릿을 정의한다.
template = """다음 질문에 최선을 다해 답하라. 다음 도구를 사용할 수 있다:

{tool_descriptions}
```

---

[4] (옮긴이) 직접 테스트했을 때 한글로 질문하면 답을 잘하지 못해서 영문을 그대로 두었다.

```
다음 형식을 사용하라:
질문: 답변해야 할 입력 질문
생각: 무엇을 해야 할지 항상 생각해야 한다
실행: 취할 행동, [{tool_names}] 중 하나여야 한다
실행 입력: 행동에 대한 입력
관찰: 행동의 결과
... (이 사고/행동/행동 입력/관찰은 N번 반복될 수 있다)
생각: 이제 최종 답을 알겠다
최종 답변: 원래 입력 질문에 대한 최종 답

시작!

Question: {input}
{agent_scratchpad}"""

prompt = ChatPromptTemplate.from_template(template)

prompt = prompt.partial(
    tool_names=", ".join([t.name for t in tools]),
    tool_descriptions="\n".join([f"{t.name}: {t.description}" for t in tools]),
)

# 3. LLM 인스턴스화: ChatOpenAI를 사용하지만, 어떤 LLM도 사용할 수 있다.
llm = ChatOpenAI(temperature=0)

#   '\n관찰:'을 보면 멈추도록 구성한다.
llm_with_stop = llm.bind(stop=["\n관찰:"])

# 4. LCEL을 사용해 에이전트 파이프라인 구성:
agent = (
    {
        "input": lambda x: x["input"],
        "agent_scratchpad": lambda x: format_log_to_str(x["intermediate_steps"]),
    }
    | prompt
    | llm_with_stop
    | ReActSingleInputOutputParser()
)
```

이 설정을 살펴보자.

1. 프롬프트 템플릿은 허브에서 가져오지 않고, LLM의 추리와 행동 선택을 안내하기 위해 직접 정의한다. 이 템플릿은 LLM에게 상호작용의 예상 형식(질문, 생각, 행동, 관찰, 최종 답변)을 지시한다.
2. ChatOpenAI는 LLM으로 작동하며, \n관찰: 문자열을 만나면 생성을 중단하도록 설정돼 있다. 이 신호는 에이전트가 행동을 완료하고 결과를 기다리고 있음을 나타낸다.
3. 에이전트 파이프라인은 LCEL을 통해 구성되며, 이는 체이닝 연산(|)이다. 이 파이프라인은 정보의 흐름을 조정한다.
   - 입력과 에이전트의 스크래치패드(이전 추리 단계)를 포매팅한다.
   - 형식화된 입력을 프롬프트에 전달한다.
   - LLM은 설정된 중지 기준을 가지고 프롬프트를 처리한다.
   - 마지막으로, ReActSingleInputOutputParser는 LLM의 출력을 파싱해서 취해야 할 행동과 최종 답변을 구분한다.

22.2.1 ReActSingleInputOutputParser 설명

이 구성 요소는 LLM의 출력을 해석하고 ReAct 루프에서 다음 단계를 결정하는 데 중요하다.

- **인스턴스화**: LLM 생성 텍스트를 처리할 준비가 된 파서의 인스턴스를 생성한다.
- **기능**: LLM의 출력을 검사해 AgentAction 객체(도구 실행 요청) 또는 AgentFinish 객체(최종 답변 제공)를 나타내는 패턴을 식별한다.
  - AgentAction을 감지하면 도구의 이름과 도구에 전달할 입력을 추출한다.
  - AgentFinish를 찾으면 최종 답변을 추출한다.
- **사용법**: 파서는 LLM의 원시 텍스트 출력을 받아 AgentAction 또는 AgentFinish를 반환한다.
- **오류 처리**: LLM의 출력이 예상된 ReAct 형식에 맞지 않는 경우(예를 들어, Action: 또는 Final Answer:가 누락된 경우), 파서는 예외를 발생시켜 LLM의 추리나 프롬프트에 문제가 있음을 나타낸다.

22.2.2 AgentExecutor로 에이전트를 실행

다음 코드에서 AgentExecutor는 에이전트의 행동 실행을 관리하는 구성 요소다. 이는 에이전트의 의사결정 과정에 따라 선택된 행동들이다. 에이전트의 드라이버 역할을 하며, 에이전트와 외부 도구 간의 상호작용을 촉진한다.

다음 예를 보자.

```
from langchain.agents import AgentExecutor

agent_executor = AgentExecutor(agent=agent, tools=tools, verbose=True)

response = agent_executor.invoke(
    {"input": "현재 마이크로소프트의 CEO는 누구이며, 그의 나이를 제곱하면 얼마인가?"}
)

print(response)
```

다음과 같은 일이 일어난다.

1. 앞서 정의한 에이전트 파이프라인과 사용 가능한 도구를 제공해 AgentExecutor 인스턴스를 생성한 후, 에이전트의 사고 과정을 보기 위해 verbose=True로 설정한다.

2. agent_executor.invoke 메서드는 프로세스를 시작한다. 이 메서드는 사용자의 입력을 포함하는 딕셔너리를 받는다 ("input": "현재 마이크로소프트의 CEO는 누구이며 그의 나이의 제곱은 얼마인가?").

3. 그런 다음, AgentExecutor는 ReAct 루프를 관리한다.

    a. 입력을 에이전트 파이프라인에 전달한다.

    b. 에이전트(LLM과 파서)는 행동(예: 검색 도구를 사용해 CEO의 이름을 찾기)을 결정한다.

    c. AgentExecutor는 행동(검색 도구 호출)을 실행한다

    d. 결과를 "관찰"로 에이전트에게 다시 전달한다.

    e. 이 과정은 에이전트가 최종 답변을 생성하기에 충분한 정보를 얻었다고 결정할 때까지 반복된다.

이 예제는 LCEL로 구축된 ReAct 에이전트의 기본 구조를 보여준다. 프롬프팅, 언어 모델링, 파서, 외부 도구를 결합해 복잡한 추론 작업을 위한 명확하고 모듈성 있는 파이프라인을 정의하는 방법을 보여준다. 이러한 접근을 쓰면 지능형 에이전트를 설계할 때 코드의 가독성, 유지보수 가능성, 유연성을 높일 수 있다. 특히 이 예제에서는 현재 마이크로소프트의 CEO가 누구인지 묻고 이어서 그들의 나이를 제곱하는 과정을 통해, 이름 회상에서 산술 계산으로 이어지는 간단한 다중 회차 추리를 확인할 수 있다.

22.3 과업을 완료하고 문제를 해결하기

ReAct 프레임워크는 추리와 행동을 통합할 수 있는 능력을 갖추고 있어 다양한 과업 완료와 문제 해결 시나리오에 대해 활용성이 뛰어나다.

- **외부 지식을 활용한 질의응답**: ReAct는 위키백과나 검색 엔진과 같은 외부 지식 소스에 접근하고 이를 바탕으로 추리해 더 정확하고 최신 답변을 제공하는 QA 시스템을 만드는 데 사용할 수 있다.
- **웹 탐색 및 상호작용**: ReAct 에이전트는 웹사이트를 탐색하고 웹 요소와 상호작용하며 정보를 수집할 수 있다. 이를 통해 자동화된 웹 연구, 데이터 스크래핑, 온라인 쇼핑 지원과 같은 과업을 수행할 수 있다.
- **소프트웨어 애플리케이션 제어**: API 및 도구와 통합해 ReAct 에이전트는 소프트웨어 애플리케이션을 제어하고, 워크플로를 자동화하며, 다수의 시스템과 상호작용이 필요한 복잡한 과업을 수행할 수 있다.
- **로봇공학과 물리적 세계 상호작용**: LLM은 주로 텍스트 영역에서 작동하지만, ReAct 원칙은 로봇이나 다른 물리적 시스템을 제어하는 데 확장될 수 있다. 여기서 행동은 물리적 움직임이나 실세계와의 상호작용을 포함한다.
- **다단계 문제 해결**: ReAct는 복잡한 문제를 더 작은 단계로 나누고, 각 단계에 대해 추리하며, 행동을 취하고, 관찰을 통해 후속 단계에 정보를 제공해야 하는 과업에 적합하다.

22.4 ReAct의 성능 평가

ReAct 에이전트를 평가하려면 추리의 품질과 수행된 행동의 효과성을 모두 평가해야 한다. 이를 위해 다음 지표를 사용할 수 있다.

- **성공률**: 에이전트가 성공적으로 완료한 과업의 비율
- **효율성**: 과업을 완료하는 데 걸리는 단계 수 또는 시간
- **추리 정확성**: LLM의 추리 자취의 정확성과 관련성
- **행동 관련성**: 에이전트가 선택한 행동의 적절성
- **관찰 활용도**: 에이전트가 관찰을 후속 추리 및 조치에 얼마나 효과적으로 통합하는가
- **오류 분석**: 에이전트의 성능에서 일반적인 실패 모드나 약점을 식별하는 것

다음과 같은 평가 기법을 사용할 수 있다.

- **인간 평가**: 전문가가 에이전트의 추리, 행동, 최종 출력을 평가하는 것
- **자동화된 메트릭**: 자동화된 스크립트나 LLM을 사용해 에이전트의 성능의 특정 측면(예: 답변의 정확성 또는 행동의 관련성)을 평가
- **벤치마킹**: 표준화된 과업에 대해 미리 정의된 벤치마크 또는 다른 에이전트와 성능을 비교
- **제거 연구**: ReAct 프레임워크의 구성 요소(예를 들어, 추리 단계를 제거하거나 수정하는 것)를 체계적으로 제거하거나 수정해서 전체 성능에 대한 기여를 이해

22.5 안전, 제어, 윤리적 고려 사항

ReAct 시스템은 특히 외부 도구와 통합될 때 여러 안전, 제어, 윤리적 문제를 야기한다.

- **예측할 수 없는 행동**: LLM 추리와 외부 도구 사용의 결합은 예측할 수 없거나 의도하지 않은 행동으로 이어질 수 있다.
- **행위의 안전성**: 에이전트가 취한 행위(action)는 특히 에이전트가 물리 세계에 영향을 미칠 수 있는 시스템에 연결된 경우 실세계에 결과를 초래할 수 있다.
- **편향과 공정성**: ReAct 에이전트는 LLM의 훈련 데이터나 외부 도구에 존재하는 편향을 물려받고 증폭할 수 있다.
- **오용 가능성**: 악의적인 행위자가 ReAct 에이전트를 잘못된 정보를 생성하거나 공격을 자동화하는 것과 같은 유해한 목적으로 사용할 수 있다.
- **책임**: LLM 모델의 비결정적인 특성으로 인해, ReAct 에이전트의 행위와 결정에 대한 책임을 규명하기 어려울 수 있다

다음은 이러한 문제에 대한 몇 가지 완화 전략이다.

- **샌드박싱**: 격리된 환경에서 ReAct 에이전트를 실행해 잠재적 영향력을 제한
- **인간 감독**: 특히 중요한 결정 또는 행위에 대해 ReAct 프로세스에 인간의 검토와 승인을 포함하는 것
- **안전 규칙과 제약**: 에이전트가 해롭거나 비윤리적인 행위를 하지 않도록 규칙과 제약을 구현한다
- **모니터링 및 감사**: 에이전트의 행동을 지속해서 모니터링하고 감사를 위한 로그를 유지하는 것
- **투명성과 설명 가능성**: 이해와 신뢰를 향상시키기 위해 자신의 추리와 의사결정 과정을 설명할 수 있는 ReAct 에이전트를 설계하는 것

22.6 한계 및 향후 방향

ReAct는 강력한 프레임워크지만 몇 가지 한계가 있다.

- **외부 도구 의존성**: ReAct의 효과는 부분적으로 사용되는 외부 도구의 능력과 신뢰성에 달려 있다
- **오류 전파**: 도구 사용이나 관찰 해석에서의 오류는 추리 과정을 통해 전파되어 잘못된 결론 또는 행위로 이어질 수 있다
- **토큰 한계**: ReAct의 반복적인 특성은 긴 텍스트 시퀀스를 초래할 수 있어, 잠재적으로 일부 LLM의 토큰 한계를 초과할 수 있다
- **계산 비용**: 여러 차례의 추리, 행위, 관찰은 계산적으로 비쌀 수 있으며, 특히 LLM이나 복잡한 도구를 사용할 때 그렇다
- **프롬프트 엔지니어링의 도전 과제**: LLM의 추리와 행위 선택을 적절히 안내하는 효과적인 ReAct 프롬프트를 설계하는 것은 도전적일 수 있으며 실험이 필요할 수 있다

그림 22.1은 ReAct 패턴의 한계를 보여준다.

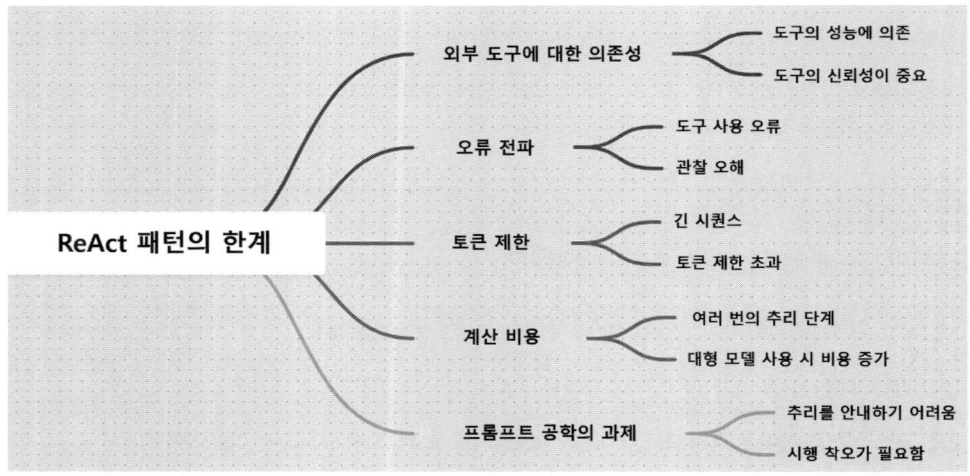

그림 22.1. ReAct 패턴의 한계

그러나 ReAct는 LLM의 뛰어난 언어 능력에 실제 행동 수행과 외부 정보 활용 기능을 더함으로써, 훨씬 더 유능하고 활용도 높은 AI 시스템을 구축할 수 있는 길을 제시한다.

- **개선된 도구 통합**: LLM을 외부 도구와 원활하고 강건하게 통합하는 방법을 개발한다.
- **향상된 추리 기능**: ReAct를 ToT와 같은 다른 고급 추리 기법과 결합해 더 복잡한 시나리오를 처리한다.
- **경험을 통한 학습**: ReAct 에이전트가 과거 상호작용에서 학습하고 시간이 지남에 따라 성능을 개선하도록 한다.
- **다중 에이전트 ReAct**: 여러 ReAct 에이전트가 협력하거나 경쟁해 문제를 해결하는 시나리오를 탐색한다.
- **실세계 배포**: 모의 환경을 넘어서서 적절한 안전 및 제어 메커니즘을 갖춘 ReAct 에이전트를 실제 응용 분야에 배포한다.

22.7 요약

이 장에서는 ReAct 프레임워크에 대해 배웠다. 이는 LLM이 복잡한 시나리오를 추리할 뿐만 아니라, 인간이 실세계에서 작동하는 방식과 유사하게 행위의 실행을 계획하고 시뮬레이션할 수 있도록 프롬프팅하는 강력한 기법이다.

ReAct 프레임워크는 추리하고 계획하며 환경과 상호작용할 수 있는 지능형 에이전트 개발의 중요한 진전을 보여준다. 또한 이를 기반으로 **무관찰 추리**(Reasoning WithOut Observation, ReWOO)와 같은 더 발전된 프레임워크가 등장했으며, 이를 다음 장에서 다룬다.

23장

무관찰 추리
(ReWOO)

Binfeng Xu 등이 제안한 **무관찰 추리**(Reasoning WithOut Observation, **ReWOO**)는 효과적인 도구 사용을 위해 다단계 계획자와 변수 치환을 결합한 프레임워크다[1]. 이는 ReAct 스타일 에이전트를 개선해, 도구 사용의 전체 추리 연쇄를 단일 패스로 생성함으로써 토큰 소비와 실행 시간을 줄이고 중복 LLM 호출을 최소화하는 것을 목표로 한다. 또한 계획 데이터가 도구의 실제 출력에 의존하지 않기 때문에, 도구를 실제로 호출하지 않고도 파인튜닝을 수행할 수 있어 파인튜닝 과정 자체를 간소화할 수 있다는 이점이 있다.

ReAct는 '생각-실행-관찰(think-act-observe)'의 순환 패턴으로 작동한다. AI가 추리하고 실행하며 그 결과를 관찰한 뒤 다음 실행을 조정하는 방식으로, 동적이고 반응적인 문제 해결이 특징이다. 반면, ReWOO는 실행에 앞서 포괄적인 계획을 세워 전체 실행 순서를 미리 완성한다. 이로써 지속적인 관찰과 피드백 과정이 불필요해진다. 두 방식의 핵심 차이는 효율성에 있다. ReWOO는 토큰 사용량과 계산 비용을 대폭 줄여 효율성을 극대화한다. ReAct의 반복적 피드백 순환에서 벗어나 '계획-실행(plan-act)'의 간소화된 방법론으로 전환한 것이다.

따라서 ReWOO는 LLM이 직접 관찰되지 않았거나 훈련되지 않은 시나리오에 대해 추론하거나 예측하거나 시나리오에 대한 결정을 내리는 능력을 의미한다. ReWOO는 외부 도구 사용을 추리 과정에 통합해 이를 강화한다.

직접적인 관찰 없이 계획하고 추리할 수 있는 ReWOO의 능력은 복잡한 계획과 의사결정 과업에 적합하다.

---

[1] ReWOO: Decoupling Reasoning from Observations for Efficient Augmented Language Models, https://arxiv.org/abs/2305.18323

- **전략적 계획**: 앞서 언급했듯이, ReWOO는 가상 상황, 목표, 제약에 기반해 전략적 계획을 생성할 수 있다.
- **시나리오 분석**: ReWOO는 주어진 시나리오의 다양한 잠재적 결과를 탐색할 수 있으며, 다양한 요인과 불확실성을 고려한다.
- **자원 배분**: 도구 사용을 계획하고 그 결과를 추리함으로써, ReWOO는 복잡한 환경에서 자원 배분을 최적화할 수 있다.
- **위험 평가**: ReWOO는 다양한 시나리오와 그에 따른 결과를 시뮬레이션함으로써 잠재적 위험을 평가하고 이에 대한 완화 전략을 수립하는 데 도움을 줄 수 있다

이 장에서는 다음 주제를 다룬다.

- 랭그래프로 ReWOO 구현
- ReWOO의 장점
- 품질 평가와 윤리적 고려 사항
- 미래 방향

23.1 랭그래프로 ReWOO 구현하기

랭그래프(LangGraph)는 LLM을 활용해 상태 유지형(stateful) 다중 에이전트 애플리케이션을 구축하는 오픈소스 프레임워크다. 이 프레임워크는 방향 그래프 모델을 도입해 랭체인 생태계의 기능을 확장한다. 여기서 노드는 함수(LLM 호출 포함)를 나타내고, 간선은 논리, 조건, 메모리에 따른 상태 전환을 정의한다. 기존의 순차 체인 방식과 달리, 랭그래프는 조건 분기, 루프, 메모리 전달, 비동기 에이전트 조정이 포함된 복잡한 워크플로를 지원한다. 이는 상호작용이 동적이고 반복적이며 상태 변화에 의존하는 시스템 구현에 특히 적합하다. 주요 활용 분야로는 다중 에이전트 협업, 의사결정 트리, 제어 흐름을 통한 검색 증강 생성, 그리고 특정 목표 달성까지 이전 단계를 재방문하거나 하위 작업을 반복하는 자율 에이전트 등이 있다.

랭그래프는 그래프 이론과 오토마타 개념을 활용해 실행 흐름을 상태기계(state machine)나 유향 비순환 그래프(또는 루프가 필요할 때는 순환 그래프)로 나타낸다. 개발자는 노드(함수나 도구), 간선(상태 전이), 조건(라우팅을 위한 논리)으로 그래프를 정의한다. 런타임 엔진은 입력에 따라 그래프를 실행하고, 각 단계에서 상태를 업데이트한다.

랭그래프는 동기 및 비동기 실행을 모두 지원하며, 도구, 메모리, 에이전트와 같은 랭체인의 구성 요소와 통합된다. 또한 스트리밍 응답, 상태에 대한 세밀한 제어, 멀티모달 입출력을 지원해 프로덕션 수준의 애플리케이션에 적합하다.

실제로 랭그래프는 서로 다른 에이전트가 상호작용하고, 조정하며, 메모리를 공유하는 에이전틱 시스템을 구축하는 데 사용되며, 여전히 잘 정의된 계산 그래프를 따른다. 이는 단순한 에이전트 루프나 비구조화된 LLM 오케스트레이션 방법과 다르다.

랭그래프는 https://github.com/langchain-ai/langgraph에서 이용할 수 있으며, 파이썬 기반 구현을 지원한다. 핵심 의존성은 랭체인과 상태기계 실행 프레임워크다.

ReWOO 아키텍처는 세 가지 모듈로 구성된다.

- **계획자**(planner): 주어진 문제를 해결하기 위한 전체적인 계획을 수립한다. 계획 수립 과정에서는 어떤 도구를 사용할지 결정하고, 각 도구에 필요한 매개변수를 설정한다. 또한 작업 단계들 사이의 연관성을 나타내기 위해 **변수 치환**(variable substitution)이라는 방법을 활용한다. 변수 치환은 AI가 계획을 세울 때 매우 유용한 기법이다. 특히 ReWOO와 같은 시스템에서는 실행 과정에서 값이 결정되는 요소들을 미리 변수로 설정해 둔다. 이렇게 하면 구체적인 값을 모르는 상황에서도 유연하고 체계적인 계획을 만들 수 있다. 구체적인 예를 들어보자. 검색 도구로 정보를 찾은 다음, 그 결과를 가격 추출 도구에 넘겨주는 작업이 있다고 하자. 이때 검색 결과가 무엇인지 미리 알 수는 없지만, `search_result`나 `price` 같은 변수명을 사용해 작업을 미리 설계할 수 있다. 이런 방식의 장점은 명확하다. AI는 전체 작업의 청사진을 처음부터 완성할 수 있고, 실제 데이터는 필요한 시점에 채워넣기만 하면 된다. 결과적으로 계획 단계가 간단해지고, 불필요한 연산도 줄일 수 있다.
- **작업자**(worker): 제공된 인수로 도구를 실행하며 이전 단계에서 변수 치환을 사용할 수 있다.
- **해결자**(solver): 도구 관찰과 계획에 기반해 최종 답변을 생성한다.

이 아키텍처는 처음에는 다소 추상적으로 보일 수 있다. 랭그래프를 사용해 ReWOO를 구현해 보자. 예시 도구로 타빌리(Tavily) 검색 엔진을 사용하겠다.

1. 필요한 패키지를 설치하고 API 키를 설정한다.

    ```
    %pip install -U langgraph langchain_community langchain_openai tavily-python
    ```

    타빌리는 AI 에이전트를 위해 특별히 설계된 검색 엔진이다. 이는 복잡한 과업을 수행하는 AI 시스템의 필요에 맞춰 정확하고 신뢰할 수 있는 정보 검색이 가능하도록 구축됐다(https://tavily.com/ 참조).

    다음 스크립트는 아직 정의되지 않은 경우 API 키에 대한 환경 변수를 설정한다.

```
import getpass
import os

def _set_if_undefined(var: str):
    if not os.environ.get(var):
        os.environ[var] = getpass.getpass(f"{var}=")


_set_if_undefined("TAVILY_API_KEY")
_set_if_undefined("OPENAI_API_KEY")
```

2. 다음으로, 그래프 상태를 정의한다. 이를 위해, 상태 딕셔너리를 정의해 과업, 계획, 단계, 결과, 최종 결과를 담을 수 있도록 한다.

```
from typing import List
from typing_extensions import TypedDict


class ReWOO(TypedDict):
    task: str
    plan_string: str
    steps: List
    results: dict
    result: str
```

3. 계획자 프롬프트와 논리를 생성한다.

```
from langchain_openai import ChatOpenAI


model = ChatOpenAI(model="gpt-4o")
prompt = """다음 과업에 대해, 문제를 단계별로 해결할 수 있는 일련의 계획을 작성하라. 각 계획마다 어떤 외부 도구와 그에 해당하는 입력을 사용해 증거를 수집할지 명시하라. 증거는 이후 도구들이 참조할 수 있는 변수 #E (예: #E1, #E2, #E3 등)에 저장할 수 있다. 모든 변수는 독립적이므로 각 도구 입력에 필요한 모든 정보를 포함해야 한다.

도구는 다음 중 하나일 수 있다.

Google[input]: 구글에서 결과를 검색하는 검색 엔진 작업자다. 간결한 답변이나 특정 주제에 대한 정보를 필요로 할 때 사용하라. 입력은 검색 쿼리여야 한다.

LLM[input]: 사전 학습된 대규모 언어 모델(나와 같은)이다. 일반적인 세계 지식, 상식, 또는 복잡한 추리를 활용해야 할 때 사용하라. 외부 도움 없이 문제를 해결할 자신이 있을 때 이 도구를 우선
```

사용하라. 입력은 어떤 지시나 질문이 될 수 있다.

Calculator[input]: 수학적 계산을 수행할 수 있는 도구다. 산술 연산을 수행해야 할 때 사용하라. 입력은 유효한 수학적 표현식이어야 한다.

WolframAlpha[input]: 계산 지식 엔진이다. 방정식을 풀거나 기호적 계산을 수행하거나 데이터 기반의 답변을 얻어야 할 때 사용하라. 입력은 수학 또는 과학 문제와 관련된 Wolfram 언어나 자연어 쿼리여야 한다.

예를 들어,
과업: 앨리스, 밥, 캐롤이 지난주 아르바이트로 총 540달러를 벌었다. 앨리스는 y 달러를 벌었다. 밥은 앨리스가 번 돈의 3배보다 20달러 더 벌었고, 캐롤은 밥보다 15달러를 더 벌었다. 캐롤이 번 돈은 얼마인가?

계획: 앨리스가 y 달러를 벌었다고 가정하고, 문제를 대수적 표현으로 변환해 Wolfram Alpha로 푼다.
#E1 = WolframAlpha[Solve y + (3y + 20) + ((3y + 20) + 15) = 540]

계획: 앨리스가 얼마 벌었는지 알아낸다.
#E2 = LLM[What is y, given #E1]

계획: 캐롤이 얼마 벌었는지 계산한다.
#E3 = Calculator[((3 * #E2) + 20) + 15]

시작!
계획을 풍부한 세부 사항으로 설명해라. 각 계획은 하나의 #E로만 끝나야 한다.

과업: {task}"""

4. 계획자에 대한 랭그래프 노드를 생성한다.

```python
import re
from langchain_core.prompts import ChatPromptTemplate

regex_pattern = (r"계획:\s*(.+)\s*(#E\d+)\s*=\s*(\w+)\s*\[([^\]]+)\]")
prompt_template = ChatPromptTemplate.from_messages([("user", prompt)])
planner = prompt_template | model

def get_plan(state: ReWOO):
    task = state["task"]
```

```
        result = planner.invoke({"task": task})
        matches = re.findall(regex_pattern, result.content)
        return {"steps": matches, "plan_string": result.content}
```

5. 검색 엔진을 인스턴스화하고 도구 실행 로직을 정의한다.

```
from langchain_community.tools.tavily_search import TavilySearchResults

search = TavilySearchResults()

def _get_current_task(state: ReWOO):
    if "results" not in state or state["results"] is None:
        return 1
    if len(state["results"]) == len(state["steps"]):
        return None
    else:
        return len(state["results"]) + 1

def tool_execution(state: ReWOO):
    _step = _get_current_task(state)
    _, step_name, tool, tool_input = state["steps"][_step - 1]
    _results = (state["results"] or {}) if "results" in state else {}

    for k, v in _results.items():
        tool_input = tool_input.replace(k, v)

    if tool == "Google":
        result = search.invoke(tool_input)
    elif tool == "LLM":
        result = model.invoke(tool_input)
    else:
        raise ValueError

    _results[step_name] = str(result)
    return {"results": _results}
```

6. 해결자 프롬프트 및 로직을 생성한다.

```
solve_prompt = """다음 과업 또는 문제를 해결하라. 문제를 해결하기 위해 단계별 계획을 세우고 각
계획에 해당하는 증거를 검색했다. 긴 증거는 관련 없는 정보를 포함할 수 있으니 주의해서 사용하라.
```

```
{plan}

이제 위에 제공된 증거에 따라 질문이나 과업을 해결하라. 추가적인 말 없이 직접 답변하라.

과업: {task}
응답:"""

def solve(state: ReWOO):
    plan = ""
    for _plan, step_name, tool, tool_input in state["steps"]:
        _results = (state["results"] or {}) if "results" in state else {}

        for k, v in _results.items():
            tool_input = tool_input.replace(k, v)
            step_name = step_name.replace(k, v)
        plan += (
            f"계획: {_plan}\n{step_name} = {tool}[{tool_input}]\n"
        )

    prompt = solve_prompt.format(plan=plan, task=state["task"])
    result = model.invoke(prompt)
    return {"result": result.content}
```

7. 랭그래프 워크플로를 구축한다.

```
def _route(state):
    _step = _get_current_task(state)
    if _step is None:
        return "solve"
    else:
        return "tool"


from langgraph.graph import END, StateGraph, START

graph = StateGraph(ReWOO)
graph.add_node("plan", get_plan)
graph.add_node("tool", tool_execution)
graph.add_node("solve", solve)
```

```
graph.add_edge("plan", "tool")
graph.add_edge("solve", END)
graph.add_conditional_edges("tool", _route)
graph.add_edge(START, "plan")

app = graph.compile()
```

이 코드는 StateGraph를 활용해 AI의 워크플로우를 구성한다. StateGraph는 여러 단계로 이뤄진 복잡한 과정을 체계적으로 관리하는 데이터 구조다. 여기서 _route 함수는 조건 분기를 담당하며, 현재 상태를 판단해 다음에 무엇을 할지 결정한다. 더 사용할 도구가 있는지 확인한 후, 모든 작업이 끝났다면 최종 답변을 만드는 solve 노드로 보낸다. 아직 해야 할 일이 남아있다면 tool 노드로 보내서 필요한 도구를 실행하도록 한다.

StateGraph는 전체 실행 과정의 흐름을 설계한다. 먼저 plan에서 전략을 수립하고, 다음으로 tool에서 외부 도구들을 활용한다. 마지막에는 solve에서 최종 결과를 도출해 END 상태로 마무리한다. 이 과정에서 _route 함수가 tool에서 핵심적인 역할을 담당한다. 작업이 어느 정도 진행되었는지에 따라 다음 단계를 유연하게 결정하기 때문이다.

StateGraph는 워크플로우를 체계적으로 관리하는 데 중요하다. 특히 외부 도구를 많이 사용하는 작업에서 AI가 상황에 맞게 적응할 수 있도록 조건 분기 기능을 제공한다. 이를 통해 작업들이 논리적인 순서로 진행되도록 보장하며, 시스템의 안정성과 명확성을 높인다. 이는 ReWOO의 계획 우선 접근법과도 잘 맞아떨어진다. 그래프를 컴파일해서 app에 담으면 실행 가능한 프로그램이 완성된다.

8. 사용 사례를 살펴보고, ReWOO 에이전트를 테스트해 보자.

```
task = "2024년 호주 오픈 남자 단식 우승자의 정확한 고향은 어디인가"
for s in app.stream({"task": task}):
    print(s)
    print("---")
```

앞선 코드는 랭그래프를 사용한 ReWOO 프레임워크의 간단한 구현을 보여준다. 상태, 계획자, 작업자, 해결자 모듈을 정의하고 이를 그래프로 연결한다. 이 예제는 샘플 과업에 대해 에이전트를 어떻게 실행하는지를 보여준다.

23.2 ReWOO의 장점

ReWOO는 전통적인 ReAct 스타일 에이전트에 비해 여러 장점이 있다.

- **토큰 소비와 실행 시간 감소**: ReWOO는 전체 계획을 단일 패스로 생성하고 변수 치환을 사용함으로써 LLM 중복 호출과 컨텍스트 전달을 최소화한다

- **간소화된 파인튜닝**: 계획 데이터가 (이론적으로) 도구 출력과 독립되므로 도구를 호출하지 않고 파인튜닝을 할 수 있다
- **효율적인 LLM 호출**: LLM 도구가 프롬프트를 적게 받으므로 ReACT 패러다임에 비해 호출의 토큰 효율이 더 높다

23.3 품질 평가와 윤리적 고려 사항

ReWOO는 종종 가상의 시나리오를 다루기 때문에 추리 품질 평가가 어렵다. 가능한 접근법은 다음과 같다.

- **인적 평가**: 생성된 계획의 일관성, 관련성, 완전성, 추리를 인간 전문가가 평가
- **실제 결과와 비교**: 결과가 알려진 시나리오의 경우, ReWOO의 예측을 실제 결과와 비교할 수 있음
- **벤치마킹**: 추상적 추리와 계획 능력을 평가하기 위해 설계된 표준화된 테스트 세트를 사용

평가를 할 때 윤리적 고려 사항을 염두에 두는 것도 중요하다.

- **편향 증폭**: ReWOO는 LLM의 훈련 데이터에 존재하는 편향을 상속하고 증폭할 수 있다.
- **오용 가능성**: 계획을 생성하고 가상 시나리오에 대해 추리하는 능력은 악의적인 목적으로 오용될 수 있다.
- **과신**: 사용자가 ReWOO가 추리에 기반한다는 특성을 고려하지 않고 그 결과를 과신할 위험이 있다.

23.4 미래 방향

연구가 진행되면서 ReWOO와 관련 기술들은 더욱 능력 있고 다재다능한 AI 시스템 개발에서 점점 더 중요한 역할을 하게 될 것이다. ReWOO의 유망한 발전 방향은 다음과 같다.

- **HITL 시스템**: 정확성을 향상시키고 윤리적 문제를 해결하기 위해 ReWOO 프레임워크에 인간의 감독과 피드백을 통합
- **개선된 계획 알고리즘**: 더 복잡한 시나리오와 더 큰 탐색 공간을 처리할 수 있는 더 정교한 계획 알고리즘을 개발
- **향상된 도구 통합**: 전문 API 및 지식 기반을 포함한 더 다양한 도구를 원활하게 통합
- **다중 에이전트 협업**: 여러 ReWOO 에이전트가 복잡한 과업을 함께 처리해 잠재적으로 더 견고하고 다양한 솔루션을 도출
- **메타학습**: 메타학습 기법을 적용한 에이전트의 일반화 및 새로운 시나리오 적응 능력 향상

23.5 요약

이 장에서는 LLM이 가상 상황에 대해 추리하고 외부 도구를 효과적으로 활용할 수 있도록 설계된 프레임워크인 ReWOO를 살펴봤다. ReWOO는 변수 치환과 결합된 다단계 계획자를 활용해 단일 패스에서 포괄적인 실행 계획을 생성한다. 이를 통해 ReAct 에이전트의 반복적인 '생각-실행-관찰' 사이클보다 토큰 소비와 실행 시간을 크게 줄일 수 있다. 이 장에서는 LangGraph를 이용한 ReWOO 구현을 실제로 보여주며, 아키텍처와 구성 요소(계획자, 작업자, 해결자), 그리고 파인튜닝 단순화와 효율적인 LLM 호출 등의 장점을 부각했다.

ReWOO 프레임워크의 메커니즘을 단순히 소개하는 데 그치지 않고 그 잠재력을 폭넓게 다뤘다. 전략적 계획, 시나리오 분석, 자원 배분, 위험 평가 등의 활용 분야를 강조했다. 동시에 ReWOO와 관련된 중요한 윤리적 고려 사항도 짚었다. 편향 증폭, 오용 가능성, 도구 출력에 대한 과신 문제 등이다. 끝으로 ReWOO의 능력을 더욱 발전시키고 실제 응용에서 책임감 있게 활용하기 위해, 인간 참여 시스템, 개선된 계획 알고리즘, 향상된 도구 통합, 다중 에이전트 협업, 메타학습 기법 적용 등을 포함하는 미래 방향을 제시했다.

다음 장에서는 LLM의 자기반성과 반복적 개선을 가능하게 하는 기법들을 논의한다.

24장

반성 기법

LLM에서 **반성(reflection)**이란 모델이 스스로 출력을 분석하고, 평가하고, 개선할 수 있는 능력을 의미한다. 이러한 메타인지 능력은 LLM이 반복적 개선에 참여할 수 있게 해, 더 높은 품질의 결과와 더 강건한 성능을 이끌어낼 수 있다.

반성의 몇 가지 주요 측면은 다음과 같다.

- 결과물의 자체 평가
- 약점이나 오류를 식별
- 개선 전략 생성
- 응답의 반복적 개선

여기서는 LLM의 자기 성찰과 지속적 개선을 유도하는 기법들을 살펴본다.

이 장에서는 다음 주제를 다룬다.

- 자기반성을 위한 프롬프트 설계
- 반복적 개선 구현
- 오류 수정
- 반성의 영향 평가
- 효과적인 반성을 구현하는 데 따르는 어려움
- 미래 방향

24.1 자기반성을 위한 프롬프트 디자인

LLM이 자기반성을 할 수 있게 하려면, 모델이 다음 단계를 밟도록 프롬프트를 디자인한다.

1. 초기 응답을 생성한다.
2. 그 응답을 스스로 평가한다.
3. 개선할 영역을 식별한다.
4. 개선된 응답을 생성한다.

다음은 반성 프롬프팅을 구현한 예다.

```
def Reflection_prompt(task, initial_response):
    prompt = f"""과업: {task}

초기 응답:
{initial_response}

이제 자기반성을 해보자:

1. 초기 응답의 장점과 단점을 평가한다.
2. 오류, 비일관적 요소, 개선이 필요한 부분을 식별한다.
3. 응답을 향상시키기 위한 구체적인 방법을 제안한다.
4. 수정되고 개선된 응답 버전을 제공한다.

자기반성과 개선된 응답:
"""
    return prompt

# 사용 예
task = "고등학생에게 양자 얽힘의 개념을 설명하라."
initial_response = "양자 얽힘은 두 입자가 연결되어 있어, 하나를 측정하면 얼마나 멀리 떨어져 있든지 간에 다른 하나에 즉시 영향을 미치는 현상입니다."

prompt = Reflection_prompt(task, initial_response)
print(prompt)
```

이 코드는 Reflection_prompt라는 함수를 정의해 초기 과업에 대한 응답을 향상시키기 위한 자기반성적 프롬프트를 생성하는 데 사용된다. 이는 프롬프트 엔지니어링에서 일반적으로 사용되는 구조화된 메타인지 접근 방식을 따르며, 특히 AI 시스템이나 HITL 워크플로의 출력 품질을 향상시키기 위해 사용된다.

예를 들어, "고등학생에게 양자 얽힘 개념을 설명하라."라는 과업과 초기 응답 "양자 얽힘은 두 입자가 서로 연결되어 있어, 두 입자가 얼마나 멀리 떨어져 있든 상관없이, 하나를 측정하면 다른 하나에 즉시 영향을 미치는 현상이다."가 주어졌을 때, 생성된 프롬프트는 평가, 문제점 식별, 개선 제안, 수정된 버전을 요청함으로써 자기반성을 촉진한다. 모델은 기존 설명이 간결하고 직관적이지만, 정확성이 부족하고 빛보다 빠른 통신을 암시할 수 있음을 인식하게 될 것이다[1]. 그런 다음 인과적 영향보다는 공유된 양자 상태를 강조하는 더 명확한 비유를 사용해 수정된 설명을 제시할 수 있다.

이러한 응답을 프로그래밍으로 처리하려면, 응답 처리기가 정규 표현식으로 텍스트를 분석해서 번호가 매겨진 각 섹션을 추출해야 한다. 평가, 문제점, 제안 사항, 수정된 답변 등의 내용을 구분해서 뽑아내는 것이다. 이렇게 구조화된 정보는 다운스트림 시스템에서 다양하게 활용할 수 있다. 성찰 내용을 기록하거나, 버전을 비교하거나, 반복적 개선 및 지도 학습 시나리오에서 개선된 응답을 재사용하는 것이 가능하다.

24.2 반복적 개선 구현

반복적 개선(iterative refinement)은 출력 자기평가와 수정을 반복하는 과정을 통해 모델의 응답을 점진적으로 향상시키는 과정이다. 각 주기는 모델이 이전 출력을 비판하고 향상시키도록 안내하는 반성 프롬프팅을 사용해 더 정확하거나 잘 표현된 결과에 수렴하는 것을 목표로 한다.

다음과 같이 반성(reflection) 과정을 반복적으로 적용하는 루프를 만듦으로써 반복적 개선을 구현할 수 있다.

1. iterative_Reflection 함수를 정의한다.

```
from transformers import AutoModelForCausalLM, AutoTokenizer
```

---

[1] (옮긴이) 양자 얽힘에서 '하나를 측정하면 다른 하나에 즉시 영향을 미친다'는 표현은 마치 정보가 빛의 속도보다 빠르게 전달되는 것처럼 오해될 수 있다. 실제로는 얽힌 입자들이 이미 상관관계가 설정된 공유 상태에 있으며, 측정을 통해 그 상태가 드러나는 것이지 정보가 전달되는 것은 아니다. 따라서 아인슈타인의 상대성 이론에 위배되지 않는다.

```python
def iterative_Reflection(model, tokenizer, task, max_iterations=3):
    response = generate_initial_response(model, tokenizer, task)
    for i in range(max_iterations):
        prompt = Reflection_prompt(task, response)
        inputs = tokenizer(prompt, return_tensors="pt")
        outputs = model.generate(inputs, max_length=1000, num_return_sequences=1)
        reflection = tokenizer.decode(outputs[0], skip_special_tokens=True)

        # 반성에서 개선된 응답을 추출
        response = extract_improved_response(reflection)
        if is_satisfactory(response):
            break

    return response
```

이 코드에서 iterative_Reflection 함수는 주어진 과업에 대해 생성된 기본 응답으로 초기화된다. 그런 다음 각 반복에서 현재 응답을 구조화된 자기반성 프롬프트에 입력하는 루프에 들어간다. 모델은 이 프롬프트를 처리해 수정된 응답을 생성하고, is_satisfactory()를 사용해 품질을 평가한다. 응답이 기준을 충족하면 루프는 조기에 종료된다. 그렇지 않으면 정의된 반복 한도까지 계속 개선하며 최종 향상된 응답을 반환한다.

2. 응답에 대해 반성하는 다른 함수를 정의한다.

```python
def generate_initial_response(model, tokenizer, task):
    prompt = f"과업: {task}\n\n응답:"
    inputs = tokenizer(prompt, return_tensors="pt")
    outputs = model.generate(inputs, max_length=500, num_return_sequences=1)
    return tokenizer.decode(outputs[0], skip_special_tokens=True)


def extract_improved_response(reflection):
    # 반성에서 향상된 응답을 추출하는 로직을 구현
    # 텍스트 구문 분석이나 생성된 텍스트의 마커 사용을 포함할 수 있음
    pass


def is_satisfactory(response):
    # 응답이 품질 기준을 충족하는지 판단하는 로직을 구현
    # 길이 검사, 키워드 존재 여부, 또는 더 고급 지표를 포함할 수 있음
    pass
```

generate_initial_response 함수는 과업에서 간단한 프롬프트를 구성하고 이를 언어 모델에 전달해 기본 답변을 생성한 후, 토큰 ID에서 텍스트로 디코딩한다. extract_improved_response 함수는 전체 반성 출력에서 수정된 답변을 분리하는 역할을 하며, 일반적으로 파싱이나 사전 정의된 마커를 통해 구현할 수 있다. 마찬가지로, is_satisfactory는 현재 응답이 콘텐츠 정확성, 완전성 또는 일관성과 같은 특정 품질 기준을 충족하는지 평가하기 위한 맞춤형 체크포인팅 역할을 하며, 충분한 답변에 도달하면 반복적인 개선을 조기에 종료할 수 있도록 구현한다.

3. 다음과 같이 사용할 수 있다.

```
model_name = "gpt2-large"  # 선호하는 모델로 교체
model = AutoModelForCausalLM.from_pretrained(model_name)
tokenizer = AutoTokenizer.from_pretrained(model_name)
task = "식물에서 광합성 과정을 설명하라."
final_response = iterative_Reflection(model, tokenizer, task)
print(final_response)
```

이 함수는 반복적인 반성 프로세스를 구현해, 응답이 만족스러운 기준을 충족하거나 최대 반복 횟수에 도달할 때까지 계속해서 개선한다.

다음으로, 반성을 활용해 LLM에서 오류를 수정하는 방법을 살펴보자.

24.3 오류 수정

반성 기법은 특히 LLM의 자기 개선 및 오류 수정에 유용할 수 있다. 다음은 반성을 사용해 오류 수정을 구현하는 방법의 예다.

```
def error_correction_Reflection(model, tokenizer, task, initial_response, known_errors):
    prompt = f"""과업: {task}

초기 응답:
{initial_response}

알려진 오류:
{' '.join(f'- {error}' for error in known_errors)}

초기 응답을 반성해 알려진 오류를 수정하는 데 중점을 두어라. 이러한 문제를 해결한 개선된 응답을 제공해라.

수정된 응답:
"""
```

```
    inputs = tokenizer(prompt, return_tensors="pt")
    outputs = model.generate(inputs, max_length=1000, num_return_sequences=1)
    corrected_response = tokenizer.decode(outputs[0], skip_special_tokens=True)
    return corrected_response

# 사용 예
task = "원자의 구조를 설명해라."
initial_response = "원자는 양성자와 중성자를 포함하는 핵과, 그 주위를 고정된 원형 궤도로 도는 전자로 구성됩니다."
known_errors = [
    "전자는 고정된 원형 경로로 돌지 않는다",
    "설명에 전자 껍질이나 에너지 준위가 언급되지 않았다"
]

corrected_response = error_correction_Reflection(
    model, tokenizer, task, initial_response, known_errors
)
print(corrected_response)
```

error_correction_Reflection 함수는 과업, 초기 응답, 알려진 오류 목록을 포함하는 프롬프트를 구성해, 이러한 문제를 수정하는 데 중점을 두고 응답을 수정하라고 모델에 지시한다. 프롬프트는 토큰화되어 모델에 전달되고, 모델은 확인된 실수를 해결하기 위한 새로운 버전의 응답을 생성한다. 출력은 텍스트로 디코딩되어 수정된 응답으로 반환된다. 이 접근 방식은 모델의 주의를 특정 결함으로 명확히 유도해, 단순히 일반적인 반성에만 의존하지 않고 목표 지향적인 자기 수정을 가능하게 한다.

토큰 길이는 사용되는 모델에 따라 대규모 프롬프트에서 문제가 될 수 있다. 과업, 초기 응답, 오류 목록, 지시가 결합된 길이가 모델의 컨텍스트 윈도(context window) 크기를 넘어서면 오류가 발생할 수 있다. 이를 완화하기 위해 토큰 사용을 모니터링하고, 가능한 경우 프롬프트를 단순화하거나 확장된 컨텍스트 윈도를 가진 모델을 사용해 생성 도중에 모든 중요한 정보를 유지하는 것이 중요하다.

24.4 반성의 영향 평가

반성 기법의 효과성을 평가하기 위해서는 반성 과정 전후의 응답 품질을 비교해야 한다. 다음은 간단한 평가 프레임워크다.

```python
def evaluate_Reflection_impact(initial_response, Reflection_response, criteria):
    initial_scores = evaluate_response(initial_response, criteria)
    Reflection_scores = evaluate_response(Reflection_response, criteria)
    impact = {
        criterion: Reflection_scores[criterion] - initial_scores[criterion]
        for criterion in criteria
    }
    return {
        "initial_scores": initial_scores,
        "Reflection_scores": Reflection_scores,
        "impact": impact
    }

def evaluate_response(response, criteria):
    scores = {}
    for criterion in criteria:
        # 기준별 평가 논리를 구현
        scores[criterion] = evaluate_criterion(response, criterion)
    return scores

def evaluate_criterion(response, criterion):
    # 기준별 평가를 구현
    # NLP 기법, 루브릭 기반 평가 또는 다른 LLM을 포함할 수 있음
    return 0  # 적절한 반환값을 지정할 것

# 사용 예
criteria = ["Accuracy", "Clarity", "Completeness", "Conciseness"]

evaluation = evaluate_Reflection_impact(initial_response, corrected_response, criteria)
print("평가 결과:")
print(f"초기 점수: {evaluation['initial_scores']}")
print(f"반성 점수: {evaluation['Reflection_scores']}")
print(f"영향: {evaluation['impact']}")
```

이 평가 프레임워크는 여러 기준에 걸쳐 초기 응답과 반성으로 개선된 응답을 비교해 반성 과정의 영향을 이해하는 데 도움을 준다.

이 코드는 **정확성**(accuracy), **명확성**(clarity), **완전성**(completeness), **간결성**(conciseness)이라는 네 가지 기준으로 텍스트 품질을 평가한다. 정확성은 응답이 올바르고 사실에 기반한 정보를 포함하는지를 평가한다. 명확성은 내용이 이해할 수 있는 방식으로 표현됐는지를 확인한다. 완전성은 응답이 과업의 모든 부분을 완전히 다루는지를 결정하고, 간결성은 핵심 내용을 보존하면서 불필요한 장황함을 피하는지를 평가한다. 이러한 기준은 교육 및 모델 평가 환경에서 서면 응답을 평가하는 일반적인 관행과 일치한다. 이 코드는 모듈식으로 설계됐기 때문에, criteria 목록을 수정하고 evaluate_criterion에 관련 논리를 구현하는 방식으로 쉽게 확장할 수 있다.

24.5 효과적인 반성 구현의 과제

반성이 강력한 도구이긴 하지만, LLM에서 효과적으로 구현하는 데는 여러 과제가 있다.

- **계산 비용**: 반복적인 반성은 계산 비용이 높을 수 있다
- **순환 추리의 가능성**: LLM은 자체 편향 또는 실수를 강화할 수 있다
- **진정한 자기 인식의 어려움**: LLM은 자신의 한계를 제대로 이해하지 못한다
- **개선과 독창성의 균형**: 반성이 지나치면 너무 보수적인 결과가 나올 수 있다

이러한 도전 과제를 완화하기 위한 방법 중 하나는 제어된 반성 전략을 도입하는 것이다. 이 전략은 반성의 반복 횟수를 제한하고, 개선 효과가 미미해질 경우 과정을 중단함으로써, 반성의 이점과 계산 효율성 간의 균형을 도모한다.

```
def controlled_Reflection(
    model, tokenizer, task, max_iterations=3, improvement_threshold=0.1
):
    response = generate_initial_response(model, tokenizer, task)
    previous_score = evaluate_response(response, ["Overall_Quality"])["Overall_Quality"]

    for i in range(max_iterations):
        improved_response = apply_Reflection(model, tokenizer, task, response)
        current_score = evaluate_response(
            improved_response, ["Overall_Quality"]
        )["Overall_Quality"]
```

```
        if current_score - previous_score < improvement_threshold:
            break

        response = improved_response
        previous_score = current_score

    return response

def apply_Reflection(model, tokenizer, task, response):
    # 반성의 단일 패스를 구현
    pass

# 사용 예시
task = "상대성 이론을 설명하라."
final_response = controlled_Reflection(model, tokenizer, task)
print(final_response)
```

controlled_Reflection 함수는 과업에 대한 모델 생성 응답을 반복해서 개선한다. 초기 응답을 생성한 후 "Overall_Quality" 점수를 사용해 평가한다. 각 반복에서 apply_Reflection을 적용해 응답을 수정하고, 재평가하며, 향상이 정의된 임곗값을 초과하는지 확인한다. 그렇지 않으면 조기 종료한다. 이는 최대 반복 횟수까지 계속되며, 최상의 응답을 반환한다. apply_Reflection 함수는 별도로 구현되어야 하며, 이는 반성적 향상의 한 단계를 나타낸다.

그러나 품질 점수 평가는 주관적이며, "Overall_Quality" 같은 단일 지표에 의존할 때 이런 문제가 더욱 두드러진다. 작은 수정 사항은 실질적인 개선을 반영하지 못할 수 있고, 자동화된 점수 시스템은 출력 결과에 따라 일관성 없는 평가를 보일 수 있다. 이를 완화하려면 다차원 평가, 앙상블 점수 방식, 또는 신뢰도 가중 방법을 사용하는 것이 바람직하다. 점수가 계속 불안정하다면 반복 개선 과정에 인간 검토나 정성적 검증을 추가해 전체 개선 과정의 신뢰성을 높일 수 있다.

24.6 미래 방향

LLM을 위한 반성 기법이 계속 발전함에 따라, 여러 유망한 방향이 나타난다.

- **MetaReflection**: 과거 시도에서의 경험적 학습을 기반으로 의미 기억을 보강해 반영을 강화하는 오프라인 강화 학습 기법[2]

[2] MetaReflection: Learning Instructions for Language Agents using Past Reflections, https://arxiv.org/abs/2405.13009

- **외부 지식을 반성에 통합**: 최신 정보를 활용해 반성 과정을 안내[3]
- **반성 인식 아키텍처**: 효과적인 자기반성을 위해 특별히 설계된 LLM 아키텍처 개발[4]

다음은 다중 에이전트 반성 접근법의 개념적 구현이다.

1. 함수를 정의한다.

```python
def multi_agent_Reflection(models, tokenizers, task, num_agents=3):
    responses = [
        generate_initial_response(models[i], tokenizers[i], task)
        for i in range(num_agents)
    ]

    for _ in range(3):  # 반성 횟수
        Reflections = []
        for i in range(num_agents):
            other_responses = responses[:i] + responses[i+1:]
            reflection = generate_Reflection(
                models[i], tokenizers[i], task, responses[i], other_responses
            )
            Reflections.append(Reflection)

        responses = [extract_improved_response(Reflection)
            for reflection in Reflections]
    return select_best_response(responses)
```

2. 최종 세트에서 최상의 응답을 결합하거나 선택한다.

```python
def generate_Reflection(model, tokenizer, task, own_response, other_responses):
    prompt = f"""과업: {task}

당신의 응답:
{own_response}

다른 응답들:
{' '.join(f'- {response}' for response in other_responses)}
```

---

[3] mR2AG: Multimodal Retrieval-Reflection-Augmented Generation for Knowledge-Based VQA, https://arxiv.org/html/2411.15041
[4] Reflexion: Language Agents with Verbal Reinforcement Learning, https://arxiv.org/abs/2303.11366

```
    다른 응답들을 고려해 자신의 응답을 반성하라. 각 접근 방식의 장점과 단점을 식별하고 모든 관점에서
    최고의 요소들을 통합한 개선된 응답을 제안하라.

    당신의 반성과 개선된 응답:
    """
        inputs = tokenizer(prompt, return_tensors="pt")
        outputs = model.generate(inputs, max_length=1500, num_return_sequences=1)
        return tokenizer.decode(outputs[0], skip_special_tokens=True)

    def select_best_response(responses):
        # 여러 응답들에서 최고의 요소들을 선택하거나 결합하는 논리를 구현
        pass
```

3. 다음과 같이 사용할 수 있다.

```
task = "도시 교통 혼잡을 줄이기 위한 솔루션을 제안하라."
final_response = multi_agent_Reflection(models, tokenizers, task)
print(final_response)
```

이 다중 에이전트 반성 접근법은 여러 LLM 인스턴스를 활용해 다양한 관점을 생성하고 반복적 성찰을 통해 에이전트들 간의 협력을 이끌어냄으로써 응답을 개선한다.

24.7 요약

반성 기법을 활용하면 LLM이 자기반성과 오류 수정을 통해 성능과 신뢰성을 크게 높일 수 있다. 이 장에서는 LLM이 자신의 출력을 평가하고 개선하도록 유도하는 프롬프트를 설계하는 방법을 배웠다. 자기반성을 통한 반복적 개선 구현 방법을 다뤘고, 자기향상과 오류 수정에서의 응용을 논의했다. 또한 반성이 LLM 성능에 미치는 영향을 평가하는 방법도 배웠다.

이 장에서 논의된 전략과 고려 사항을 구현함으로써, 반복적 개선과 자기반성을 통해 더 높은 품질의 출력을 생성할 수 있는 더 정교한 LLM 시스템을 만들 수 있다.

다음 장에서는 자동 다단계 추론과 도구 사용을 살펴볼 것이다. 여기서 논의한 반성 능력을 토대로, 더욱 자율적이고 능력 있는 AI 시스템을 만들 수 있다.

25장

자동 다단계 추리와 도구 사용

다단계 추리와 LLM의 도구 사용은 모델이 복잡한 과업을 관리 가능한 단계로 나누고 외부 자원이나 API를 활용해 이러한 과업을 수행하는 능력을 포함한다. 이 능력 덕분에 LLM의 문제 해결 잠재력이 크게 확장되어, 더욱 복잡하고 현실적인 시나리오를 다룰 수 있게 된다. 그 주요 특징은 다음과 같다.

- **작업 분해**: 복잡한 문제나 목표를 작고 해결하기 쉬운 단위로 쪼개는 능력이다. 모델은 어려운 문제를 통째로 풀려고 시도하지 않고, 차근차근 단계를 밟아가며 최종 답에 도달할 수 있는 체계적인 계획을 세운다. 이는 마치 사람이 복잡한 일을 처리할 때 어떤 것부터 해야 하는지 우선순위를 정하고, 각 단계가 서로 어떻게 연결되는지 파악한 다음, 큰 목표를 여러 개의 작은 목표로 나누어 하나씩 해결해 나가는 것과 같다. 사고 연쇄 프롬프팅 같은 방법을 사용하면 모델이 최종 답변을 내놓기 전에 각 추론 과정을 단계별로 명확하게 보여주도록 할 수 있어, 이런 체계적인 문제 해결 방식을 더욱 효과적으로 활용할 수 있다.

- **외부 도구**: LLM이 학습 과정에서 접근할 수 없었던 데이터베이스나 API, 전문 서비스 같은 외부 자원들을 연결하면, 본래 가진 능력의 한계를 뛰어넘어 훨씬 더 많은 일을 할 수 있게 된다. 이런 외부 도구들은 실시간 정보 처리, 웹 브라우징, 파일 처리, 외부 스크립트 실행 같은 고급 기능을 가능하게 한다. 예를 들어 현재 날씨 데이터를 조회하거나, 운영 중인 API에서 특정 정보를 가져오거나, 전문 알고리즘이 필요한 계산을 실행할 수 있다. 특히 실시간 정보나 복잡한 다단계 과정을 요구하는 애플리케이션에서 LLM이 더 동적이고 전문적인 답변을 제공할 수 있게 된다.

- **도구 적용성에 대한 추리**: 모델이 특정 하위 과업을 해결할 때 외부 도구가 필요한지 판단하는 능력이다. 모델은 하위 과업의 성격을 파악하고, 자체적인 추리만으로 충분한지 아니면 과업의 일부를 외부 도구에 맡기는 것이 더 나은 결과나 꼭 필요한 결과를 가져올지 결정해야 한다. 이는 각 상황에서 가장 적절한 해결 방법을 선택하는 전략적 판단 과정이다.

- **도구 선택과 호출**: 이는 주어진 하위 과업에 적합한 도구를 식별하고, 그 사용을 유도하기 위한 올바른 입력을 구성하는 모델의 능력을 의미한다. 모델은 사용 가능한 각 도구의 기능과 입력 요구사항을 파악해 현재 추리 단계의 요구사항과 매칭시켜야 한다. 예를 들어 최신 날씨 정보가 필요한 과업의 경우, 모델은 날씨 API를 선택하고 해당 API의 구문

규칙과 의미 체계에 부합하는 쿼리를 생성한다. 이 과정에는 입력 포매팅, 도구 실행, 요청이 현재 문제 상황과 도구 성능 범위에 적합한지 검증하는 단계가 포함된다.

- **도구 출력 통합**: 모델이 외부 도구로부터 받은 결과를 해석해 현재 진행하고 있는 추론 과정과 자연스럽게 연결하는 능력을 말한다. 외부 도구를 사용하면 숫자, 정리된 데이터, 텍스트 등 다양한 형태로 답변이 돌아오는데, 모델은 이 결과를 분석해서 필요한 정보를 골라내고 지금까지 파악한 내용이나 중간 결과물을 그에 맞게 보완해야 한다. 이 과정에서는 도구마다 다른 출력 방식을 이해하고, 데이터 형식이 맞지 않는 문제를 해결하며, 전체적인 추론의 흐름이 끊어지지 않도록 관리하는 일이 필요하다. 통합이 제대로 이뤄져야 도구 사용이 단순히 일회성으로 그치지 않고 전체 문제를 해결하는 데 실질적인 도움이 된다.

- **반복적 문제 해결**: 모델이 문제를 해결할 때 분해, 도구 추리, 선택, 호출, 통합이라는 다섯 단계를 한 번만 거치는 것이 아니라, 문제가 완전히 해결되거나 더 이상 진전이 어려울 때까지 이 과정을 계속 되풀이하는 방식이다. 각 반복 과정에서 모델은 현재까지의 성과를 점검하고, 아직 처리해야 할 작업이 남아있는지 살펴보며, 추가로 외부 도구를 활용할 필요가 있는지 판단한다. 이처럼 단계를 반복하면서 접근하기 때문에 처음 계획과 다른 상황이 벌어지거나 중간에 오류가 발생해도 계획을 수정하거나 이전 작업을 개선해 유연하게 대응할 수 있다. 실제 구현에서는 에이전트 기반 시스템의 경우 별도의 계획 및 제어 모듈이 이 반복 과정을 체계적으로 관리하며, 프롬프트 기반 시스템에서는 모델 스스로 질문을 던지고 프롬프트를 보강하는 방식으로 이런 반복적 해결 과정이 자연스럽게 나타난다.

이 장에서는 LLM이 복잡한 다단계 추리를 수행하고 외부 도구를 활용할 수 있도록 하는 고급 기술에 대해 깊이 들어갈 것이다.

이 장에서는 다음 주제를 다룬다.

- 복잡한 과업 분해를 위한 프롬프트 설계
- 외부 도구 통합
- 자동 도구 선택 및 사용 구현
- 복잡한 문제 해결
- 다단계 추리와 도구 사용 평가
- 도전 과제와 미래 방향

25.1 복잡한 과업 분해를 위한 프롬프팅 설계

효과적인 다단계 추리를 가능하게 하기 위해, 프롬프트는 LLM이 복잡한 과업을 더 작고 관리 가능한 단계로 분해하도록 유도해야 한다. 다음은 작업 분해 프롬프트의 예시다.

```python
def task_decomposition_prompt(task, available_tools):
    prompt = f"""다음과 같은 복잡한 과업이 주어졌다:

{task}

사용 가능한 도구는 다음과 같다:
{' '.join(f'- {tool}' for tool in available_tools)}

과업을 더 작은 논리적 단계로 분해해라. 각 단계에 대해 특정 도구가 사용되어야 하는지 표시해라. 도구가 필요하지 않다면, 필요한 추리를 설명해라.

과업 분해:

1단계:
2단계:
3단계:
...

단계들이 논리적인 순서로 배열되고 과업의 모든 측면을 다루도록 해라.
"""
    return prompt

# 사용 예
task = "새로운 제품 출시와 관련된 트윗의 감정을 분석하고 시각화된 요약 보고서를 작성하라."
available_tools = ["트위터 API", "감정 분석 모델", "데이터 시각화"]
prompt = task_decomposition_prompt(task, available_tools)
print(prompt)
```

이 함수는 LLM이 복잡한 과업을 단계로 분해하도록 안내하는 프롬프트를 생성하며, 사용 가능한 도구를 고려한다.

25.2 외부 도구 통합

LLM이 검색, 계산, API 호출 등과 같은 외부 도구를 사용할 수 있게 하려면, 모델과 도구 사이에 인터페이스를 만들어야 한다. 다음은 간단한 구현이다.

1. 필요한 임포트를 수행하고 ToolKit 클래스를 정의한다.

```python
import requests
from textblob import TextBlob
import matplotlib.pyplot as plt

class ToolKit:
    def __init__(self):
        self.tools = {
            "트위터 API": self.fetch_tweets,
            "감정 분석": self.analyze_sentiment,
            "데이터 시각화": self.create_visualization
        }
```

여러 도구를 하나로 묶어서 관리하는 ToolKit 클래스를 만든다. __init__ 메서드에서 tools 딕셔너리를 설정하는데, 여기에는 도구 이름과 실제 기능을 연결해 놓는다. 예를 들어 "트위터 API"는 트윗을 가져오는 기능, "감정 분석"은 TextBlob으로 감정을 분석하는 기능, "데이터 시각화"는 맷플롯립으로 차트를 그리는 기능과 각각 연결된다. 코드 맨 위에서는 HTTP 요청을 위한 requests, 자연어 처리를 위한 TextBlob, 그래프 그리기를 위한 matplotlib.pyplot을 임포트한다. 다만, fetch_tweets, analyze_sentiment, create_visualization 메서드는 아직 만들어지지 않았으므로 이후에 구현해야 한다.

2. 메서드 세 개를 정의한다. 쿼리를 기반으로 모의 트윗을 생성하는 fetch_tweets, TextBlob을 사용해 텍스트 목록의 감정 극성 점수를 계산하는 analyze_sentiment, 지정된 제목으로 감정 데이터의 히스토그램을 생성하고 저장하는 create_visualization이다.

```python
    def fetch_tweets(self, query, count=100):
        return [f"쿼리에 대한 트윗 {query}" for _ in range(count)]

    def analyze_sentiment(self, texts):
        sentiments = [TextBlob(text).sentiment.polarity for text in texts]
        return sentiments

    def create_visualization(self, data, title):
        plt.figure(figsize=(10, 6))
        plt.hist(data, bins=20)
        plt.title(title)
        plt.xlabel("감정")
        plt.ylabel("빈도")
        plt.savefig("sentiment_visualization.png")
        return "sentiment_visualization.png"
```

3. use_tool 메서드를 정의한다. 도구가 딕셔너리에 존재하면 주어진 인수로 지정된 도구를 실행하고, 그렇지 않으면 오류 메시지를 반환한다.

```python
def use_tool(self, tool_name, *args, kwargs):
    if tool_name in self.tools:
        return self.tools[tool_name](*args, kwargs)
    else:
        return f"오류: 도구 '{tool_name}'을(를) 찾을 수 없습니다."
```

4. 다음 예제는 ToolKit 클래스를 사용해 제품 출시와 관련된 트윗을 가져오고, 트윗의 감정을 분석하고, 감정 시각화를 생성하고, 생성된 시각화 파일의 경로를 출력하는 방법을 보여준다.

```python
toolkit = ToolKit()
tweets = toolkit.use_tool("트위터 API", "신제품 출시", count=50)
sentiments = toolkit.use_tool("감정 분석", tweets)
visualization = toolkit.use_tool(
    "데이터 시각화", sentiments, "제품 출시 트윗의 감정 분석"
)
print(f"생성된 시각화: {visualization}")
```

이 ToolKit 예시에서는 실제 API 호출이나 데이터 처리를 구현하지 않았지만, 실제 외부 도구와 연결하도록 구현해서 LLM이 다양한 도구를 활용하게 할 수 있다.

25.3 자동 도구 선택 및 사용 구현

LLM이 필요한 도구를 스스로 선택해서 사용하게 만들려면, 모델의 출력을 해석해 적절한 도구를 실행하는 시스템을 만들면 된다. 다음 예시를 보자.

1. 먼저 auto_tool_use 함수를 정의한다. 이 함수는 허깅 페이스의 트랜스포머 라이브러리에서 사전 훈련된 언어 모델과 토크나이저를 사용해 프롬프트를 통해 과업을 실행 가능한 단계로 분해하고, 분해된 단계를 파싱해 도구 키트를 사용해 필요한 도구를 실행하며, 결과를 수집한다.

```python
from transformers import AutoModelForCausalLM, AutoTokenizer

def auto_tool_use(model, tokenizer, task, toolkit):
    # 과업 분해를 생성
    decomposition_prompt = task_decomposition_prompt(task, toolkit.tools.keys())
```

```python
inputs = tokenizer(decomposition_prompt, return_tensors="pt")
outputs = model.generate(inputs, max_length=1000, num_return_sequences=1)
decomposition = tokenizer.decode(outputs[0], skip_special_tokens=True)

# 분해를 파싱하고 도구를 실행
steps = parse_steps(decomposition)
results = []
for step in steps:
    if step['tool']:
        result = toolkit.use_tool(step['tool'], *step['args'])
    else:
        result = f"Reasoning: {step['reasoning']}"
    results.append(result)
```

2. 그런 다음 최종 보고서를 생성한다. 생성된 보고서는 과업 설명, 각 단계의 결과와 함께 세부 사항, 그리고 결론 요약을 포함한다. 모델은 제공된 단계와 결과를 사용해 과업의 더 일관되고 포괄적인 서술을 생성한다.

```python
report_prompt = f"과업: {task}\n\n단계 및 결과:\n"
for i, (step, result) in enumerate(zip(steps, results), 1):
    report_prompt += (
        f"단계 {i}: {step['description']}\n"
        f"결과: {result}\n\n"
    )
report_prompt += "결과와 통찰을 요약한 포괄적인 보고서를 작성하라."

inputs = tokenizer(report_prompt, return_tensors="pt")
outputs = model.generate(inputs, max_length=1500, num_return_sequences=1)
report = tokenizer.decode(outputs[0], skip_special_tokens=True)

return report
```

3. 그런 다음, 분해된 내용을 구조화된 단계로 파싱하는 로직을 구현한다. 다음은 단순화된 임시 구현이다.

```python
def parse_steps(decomposition):
    steps = []
    for line in decomposition.split('\n'):
        if line.startswith("단계"):
            tool = "트위터 API" if "트위터" in line else \
                   "감정 분석" if "감정" in line else \
                   "데이터 시각화" if "시각화" in line else None
```

```
            steps.append({
                'description': line,
                'tool': tool,
                'args': [],
                'reasoning': line if not tool else ""
            })
    return steps
```

4. 다음 예제는 AutoModelForCausalLM과 AutoTokenizer를 사용해 언어 모델과 토크나이저를 로드하고, 트윗 감성 분석 및 시각화를 포함한 요약 보고서를 생성하는 과업을 정의하며, auto_tool_use 함수를 사용해 ToolKit을 통해 과업을 자동화한 후 최종 보고서를 출력하는 과정을 보여준다.

```
model_name = "llama3.3"   # 선호하는 모델로 교체
model = AutoModelForCausalLM.from_pretrained(model_name)
tokenizer = AutoTokenizer.from_pretrained(model_name)

task = "새로운 제품 출시와 관련된 트윗의 감성을 분석하고 시각화된 요약 보고서를 작성해라."
toolkit = ToolKit()

report = auto_tool_use(model, tokenizer, task, toolkit)
print(report)
```

이 코드는 높은 수준에서 LLM이 과업을 자동으로 분해하고, 적절한 도구를 선택하며, 결과를 기반으로 최종 보고서를 생성하는 방법을 보여준다.

이 장의 처음 세 섹션은 프롬프트 설계, 외부 도구 통합, AI 기능을 향상시키기 위한 자동 도구 선택 구현을 다뤄 기초를 마련했다. 다음 섹션에서는 복잡한 문제 해결을 위한 프롬프트 설계 방법을 탐색할 것이다.

25.4 복잡한 문제 해결

다단계 추리와 도구 사용은 다양한 복잡한 문제 해결 시나리오에 적용될 수 있다. 다음은 이 접근 방식을 시장 분석에 사용하는 예다.

```
def market_analysis(model, tokenizer, toolkit, product_name):
    task = f"""제품: {product_name}에 대한 종합적인 시장 분석을 수행하라.
```

```
            경쟁사 분석, 고객 리뷰의 감정 분석, 시장 동향 시각화를 포함하라."""

    analysis_report = auto_tool_use(model, tokenizer, task, toolkit)
    return analysis_report

# 사용 예
product_name = "스마트홈 AI 비서"
market_report = market_analysis(model, tokenizer, toolkit, product_name)
print(market_report)
```

market_analysis는 특정 제품에 대한 시장 조사 보고서를 자동으로 만드는 함수다. 이 함수는 체계적으로 구성된 분석 요청을 auto_tool_use라는 외부 도구에 보내서 작업을 처리한다. 이 도구는 언어 모델이 여러 도구들을 적절히 활용해서 답변을 생성하도록 조율하는 역할을 한다. 분석 요청에는 경쟁업체 조사, 고객 후기의 감정 분석, 시장 동향을 그래프로 표현하는 작업 등이 포함되며, 모든 분석은 입력으로 받은 product_name에 맞춰서 진행된다. 이런 방식으로 설계하면 사람이 일일이 개입하지 않아도 모델과 도구들이 협력해서 완성된 보고서를 만들어낼 수 있으며, 프롬프트를 기반으로 실행되기 때문에 어떤 제품이든 동일한 방식으로 일관성 있게 시장 조사를 반복할 수 있다.

25.5 다단계 추리와 도구 사용 평가

다단계 추리와 도구 사용의 효과를 평가하기 위해서는 과정과 결과 모두를 평가해야 한다. 다음은 간단한 평가 프레임워크다.

```
def evaluate_multistep_tooluse(task, generated_report, ground_truth, criteria):
    scores = {}
    for criterion in criteria:
        scores[criterion] = evaluate_criterion(generated_report, ground_truth, criterion)

    # 각 도구가 얼마나 효과적으로 사용되었는지 평가
    tool_use_score = evaluate_tool_use(task, generated_report)
    scores['Tool Use Effectiveness'] = tool_use_score

    return scores

def evaluate_criterion(generated_report, ground_truth, criterion):
```

```
        # 평가 기준에 따른 점수 산출 로직을 여기에 구현
        return 0.0   # 0~1 범위의 점수를 반환

def evaluate_tool_use(task, generated_report):
    # 주어진 작업에서 도구 활용도를 측정하는 로직을 구현
    # 특정 도구의 결과물이나 분석 인사이트를 검증하는 과정 포함
    return 0.0   # 0~1 범위의 점수를 반환

# 사용 예
criteria = ['정확도', '완전성', '통찰 품질', '논리 흐름']
ground_truth = "표준이 되는 이상적인 시장 분석 보고서..."   # 비교 기준용 벤치마크
evaluation_scores = evaluate_multistep_tooluse(task, market_report, ground_truth, criteria)
print("평가 점수:", evaluation_scores)
```

이 평가 프레임워크는 작업 과정에서 도구를 얼마나 효과적으로 활용했는지와 최종적으로 생성된 보고서의 품질이 어느 정도인지를 종합적으로 측정한다.

25.6 도전 과제와 미래 방향

다단계 추리와 도구 활용은 분명 강력한 기능이지만, LLM에는 아직 해결해야 할 과제들이 남아 있다.

- **도구 선택 정확도**: 모델이 주어진 작업에 딱 맞는 도구를 골라 쓸 수 있어야 한다.
- **오류 전파**: 추리 과정 초반에 생긴 오류가 미치는 파급효과를 막아야 한다. 복잡한 도구 연결 고리에서는 초기 실수를 빨리 잡지 않으면 전체가 무너질 위험이 크다는 점을 잊지 말아야 한다.
- **확장성**: 종류가 다른 수많은 도구를 하나로 묶어 관리하는 복잡함을 다뤄야 한다.
- **적응성**: 모델이 처음 보는 새 도구라도 추가 학습 없이 바로 사용할 수 있게 만들어야 한다.

이러한 몇 가지 문제를 해결하기 위해, 자기 수정 메커니즘을 구현하는 것을 고려하자.

```
def self_correcting_tooluse(model, tokenizer, task, toolkit, max_attempts=3):
    for attempt in range(max_attempts):
        report = auto_tool_use(model, tokenizer, task, toolkit)

        # 모델이 작업을 스스로 평가하도록 하는 프롬프트
        evaluation_prompt = f"""과업: {task}
```

```
생성된 보고서:
{report}

이 보고서의 품질과 완전성을 평가하라. 오류, 누락된 부분, 개선이 필요한 영역을 식별하라. 필요하다면 분석
향상을 위한 구체적 단계를 제안하라.

평가 결과:
"""
        inputs = tokenizer(evaluation_prompt, return_tensors="pt")
        outputs = model.generate(inputs, max_length=1000, num_return_sequences=1)
        evaluation = tokenizer.decode(outputs[0], skip_special_tokens=True)

        if "satisfactory" in evaluation.lower() and "no major issues" in evaluation.lower():
            break

        # 문제가 식별된 경우, 평가를 사용해 다음 시도를 개선
        task += f"\n\n이전 시도 평가: {evaluation}\n다음 시도에서 이러한 문제를 해결하라."

    return report

# 사용 예
final_report = self_correcting_tooluse(model, tokenizer, task, toolkit)
print(final_report)
```

여기서 자체 수정(self-correcting)은 언어 모델이 외부 피드백 없이 자신의 이전 응답을 평가하고 개선함으로써 반복적으로 출력을 개선하는 방법을 가리킨다. self_correcting_tooluse 함수는 먼저 auto_tool_use로 보고서를 생성한 후, 모델이 해당 보고서의 품질을 평가하도록 프롬프팅해 이를 구현한다. 모델의 자기평가에 'satisfactory'(만족) 또는 'no major issues'(크게 문제 없음) 같은 만족도 지표가 포함되지 않으면, 해당 평가를 과업 설명에 추가해 다음 이터레이션에서 식별된 문제점들을 해결하도록 안내한다[1]. 이러한 반복적 피드백 루프는 출력이 모델 자체의 수용 기준을 충족할 때까지 설정된 최대 시도 횟수(max_attempts) 동안 계속되며, 다중 패스를 통한 자기 주도적 개선을 실현한다.

---

1 (옮긴이) 예제 코드의 조건문은 영문 응답을 기준으로 작성돼 있다.

AI/ML 커뮤니티에서 수행한 몇몇 연구를 통해 다음 세 가지 유망한 연구 분야를 확인할 수 있다.

- **향상된 도구 학습 및 발견**: 미래의 LLM은 명시적인 프로그래밍 없이도 새로운 도구를 동적으로 학습하고 통합하는 능력을 갖추게 될 것이다. 이는 도구 문서와 API 사양을 이해하는 메커니즘을 포함하며, 도구의 기능을 추론하기 위해 실험하는 것까지 포함한다. 이를 통해 LLM은 고정된 사전 정의된 도구 세트를 넘어 끊임없이 진화하는 소프트웨어 및 서비스 환경에 적응할 수 있게 된다. 이는 메타학습, 도구 상호작용에서의 강화학습, 도구 설명의 의미론적 이해와 같은 기술을 포함한다[2].

- **불확실성을 고려한 견고하고 적응 가능한 추론**: 미래의 LLM은 다단계 과업에서 불확실성을 처리하기 위해 확률 모델을 통합할 것이다. 이는 다양한 추론 경로, 결과, 도구의 효과에 확률을 할당하는 것을 의미한다. 베이즈 방법, 몬테카를로 시뮬레이션 및 기타 확률적 기법이 추론 과정에 통합될 것이다. 이를 통해 LLM은 불완전하거나 잡음이 있는 정보로 복잡한 시나리오에서 더 견고한 의사결정을 내리고, 현실 세계 문제의 고유한 불확실성을 더 잘 관리할 수 있게 된다. LLM은 예상치 못한 상황을 처리하고, 오류에서 회복하며, 모호성에 직면했을 때 더 신뢰할 수 있는 솔루션을 제공할 수 있게 될 것이다[3].

- **설명 가능한 인간 참여형 다단계 추론**: 미래의 AI 시스템은 다단계 문제를 해결하는 과정에서 인간과 LLM이 지금보다 더 긴밀하게 협력하는 방향으로 발전할 것이다. 이를 위해서는 인간이 LLM의 추론 과정을 이해하고 지침을 주며 오류를 바로잡는 등, 복잡한 작업을 함께 수행할 수 있는 인터페이스가 필요하다. 이때 설명 가능성이 핵심적인 역할을 하는데, LLM이 스스로 추론 단계와 도구 선택의 정당성을 설명하고, 가능한 다른 해결 경로까지 제시할 수 있어야 하기 때문이다. 이는 시스템에 대한 신뢰를 높여 의료, 금융, 과학 연구 등 중요한 분야에서 더 효과적인 인간-AI 협업을 가능하게 한다. 이를 위해 추론 과정의 시각화, 자연어 설명, 대화형 디버깅 도구 등을 활용할 수 있다.

25.7 요약

자동 다단계 추론과 도구 사용은 LLM의 문제 해결 능력을 크게 확장해 복잡한 실제 과업을 해결할 수 있게 한다.

이 장에서는 복잡한 작업 분해를 위한 프롬프트를 설계하고 LLM이 외부 도구 및 API와 상호작용할 수 있는 시스템을 구현하는 방법을 배웠다. 자동 도구 선택 및 사용을 위한 전략을 살펴보고 복잡한 문제 해결 시나리오에서의 응용을 탐색했다. 또한 LLM에서 다단계 추론과 도구 사용의 효과를 평가하는 방법도 배웠다. 이 장에서 논의된 기법과 고려 사항을 구현함으로써 문제를 분해하고 외부 도구를 활용하며 다면적 과제에 대한 포괄적인 해결책을 생성할 수 있는 정교한 AI 시스템을 만들 수 있다.

---

2 Large Language Models as Tool Makers, https://arxiv.org/abs/2305.17126
3 Language Agent Tree Search Unifies Reasoning Acting and Planning in Language Models, https://arxiv.org/abs/2310.04406

다음 장에서는 검색과 지식 통합을 다룬다. 지금까지 논의한 도구 사용 능력을 바탕으로 LLM을 외부 지식으로 강화하는 방법을 탐구하고, LLM이 정보를 더 효과적으로 찾아 활용하는 능력을 높이는 데 중점을 둔다.

5부

대규모 언어 모델에서 검색 및 지식 통합

5부에서는 검색 증강 생성 방법을 통해 LLM에 외부 지식을 강화하는 기술을 살펴보며 책을 마무리한다. 관련 정보를 효율적으로 접근하는 검색 시스템을 설계하고, 구조화된 지식을 모델 출력에 통합하며, 그래프 기반 검색을 활용해 응답을 맥락적 관계로 풍부하게 만드는 방법을 배우게 된다. 반복적이고 적응 가능한 검색과 같은 고급 RAG 패턴을 탐구해 동적 지식 통합이 가능한 모델을 만들 수 있도록 돕는다. 검색 품질과 효과성을 측정하기 위한 평가 방법론도 논의한다. 마지막 장에서는 에이전틱 패턴을 소개하며, 이를 통해 추론, 계획, 의사결정 능력을 결합한 자율 시스템을 구축하는 방법을 배운다. 이러한 기술을 익히면 LLM이 정보에 근거하면서 목표 지향적 행동까지 취하도록 만들 수 있다.

- 26장. 검색증강 생성
- 27장. 그래프 기반 RAG
- 28장. 고급 RAG
- 29장. RAG 시스템 평가
- 30장. 에이전틱 패턴

26장

검색 증강 생성

검색 증강 생성(Retrieval-augmented generation, **RAG**)은 AI 모델의 성능을 향상시키는 기술로, 특히 모델의 사전 훈련된 매개변수에 포함되지 않은 지식이나 데이터가 필요한 과업에서 유용하다. 이는 검색 기반 모델과 생성 모델 둘 다의 강점을 결합한 것이다. 검색 구성 요소는 데이터베이스, 문서 또는 웹 콘텐츠와 같은 외부 정보원에서 관련 정보를 가져오고, 생성 구성 요소는 이 정보를 사용해 더 정확하고 맥락적으로 풍부한 응답을 생성한다.

RAG는 검색 메커니즘을 언어 모델과 통합해 구현된다. 이 과정은 관련 문서나 발췌문을 찾기 위해 지식 기반(knowledge base)이나 외부 정보원에 쿼리를 보내는 것으로 시작한다. 이렇게 검색된 정보는 언어 모델에 입력되고, 모델은 프롬프트와 검색된 데이터를 모두 활용해 응답을 생성한다. 이 접근 방식은 모델이 최신 정보나 도메인별 정보를 사용해 질문에 답하거나 문제를 해결하는 능력을 향상시킨다.

RAG의 주요 이점은 사실적 정확도 향상, 최신 정보 접근, 도메인별 지식 개선, LLM 출력의 환각 감소 등이다.

이 장에서는 간단한 RAG 시스템을 구현해서 LLM 출력에 관련성 있는 외부 정보를 추가하는 방법을 학습할 것이다. 구체적으로 벡터 데이터베이스의 효율적인 검색을 위한 임베딩 및 인덱싱 기술, 쿼리 작성 전략, 검색된 정보를 LLM 생성과 통합하는 방법을 다룰 것이다. 이 장을 마치면 독자는 외부 지식으로 LLM을 보강하는 기본 RAG 시스템을 구현할 수 있게 된다.

주요 내용은 다음과 같다.

- 간단한 RAG 시스템 구축
- 검색을 위한 임베딩과 색인 기법
- 검색 질의 작성 전략
- 검색된 정보를 LLM 생성과 통합하기
- RAG의 도전 과제와 발전 방향

26.1 간단한 RAG 시스템 구축

이 섹션에서는 SerpApi의 강력한 검색 기능, 문장 임베딩의 의미론적 이해 능력, 그리고 OpenAI GPT-4o 모델의 생성 능력을 결합한 간단한 RAG 시스템의 실용적 사례를 살펴본다. SerpApi는 구글, Bing 등 다양한 플랫폼의 검색 엔진 결과에 실시간으로 접근할 수 있는 웹 스크래핑 API로, 수동 스크래핑 작업 없이도 구조화된 데이터를 활용할 수 있게 해준다.

이 예제를 통해 쿼리 기반 웹 검색, 관련 부분 추출 및 순위 매기기, 그리고 궁극적으로 최신 LLM을 사용한 포괄적인 답변 생성을 포함한 RAG 시스템의 기본 구성 요소를 살펴보고, 이러한 요소들이 단계별로 어떻게 상호작용하는지 알아볼 것이다.

이번에 살펴볼 간단한 RAG 시스템의 코드는 다음을 포함한다.

- **SerpApi**: 사용자의 쿼리를 기반으로 관련성 있는 웹 페이지를 찾는다.
- **문장 임베딩**: 문장 임베딩과 코사인 유사도를 사용해 검색 결과에서 가장 관련성 있는 부분을 발췌한다. 문장 임베딩은 텍스트의 의미론적 의미를 포착해 단어, 구, 또는 전체 문장을 고차원 벡터 공간에 매핑하는 밀집 수치적 표현이다. 이 공간에서 유사한 의미는 서로 가까이 위치한다. 코사인 유사도는 임베딩 벡터 간의 각도를 측정하며(범위는 −1에서 1), 벡터의 크기가 아닌 각도를 측정하기 때문에 텍스트 길이에 상관없이 의미론적 유사성을 평가하는 효과적인 방법이다. 두 임베딩의 코사인 유사도가 1에 가까울수록 의미가 매우 유사하며, 0에 가까운 수치값은 관련 없는 내용을, 음숫값은 반대되는 의미를 나타낸다. 이러한 기술의 조합은 검색 엔진과 추천 시스템에서부터 언어 번역 및 콘텐츠 클러스터링에 이르기까지 많은 현대 **자연어 처리**(natural language processing, NLP) 애플리케이션을 지원한다.
- **OpenAI GPT-4o**: 검색된 정보(컨텍스트)와 원래 쿼리를 기반으로 포괄적이고 일관성 있는 답변을 생성한다.

먼저 필요한 패키지를 설치한다.

```
pip install google-search-results sentence-transformers openai
```

웹 검색을 위한 serpapi, 텍스트 임베딩을 위한 sentence_transformers, GPT-4o 모델 사용을 위한 openai를 각각 설치한다.

이제 검색 API, 임베딩, LLM을 활용해 완전한 RAG 시스템이 어떻게 구현되는지 살펴보자.

1. 먼저 텐서 연산을 위해 torch와 함께 설치된 라이브러리를 임포트한다. 이 코드는 SerpApi와 OpenAI의 API 키도 설정하므로, 이 자리 표시자를 실제 API 키로 교체해야 한다.

```python
from serpapi import GoogleSearch
from sentence_transformers import SentenceTransformer, util
import torch
import openai

SERPAPI_KEY = "YOUR_SERPAPI_KEY"  # SerpAPI 키로 교체
OPENAI_API_KEY = "YOUR_OPENAI_API_KEY"  # OpenAI 키로 교체
openai.api_key = OPENAI_API_KEY
```

2. 검색 엔진과 Sentence Transformer를 초기화한다. 다음 코드는 SerpApi를 사용해 구글 검색을 수행하는 검색 함수를 정의하고, all-mpnet-base-v2 문장 트랜스포머 모델을 초기화해 문장 임베딩을 생성한다.

```python
def search(query):
    params = {
        "q": query,
        "hl": "en",
        "gl": "us",
        "google_domain": "google.com",
        "api_key": SERPAPI_KEY,
    }
    search = GoogleSearch(params)
    results = search.get_dict()
    return results

model = SentenceTransformer('all-mpnet-base-v2')
```

3. 다음 단계는 검색 결과에서 질문과 관련된 텍스트를 찾아내는 것이다. 이를 위해 retrieve_snippets 함수를 만든다. 이 함수는 먼저 검색 결과에서 텍스트 조각들을 추출한 다음, 질문과 각 텍스트 조각을 벡터로 변환해서 서로 얼마나 유사한지 계산한다. 마지막으로 질문과 가장 유사한 상위 k개의 텍스트 조각을 선별해서 반환한다.

```python
def retrieve_snippets(query, results, top_k=3):
    snippets = [
        result.get("snippet", "") for result in results.get("organic_results", [])
    ]
    if not snippets:
        return []

    query_embedding = model.encode(query, convert_to_tensor=True)
    snippet_embeddings = model.encode(snippets, convert_to_tensor=True)

    cosine_scores = util.pytorch_cos_sim(query_embedding, snippet_embeddings)[0]
    top_results = torch.topk(cosine_scores, k=top_k)

    return [snippets[i] for i in top_results.indices]
```

4. 그런 다음 GPT-4o를 사용해 답변을 생성하기 위해 generate_answer 함수를 정의한다. 이는 RAG 시스템의 생성 부분에서 핵심적인 역할을 한다.

```python
def generate_answer(query, context):
    messages = [
        {
            "role": "system",
            "content": "당신은 지식이 풍부한 전문가다. 제공된 컨텍스트의 정보만을 기반으로 사용자 쿼리에 답변해라. "
                       "만약 답변이 컨텍스트에 없다면, '제공된 컨텍스트에서 질문에 대한 답을 찾을 수 없습니다'라고 말해라.",
        },
        {
            "role": "user",
            "content": f"컨텍스트: {context}\n\n쿼리: {query}",
        },
    ]

    response = openai.chat.completions.create(
        model="gpt-4o",
        messages=messages,
        temperature=0.7,
        max_tokens=256
    )
    return response.choices[0].message.content
```

이 함수는 LLM이 주어진 컨텍스트에 엄격히 제한된 답변을 생성하도록 구조화된 프롬프트를 구성한다. 대화를 시스템-사용자 메시지 쌍으로 포매팅해 모델이 주제 전문가로서 행동하고 제공된 정보에 답변을 제한하며, 추측을 명시적으로 피하도록 지시한다. 정보가 없을 경우, 시스템은 답변을 찾을 수 없음을 나타내는 대체 메시지를 반환하도록 지시된다. 쿼리와 컨텍스트는 사용자 메시지에 직접 임베딩되며, LLM(이 경우, gpt-4o)은 temperature=0.7의 중간 창의성 수준과 256 토큰의 응답 길이 제한으로 쿼리된다. 이 설계는 문서 QA나 컴플라이언스 도구와 같은 제한된 답변 설정에서 특히 RAG 파이프라인의 컨텍스트에 근거한 Q&A 과업에 신뢰할 수 있는 기능을 제공한다.

5. 다음은 주요 RAG 함수와 예제 사용법이다.

```
def rag_system(query):
    search_results = search(query)
    relevant_snippets = retrieve_snippets(query, search_results)
    if not relevant_snippets:
        return "쿼리와 관련된 정보를 찾을 수 없습니다"
    context = " ".join(relevant_snippets)
    answer = generate_answer(query, context)
    return answer

# 사용 예
query = "양자 컴퓨팅의 최신 발전은 무엇인가?"
answer = rag_system(query)
print(answer)
```

이 코드는 검색, 관련 텍스트 추출, 답변 생성 등 전체 과정을 조율하는 rag_system 함수를 정의한다. 그런 다음 예제 쿼리와 함께 rag_system을 사용해 생성된 답변을 콘솔에 출력하는 방법을 보여준다.

rag_system 함수는 먼저 search(query)를 사용해 관련 정보를 검색하고, retrieve_snippets(query, search_results) API를 통해 관련 텍스트를 추출해 쿼리에 답변한다. 텍스트가 발견되지 않으면 정보를 찾을 수 없다는 메시지를 반환한다. 텍스트가 있으면 이를 하나의 컨텍스트 문자열로 결합해 generate_answer(query, context)를 통해 답변을 생성한다. 마지막으로 함수는 컨텍스트를 기반으로 생성된 답변을 반환한다. 예시에서는 "양자 컴퓨팅의 최신 발전은 무엇인가?"라는 쿼리로 함수를 호출하며, 관련 검색 결과를 기반으로 생성된 응답을 반환한다. 실제 운영 시스템에서는 retrieve_snippets API 호출에 대한 재시도 및 오류 처리를 구현해야 한다.

다음 섹션으로 넘어가기 전에 몇 가지 기억할 점은 다음과 같다.

- **API 키**: SerpApi와 OpenAI 모두에 대해 유효한 API 키를 가지고 있으며 코드에 키를 올바로 기재했는지 확인한다.
- **OpenAI 비용**: OpenAI API 사용 비용에 유의해야 한다. GPT-4o는 다른 모델보다 더 비쌀 수 있다.
- **프롬프트 엔지니어링**: 생성된 답변의 품질은 GPT-4o에 제공하는 프롬프트에 크게 달라진다. 최상의 결과를 얻으려면 다양한 프롬프트를 실험해야 한다. 원하는 답변의 형식, 길이나 스타일에 대한 지시를 추가하는 것을 고려한다.

- **오류 처리**: 실제 운영 가능한 시스템을 위해, 네트워크 문제, API 오류, 잘못된 입력과 같은 잠재적인 문제를 처리하기 위해 오류 처리(예: try-except 블록)를 추가한다.
- **고급 기술**: 이것은 기초적인 RAG 시스템이며, 다음과 같은 방법으로 더 개선할 수 있다.
  - **더 나은 텍스트 선택**: 출처의 다양성, 사실성, 텍스트 길이 등의 요소를 고려한다.
  - **반복 검색**: 초기 답변이 만족스럽지 않으면 더 많은 컨텍스트를 검색한다.
  - **파인튜닝**: 특정 도메인에 맞춰 더 작고 특화된 언어 모델을 파인튜닝하면, 더 나은 성능과 낮은 비용을 기대할 수 있다.

검색과 생성의 핵심 구성 요소를 다루며 간단한 RAG 시스템을 성공적으로 구축했다. 이제 작동하는 RAG 시스템을 갖췄으니, 대규모 데이터셋에서 효율적인 검색을 가능하게 하는 중요한 기술인 임베딩과 인덱싱 방법을 깊이 탐색해 보자. 텍스트를 의미론적으로 표현하는 다양한 임베딩 방법과 이러한 표현을 빠른 유사도 검색을 위해 조직하는 방법을 탐색할 것이다.

26.2 검색을 위한 임베딩과 색인 기법

RAG 기반 LLM 애플리케이션이 정보를 효과적으로 검색하려면 임베딩과 인덱싱 기술이 바탕이 되어야 한다. LLM은 이런 기술을 바탕으로 방대한 데이터 속에서 쿼리와 관련된 정보를 신속하게 찾아낼 수 있다. 다음 하위 섹션에서는 이러한 핵심 기술들을 체계적으로 살펴본다.

26.2.1 임베딩

임베딩(embeddings)은 텍스트, 이미지, 오디오 등의 데이터에 대한 수치적 벡터 표현이다. 이는 복잡하고 고차원적인 데이터를 연속적인 벡터 공간에 매핑하며, 이때 유사한 항목들은 서로 가까이 위치하게 된다. 이런 변환을 거치면 데이터에 숨어 있는 패턴과 관계, 의미적 특성을 수치로 나타낼 수 있어서 머신러닝 모델이 데이터를 훨씬 쉽게 이해하고 처리할 수 있게 된다. 텍스트를 예로 들면, 단어 임베딩은 단어나 구문을 밀집 벡터로 바꾸는데, 이때 동의어처럼 의미가 비슷한 단어들이 벡터 공간에서 서로 가까이 위치하게 되어 의미적 관계가 잘 드러난다. 대개 신경망 같은 기법으로 대규모 데이터셋에서 임베딩을 학습시키며, 이렇게 만든 임베딩은 정보 검색, 분류, 군집화, 추천 시스템 등 다양한 작업의 토대가 된다. 데이터의 차원은 줄이면서도 핵심적인 특징은 그대로 보존하기 때문에, 모델이 더 잘 일반화되고 다양한 입력 데이터를 효과적으로 이해할 수 있다.

LLM에서는 텍스트 임베딩이 가장 중요하다. 텍스트 임베딩은 이전 섹션에서 사용한 Sentence Transformer 모델과 같은 신경망에 텍스트를 입력해 생성된다.

임베딩이 필요한 이유

RAG 애플리케이션에서 임베딩의 주요 역할은 다음과 같다.

- **의미 기반 검색**(semantic search): 임베딩을 활용하면 단순한 키워드 매칭이 아니라 의미에 기반해 정보를 찾는 검색이 가능하다.
- **맥락 이해**: LLM은 임베딩을 활용해 서로 다른 정보 조각들 간의 관계를 이해하고, 추리력과 관련성 높은 응답을 생성하는 능력을 향상시킬 수 있다.
- **효율적인 검색**: 임베딩을 적절한 인덱싱과 결합하면 대규모 데이터셋에서도 관련 정보를 빠르게 찾아낼 수 있다.

일반적인 임베딩 기술

RAG 시스템에는 여러 가지 임베딩 기술이 널리 사용되고 있으며, 이들은 기반 모델, 구현 방식, 적용 분야별 적합성에서 차이를 보인다. 다음은 RAG에서 주요하게 사용되는 임베딩 기술들이다.

- **사전 훈련된 트랜스포머 기반 임베딩(예: BERT, RoBERTa, T5)**: BERT(Bidirectional Encoder Representations from Transformers)와 그 변형인 RoBERTa, T5 등은 텍스트의 밀집된 컨텍스트 임베딩을 생성하는 데 널리 사용된다. 이들 모델은 대규모 말뭉치로 파인튜닝되어 언어의 의미를 풍부하게 이해할 수 있다. RAG 시스템에서는 이러한 임베딩을 활용해 의미 유사성을 기반으로 문서 저장소에서 관련 문장을 검색할 수 있다. 이 벡터들은 보통 매우 복잡한 고차원 형태이고, 글을 트랜스포머 모델에 넣으면 정해진 크기의 벡터가 나온다.
- **SBERT(Sentence-BERT)**: 문장 수준 임베딩을 위해 설계된 BERT의 변형으로, 의미적 텍스트 유사성과 클러스터링과 같은 과업에 대한 모델 최적화에 중점을 둔다. 이는 시암(Siamese) 네트워크 아키텍처를 사용해 문장을 의미적으로 유사한 문장들이 서로 가까이 위치하는 밀집 벡터 공간으로 매핑한다. 이는 대규모 말뭉치에서 의미적으로 관련된 구절을 검색하는 RAG의 정보 검색과 같은 과업에 특히 효과적이다.
- **Faiss(Facebook AI Similarity Search)**: Faiss는 Facebook AI Research에서 개발한 라이브러리로, **근사 최근접 이웃**(approximate nearest neighbor, ANN) 검색을 통해 효율적인 유사성 검색을 제공한다. Faiss는 그 자체로는 임베딩 기술이 아니라 다양한 임베딩 모델과 연동해 대규모 벡터 컬렉션을 인덱싱하고 검색하는 역할을 한다. RAG 환경에서 Faiss를 사용하면 쿼리 임베딩과 문서 임베딩의 유사도를 비교해 관련 문서나 구절을 빠르게 찾아낼 수 있다.
- **밀집 검색 모델(예: DPR 및 ColBERT)**: 밀집 구절 검색(Dense Passage Retrieval, DPR)은 두 개의 별도 인코더(보통 BERT 기반 모델)를 사용해 쿼리와 구절을 밀집 벡터로 인코딩하는 정보 검색 접근법이다. DPR은 밀집 임베딩

에 인코딩된 맥락적 지식을 활용해 전통적인 희소 검색 방법보다 뛰어난 성능을 보인다. 반면, ColBERT는 밀집 검색의 효율성과 전통적인 방법의 효과성을 균형 있게 조화시킨 또 다른 밀집 검색 모델이다. 이러한 모델은 RAG에서 쿼리와 의미적으로 관련된 고품질 구절을 검색할 때 특히 유용하다.

- CLIP(Contrastive Language-Image Pre-Training): 원래는 멀티모달 애플리케이션(텍스트와 이미지)을 위해 설계됐지만, CLIP은 텍스트 전용 과업에도 적응됐다. CLIP은 텍스트와 이미지 데이터를 공유 벡터 공간에서 정렬해 임베딩을 학습한다. CLIP은 주로 멀티모달 과업에 사용되지만, 이미지를 포함한 공통 공간에서 언어를 표현할 수 있는 CLIP의 능력은 RAG에서 특히 멀티모달 데이터를 다룰 때 유연한 임베딩 프레임워크로 활용될 수 있다.

- 깊은 의미 유사성 모델(예: USE 및 InferSent): USE(Universal Sentence Encoder) 및 InferSent와 같은 모델은 더 깊은 의미를 포착해 문장 임베딩을 생성하며, 이는 문서 검색을 포함한 다양한 NLP 과업에 사용할 수 있다. 이러한 모델은 고정 크기의 벡터 표현을 생성해 유사성을 비교할 수 있게 하며, 검색 시스템과 결합할 때 RAG에 유용하다.

- Doc2Vec: Word2Vec의 확장인 Doc2Vec은 개별 단어가 아닌 전체 문서에 대한 임베딩을 생성한다. 이는 가변 길이의 텍스트를 고정 크기 벡터로 매핑해 의미적으로 유사한 문서나 구문을 검색하는 데 사용할 수 있다. 의미적 풍부함 측면에서 트랜스포머 기반 모델만큼 강력하지는 않지만, Doc2Vec은 RAG 애플리케이션에서 가벼운 검색 과업에 여전히 효과적인 도구다.

- 임베딩 기반 검색 엔진(예: 밀집 벡터를 사용하는 Elasticsearch): Elasticsearch와 같은 현대 검색 엔진은 전통적인 키워드 기반 색인과 함께 밀집 벡터도 지원한다. 이를 통해 텍스트 임베딩을 저장하고 검색할 수 있으므로, 더 유연하고 의미적으로 풍부한 검색이 가능하다. RAG와 함께 활용하면, 임베딩을 이용해 쿼리와 문서의 관련성을 기준으로 순위를 매길 수 있어 검색 성능을 높일 수 있다.

- OpenAI 임베딩(예: GPT 기반 모델): OpenAI의 임베딩은 GPT-3와 같은 모델에서 파생된 것으로, RAG 과업에도 사용된다. 이러한 임베딩은 언어 모델의 고품질 텍스트 표현 생성 능력을 기반으로 하며, 대규모 말뭉치에서 인덱싱되고 검색될 수 있다. 다른 모델(DPR 등)처럼 검색에 특화된 튜닝은 되어 있지 않지만, 매우 유연해 범용 RAG 애플리케이션에 사용할 수 있다.

이 임베딩 기술들은 RAG 시스템의 특정 요구사항에 따라 다양한 이점을 제공한다. 예를 들어 검색 속도, 모델 정확도, 처리되는 데이터의 규모 등이 있다. 각각의 기술은 특정 사용 사례에 맞게 파인튜닝 및 최적화될 수 있으며, 임베딩 기술의 선택은 검색되는 문서의 특성, 계산 자원, 지연 요구사항과 같은 다양한 요인에 따라 달라진다.

26.2.2 색인

색인(indexing)은 임베딩 벡터들을 빠르게 검색할 수 있도록 체계적으로 정리하는 과정이다. 책에서 원하는 내용을 찾기 위해 색인을 사용하는 것처럼, 벡터 공간에서 비슷한 벡터들을 효율적으로 찾기 위한 데이터 구조를 만드는 것이다.

LLM 용어로 좀 더 풀어서 말하면, 벡터 인덱싱 기술은 고차원 벡터를 순차적 순서가 아니라 유사성 관계에 따라 배열해, 임베딩 저장과 검색을 최적화한다. 이러한 구조는 그래프 기반(유사한 벡터를 탐색 가능한 경로로 연결), 트리 기반(벡터 공간을 재귀적으로 분할), 양자화 기반(유사성을 유지하면서 벡터를 압축) 등 다양한 방식이 있으며, 모두 엄청나게 비싼 전수 검색을 관리 가능한 과정으로 바꾸는 데 목적이 있다. 이렇게 검색 공간을 전략적으로 제한하면, 벡터 데이터베이스가 수십억 개의 임베딩도 초 단위로 처리할 수 있고, 속도 · 메모리 효율성 · 결과 정확성 사이에서 균형을 유지할 수 있다.

색인이 중요한 이유

색인은 LLM에서 다음과 같은 이유로 중요하다.

- **속도**: 색인이 없으면 쿼리 임베딩을 데이터셋의 모든 임베딩과 일일이 비교해야 하므로 계산 비용이 많이 들고 속도도 느리다.
- **확장성**: 색인 기술 덕분에 LLM 애플리케이션은 수백만, 수십억 개에 이르는 방대한 데이터셋도 처리할 수 있을 정도로 확장된다.

일반적인 색인 기법

LLM을 위한 대표적인 색인 기법 몇 가지를 살펴보자.

이러한 색인 기법의 시각적 다이어그램을 보려면 다음 웹사이트를 확인하는 것을 추천한다.

https://kdb.ai/learning-hub/articles/indexing-basics/

- **플랫 인덱스(flat index) 또는 브루트 포스(brute force)**:
  - **작동 방식**: 모든 임베딩을 간단한 리스트나 배열에 저장한다. 검색 시, 쿼리 임베딩과 색인에 있는 모든 임베딩 간의 거리(예: 코사인 유사도)를 계산한다.
  - **장점**: 구현이 간단하고 완벽한 정확도(실제로 가장 가까운 이웃을 찾는다).
  - **단점**: 대규모 데이터셋에 대해 느리고 계산적으로 비싼데, 이는 철저한 검색을 요구하기 때문이다.
  - **적합한 경우**: 매우 작은 데이터셋이거나 완벽한 정확도가 절대적 요구사항일 때.
- **IVF(inverted file index)**:
  - **작동 방식**:
    - **군집화(clustering)**: 다음과 같은 알고리즘을 사용해 임베딩 공간을 k-평균과 같은 군집들(clusters)로 나눈다

- 역색인(inverted index): 각 클러스터 중심을 해당 클러스터에 속하는 임베딩 목록에 매핑하는 역색인을 생성한다
- 검색(search):
  1. 쿼리 임베딩에 가장 가까운 클러스터 중심점을 찾는다
  2. 그 클러스터 내에서만 검색해 검색 공간을 크게 줄인다
- **장점**: 플랫 인덱스보다 빠르다; 구현하기에 비교적 간단하다
- **단점**: 근사 방법이므로 항상 진정한 최근접 이웃을 찾지는 못함. 정확도는 클러스터 수에 따라 달라진다.
- **적합한 경우**: 중간 크기의 데이터셋으로, 속도와 정확성 간의 균형이 필요한 경우

- HNSW(Hierarchical navigable small world):
  - **작동 방식**:
    - 그래프 기반: 각 임베딩을 하나의 노드로 해서 계층 구조의 네트워크를 만든다.
    - 레이어: 네트워크를 여러 층으로 나누어, 위쪽 층에서는 멀리 떨어진 점들을 연결해 빠르게 대략적인 위치를 찾고, 아래쪽 층에서는 가까운 점들을 연결해 정밀한 검색을 수행한다.
    - 탐색: 가장 위쪽 층의 임의 노드에서 출발해, 목표하는 쿼리 임베딩 방향으로 탐욕적으로 이동한다. 아래층으로 내려갈 때마다 점점 더 정밀한 결과를 얻는다.
  - **장점**: 처리 속도가 매우 빠르면서도 높은 정확도를 보장하며, 근사 최근접 이웃 검색에서 가장 우수한 기법으로 평가받고 있다.
  - **단점**: IVF 방식에 비해 구현 난이도가 높고, 네트워크 구조를 유지하기 위해 더 많은 메모리가 필요하다.
  - **적합한 용도**: 데이터 규모가 크면서 동시에 빠른 처리 속도와 높은 검색 정확도를 모두 확보해야 하는 환경

- 곱 양자화(Product Quantization, PQ):
  - **작동 방식**:
    - 서브벡터: 각 임베딩을 여러 개의 서브벡터들로 나눈다.
    - 코드북: 클러스터링을 사용해 각 서브벡터에 대해 별도의 코드북을 생성한다. 각 코드북은 대표 서브벡터들(중심점)의 집합을 포함한다.
    - 인코딩: 각 임베딩의 서브벡터를 해당 코드북의 가장 가까운 중심점으로 대체해 인코딩한다. 이를 통해 임베딩의 압축된 표현을 생성한다.
    - 검색(search): 쿼리의 서브벡터와 코드북 중심점 간의 사전 계산된 거리를 사용해 쿼리와 인코딩된 임베딩 간의 근사적인 거리를 계산한다.
  - **장점**: 임베딩을 압축해 메모리 사용량을 크게 줄인다. 검색이 빠르다.
  - **단점**: 근사적이며, 정확도는 서브벡터의 수와 코드북 크기에 따라 달라진다.
  - **적합한 경우**: 매우 큰 데이터셋으로, 메모리 효율성이 주요 관심사다.

- **지역 민감 해싱(LSH)**:
  - **원리**: 유사한 임베딩을 동일한 '버킷'에 높은 확률로 매핑하는 해시 함수를 사용한다
  - **장점**: 비교적 간단하다. 여러 머신에 분산 배포가 가능하다.
  - **단점**: 근사적이며, 성능은 해시 함수의 선택과 버킷 수에 따라 달라진다.
  - **적합 대상**: 매우 큰, 고차원 데이터셋

이제 다양한 인덱싱 방법을 다뤘으니, 이러한 인덱싱 기술을 구현해 실무에서 사용하기 쉽게 해주는 인기 있는 라이브러리와 도구를 소개하겠다. 이를 통해 RAG 애플리케이션에 이러한 기술을 활용하는 실용적 관점을 얻을 수 있다.

다음은 인덱싱을 구현하기 위한 몇 가지 라이브러리와 도구다.

- **Faiss**: 효율적인 유사도 검색과 밀집 벡터 클러스터링을 위한 페이스북 AI에서 개발한 고도로 최적화된 라이브러리다. 이전에 언급된 많은 인덱싱 기법(플랫, IVF, HNSW, PQ)을 구현한다.
- **Annoy(Approximate Nearest Neighbors Oh Yeah)**: 사용하기 쉽고 성능이 좋은 것으로 알려진 ANN 검색을 위한 또 다른 인기 있는 라이브러리다. 트리 기반 접근법을 사용한다.
- **ScaNN(Scalable Nearest Neighbors)**: 구글이 개발한 라이브러리로, 대규모 고차원 데이터셋을 위해 설계됐다.
- **Vespa.ai**: 벡터, 텐서, 텍스트, 구조화된 데이터를 쿼리 · 조직 · 추론할 수 있는 도구를 제공한다. 현재 Perplexity의 검색 엔진에도 활용된다.
- **파인콘(Pinecone), 위비에이트(Veaviate), 밀버스(Milvus), 큐드란트(Qdrant)**: 임베딩 저장과 검색을 위해 특별히 설계된 벡터 데이터베이스다. 이들은 인덱싱, 확장 및 기타 인프라 관련 사항을 처리한다.

LLM 애플리케이션에 가장 적합한 임베딩 및 인덱싱 기술은 여러 요인에 따라 달라진다.

- **데이터셋 크기**: 작은 데이터셋의 경우, 플랫 인덱스가 충분할 수 있다. 큰 데이터셋의 경우, HNSW, IVF, 또는 PQ를 고려한다.
- **속도 요구사항**: 낮은 지연시간이 중요하다면, HNSW가 일반적으로 가장 빠른 옵션이다.
- **정확도 요구사항**: 완벽한 정확도가 요구되는 경우에는 플랫 인덱스를 사용할 수밖에 없다. 그러나 이 방식은 확장성이 떨어진다. 근사적인 방법 중에서는 HNSW가 가장 높은 정확도를 보이는 경우가 많다.
- **메모리 제약**: 메모리가 한정적일 경우, PQ는 저장 요구사항을 크게 줄일 수 있다.
- **개발 노력**: Faiss와 Annoy는 성능과 구현의 용이성 사이에서 좋은 균형을 제공한다. 벡터 데이터베이스는 인프라 관리를 단순화한다.

이러한 요소를 신중하게 고려하고 각 기술과 라이브러리의 장점과 단점을 이해함으로써, 효율적이고 효과적인 LLM 애플리케이션을 구축하기 위해 가장 적절한 임베딩 및 인덱싱 방법을 선택할 수 있다.

이제 Faiss라는 효율적인 유사도 검색용 강력한 라이브러리를 사용해 임베딩, 인덱싱, 검색을 포함한 예제를 시연하겠다. Faiss는 효율적인 유사도 검색을 위한 강력한 라이브러리다. 임베딩 생성을 위해 `all-mpnet-base-v2` 모델을 사용할 것이다. 코드가 20줄 이상이 될 것이므로, 각 블록 앞에 설명을 붙여 나눠서 보여주겠다.

26.2.3 임베딩, 색인, 검색을 시연하는 예제 코드

이 섹션에서는 임베딩과 인덱싱을 활용해 텍스트 문서 집합 내에서 빠른 유사도 검색을 수행하는 일반적인 워크플로 코드를 소개한다. 다음은 그 코드가 수행하는 작업이다.

1. **Sentence Transformer 모델 로드**: 문장 임베딩 생성을 위한 사전 훈련된 모델을 초기화한다.
2. **샘플 데이터 생성**: 예문 목록을 정의한다(여기에 실제 데이터를 대체해 사용한다).
3. **임베딩 생성**: SentenceTransformer를 사용해 각 문장에 대한 임베딩을 생성한다.
4. **인덱스 생성**: IndexFlatL2를 사용해 플랫 L2 거리 인덱스를 구축해 임베딩을 저장한다.
5. **임베딩을 색인에 추가**: 생성된 임베딩을 Faiss 색인에 추가한다.
6. **검색 쿼리 정의**: 찾고자 하는 유사한 문장에 대한 샘플 쿼리를 설정한다.
7. **쿼리 인코딩**: 동일한 Sentence Transformer 모델을 사용해 검색 쿼리의 임베딩을 생성한다.
8. **검색 수행**: Faiss 색인을 사용해 쿼리 임베딩과 가장 유사한 k개의 임베딩을 검색한다.
9. **결과 출력**: k개의 가장 가까운 이웃의 색인의 거리를 색인에서 표시한다.

코드를 확인하기 전에 의존 패키지를 설치하자.

```
pip install faiss-cpu sentence-transformers   # 호환되는 GPU가 있는 경우 faiss-gpu를 사용
```

이제 코드 예를 보자.

1. 먼저, 임베딩을 생성하기 위한 sentence_transformers와 인덱싱 및 검색을 위한 faiss 등 필수 라이브러리를 임포트하고 all-mpnet-base-v2 모델을 로드한다.

```python
from sentence_transformers import SentenceTransformer
import faiss
import numpy as np

# SentenceTransformer 모델을 로드
model = SentenceTransformer('all-mpnet-base-v2')
```

2. 그런 다음, 데이터를 준비해 샘플 문장을 몇 개 정의하고(이것을 실제 데이터로 대체할 수 있다) Sentence Transformer 모델을 사용해 각 문장의 임베딩을 생성한다(임베딩은 Faiss에서 요구하는 float32로 변환된다).

```python
# 샘플 문장
text_data = [
    "A man is walking his dog in the park.",     # 남자가 공원에서 개를 산책시킨다
    "Children are playing with toys indoors.",   # 아이들이 실내에서 장난감을 갖고 논다
    "An artist is painting a landscape on canvas.",  # 화가가 캔버스에 풍경을 그린다
    "The sun sets behind the mountain ridge.",   # 산등성이 너머로 해가 진다
    "Birds are singing outside the window."      # 창밖에 새들이 지저귄다
]

# SentenceTransformer 모델을 사용해 벡터 표현 생성
import numpy as np
from sentence_transformers import SentenceTransformer

model = SentenceTransformer('all-MiniLM-L6-v2')  # 필요에 따라 다른 모델로 교체
vectors = model.encode(text_data, convert_to_tensor=True)

# Faiss와의 호환성을 위해 32비트 부동 소수점으로 변환하고 CPU로 이동
vectors = vectors.detach().cpu().numpy().astype(np.float32)
```

3. 그런 다음 Faiss 색인을 생성하고 임베딩을 추가한다.[1]

```python
# 임베딩 차원 얻기
dimension = embeddings.shape[1]

# Faiss 색인을 생성(플랫 L2 거리)
index = faiss.IndexFlatL2(dimension)
```

---

[1] (옮긴이) 이전 코드에서 임베딩을 vectors 변수에 저장했으므로, 여기서는 dimension = vectors.shape[1] 및 index.add(vectors)로 변수명을 맞춰줘야 올바로 작동한다.

```
# 임베딩을 색인에 추가
index.add(embeddings)
```

여기서는 유사성 비교를 위해 L2 거리(유클리드 거리)를 사용하는 플랫 인덱스인 IndexFlatL2를 사용하고 있다. 이 유형의 인덱스는 정확한 결과를 제공하지만 매우 대규모 데이터셋에서는 느릴 수 있다. 인덱스는 이 Sentence Transformer 모델에 맞는 올바른 차원(768)으로 생성된다.

4. 다음으로, 샘플 검색 쿼리를 정의하고 동일한 Sentence 트랜스포머 모델을 사용해 임베딩으로 인코딩한다. 쿼리 임베딩도 float32로 변환된다.

```
# 쿼리 정의
query = "What is the dog doing?"  # 개가 무엇을 하고 있는가?

# 쿼리 인코딩
query_embedding = model.encode(query, convert_to_tensor=True)
query_embedding = query_embedding.cpu().numpy().astype('float32')
```

5. 마지막으로, index.search() 메서드를 사용해 유사도 검색을 수행한다. 두 개의 가장 유사한 문장을 검색한다(k=2). 이 메서드는 가장 가까운 이웃의 거리와 인덱스를 반환한다. 그런 다음, 찾은 가장 가까운 이웃의 인덱스와 거리를 출력한다.[2]

```
# k개의 가장 가까운 이웃 검색
k = 2
distances, indices = index.search(query_embedding, k)

# 결과 출력
print("최근접 이웃:")
for i, idx in enumerate(indices[0]):
    print(f"  인덱스: {idx}, 거리: {distances[0][i]}, 문장: {sentences[idx]}")
```

다음은 앞의 코드 블록을 실행했을 때 얻을 수 있는 샘플 출력이다.

```
최근접 이웃:
  인덱스: 0, 거리: 0.634912312, 문장: A man is walking his dog in the park.
  인덱스: 1, 거리: 1.237844944, 문장: Children are playing with toys indoors.
```

---

[2] (옮긴이) index.search 함수는 2차원 배열을 예상하므로 distances, indices = index.search(query_embedding.reshape(1, -1), k)로 수정한다. 또한 senteces는 앞에서 만든 변수명인 text_data로 바꿔야 한다.

이는 Sentence Transformer와 Faiss를 사용해 의미적 유사도 검색이 어떻게 작동하는지를 보여준다. 실제 숫자는 하드웨어, 모델 버전, 실행 조건에 따라 달라질 수 있다.

여기서 어떤 일이 벌어지는지 살펴보자.

쿼리 "What is the dog doing?"은 임베딩되어, 리스트에 있는 모든 임베딩된 문장과 비교된다. Faiss는 임베딩 공간에서 유클리드(L2) 거리를 기반으로 가장 의미적 유사도가 높은 두 문장을 검색한다. 가장 작은 거리는 가장 높은 유사도를 나타낸다. 이 예시에서, 남자가 개를 산책시킨다는 문장이 쿼리에 가장 가깝고, 이는 의미적으로 타당하다.

이 코드를 직접 실행하면 모델 초기화 시의 비결정성이나 부동소수점 정밀도 차이로 인해 수치는 다를 수 있다. 하지만 의미적으로 가장 유사한 문장이 일관되게 선택되는 경향은 유지된다.[3]

> **중요**
>
> **색인 유형**: 매우 큰 데이터셋의 경우, `IndexIVFFlat` 또는 `IndexHNSWFlat`과 같은 Faiss의 더 발전된 인덱스 유형을 사용해 검색 속도를 개선하는 것이 좋다.
>
> **GPU 가속**: 호환되는 GPU가 있다면, `faiss-gpu`를 설치해 인덱싱 및 검색을 크게 가속할 수 있다.
>
> **데이터 전처리**: 실제 응용 분야에서는 특정 요구 사항과 데이터의 특성에 따라 소문자 변환, 구두점 제거, 또는 어간·표제어 추출과 같은 추가적인 데이터 전처리 단계를 수행해야 할 수도 있다.
>
> **거리 지표**: Faiss는 다양한 거리 지표를 지원한다. 여기서는 L2 거리를 사용했지만, 임베딩이 생성되는 방식과 측정하고자 하는 유사도의 종류에 따라 내적(IndexFlatIP)이나 다른 지표를 사용할 수도 있다.
>
> **벡터 데이터베이스**: 프로덕션 수준의 시스템에서는 임베딩과 색인을 보다 효율적으로 관리하기 위해 Pinecone, Weaviate, Milvus와 같은 전용 벡터 데이터베이스 사용을 고려할 수 있다. 이러한 데이터베이스는 자동 인덱싱, 확장성, 데이터 관리 등의 기능을 제공하므로, 유사도 검색 애플리케이션을 보다 쉽게 배포할 수 있다.

지금까지 임베딩, 인덱싱, Faiss를 사용한 검색의 기본 사항과 실제 구현을 위한 중요한 고려 사항을 다뤘다. 이제 RAG의 또 다른 중요한 측면인 쿼리 구성에 주목해 보자. 사용자 쿼리를 개선하고 확장하는 다양한 전략을 탐색해, 궁극적으로 지식 기반에서 더 효과적인 정보 검색으로 이어지도록 할 것이다.

---

[3] (옮긴이) 본문에서는 비결정성과 부동소수점 차이에도 불구하고 '가장 유사한 문장이 일관되게 선택'된다고 했지만, 실제 결과는 그렇지 않을 수 있다.

26.3 검색 질의 작성 전략

쿼리 작성 전략은 LLM 기반 RAG 시스템에서 사용자 쿼리의 표현력과 범위를 개선해 검색을 향상시키는 것을 목표로 한다. 일반적인 확장 전략은 다음과 같다.

- **동의어 및 패러프레이즈 확장**: LLM이나 어휘 자원을 사용해 의미가 같은 다른 표현을 생성하는 방법이다. 예를 들어 '기후 변화 영향'을 '지구 온난화의 효과'나 '기후 변화의 환경적 결과'로 확장하면, 더 넓은 범위의 문서를 검색 결과에 포함할 수 있다.
- **맥락적 재구성**: LLM은 대화나 문서의 컨텍스트에 기반해 쿼리의 의도를 추론함으로써 쿼리를 재해석할 수 있다. 이는 정보가 지식 기반에서 표현될 수 있는 방식에 더 잘 맞도록 쿼리를 조정하는 데 도움이 된다.
- **의사 관련성(pseudo-relevance) 피드백**: 블라인드 관련성 피드백이라고도 알려진 이 전략은 초기 쿼리를 실행하고, 두드러진 용어에 대해 상위 순위 문서를 분석하는 것과 이러한 용어를 사용해 쿼리를 확장하는 것을 포함한다. 효과적이지만 주제 드리프트(topic drift)에 대한 안전장치가 필요하다.
- **템플릿 기반 증강**: 구조화된 도메인에서 유용한 이 방법은 도메인별 템플릿이나 패턴을 사용해 체계적으로 변형을 생성한다. 예를 들어, '고혈압 치료'에 대한 의료 쿼리는 '고혈압 요법'이나 '고혈압 관리'를 포함할 수도 있다.
- **엔티티와 개념 연결**: 쿼리에서 명명된 엔티티와 도메인 개념을 식별해 그들의 별칭, 정의, 또는 계층적 관계로 대체하거나 보강한다. 이는 종종 온톨로지나 지식 그래프에 의해 안내된다.
- **프롬프트 기반 쿼리 재작성**: 재구성된 쿼리를 생성하라고 모델에 명시적으로 지시하는 프롬프트를 LLM을 사용해 만들 수 있다. 이는 쿼리가 대상 말뭉치의 스타일과 어휘에 맞게 적응해야 하는 다국어 또는 다중 도메인 RAG 시스템에서 특히 유용하다.

각 전략은 재현율과 정밀도에 다르게 기여한다. 이를 선택하거나 결합하는 것은 지식 기반의 구조와 가변성에 달려 있다.

다음 코드에서 QueryExpansionRAG 구현은 사전 훈련된 시퀀스-투-시퀀스 언어 모델(구체적으로는 T5-small)을 활용한 프롬프트 기반 쿼리 재작성 전략을 사용한다. 이 접근 방식은 프롬프트에 "expand query:"라는 접두어를 붙여 모델이 입력 쿼리의 대체 표현을 생성하도록 유도한다. 생성된 확장은 패러프레이즈 방식의 재구성을 반영하며, 모델이 의미적으로 관련된 다양한 표현을 생성함으로써 검색 범위를 넓힌다.[4]

---

[4] (옮긴이) QueryExpansionRAG가 상속하는 AdvancedRAG는 실제 코드가 책에 소개되지 않으며, 28장 주제인 '고급 RAG'와는 무관하게 이전에 설명한 단순 RAG를 클래스화한 것을 가정하는 것으로 보인다.

```python
from transformers import pipeline

class QueryExpansionRAG(AdvancedRAG):
    def __init__(self, model_name, knowledge_base, query_expansion_model="t5-small"):
        super().__init__(model_name, knowledge_base)
        self.query_expander = pipeline("text2text-generation", model=query_expansion_model)

    def expand_query(self, query):
        expanded = self.query_expander(
            f"expand query: {query}", max_length=50, num_return_sequences=3
        )
        return [query] + [e['generated_text'] for e in expanded]

    def retrieve(self, query, k=5):
        expanded_queries = self.expand_query(query)
        all_retrieved = []
        for q in expanded_queries:
            all_retrieved.extend(super().retrieve(q, k))
        # 중복을 제거하고 상위 k개를 반환
        unique_retrieved = list(dict.fromkeys(all_retrieved))
        return unique_retrieved[:k]

# 사용 예
rag_system = QueryExpansionRAG(model_name, knowledge_base)
retrieved_docs = rag_system.retrieve(query)
print("검색된 문서:", retrieved_docs)
```

이 코드는 `QueryExpansionRAG` 클래스를 정의해 사전 훈련된 T5 모델을 사용한 쿼리 확장을 통해 RAG 프레임워크를 확장한다. 사용자가 쿼리를 제출하면, `expand_query` 메서드는 텍스트-텍스트 생성 파이프라인을 통해 T5 모델을 사용해 쿼리의 여러 대체 표현을 생성하고, 이를 원래 쿼리와 결합한다. retrieve 메서드는 이러한 확장된 쿼리를 반복해 각 쿼리에 대한 문서를 검색하고, 결과를 집계하면서 중복을 제거한다. 이 접근 방식은 원래 쿼리의 어휘적 및 의미적 범위를 넓혀 관련성 있는 콘텐츠를 검색할 가능성을 높이며, 특히 지식 기반이 다양한 방식으로 정보를 표현할 때 효과적이다.

쿼리를 잘못 확장하면 노이즈가 생기고 검색 정밀도가 떨어질 수 있으므로 주의해야 한다. 이 구현에서는 T5 모델이 만든 확장을 원래 쿼리에 결합해 검색 범위를 넓힌다. 균형을 유지하려면 유사도 점수로 결과를 재정렬하거나, 검색 시 생성된 확장에 낮은 가중치를 부여하는 방법을 쓸 수 있다. 이렇게 하면 확장이 재현율을 높이면서도 원래 의도와의 일치를 해치지 않는다.

쿼리 확장이 RAG 시스템에서 검색을 향상시킬 수 있는 방법을 봤지만, 재현율과 정밀도 간의 균형을 관리하는 것이 중요하다. 이제 RAG 파이프라인의 다른 측면으로 초점을 바꿔, 검색된 정보를 LLM과 통합해 최종 답변을 생성하는 방법을 살펴보자. 검색된 컨텍스트를 효과적으로 활용하는 프롬프트를 어떻게 작성할지 탐색할 것이다.

26.4 검색된 정보를 LLM 생성과 통합하기

검색한 정보를 LLM 생성과 통합하기 위해, 검색한 문서를 포함하는 프롬프트를 만들 수 있다.[5]

```
from transformers import AutoModelForCausalLM

class GenerativeRAG(QueryExpansionRAG):
    def __init__(self, retriever_model, generator_model, knowledge_base):
        super().__init__(retriever_model, knowledge_base)
        self.generator = AutoModelForCausalLM.from_pretrained(generator_model)
        self.generator_tokenizer = AutoTokenizer.from_pretrained(generator_model)

    def generate_response(self, query, max_length=100):
        retrieved_docs = self.retrieve(query)
        context = "\n".join(retrieved_docs)
        prompt = f"Context:\n{context}\n\nQuestion: {query}\nAnswer:"
        inputs = self.generator_tokenizer(prompt, return_tensors="pt")
        outputs = self.generator.generate(inputs, max_length=max_length)
        return self.generator_tokenizer.decode(outputs[0], skip_special_tokens=True)

# 사용 예
retriever_model = "all-MiniLM-L6-v2"
generator_model = "gpt2-medium"
rag_system = GenerativeRAG(retriever_model, generator_model, knowledge_base)
response = rag_system.generate_response(query)
print("생성된 응답:", response)
```

---

[5] (옮긴이) 코드에서는 간단히 gpt2-medium 모델을 예로 들었으나, 실제로 검색 증강 생성을 구현할 때는 답변을 종합하고 생성하는 능력을 지닌 최신 모델을 사용해야 한다.

앞선 코드에서 GenerativeRAG 클래스는 인과 언어 모델을 통합해 답변 생성을 위한 RAG 파이프라인을 확장한다. 이 클래스는 이미 검색 기능을 제공하는 QueryExpansionRAG를 상속받고, Hugging Face의 AutoModelForCausalLM을 이용해 generator 컴포넌트를 추가한다. constructor에서는 주어진 모델 이름에 따라 generator 모델과 tokenizer를 초기화한다. generate_response 메서드는 쿼리에 대한 관련 문서를 먼저 검색한 뒤, 이를 하나의 컨텍스트 문자열로 연결하고 질문과 결합해 프롬프트를 구성한다. 이 프롬프트는 토큰화되어 언어 모델에 입력되고, 모델은 그 뒤를 잇는 답변 텍스트를 생성한다[6]. 최종 출력은 생성된 토큰을 문자열로 디코딩해 얻는다. 이러한 모듈식 구조는 검색과 생성을 분리해 과제나 모델 성능 요구에 따라 개별 구성 요소를 쉽게 확장하거나 교체할 수 있도록 한다.

RAG 시스템의 기본을 다뤘으니, 이제 확장성, 동적 업데이트 및 다국어 검색과 같은 실제 과제에 집중할 것이다. 특히, 샤딩 인덱싱 아키텍처가 대규모에서 검색 효율성을 어떻게 개선할 수 있는지 논의하고, 데이터가 많은 환경에서 성능에 미치는 영향을 강조할 것이다.

26.5 RAG의 도전 과제와 발전 방향

RAG의 주요 과제와 기회는 다음과 같다.

- **확장성**: 매우 큰 지식 기반을 효율적으로 처리
- **동적 지식 업데이트**: 지식 기반을 최신 상태로 유지
- **교차 언어 RAG**: 여러 언어로 검색 및 생성
- **멀티모달 RAG**: 검색과 생성에 비텍스트 정보를 통합

    기존의 단일 언어·텍스트 기반 검색 방식으로는 언어나 모달리티가 다를 때 의미 매칭이 어렵다. 따라서 다국어 및 멀티모달 RAG에서는 출처 언어나 형식에 관계없이 컨텍스트를 이해하고 관련 정보를 정확하게 인코딩, 정렬, 검색할 수 있는 전용 검색 파이프라인이나 어댑터가 필요하다.

- **설명 가능한 RAG**: 검색 및 생성 과정의 투명성을 확보

---

[6] (옮긴이) 허깅 페이스 transformers 라이브러리의 generate 메서드에 max_length를 사용할 경우, 입력 프롬프트가 이미 길면 설정값과 충돌해 실행 오류가 발생할 수 있다. 또한 max_length는 deprecate되었으며 max_new_tokens를 사용할 것이 권장된다. 따라서 다음과 같이 max_new_tokens를 사용하도록 수정하는 것이 바람직하다. 또한 경고 메시지를 피하려면 pad_token_id를 함께 지정한다.

```
def generate_response(self, query, max_new_tokens=100):
    ...
    outputs = self.generator.generate(
        inputs["input_ids"],
        max_new_tokens=max_new_tokens,
        pad_token_id=self.generator_tokenizer.eos_token_id
    )
    return self.generator_tokenizer.decode(outputs[0], skip_special_tokens=True)
```

이 장을 적당한 길이로 유지하기 위해, 확장성 문제 해결 방법 중에서 샤드 인덱스(sharded index) 구현 예시만 살펴보겠다. 샤드 인덱스는 큰 색인을 여러 개의 작은 조각(샤드)으로 나눠 각각을 별도의 서버나 저장소에서 독립적으로 관리하는 구조다. 이렇게 하면 병렬 처리가 가능해지고 조회가 빨라지며, 중앙화된 색인으로 인한 병목 현상도 완화된다. 특히 대규모 데이터나 다량의 질의를 처리해야 하는 AI 애플리케이션에 적합하다.

```python
class ShardedRAG(GenerativeRAG):
    def __init__(self, retriever_model, generator_model, knowledge_base, num_shards=5):
        super().__init__(retriever_model, generator_model, knowledge_base)
        self.num_shards = num_shards
        self.sharded_indexes = self.build_sharded_index()

    def build_sharded_index(self):
        embeddings = self.get_embeddings(self.knowledge_base)
        sharded_indexes = []
        shard_size = len(embeddings) // self.num_shards

        for i in range(self.num_shards):
            start = i * shard_size
            end = start + shard_size if i < self.num_shards - 1 else len(embeddings)
            shard_index = faiss.IndexFlatL2(embeddings.shape[1])
            shard_index.add(embeddings[start:end])
            sharded_indexes.append(shard_index)
        return sharded_indexes

    def retrieve(self, query, k=5):
        query_embedding = self.get_embeddings([query])[0]
        all_retrieved = []

        for shard_index in self.sharded_indexes:
            _, indices = shard_index.search(np.array([query_embedding]), k)
            all_retrieved.extend([self.knowledge_base[i] for i in indices[0]])

        # 중복을 제거하고 상위 k개 반환
        unique_retrieved = list(dict.fromkeys(all_retrieved))
        return unique_retrieved[:k]
```

```
# 사용 예
sharded_rag = ShardedRAG(retriever_model, generator_model, knowledge_base)
response = sharded_rag.generate_response(query)
print("생성된 응답:", response)
```

이 코드는 지식 기반을 여러 개의 작은 색인, 즉 샤드로 나눠 확장성을 구현한다. 각 샤드는 전체 데이터의 일부를 담당함으로써, 단일 색인에 집중되던 계산 및 메모리 부담을 줄여준다. 덕분에 데이터셋이 커져도 검색 효율성을 유지할 수 있다. 질의를 할 때는 시스템이 쿼리를 한 번 임베딩한 후, 전체 샤드에 대해 독립적으로 검색을 수행해 결과를 병합한다. 이런 방식은 하나의 거대한 색인에서 검색할 때 생기는 병목 현상을 피할 수 있어, 훨씬 큰 규모의 지식 기반까지 처리할 수 있게 된다. 나아가 샤드 단위 질의를 병렬화하거나 여러 머신에 분산하는 등 추가적인 성능 최적화의 토대가 된다.

26.6 요약

RAG는 외부 지식을 통해 LLM을 강화하는 강력한 기법이다. 이 장에서 다룬 전략과 기법을 구현하면, 방대한 양의 정보를 접근하고 활용할 수 있는 더 많은 정보와 정확한 언어 모델을 만들 수 있다.

다음 장에서는 LLM을 위한 그래프 기반 RAG를 살펴보겠다. 이는 RAG 개념을 확장해 구조화된 지식 표현을 활용한다. 이를 통해 LLM의 복잡한 관계에 대한 추론 능력을 더욱 향상시키고, 더 적절한 응답을 생성할 수 있게 된다.

27장

그래프 기반 RAG

이 장에서는 LLM을 위한 RAG에서 그래프 구조의 지식을 활용하는 방법을 배운다. 그래프 기반 지식 표현에 대해 배우고, 이 구조화된 정보를 활용할 수 있는 RAG 아키텍처를 설계하는 방법을 배운다.

그래프 기반 지식 표현은 정보를 그래프의 노드와 에지로 구조화하며, 노드는 개념이나 사실을 나타내고 에지는 이들 간의 관계를 표현한다. 이 방식은 RAG와 결합될 경우, 개별 정보와 그 상호 연결성을 함께 활용함으로써 보다 풍부한 정보 검색을 가능하게 하며, 더 맥락을 이해하고 관계를 인식하는 응답을 생성할 수 있다.

그래프 임베딩 기술을 검색에 활용하는 방법, 그래프 구조를 사용한 쿼리 확장, 그리고 그래프 정보를 LLM 생성에 통합하는 방법을 다룰 것이다. 또한 그래프 RAG의 다양한 애플리케이션과 사용 사례를 LLM에서 탐색할 것이다.

이 장을 마치면 독자는 그래프 구조 데이터의 풍부한 관계성을 활용하는 고급 RAG 시스템을 구현할 수 있게 된다.

이 장에서는 다음 주제를 다룬다.

- 그래프 기반 지식 표현 개요
- 그래프 기반 RAG 아키텍처 설계
- 그래프 임베딩을 활용한 검색 성능 향상
- 그래프 구조를 사용한 질의 확장과 생성 통합

- 그래프 RAG 활용 사례
- 그래프 기반 RAG 과제와 해결 방안

27.1 그래프 기반 지식 표현 개요

그래프 기반 지식 표현(graph-based knowledge representation)은 개념과 사실 간의 복잡한 관계를 인코딩할 수 있게 해, LLM의 맥락 이해를 크게 향상할 수 있다. 그래프에서 정점(node)은 엔티티를 나타내고, 간선(edge)은 정점 간의 관계를 나타낸다.

다음은 LLM을 위한 그래프 기반 지식 표현의 핵심 요소들을 개념적으로 정리한 도식이다.

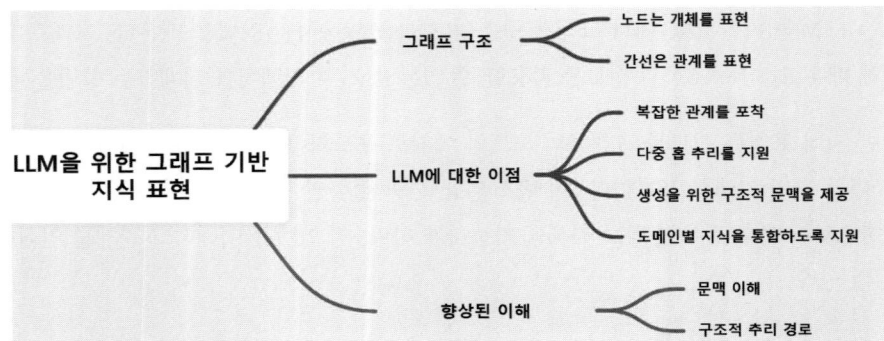

그림 27.1 LLM을 위한 그래프 기반 지식 표현

LLM에 그래프 기반 지식 표현을 도입하면 다음과 같은 장점이 있다.

- 복잡한 관계를 포착
- 멀티 홉 추리를 지원
- 생성을 위한 구조화된 컨텍스트를 제공
- 도메인별 지식 통합을 지원

그러면 간단한 그래프 구조를 구현해 보자.

```
from typing import Dict, List, Tuple
```

```python
class KnowledgeGraph:
    def __init__(self):
        self.nodes: Dict[str, Dict] = {}
        self.edges: Dict[str, List[Tuple[str, str]]] = {}

    def add_node(self, node_id: str, properties: Dict):
        self.nodes[node_id] = properties

    def add_edge(self, source: str, target: str, relation: str):
        if source not in self.edges:
            self.edges[source] = []
        self.edges[source].append((target, relation))

    def get_neighbors(self, node_id: str) -> List[Tuple[str, str]]:
        return self.edges.get(node_id, [])

# 사용 예
kg = KnowledgeGraph()
kg.add_node("파리", {"type": "도시", "국가": "프랑스"})
kg.add_node("프랑스", {"type": "국가", "대륙": "유럽"})
kg.add_edge("파리", "프랑스", "capital_of")

print(kg.get_neighbors("파리"))
```

이 코드는 지식을 상호 연결된 엔티티의 네트워크로 표현할 수 있는 기본 KnowledgeGraph 클래스를 파이썬으로 구현한다. 이 클래스는 딕셔너리를 사용해 노드와 간선을 저장하는데, 노드는 고유 ID로 식별되고 관련 속성을 보유하며, 간선은 출발(source), 도착(target), 관계(relation) 레이블을 통해 노드 간의 관계를 정의한다. add_node 메서드는 nodes 딕셔너리를 채우고, add_edge는 edges 딕셔너리 내에서 연결을 설정한다. get_neighbors 메서드를 사용하면 주어진 노드에 직접 연결된 노드를 해당 관계 유형과 함께 검색할 수 있다.

이 예제는 그래프를 생성하고, **파리**와 **프랑스**를 나타내는 노드를 추가하고, 그들 사이의 capital_of 관계를 정의한 다음, 그래프를 쿼리해 **파리**의 이웃을 찾는 방법을 보여준다. 이 구조는 복잡한 관계를 인코딩하고 지식 기반(knowledge-aware) 애플리케이션을 지원하는 기초가 된다.

다음으로, 그래프 RAG 아키텍처를 설계하는 방법에 대해 논의한다.

27.2 그래프 기반 RAG 아키텍처 설계

그래프 RAG 시스템을 설계하기 위해, 지식 그래프를 검색 및 생성 구성 요소와 통합해야 한다.

```python
import networkx as nx
from sentence_transformers import SentenceTransformer
import torch

class GraphRAG:
    def __init__(self, kg: KnowledgeGraph, model_name: str):
        self.kg = kg
        self.model = SentenceTransformer(model_name)
        self.graph = self.build_networkx_graph()
        self.node_embeddings = self.compute_node_embeddings()

    def build_networkx_graph(self):
        G = nx.DiGraph()
        for node_id, properties in self.kg.nodes.items():
            G.add_node(node_id, **properties)
        for source, edges in self.kg.edges.items():
            for target, relation in edges:
                G.add_edge(source, target, relation=relation)
        return G

    def compute_node_embeddings(self):
        embeddings = {}
        for node_id, properties in self.kg.nodes.items():
            text = f"{node_id} {' '.join(properties.values())}"
            embedding = self.model.encode(text)
            embeddings[node_id] = embedding
        return embeddings

    def retrieve(self, query: str, k: int = 5) -> List[str]:
        query_embedding = self.model.encode(query)
        similarities = {
            node_id: torch.cosine_similarity(
                torch.tensor(query_embedding), torch.tensor(emb), dim=0
            )
```

```
                    for node_id, emb in self.node_embeddings.items()}
        return sorted(similarities, key=similarities.get, reverse=True)[:k]

# 사용 예
graph_rag = GraphRAG(kg, "all-MiniLM-L6-v2")
retrieved_nodes = graph_rag.retrieve("프랑스의 수도는 어디인가?")
print("검색된 노드:", retrieved_nodes)
```

이 코드에서는 NetworkX 파이썬 패키지를 사용했다. NetworkX는 복잡한 네트워크의 구조와 동적 특성, 기능을 생성·조작하고 연구할 수 있도록 설계된 도구다. 이를 이용하면 노드(정점)와 간선(노드 간 연결)으로 이뤄진 그래프를 다룰 수 있고, 네트워크 속성을 분석하는 다양한 알고리즘을 적용할 수 있다. 그래서 사회 네트워크 분석, 생물학, 인프라 연구 등 여러 분야에서 널리 활용되고 있다.

이 코드는 `GraphRAG` 클래스를 정의해 `KnowledgeGraph` 객체와 Sentence Transformer 모델을 결합해 컨텍스트를 고려한 정보 검색을 가능하게 한다. 이 클래스는 `KnowledgeGraph` 객체와 문장 트랜스포머 모델 이름으로 초기화되며, 이를 사용해 지식 그래프의 `networkx` 그래프 표현을 구축하고 각 노드의 ID와 속성에 기반한 임베딩을 계산한다. `build_networkx_graph` 메서드는 사용자 정의 `KnowledgeGraph` 객체를 `networkx` 방향 그래프로 변환해 노드 속성과 에지 관계를 보존한다. `compute_node_embeddings` 메서드는 각 노드의 ID와 속성을 텍스트 문자열로 연결하고 Sentence Transformer 모델을 사용해 인코딩해 임베딩을 생성한다.

`retrieve` 메서드는 쿼리를 받아 동일한 Sentence Transformer를 사용해 인코딩하고, 쿼리 임베딩과 각 노드 임베딩 간의 코사인 유사도를 계산해 가장 유사한 노드 ID 상위 k개를 반환한다. 이 아키텍처는 그래프 구조와 의미론적 임베딩을 활용해 쿼리 컨텍스트에 기반한 관련 지식을 검색하며, 상징적 지식 표현과 신경망 정보 검색 간의 격차를 해소한다.

이제 그래프 데이터를 표현하는 더 발전된 기법을 살펴보며 LLM 검색 시스템의 성능을 한층 높여 보자. 구체적으로는 LLM 검색을 위한 그래프 임베딩 기법을 깊이 있게 다룬다.

27.3 그래프 임베딩을 활용한 검색 성능 향상

그래프 임베딩 기법은 그래프의 노드를 저차원 벡터 공간에 표현해 그래프의 구조적 속성과 관계를 포착하는 것을 목표로 한다. 임베딩 방법에는 여러 가지가 있으며, 각각 다른 방식으로 접근한다. 예를 들어, **Node2Vec**은 편향된 랜덤 워크를 활용해 이웃을 탐색하면서 너비 우선 탐색과 깊이 우선 탐색을 균형 있게 조절한다. **DeepWalk**는 같은 랜덤 워크 기반 방법이지만, 균일하게 탐색을 진행한다. **그래프 합성곱 네트워크**(graph convolutional network, **GCN**)는 합성곱 연산을 사용해 노드의 이웃으로부터 정보를 집계해 그래프의 구조와 노드 특징에 기반한 노드 임베딩을 학습한다. **그래프 어텐션 네트워크**(graph attention network, **GAT**)는 정보를 집계할 때 다양한 이웃의 중요성을 가중하기 위해 어텐션 메커니즘을 도입해 GCN을 확장한다. **TransE**(Translating Embeddings for Knowledge Graph)는 지식 그래프 전용으로 고안된 방법으로, 엔티티와 관계를 벡터로 나타내되 머리(head, h), 관계(relation, r), 꼬리(tail, t) 삼중항이 $h+r \approx t$ 관계를 유지하도록 한다.

Node2Vec을 예로 살펴보자. Node2Vec은 네트워크의 이웃 관계를 보존하는 임베딩을 만드는 것을 목표로 한다. 이를 위해 편향된 랜덤 워크를 활용해 너비 우선 탐색(BFS)과 깊이 우선 탐색(DFS)을 균형 있게 조절한다. BFS는 인접한 이웃 노드를 우선 탐색해 국소적 구조 정보를 포착하고, DFS는 더 먼 노드를 탐색해 고차원적 의존성과 커뮤니티 구조를 드러낸다. 두 개의 매개변수 p(복귀 매개변수)와 q(in-out 매개변수)가 이러한 편향을 조절하며, 각각 이전 노드를 다시 방문하거나 먼 노드를 탐색할 가능성에 영향을 준다. 이렇게 편향된 랜덤 워크를 반영한 임베딩을 학습하면, Node2Vec은 로컬과 글로벌 네트워크 구조를 모두 포착해 노드 분류, 링크 예측, 커뮤니티 탐지를 효과적으로 수행할 수 있다.[1]

```python
from node2vec import Node2Vec

class AdvancedGraphRAG(GraphRAG):
    def __init__(self, kg: KnowledgeGraph, model_name: str):
        super().__init__(kg, model_name)
        self.node2vec_embeddings = self.compute_node2vec_embeddings()

    def compute_node2vec_embeddings(self):
        node2vec = Node2Vec(
            self.graph, dimensions=64, walk_length=30, num_walks=200, workers=4
        )
        model = node2vec.fit(window=10, min_count=1)
        return {node: model.wv[node] for node in self.graph.nodes()}

    def retrieve(self, query: str, k: int = 5) -> List[str]:
        query_embedding = self.model.encode(query)
        combined_similarities = {}
```

---

[1] (옮긴이) 본문 설명처럼 편향을 조절하려면 코드에서 Node2Vec 생성자 인자로 p와 q 값을 추가로 전달해야 한다.

```
    for node_id in self.graph.nodes():
        text_sim = torch.cosine_similarity(
            torch.tensor(query_embedding),
            torch.tensor(self.node_embeddings[node_id]),
            dim=0
        )
        graph_sim = torch.cosine_similarity(
            torch.tensor(query_embedding),
            torch.tensor(self.node2vec_embeddings[node_id]),
            dim=0
        )
        combined_similarities[node_id] = 0.5 * text_sim + 0.5 * graph_sim

    return sorted(combined_similarities, key=combined_similarities.get, reverse=True)[:k]

# 사용 예
advanced_graph_rag = AdvancedGraphRAG(kg, "all-MiniLM-L6-v2")
retrieved_nodes = advanced_graph_rag.retrieve("프랑스의 수도는 어디인가?")
print("검색된 노드:", retrieved_nodes)
```

이 코드는 GraphRAG 클래스에 Node2Vec 임베딩을 통합해 검색 성능을 향상시킨다. AdvancedGraphRAG 클래스를 도입하며, 이는 GraphRAG로부터 상속해 초기화 시 Node2Vec 임베딩을 계산한다. compute_node2vec_embeddings 메서드는 node2vec 라이브러리를 활용해 이러한 임베딩을 생성하며, 지정된 차원, 워크 길이, 워크 수, 작업자 스레드를 사용해 Node2Vec 객체를 만든다[2]. 그런 다음 그래프 구조에서 랜덤 워크를 사용해 Node2Vec 모델을 훈련하고 학습된 노드 임베딩을 추출한다. retrieve 메서드는 원래의 텍스트 기반 임베딩과 Node2Vec 임베딩을 결합해 유사도를 계산하도록 재정의된다. 각 노드에 대해 쿼리 임베딩과 텍스트 기반 임베딩 및 Node2Vec 임베딩 간의 코사인 유사도를 계산한 후, 이 두 유사도 점수를 동일한 가중치로 평균화해 결합된 유사도 점수를 생성한다. 마지막으로, 의미론적 정보와 구조적 정보를 모두 활용해 더 효과적인 검색을 위해 결합된 유사도 점수가 가장 높은 상위 k개의 노드를 반환한다.

이제 그래프 구조를 활용해 쿼리를 개선함으로써 검색을 어떻게 더 향상시킬 수 있는지 알아보자. 다음 절에서는 검색의 범위를 넓히기 위한 간단하지만 효과적인 기법을 구현할 것이다.

---

[2] (옮긴이) 텍스트 임베딩(384차원)과 Node2Vec 임베딩(64차원) 간 차원 불일치로 런타임 에러가 발생할 수 있다. Node2Vec 생성 시 dimensions=384로 맞추면 정상적으로 실행된다.

27.4 그래프 구조를 사용한 질의 확장과 생성 통합

그래프 구조를 활용해 쿼리를 확장하고 검색을 개선할 수 있다. 간단한 쿼리 확장 기법을 구현해 보자.

```python
import random

class QueryExpansionGraphRAG(AdvancedGraphRAG):
    def expand_query(self, query: str, num_expansions: int = 2) -> List[str]:
        initial_nodes = super().retrieve(query, k=3)
        expanded_queries = [query]
        for node in initial_nodes:
            neighbors = list(self.graph.neighbors(node))
            if neighbors:
                random_neighbor = random.choice(neighbors)
                expanded_query = (
                    f"{query}"
                    f"{self.graph.nodes[random_neighbor].get('type', '')}"
                    f"{random_neighbor}"
                )
                expanded_queries.append(expanded_query)
                if len(expanded_queries) >= num_expansions + 1:
                    break
        return expanded_queries

    def retrieve(self, query: str, k: int = 5) -> List[str]:
        expanded_queries = self.expand_query(query)
        all_retrieved = []
        for q in expanded_queries:
            all_retrieved.extend(super().retrieve(q, k))
        return list(dict.fromkeys(all_retrieved))[:k]

# 사용 예
query_expansion_rag = QueryExpansionGraphRAG(kg, "all-MiniLM-L6-v2")
retrieved_nodes = query_expansion_rag.retrieve("프랑스의 수도는 어디인가?")
print("검색된 노드:", retrieved_nodes)
```

이 코드는 그래프 기반 RAG 시스템 내에서 쿼리 확장을 구현해 검색 성능을 향상시킨다. QueryExpansionGraphRAG 클래스는 AdvancedGraphRAG를 상속해 쿼리와 원하는 확장 수를 입력으로 받는 expand_query 메서드를 도입한다. 먼저, 이 메서드는 기본 클래스의 retrieve 메서드를 사용해 초기 쿼리를 기반으로 가장 관련성 높은 상위 세 개의 노드를 검색한다. 그런 다음, 이 초기 노드를 반복해 각 노드에 대해 무작위 이웃을 선택하고, 이웃의 유형(사용 가능한 경우)과 이웃의 ID를 원래 쿼리에 추가해 확장된 쿼리를 구성한다. retrieve 메서드는 expand_query 메서드를 사용해 입력 쿼리를 먼저 확장하도록 재정의된다. 그런 다음, 기본 클래스의 retrieve 메서드를 사용해 각 확장된 쿼리에 대한 결과를 검색하고, 결과를 연결한 후 중복을 제거하면서 순서를 유지하고, 상위 k개의 고유 노드를 반환한다. 이 접근 방식은 그래프 구조를 활용해 관련 개념을 탐색하고 검색 범위를 넓혀, 단순한 쿼리만으로는 포착할 수 없는 더 많은 관련 정보를 포착할 가능성을 높인다.

쿼리 확장은 처음 입력한 검색어만으로는 충분한 결과를 얻기 어려울 때 진가를 발휘한다. 검색어가 너무 구체적이거나 애매하면 정작 필요한 정보를 놓치게 되는데, 그래프 기반 검색에서는 이런 일이 특히 자주 일어난다. 사용자가 검색어로 입력하지 않은 관련 개념이나 용어들이 그래프상에서는 의미적으로나 구조적으로 연결되어 있기 때문이다. 이때 검색 시스템이 연결된 인근 노드들까지 함께 고려하면, 사용자가 미처 생각하지 못했던 유용한 정보까지 찾아낼 수 있다. 이러한 방식은 명확한 목표 없이 정보를 탐색하는 경우나, 데이터가 부족하거나 복잡하게 얽혀 있는 분야에서 특히 효과를 발휘한다.

이제 검색을 향상시키는 기술을 탐색했으니, 생성 단계의 개선으로 초점을 옮기자. 이번에는 그래프 정보를 LLM 생성 과정에 통합하는 방법을 살펴보면서, 그래프 지식을 어떻게 생성 과정에 직접 반영해 보다 정보에 기반하고 일관성 있는 응답을 만들어낼 수 있는지를 알아보자.

그래프 정보를 LLM 생성에 통합하기 위해, 검색된 그래프 컨텍스트를 포함하는 프롬프트를 만들 수 있다.

```python
from transformers import AutoModelForCausalLM, AutoTokenizer

class GenerativeGraphRAG(QueryExpansionGraphRAG):
    def __init__(self, kg: KnowledgeGraph, retriever_model: str, generator_model: str):
        super().__init__(kg, retriever_model)
        self.generator = AutoModelForCausalLM.from_pretrained(generator_model)
        self.generator_tokenizer = AutoTokenizer.from_pretrained(generator_model)

    def generate_response(self, query: str, max_length: int = 100) -> str:
        retrieved_nodes = self.retrieve(query)
        context = self.build_graph_context(retrieved_nodes)
        prompt = f"그래프 컨텍스트:\n{context}\n\n질문: {query}\n답변:"
```

```python
        inputs = self.generator_tokenizer(prompt, return_tensors="pt")
        outputs = self.generator.generate(inputs, max_length=max_length)
        return self.generator_tokenizer.decode(outputs[0], skip_special_tokens=True)

    def build_graph_context(self, nodes: List[str]) -> str:
        context = []
        for node in nodes:
            context.append(f"노드: {node}")
            context.append(f"속성: {self.graph.nodes[node]}")
            for neighbor, edge_data in self.graph[node].items():
                context.append(f"  '{neighbor}'와 '{edge_data['relation']}' 관계로 연결됨")
        return "\n".join(context)

# 사용 예
generative_graph_rag = GenerativeGraphRAG(kg, "all-MiniLM-L6-v2", "gpt2-medium")
response = generative_graph_rag.generate_response("프랑스의 수도는 어디인가?")
print("생성된 응답:", response)
```

이 코드는 그래프 기반 RAG 프레임워크 내에서 응답 생성을 위해 LLM을 통합한다. GenerativeGraphRAG 클래스는 QueryExpansionGraphRAG를 상속해 KnowledgeGraph, 검색 모델 이름, 생성기 모델 이름으로 초기화된다. transformers를 사용해 사전 훈련된 인과 언어 모델과 해당 토크나이저를 로드한다. generate_response 메서드는 전체 프로세스를 조율한다. 먼저, 상위 클래스에서 상속받은 retrieve 메서드를 사용해 지식 그래프에서 관련 노드를 검색한다. 그런 다음, 검색된 노드, 그들의 속성 및 다른 노드와의 관계를 포매팅해 읽기 쉬운 텍스트로 변환하는 build_graph_context를 호출해 컨텍스트 문자열을 구성한다. 이 컨텍스트는 원래 쿼리와 함께 프롬프트에 통합되어 사전 훈련된 언어 모델에 입력된다. 언어 모델은 프롬프트를 기반으로 응답을 생성하고, 생성된 토큰은 다시 인간이 읽을 수 있는 문자열로 디코딩되어 그래프 구조를 활용해 언어 모델의 응답 생성을 지원한다. build_graph_context 메서드는 노드 ID, 속성, 이웃 관계 등 검색된 그래프 정보를 프롬프트에 맞게 구조화해, LLM이 관련 지식을 잘 이해할 수 있도록 구성한다.

이제 그래프 정보를 생성 과정에 통합하는 방법을 탐색했으니, 이 접근법의 더 넓은 응용과 잠재적 사용 사례를 고려해 보자.

27.5 그래프 RAG 활용 사례

그래프 기반 RAG는 다양한 애플리케이션에서 특히 효과적이다.

- 지식 그래프에 대한 질의응답
- 개인화된 추천 시스템
- 과학 문헌 분석
- 약물 발견 및 생의학 연구
- 사회 네트워크 분석

다음은 그래프 RAG가 추천 시스템에 사용될 수 있는 예다.

```python
class RecommendationGraphRAG(GenerativeGraphRAG):
    def get_recommendations(self, user_id: str, num_recommendations: int = 5) -> List[str]:
        user_node = self.retrieve(f"User {user_id}", k=1)[0]
        user_interests = self.graph.nodes[user_node].get('interests', [])

        potential_recommendations = set()
        for interest in user_interests:
            related_items = self.retrieve(interest, k=3)
            potential_recommendations.update(related_items)

        recommendations = list(
            potential_recommendations - set(user_interests)
        )[:num_recommendations]
        return recommendations

    def explain_recommendation(self, user_id: str, item_id: str) -> str:
        query = f"사용자 {user_id}가 {item_id}에 관심을 갖는 이유는?"
        return self.generate_response(query)

# 사용 예
recommendation_rag = RecommendationGraphRAG(kg, "all-MiniLM-L6-v2", "gpt2-medium")
user_id = "12345"
recommendations = recommendation_rag.get_recommendations(user_id)
print(f"사용자 {user_id}를 위한 추천:", recommendations)
```

```
for item in recommendations[:2]:
    explanation = recommendation_rag.explain_recommendation(user_id, item)
    print(f"{item} 추천에 대한 설명:", explanation)
```

이 예시는 그래프 RAG를 사용해 개인화된 추천을 생성하고, 그 추천을 그래프 구조를 사용해 설명하는 방법을 보여준다.

27.6 그래프 기반 RAG의 과제와 해결 방안

그래프 기반 RAG의 몇 가지 주요 과제와 미래 연구 방향을 살펴보자.

- 매우 큰 그래프로 확장
- 동적이고 진화하는 그래프 구조 처리하기
- 불확실성과 확률적 관계 통합
- 그래프 기반 검색과 생성의 해석 가능성 향상
- 더 정교한 그래프 인식 언어 모델 개발

이것들은 매혹적이고 복잡한 연구 주제다. 이 장에서는 그래프 기반 RAG의 확장성 측면에 초점을 맞출 것이다. 다른 과제와 연구 방향에 대한 더 많은 정보를 얻으려면 〈Graph Retrieval-Augmented Generation: A Survey〉 논문[3]을 참고하자.

실제 지식 그래프는 수백만에서 수십억 개에 이르는 노드와 간선을 포함할 수 있다. 이러한 대규모 그래프를 쿼리하고 탐색하는 작업은 계산 비용이 많이 들며, 특히 실시간 RAG 파이프라인에 통합될 때 더욱 그렇다. 또한 LLM에 거대한 부분 그래프를 컨텍스트로 제공하면 컨텍스트 창 한계를 초과할 수 있고, 노이즈로 인해 관련 정보가 희석될 수 있다.

이 확장성 병목 현상에는 여러 가지 요인이 작용한다.

- **그래프 탐색 복잡성**: 큰 그래프 내에서 관련성 있는 노드와 그 연결을 찾는 데 시간이 많이 소모될 수 있다. 그래프가 커지면 BFS나 DFS 같은 표준 그래프 알고리즘의 효율이 떨어질 수 있다.

[3] https://arxiv.org/abs/2408.08921

- **임베딩 저장 및 검색**: 대규모 그래프의 노드 임베딩을 저장하고 검색하는 데는 상당한 메모리와 계산 자원이 필요하다. 쿼리 임베딩과 모든 노드 임베딩 간의 유사도 점수를 계산하는 것은 병목 현상이 된다.
- **컨텍스트 윈도 한계**: LLM은 제한된 컨텍스트 윈도를 가지고 있어 한 번에 고정된 양의 텍스트만 처리할 수 있다. 그래프 컨텍스트가 너무 커서 이 한계를 초과하면 텍스트를 잘라내야 하므로 중요한 정보가 손실될 가능성이 있다.
- **컨텍스트 내 노이즈**: 그래프에서 관련 없는 정보를 컨텍스트로 너무 많이 포함하면 LLM에 혼란을 주고 생성된 응답의 품질이 저하될 수 있다.

이러한 확장성 문제를 해결하기 위해 다양한 전략을 활용할 수 있다. 여기서 구현할 전략 중 하나는 **부분 그래프 샘플링**(subgraph sampling)이다. 이는 전체 지식 그래프에서 사용자 쿼리와 가장 관련성이 높은 작고 관리하기 쉬운 부분 그래프를 추출하는 방법이다. 이를 통해 그래프 탐색과 임베딩 검색의 계산 비용을 줄이는 동시에 LLM이 집중적이고 유용한 컨텍스트를 받을 수 있게 한다. 확장성 개선을 위한 다른 기술들은 다음과 같다.

- **그래프 데이터베이스**(graph databases): Neo4j나 Amazon Neptune과 같은 그래프 데이터베이스를 사용하면 범용 데이터베이스에 비해 쿼리 성능과 확장성을 크게 향상시킬 수 있다
- **근사 최근접 이웃**(approximate nearest neighbor, ANN) **검색**: 임베딩 검색에 ANN 알고리즘을 사용하면 일부 정확성을 희생해 검색 과정을 크게 가속할 수 있다
- **지식 그래프 요약**(knowledge graph summarization): 지식 그래프를 더 작고 관리하기 쉬운 표현으로 압축하면서 핵심 정보를 보존한다
- **하드웨어 가속**(hardware acceleration): GPU나 특수 하드웨어 가속기를 활용하면 그래프 계산과 임베딩 연산을 가속할 수 있다
- **컨텍스트 증류**(context distillation): 선택적 컨텍스트 주입 또는 계층적 검색과 같은 기법을 통해 LLM에 가장 관련성이 높은 정보를 필터링하고 우선순위를 정할 수 있다.

이제 부분 그래프 샘플링을 구현해서 확장성 문제를 어떻게 해결하는지 살펴보자.

```
import networkx as nx


class ScalableGraphRAG(GenerativeGraphRAG):
    def __init__(
        self, kg: KnowledgeGraph, retriever_model: str,
        generator_model: str, max_subgraph_size: int = 1000
    ):
        super().__init__(kg, retriever_model, generator_model)
```

```python
        self.max_subgraph_size = max_subgraph_size

    def retrieve(self, query: str, k: int = 5) -> List[str]:
        initial_nodes = super().retrieve(query, k=k)
        subgraph = self.sample_subgraph(initial_nodes)
        return self.rank_nodes_in_subgraph(subgraph, query)[:k]

    def sample_subgraph(self, seed_nodes: List[str]) -> nx.Graph:
        subgraph = nx.Graph()
        frontier = set(seed_nodes)
        while len(subgraph) < self.max_subgraph_size and frontier:
            node = frontier.pop()
            if node not in subgraph:
                subgraph.add_node(node, **self.graph.nodes[node])
                neighbors = list(self.graph.neighbors(node))
                for neighbor in neighbors:
                    if len(subgraph) < self.max_subgraph_size:
                        subgraph.add_edge(node, neighbor, **self.graph[node][neighbor])
                        frontier.add(neighbor)
                    else:
                        break
        return subgraph

    def rank_nodes_in_subgraph(self, subgraph: nx.Graph, query: str) -> List[str]:
        query_embedding = self.model.encode(query)
        node_scores = {}
        for node in subgraph.nodes():
            node_embedding = self.node_embeddings[node]
            score = torch.cosine_similarity(
                torch.tensor(query_embedding), torch.tensor(node_embedding), dim=0
            )
            node_scores[node] = score
        return sorted(node_scores, key=node_scores.get, reverse=True)

# 사용 예
scalable_graph_rag = ScalableGraphRAG(kg, "all-MiniLM-L6-v2", "gpt2-medium")
retrieved_nodes = scalable_graph_rag.retrieve("프랑스의 수도는 어디인가?")
print("검색된 노드:", retrieved_nodes)
```

이 코드는 그래프 기반 RAG 시스템의 확장성 문제를 다루기 위해 부분 그래프 샘플링 기법을 구현한 ScalableGraphRAG 클래스를 정의한다. 이 클래스는 GenerativeGraphRAG를 상속하며, 추출되는 부분 그래프의 크기를 max_subgraph_size 매개변수를 통해 제한한다.

오버라이드된 retrieve 메서드는 먼저 기본 클래스의 검색 메커니즘을 사용해 초기 관련 노드 집합을 식별한다. 그런 다음 sample_subgraph 메서드를 호출해 이 초기 노드를 중심으로 부분 그래프를 구성하며, 그 성장을 지정된 max_subgraph_size로 제한한다.

sample_subgraph 메서드는 시드 노드에서부터 너비 우선 확장을 수행해, 크기 제한에 도달할 때까지 노드와 엣지를 부분 그래프에 추가하며, 시드에 더 가까운 노드를 우선시한다.

부분 그래프 샘플링은 max_subgraph_size 매개변수를 조정해 컨텍스트의 풍부함과 계산 효율성 간의 균형을 맞출 수 있다. 크기가 작으면 처리 속도가 빨라지지만 중요한 맥락 정보를 놓칠 수 있고, 크기가 크면 더 많은 컨텍스트를 포착하지만 계산 비용이 증가한다. 또한, 부분 그래프 확장 시 알고리즘의 노드 선택 기준을 튜닝할 수 있다. 예를 들어, 쿼리와의 의미적 유사성이 높은 노드나 시드 노드와의 연결성이 강한 노드를 우선시하는 방식이다. 이러한 매개변수를 실험해 특정 애플리케이션과 그래프 구조에 맞춰 RAG 시스템의 성능을 최적화하는 것이 유용하다.

마지막으로, rank_nodes_in_subgraph 메서드에서 쿼리 임베딩과 노드의 사전 계산된 임베딩 간 코사인 유사도를 계산해 부분 그래프 내 각 노드의 쿼리 관련성을 평가한다. 그런 다음 유사도 점수로 노드를 정렬해 목록을 반환하고, 샘플링된 부분 그래프 중 관련성이 가장 높은 노드만 컨텍스트 확장에 사용한다.

27.7 요약

그래프 기반 RAG는 지식 그래프의 풍부한 구조를 활용해 전통적인 RAG 시스템의 기능을 확장한다. 이 장에서 논의한 기법과 접근 방식을 구현하면 복잡한 관계에 대한 추리가 가능하고, 더 맥락에 맞는 응답을 생성할 수 있는 정교한 LLM 시스템을 구축할 수 있다. 다음 장에서는 LLM을 위한 고급 RAG 패턴을 살펴본다. 이는 여기서 논의한 그래프 기반 기법을 토대로, 한층 강력하고 유연한 RAG 시스템으로 발전시키는 과정이 될 것이다.

28장

고급 RAG

26장에서는 사용자의 쿼리가 외부 지식 기반에서 검색을 트리거하는 간단한 프로세스인 RAG 패턴의 기본을 다뤘다. 검색된 정보는 쿼리에 직접 추가되며, 이렇게 증강된 프롬프트는 LLM에 전달되어 응답을 생성한다. 이를 통해 LLM은 복잡한 처리 없이도 외부 데이터에 접근할 수 있다.

이제 이 장에서는 기본적인 RAG 방법을 넘어, 다양한 과업에서 LLM 성능을 크게 높이는 정교한 기술을 살펴본다.

이 장을 마치면 독자는 이러한 고급 RAG 전략을 구현하는 데 필요한 지식을 갖추게 되며, 이를 통해 LLM 애플리케이션의 정확도와 효율성을 한층 더 높일 수 있다.

이 장에서는 다음 주제를 다룬다.

- 다단계 및 반복 검색 기법
- 컨텍스트와 과업에 기반한 적응형 검색
- 메타학습을 통한 검색 개선
- RAG와 다른 프롬프팅 기법의 결합
- RAG의 모호성과 불확실성 처리
- RAG의 대규모 지식 기반 확장
- RAG 연구의 미래 방향

28.1 다단계 및 반복 검색 기법

LLM에서 다단계 반복 검색 기법을 활용하면 모델이 정보 수집 과정에서 검색 전략을 단계별로 발전시켜 나가는 동적 순환 방식을 구현할 수 있다. 본 절의 코드는 컨텍스트를 반복해서 확장하며 추가 문서들을 검색하고, 여러 단계에 걸쳐 응답을 생성하는 다단계 RAG 프레임워크를 보여준다. 이를 통해 질의를 동적으로 조정하고 검색된 지식을 통합해, 점진적으로 더욱 포괄적이고 세밀한 정보 검색이 가능해진다.

이것의 핵심 특징은 다음과 같다.

- 반복적으로 컨텍스트 확장
- 다단계 검색(max_steps으로 최대 단계 수 조정 가능)
- 질의를 동적으로 개선
- 컨텍스트를 고려한 문서 검색
- 상황에 어울리는 응답 생성

LLM의 다단계 및 반복 검색 기법은 동적이고 재귀적인 접근 방식으로 인해 다음과 같은 측면을 요구하는 사용 사례에 유리하다.

- **복잡한 질의응답**: 하나의 질문에 답하기 위해 여러 자료의 정보를 종합하거나 복잡한 논리적 사고 과정이 필요한 경우가 있다. 이때 반복 검색 방식을 활용하면 LLM이 단계별로 필요한 정보와 컨텍스트를 축적해 나갈 수 있다. 이러한 접근법이 특히 유용한 분야로는 법률 문서 분석, 과학 연구, 정밀 재무 분석 등이 있다.
- **지식 집약적 대화**: 대화형 AI 시나리오에서 한 주제를 깊이 파고드는 대화가 오갈 때, 반복적 RAG를 활용하면 LLM이 여러 턴에 걸쳐 대화의 컨텍스트를 유지하고 이해를 정교화할 수 있다. 이는 교육용 챗봇, 기술 지원, 대화형 튜토리얼에 유용하다.
- **연구와 탐색**: 문헌 검토, 시장 조사, 탐사 저널리즘과 같은 과업에서는 쿼리를 동적으로 개선하고 관련 정보를 탐색하는 능력이 중요하다. 반복적 검색 기능을 활용하면 LLM은 마치 연구 조교처럼, 한 번의 쿼리로는 찾기 힘든 연관성이나 통찰력을 발견할 수 있다.
- **기술 문서와 문제 해결**: 복잡한 기술 문제를 다룰 때, 반복적 RAG는 LLM이 방대한 문서를 탐색해 점진적으로 검색 범위를 좁혀 관련 정보를 정확히 찾아내는 데 도움을 줄 수 있다. 이는 문제 해결과 기술 지원의 효율성을 향상시킨다.
- **동적 정보 수집**: 이는 필요한 정보를 단일 패스로 수집할 수 없는 모든 상황을 포함한다. 예를 들어, 사용자가 특정 법원 사건과 관련된 모든 뉴스 기사를 찾고 싶어 하고, 그 후에 소셜 미디어에서 사람들이 그 뉴스 기사에 대해 무엇을 말하고 있는지 알고 싶어하는 경우, 여러 단계의 정보 수집이 필요하다.

- **모호한 쿼리 다루기**: 사용자의 쿼리가 모호할 경우, LLM은 명확화 질문을 통해 추가 정보를 얻고 이를 바탕으로 검색을 정교화할 수 있다.

요컨대, 정보에 대한 깊고 섬세한 이해가 요구되고 단일 검색만으로는 부족한 이러한 사용 사례에서 다단계 · 반복적 RAG를 통해 큰 이점을 기대할 수 있다.

다음 코드 예제를 살펴보자.

```python
from typing import List, Dict
import torch
from transformers import AutoModelForCausalLM, AutoTokenizer

class MultiStepRAG:
    def __init__(self, retriever, generator, max_steps=3):
        self.retriever = retriever
        self.generator = generator
        self.tokenizer = AutoTokenizer.from_pretrained(generator)
        self.max_steps = max_steps

    def retrieve_and_generate(self, query: str) -> str:
        context = ""
        for step in range(self.max_steps):
            retrieved_docs = self.retriever.retrieve(query + " " + context, k=3)
            context += " ".join(retrieved_docs) + " "
            prompt = f"컨텍스트: {context}\n쿼리: {query}\n응답:"
            inputs = self.tokenizer(prompt, return_tensors="pt")
            outputs = self.generator.generate(inputs, max_length=200)
            response = self.tokenizer.decode(outputs[0], skip_special_tokens=True)
            if self.is_response_complete(response):
                break
            query = self.generate_follow_up_query(query, response)
        return response

    def is_response_complete(self, response: str) -> bool:
        # 응답이 완전한지를 판단하는 로직을 구현
        return "정보가 충분하지 않습니다" not in response

    def generate_follow_up_query(self, original_query: str, current_response: str) -> str:
```

```
        prompt = f"원래 질문: {original_query}\n현재 답변: {current_response}\n추가 정보를 수집하기
위한 후속 질문 생성:"
        inputs = self.tokenizer(prompt, return_tensors="pt")
        outputs = self.generator.generate(inputs, max_length=50)
        return self.tokenizer.decode(outputs[0], skip_special_tokens=True)

# 사용 예
retriever = SomeRetrieverClass()   # 실제 검색기로 대체
generator = AutoModelForCausalLM.from_pretrained("gpt2-medium")
multi_step_rag = MultiStepRAG(retriever, generator)
response = multi_step_rag.retrieve_and_generate("기후 변화가 생물 다양성에 미치는 영향은 무엇인가?")
print(response)
```

이 의사 코드 예제에서, `MultiStepRAG` 클래스는 세 가지 중요한 메서드를 통해 다단계 검색을 구현한다.

- `retrieve_and_generate()`: 이 메서드는 문서를 검색하고 응답을 생성하며 여러 단계에 걸쳐 검색 컨텍스트를 동적으로 업데이트해 컨텍스트를 반복해서 확장한다. 검색 과정을 관리하며, 반복 횟수를 설정 가능한 최댓값으로 제한한다.

- `is_response_complete()`: 생성된 답변이 쿼리를 충분히 다루고 있는지 감지해 응답 품질을 평가하는 방법으로, 일반적으로 불완전한 정보의 지표를 확인한다.

- `generate_follow_up_query()`: 이 메서드는 언어 모델을 사용해 원래 쿼리와 현재 응답을 기반으로 새로운 질문을 생성함으로써 개선된 후속 쿼리를 만들어 지능적인 컨텍스트 탐색을 가능하게 한다.

이 구현은 점진적인 정보 수집을 가능하게 해, 각 검색 단계에서 동적 컨텍스트를 정교하게 다듬고 지식 기반을 재귀적으로 확장해 더 포괄적인 응답을 생성한다.

28.2 컨텍스트와 과업에 기반한 적응형 검색

적응 검색은 구체적인 과업 요구사항에 따라 전략을 동적으로 조정하는 정교한 정보 검색 접근법이다.

다음 코드는 과업 유형별로 검색 및 생성 프로세스를 맞춤화하는 구현을 통해 이 개념을 보여준다.

```
from enum import Enum
```

```python
class TaskType(Enum):
    FACTUAL_QA = 1
    SUMMARIZATION = 2
    ANALYSIS = 3

class AdaptiveRAG:
    def __init__(self, retriever, generator):
        self.retriever = retriever
        self.generator = generator
        self.tokenizer = AutoTokenizer.from_pretrained(generator)

    def retrieve_and_generate(self, query: str, task_type: TaskType) -> str:
        if task_type == TaskType.FACTUAL_QA:
            k = 3
            prompt_template = "컨텍스트: {context}\n질문: {query}\n답변:"
        elif task_type == TaskType.SUMMARIZATION:
            k = 10
            prompt_template = "다음 정보를 요약하라:\n{context}\n요약:"
        elif task_type == TaskType.ANALYSIS:
            k = 5
            prompt_template = "다음 정보를 분석하라:\n{context}\n질의: {query}\n분석:"

        retrieved_docs = self.retriever.retrieve(query, k=k)
        context = " ".join(retrieved_docs)

        prompt = prompt_template.format(context=context, query=query)
        inputs = self.tokenizer(prompt, return_tensors="pt")
        outputs = self.generator.generate(inputs, max_length=300)
        response = self.tokenizer.decode(outputs[0], skip_special_tokens=True)

        return response

# 사용 예
adaptive_rag = AdaptiveRAG(retriever, generator)
factual_response = adaptive_rag.retrieve_and_generate(
    "프랑스의 수도는 어디인가?", TaskType.FACTUAL_QA
)
summary_response = adaptive_rag.retrieve_and_generate(
    "제1차 세계 대전의 원인을 요약하라", TaskType.SUMMARIZATION
```

```
)
analysis_response = adaptive_rag.retrieve_and_generate(
    "소셜 미디어가 정신 건강에 미치는 영향을 분석하라", TaskType.ANALYSIS
)
```

앞의 예제에서는 AdaptiveRAG 클래스를 정의하고, Enum 값인 TaskType을 사용해 사실 질의응답, 요약, 분석 등 다양한 시나리오별로 개별 검색 전략을 설정한다. 각 과업 유형에 맞춰 문서 검색량과 프롬프트 형식을 조정한다.

retrieve_and_generate() 메서드에서는 검색 매개변수를 동적으로 구성한다.

- **사실 질의응답**: 직접적인 질의응답 형식으로 문서 세 개를 검색한다.
- **요약**: 요약에 중심을 둔 템플릿으로 문서 열 개를 가져온다.
- **분석**: 분석적인 프롬프트 구조로 문서 다섯 개를 가져온다.

이 방법은 관련 문서를 검색하고, 컨텍스트를 구성하며, 과업에 특화된 프롬프트를 생성하고, 특정 과업 유형에 맞춘 응답을 생성한다. 이 접근 방식은 다양한 지식 탐색 시나리오에서 보다 미묘하고 컨텍스트에 적합한 정보 검색과 생성을 가능하게 한다.

이 예제 사용법은 동일한 적응 가능한 프레임워크를 사용해 사실적 쿼리, 요약, 분석 과업에 대한 응답을 생성함으로써 유연성을 보여준다.

28.3 메타학습을 통한 검색 개선

검색 시스템에서 메타학습은 모델이 과거 성능과 관련 피드백을 분석해 검색 전략을 개선하도록 학습하는 동적 접근 방식이다. 이 구현에서 메타학습은 학습된 관련성 패턴에 기반해 문서를 적응적으로 선택하고 순위를 매기는 데 중점을 둔다.

간단한 메타학습 접근 방식을 RAG에 적용해 보자.

다음 코드는 암흑 물질 이론에 관한 문서를 검색하고 관련성 피드백을 시뮬레이션해 모델을 훈련함으로써 메타학습을 보여준다. 시스템이 정보 검색 능력을 반복적 향상할 수 있는 방법을 보여준다.

```python
import numpy as np
from sklearn.linear_model import LogisticRegression

class MetaLearningRAG:
    def __init__(self, retriever, generator):
        self.retriever = retriever
        self.generator = generator
        self.tokenizer = AutoTokenizer.from_pretrained(generator)
        self.meta_model = LogisticRegression()
        self.training_data = []

    def retrieve_and_generate(self, query: str) -> str:
        retrieved_docs = self.retriever.retrieve(query, k=10)
        if self.meta_model.coef_.size > 0:   # 메타 모델이 훈련됐다면
            relevance_scores = self.predict_relevance(query, retrieved_docs)
            top_docs = [
                doc for _, doc in sorted(
                    zip(relevance_scores, retrieved_docs), reverse=True
                )
            ][:3]
        else:
            top_docs = retrieved_docs[:3]
        context = " ".join(top_docs)
        prompt = f"Context: {context}\nQuery: {query}\nResponse:"
        inputs = self.tokenizer(prompt, return_tensors="pt")
        outputs = self.generator.generate(inputs, max_length=200)
        response = self.tokenizer.decode(outputs[0], skip_special_tokens=True)
        return response

    def predict_relevance(self, query: str, docs: List[str]) -> np.ndarray:
        features = self.compute_features(query, docs)
        return self.meta_model.predict_proba(features)[:, 1]  # 관련성의 확률

    def compute_features(self, query: str, docs: List[str]) -> np.ndarray:
        # 쿼리-문서 쌍에 대한 특징 계산을 구현할 것
        return np.random.rand(len(docs), 5)  # 5개의 랜덤 특징(구현에 맞게 수정 필요)

    def update_meta_model(
        self, query: str, retrieved_docs: List[str], relevance_feedback: List[int]
```

```
        ):
            features = self.compute_features(query, retrieved_docs)
            self.training_data.extend(zip(features, relevance_feedback))
            if len(self.training_data) >= 100:  # 주기적으로 메타 모델을 훈련한다
                X, y = zip(*self.training_data)
                self.meta_model.fit(X, y)
                self.training_data = []  # 모델 업데이트 후 훈련 데이터를 비운다

# 사용 예
meta_learning_rag = MetaLearningRAG(retriever, generator)
response = meta_learning_rag.retrieve_and_generate("암흑 물질의 주요 이론은 무엇인가?")
print(response)

# 관련성 피드백 시뮬레이션
retrieved_docs = meta_learning_rag.retriever.retrieve(
    "암흑 물질의 주요 이론은 무엇인가?", k=10
)
relevance_feedback = [1, 0, 1, 1, 0, 0, 1, 0, 0, 1]  # 관련성이 있는 경우 1, 없는 경우 0
meta_learning_rag.update_meta_model(
    "암흑 물질의 주요 이론은 무엇인가?", retrieved_docs, relevance_feedback
)
```

이전 코드에서 주요 메타학습 구성 요소는 다음과 같다.

- 관련성 예측:
  - 로지스틱 회귀를 사용해 문서 관련성을 예측한다
  - predict_relevance() 메서드는 문서 유용성의 확률을 추정한다
  - 학습된 기능에 따라 문서 선택을 동적으로 조정
- 특징 계산:
  - compute_features() 메서드는 문서 표현 특징을 생성한다
  - 현재, 시연이나 테스트 목적으로 자리 표시자 기능에 무작위로 생성된 값을 사용한다
  - 실제로는 의미 유사성, 키워드 매칭 등을 포함한다.
- 적응 학습 메커니즘:
  - 관련성 피드백에서 훈련 데이터를 수집
  - 충분한 데이터가 수집되면 메타 모델을 재훈련(100 샘플)
  - 모델 업데이트 후 과적합을 방지하기 위해 훈련 데이터를 삭제

- **검색 전략 수정**:
  - 처음에는 상위 10개의 검색된 문서를 사용
  - 메타 모델 훈련 후, 학습된 관련성 점수에 따라 상위 세 개의 문서를 선택
  - 문서 선택 과정을 지속적으로 개선

코드는 머신러닝 기법을 사용해 검색 성능을 동적으로 향상시키는 `MetaLearningRAG` 클래스를 구현한다. 핵심 혁신은 관련성 피드백을 학습하고 문서 선택 전략을 조정하는 능력에 있다.

주요 메서드를 살펴보자.

- `retrieve_and_generate()`: 훈련된 메타 모델을 사용해 상위 문서를 선택
- `predict_relevance()`: 문서 관련성 확률을 추정
- `compute_features()`: 문서의 특징 표현을 생성
- `update_meta_model()`: 주기적으로 관련성 피드백을 기반으로 모델을 재훈련

이 구현은 문서의 관련성을 예측하기 위해 로지스틱 회귀를 사용하며, 사용자 상호작용에서 학습해 검색을 점진적으로 개선한다. 충분한 훈련 데이터가 축적되면 메타 모델이 재훈련되어, 시스템이 과거 성능과 피드백에 기반해 문서 선택 전략을 적응할 수 있게 한다.

메타학습 기반 검색 시스템에서 관련성(relevance)은 특정 쿼리에 대해 검색된 문서의 맥락적 유용성과 정보 가치를 의미한다.

앞서 나온 코드에서 보여지는 주요 관련성 측면을 살펴보자.

- **관련성 점수**:
  - 문서가 유용할 확률을 예측한다
  - 머신러닝을 사용해 관련성 패턴을 학습한다
  - 동적 문서 순위 매기기 허용
- **피드백 메커니즘**:
  - 이진 라벨(1 = 관련 있음, 0 = 관련 없음)
  - 시스템이 사용자가 제공한 품질 신호로부터 학습할 수 있게 한다
  - 미래의 문서 선택을 개선

- 기능 기반 관련성:
  - 문서의 잠재적 유용성을 대표하는 특징을 계산한다
  - 앞의 코드는 무작위 특성을 사용한다
  - 의미와 맥락적 관계를 포착

핵심 목표는 반복적인 피드백과 머신러닝 기법을 통해 점점 더 정확하고 가치 있는 문서를 선택하도록 학습하는 적응형 검색 시스템을 만드는 것이다.

28.4 RAG와 다른 프롬프팅 기법의 결합

RAG를 다른 프롬프팅 기법과 결합해 강화할 수 있다. CoT(20장 참조)나 퓨샷 학습을 예로 들 수 있다. 다음 코드는 RAG와 CoT를 결합한다.

```
class RAGWithCoT:
    def __init__(self, retriever, generator):
        self.retriever = retriever
        self.generator = generator
        self.tokenizer = AutoTokenizer.from_pretrained(generator)

    def retrieve_and_generate(self, query: str) -> str:
        retrieved_docs = self.retriever.retrieve(query, k=3)
        context = " ".join(retrieved_docs)
        cot_prompt = f"""컨텍스트: {context}

질문: {query}

단계별로 접근해 보자.
1) 먼저 ...를 고려해야 한다
2) 다음으로 ...를 분석해야 한다
3) ...라는 결론에 이른다

이러한 추리에 따른 최종 답변은 다음과 같다.

답변:"""
        inputs = self.tokenizer(cot_prompt, return_tensors="pt")
```

```
        outputs = self.generator.generate(inputs, max_length=500)
        response = self.tokenizer.decode(outputs[0],
            skip_special_tokens=True)
        return response

# 사용 예
rag_with_cot = RAGWithCoT(retriever, generator)
response = rag_with_cot.retrieve_and_generate("인공지능이 고용에 미칠 장기적인 영향은 무엇인가?")
print(response)
```

RAGWithCoT 클래스는 CoT 추리를 강화한 RAG 접근 방식을 구현한다. 관련 문서를 검색하고 단계별 문제 해결을 장려하는 프롬프트를 구성함으로써, 일반적인 질의응답 생성을 보다 구조적이고 분석적인 과정으로 변모시킨다.

이 구현은 언어 모델이 명시적인 추리 프레임워크를 따르도록 유도해 복잡한 질의를 논리적인 단계로 나눈다. 이 접근법은 모델이 중간 추론 과정을 드러내도록 해, 응답 생성 과정을 투명하게 하고 정확도를 높일 수 있다.

이 방법은 신중하게 설계된 프롬프트 템플릿과 맥락적 문서 검색을 결합하여 모델의 추론을 명시적으로 구조화한다. 모델이 최종 답변을 제시하기 전에 사고 과정을 개요로 작성하도록 요구함으로써, 생성된 응답의 깊이와 품질 향상을 도모한다.

고급 RAG 기술을 탐색하는 과정에서 중요한 과제가 드러난다. 언어 모델 기반 정보 검색에서 모호성과 불확실성을 해결하는 것이다. 다음 절에서는 복잡미묘하고 잠재적으로 상충하는 정보원을 관리하기 위한 정교한 전략을 다루며, 더 견고하고 신뢰할 수 있는 지식 추출 및 생성을 가능하게 하는 접근법을 제시할 것이다.

28.5 RAG의 모호성과 불확실성 처리

모호성과 불확실성은 생성된 응답의 정확성과 신뢰성을 직접적으로 저해한다. 예를 들어, 모호한 쿼리는 관련이 없거나 상충되는 정보를 검색하는 과정을 촉발해 LLM이 비일관적이거나 잘못된 출력을 생성하게 할 수 있다. "사과에 대해 어떻게 생각하나요?"라는 쿼리를 고려해보자. 이는 Apple Inc., 과일, 또는 특정 사과 품종을 의미할 수 있다. 단순한 RAG 시스템은 모든 컨텍스트에서 데이터를 가져와 혼란스러운 응답을 초래할 수 있다.

게다가, 지식 기반에 있는 상충되거나 오래된 데이터로 인해 검색된 정보의 불확실성은 문제를 악화시킨다. 데이터의 신뢰성을 평가할 수 있는 메커니즘이 없으면, LLM은 부정확성을 전파할 수 있다. LLM 자체는 확률에 기반해 작동하며, 이는 또 다른 불확실성의 레이어를 추가한다. 예를 들어, 특정 주제를 다룰 때, LLM은 적절한 불확실성 추정 없이 사실로 제시될 수 있는 '최선의 추측'을 생성할 수 있다. 여러 불확실한 정보를 결합하면 이 문제가 더욱 복잡해져, 오해의 소지가 있는 신뢰할 수 없는 응답을 초래할 수 있으며, 결과적으로 사용자 신뢰를 저해하고 RAG 시스템의 실용성을 제한하게 된다.

모호함과 불확실성을 처리하기 위해, 여러 가설을 생성하고 신뢰도에 기반해 순위를 매기는 시스템을 구현할 수 있다.

```python
class UncertaintyAwareRAG:
    def __init__(self, retriever, generator, n_hypotheses=3):
        self.retriever = retriever
        self.generator = generator
        self.tokenizer = AutoTokenizer.from_pretrained(generator)
        self.n_hypotheses = n_hypotheses

    def retrieve_and_generate(self, query: str) -> Dict[str, float]:
        retrieved_docs = self.retriever.retrieve(query, k=5)
        context = " ".join(retrieved_docs)
        prompt = (
            f"컨텍스트: {context}\n"
            "질문: {query}\n"
            f"가능한 답변 {self.n_hypotheses}개를 신뢰도 점수와 함께 생성하라:\n"
        )
        inputs = self.tokenizer(prompt, return_tensors="pt")
        outputs = self.generator.generate(
            inputs, max_length=500,
            num_return_sequences=self.n_hypotheses
        )
        hypotheses = []
        for output in outputs:
            hypothesis = self.tokenizer.decode(
                output, skip_special_tokens=True
            )
            hypotheses.append(self.parse_hypothesis(hypothesis))
        return dict(
```

```python
            sorted(
                hypotheses, key=lambda x: x[1], reverse=True
            )
        )

    def parse_hypothesis(self, hypothesis: str) -> Tuple[str, float]:
        # "답변 (신뢰도: X%): ..." 형식을 가정한 단순한 파서
        parts = hypothesis.split(":")
        confidence = float(
            parts[0].split("(신뢰도: ")[1].strip("%"))/100
        answer = ":".join(parts[1:]).strip()
        return (answer, confidence)

# 사용 예
uncertainty_aware_rag = UncertaintyAwareRAG(retriever, generator)
hypotheses = uncertainty_aware_rag.retrieve_and_generate(
    "2050년에 주로 쓰일 에너지원은 무엇일까?"
)
for answer, confidence in hypotheses.items():
    print(f"가설 (신뢰도: {confidence:.2f}): {answer}")
```

이전 코드는 UncertaintyAwareRAG 클래스를 구현해 모호한 쿼리를 지능적으로 처리하며, 여러 가능한 답변을 신뢰도 점수와 함께 생성한다. 이는 관련 문서를 검색하기 위한 검색기 구성 요소, 언어 모델 생성기, 생성할 가설의 수에 대한 매개변수로 초기화해 작동한다. retrieve_and_generate가 쿼리와 함께 호출되면, 관련 문서를 검색해 이를 컨텍스트로 결합한 후, 신뢰도 점수와 함께 여러 가능한 답변을 요청하는 특수한 프롬프트를 구성한다. 생성기는 num_return_sequences 매개변수를 사용해 신뢰도 점수를 포함한 여러 가설을 생성한다. 이러한 가설은 parse_hypothesis 메서드를 사용해 파싱되며, "답변 (신뢰도: X%): ..."의 표준화된 형식에서 답변 텍스트와 신뢰도 점수를 추출한다. 결과는 신뢰도 점수에 따라 정렬되어 답변을 신뢰도 값에 매핑하는 딕셔너리로 반환된다. 이 접근 방식은 특히 미래 예측이나 복잡한 시나리오와 같이 단일 확정 답변이 없을 수 있는 질문에 유용하다. 이는 불확실성을 명시적으로 인정하고 관련 신뢰 수준과 함께 여러 개연성 있는 응답을 제공해 사용자가 가능성의 범위와 상대적 가능성에 기반해 더 정보에 입각한 결정을 내릴 수 있도록 한다.

RAG 시스템에 불확실성 처리를 구현한 후, 다음으로 중요한 과제는 방대한 문서 컬렉션을 다루는 것이다. 지식 기반이 수백만 또는 수십억 개의 문서로 성장함에 따라, 전통적인 검색 방법은 비현실적이

되어 더 정교한 접근 방식이 필요하다. 계층적 인덱싱을 통해 대규모 지식 기반을 효율적으로 처리할 수 있도록 RAG를 확장하는 방법을 알아보자.

28.6 RAG의 대규모 지식 기반 확장

계층적 시스템을 사용해 RAG를 확장할 수 있다. 계층적 RAG 시스템은 문서 검색을 여러 수준의 트리 구조로 조직하는 고급 아키텍처다. 모든 문서를 선형적으로 검색하는 대신, 먼저 유사한 문서들을 함께 클러스터링하고 이러한 클러스터의 계층을 만든다. 쿼리가 들어오면, 시스템은 최상위 수준에서 가장 관련성 있는 클러스터를 식별하고, 가장 관련성 있는 하위 클러스터를 찾아내며, 최종적으로 그 대상 하위 클러스터 내에서 가장 유사한 문서를 검색한다. 이는 도서관에서 책을 먼저 넓은 범주(과학, 역사, 소설), 그다음 하위 범주(물리학, 생물학, 화학), 마지막으로 세부 주제 순으로 정리해 두는 것과 비슷하다. 이렇게 하면 특정 책을 찾을 때 모든 책을 하나하나 검색하는 것보다 훨씬 빠르다.

RAG에 대한 계층적 접근 방식은 문서 검색의 효율성과 확장성을 크게 개선하면서 높은 정확도를 유지하기 때문에 상당한 이점이 있다. 문서를 클러스터와 하위 클러스터로 조직함으로써 시스템은 잠재적으로 수백만 개의 문서에서 훨씬 더 작고 관련성 있는 하위 집합으로 검색 공간을 빠르게 좁힐 수 있다. 이는 검색 속도를 높일 뿐만 아니라 계산 자원과 메모리 요구사항도 줄여 준다. 덕분에 전통적인 평면 검색 방식으로는 처리하기 어려운 방대한 문서 컬렉션도 다룰 수 있게 된다. 계층적 구조는 검색 작업의 병렬화를 개선할 수 있으며, 계층 내에서 문서 관계를 고려해 결과 품질을 향상시킬 수도 있다.

다음 코드는 효율적인 유사도 검색과 생성 기능을 위해 Faiss 라이브러리를 활용해 계층적으로 RAG를 정의한다.

```python
import faiss

class HierarchicalRAG:
    def __init__(self, generator, embeddings, texts, n_clusters=1000):
        self.generator = generator
        self.tokenizer = AutoTokenizer.from_pretrained(generator)
        self.embeddings = embeddings
        self.texts = texts

        # 계층적 인덱스 생성
```

```python
        self.quantizer = faiss.IndexFlatL2(embeddings.shape[1])
        self.index = faiss.IndexIVFFlat(self.quantizer, embeddings.shape[1], n_clusters)
        self.index.train(embeddings)
        self.index.add(embeddings)

    def retrieve(self, query: str, k: int = 5) -> List[str]:
        query_embedding = self.compute_embedding(query)
        _, indices = self.index.search(query_embedding.reshape(1, -1), k)
        return [self.texts[i] for i in indices[0]]

    def compute_embedding(self, text: str) -> np.ndarray:
        # 주어진 텍스트에 대한 임베딩 계산
        # 이는 간단한 예시 구현임
        return np.random.rand(1, self.embeddings.shape[1])

    def retrieve_and_generate(self, query: str) -> str:
        retrieved_docs = self.retrieve(query)
        context = " ".join(retrieved_docs)
        prompt = f"컨텍스트: {context}\n질의: {query}\n응답:"
        inputs = self.tokenizer(prompt, return_tensors="pt")
        outputs = self.generator.generate(inputs, max_length=200)
        response = self.tokenizer.decode(outputs[0], skip_special_tokens=True)
        return response

# 사용 예
embeddings = np.random.rand(1000000, 128)  # 1백만 개 문서, 128차원 임베딩
texts = ["문서 " + str(i) for i in range(1000000)]
hierarchical_rag = HierarchicalRAG(generator, embeddings, texts)
response = hierarchical_rag.retrieve_and_generate(
    "양자 컴퓨팅의 최신 발전은 무엇인가?"
)
print(response)
```

이 코드는 HierarchicalRAG 클래스를 구현해 대규모 문서 컬렉션을 처리하기 위해 Faiss(Facebook AI Similarity Search)를 사용해 효율적인 검색 시스템을 생성한다. 이 클래스는 언어 모델 생성기, 문서 임베딩, 실제 텍스트와 클러스터 수에 대한 매개변수(기본값은 1000)로 초기화된다. FAISS의 IVFFlat 색인을 사용하며, 이는 벡터를 먼저 클러스터링한 후 관련 클러스터 내에서 정확한 검색을 수

행하는 계층적 색인이다. 훈련 중 벡터를 클러스터에 할당하기 위해 양자화기(IndexFlatL2)가 사용된다. retrieve 메서드는 쿼리를 받아 쿼리의 임베딩을 계산한 후 계층적 색인을 검색해 k개의 유사한 문서를 반환한다. compute_embedding 메서드는 일반적으로 실제 임베딩 계산을 구현하는 자리표시자다. retrieve_and_generate 메서드는 관련 문서를 검색하고, 이를 컨텍스트로 연결하고, 컨텍스트와 쿼리를 결합한 프롬프트를 생성한 후 언어 모델을 사용해 응답을 생성함으로써 모든 것을 결합한다. 예제 사용법은 100만 개의 문서(데모 목적으로 랜덤 임베딩 사용)로 시스템을 초기화하고 양자 컴퓨팅에 대한 쿼리를 수행하는 방법을 보여준다. 먼저 IVFFlat 인덱스는 훈련 중(index.train()) 유사한 문서를 함께 그룹화하고, 전체 데이터셋 대신 가장 관련 있는 클러스터에서만 검색해 검색 작업을 가속화해 대규모 문서 컬렉션을 다룰 때 무차별 대입 접근 방식보다 훨씬 효율적이다.

계층적 색인을 통해 방대한 지식 기반을 처리할 수 있도록 RAG 시스템을 확장하는 방법을 알아봤으니, LLM을 위한 RAG 연구의 몇 가지 흥미로운 미래 방향을 살펴보자.

28.7 RAG 연구의 미래 방향

RAG가 계속 발전함에 따라, 여러 유망한 연구 방향이 나타나기 시작했다.

- **멀티모달 RAG**: 이미지, 오디오, 비디오 데이터를 검색과 생성에 통합
- **시간적 RAG**: 시간에 민감한 정보 및 업데이트 다루기
- **개인화된 RAG**: 검색 및 생성을 개체의 사용자 선호도 및 지식에 적응
- **설명 가능한 RAG**: 검색 및 생성 과정에서 투명성 제공
- **RAG에서의 지속적 학습**: 지식 기반과 검색 메커니즘을 실시간으로 업데이트하기

다음은 멀티모달 RAG 시스템의 개념적 구현이다.

```
from PIL import Image
import torch
from torchvision.transforms import Resize, ToTensor

class MultiModalRAG:
    def __init__(self, text_retriever, image_retriever, generator):
        self.text_retriever = text_retriever
```

```python
        self.image_retriever = image_retriever
        self.generator = generator
        self.tokenizer = AutoTokenizer.from_pretrained(generator)
        self.image_transform = transforms.Compose([
            Resize((224, 224)),
            ToTensor(),
        ])

    def retrieve_and_generate(self, query: str, image_query: Image.Image = None) -> str:
        text_docs = self.text_retriever.retrieve(query, k=3)
        text_context = " ".join(text_docs)
        if image_query:
            image_tensor = self.image_transform(image_query).unsqueeze(0)
            image_docs = self.image_retriever.retrieve(image_tensor, k=2)
            image_context = self.describe_images(image_docs)
        else:
            image_context = ""
        prompt = f"""텍스트 컨텍스트: {text_context}

이미지 컨텍스트: {image_context}

질의: {query}

제공된 텍스트 및 시각적 정보를 바탕으로 질의에 응답하라.

응답:"""

        inputs = self.tokenizer(prompt, return_tensors="pt")
        outputs = self.generator.generate(inputs, max_length=300)
        response = self.tokenizer.decode(outputs[0], skip_special_tokens=True)
        return response

    def describe_images(self, image_docs: List[Image.Image]) -> str:
        # 실제로는 이미지 캡셔닝 모델로 검색된 이미지를 설명해야 함
        # 여기서는 간단한 예시 설명으로 대체
        descriptions = [f"이미지 {i+1}: 관련 시각적 표현" for i in range(len(image_docs))]
        return " ".join(descriptions)

# 사용 예시
```

```
text_retriever = SomeTextRetrieverClass()    # 실제 텍스트 검색기로 교체
image_retriever = SomeImageRetrieverClass()  # 실제 이미지 검색기로 교체
multi_modal_rag = MultiModalRAG(text_retriever, image_retriever, generator)

query = "식물의 광합성 과정을 설명하라"
image_query = Image.open("plant_image.jpg")  # 식물 이미지 로드

response = multi_modal_rag.retrieve_and_generate(query, image_query)
print(response)
```

이 코드가 텍스트와 이미지 처리 기능을 결합한 멀티모달 RAG 시스템을 어떻게 구현하는지 이해해 보자.

`MultiModalRAG` 클래스는 텍스트와 시각 정보를 동시에 처리해 더 포괄적인 응답을 제공할 수 있는 고급 RAG 시스템을 나타낸다. 이 클래스는 세 가지 주요 구성 요소로 초기화된다: 텍스트 문서를 처리하는 텍스트 검색기, 시각적 콘텐츠를 처리하는 이미지 검색기, 응답 생성을 위한 언어 모델인 생성기와 이미지를 일관적 크기(224 × 224)로 표준화하는 이미지 트랜스포머다. 핵심 메서드인 `retrieve_and_generate`는 텍스트 쿼리와 선택적 이미지 쿼리를 받아 먼저 텍스트 검색기를 사용해 관련 텍스트 문서를 검색한다. 그런 다음 이미지가 제공되면 이미지 트랜스포머를 통해 처리하고 이미지 검색기를 사용해 관련 이미지를 검색한다. 이렇게 검색된 이미지는 `describe_images` 메서드를 사용해 텍스트 설명으로 변환된다(실제 구현에서는 이미지 캡셔닝 모델을 사용할 것이다). 이 모든 정보는 텍스트와 이미지 컨텍스트를 포함하는 구조화된 프롬프트로 결합되어 생성기가 텍스트와 시각 정보를 모두 포함하는 응답을 생성할 수 있게 한다. 이 멀티모달 접근법은 과학적 과정을 설명하거나 물리적 객체를 묘사하거나 시각적 패턴을 분석하는 등 시각적 컨텍스트가 유용한 쿼리에 특히 강력하다. 앞선 예시에서 텍스트 정보와 식물 이미지로 광합성을 설명한 것을 보면 이를 잘 알 수 있다.

이전 코드는 RAG 시스템에서 다음과 같은 중요한 진전을 보여준다.

- 전통적인 텍스트 전용 접근의 한계를 허문다
- 더 풍부하고 맥락에 맞는 응답을 가능하게 한다
- 다른 모달리티로 확장 가능한 유연한 프레임워크를 제시한다
- 서로 다른 유형의 정보를 하나의 통합된 시스템으로 결합하는 방법을 보여준다

28.8 요약

이 장에서는 RAG를 기본 데이터 검색 방법에서 진정한 적응형 LLM 기반 시스템을 구축하기 위한 동적 프레임워크로 발전시켰다. 반복적·적응적 검색, 메타학습, 시너지 프롬프팅 기법 등을 살펴보며, RAG를 컨텍스트를 인식하는 문제 해결 도구로 변모시켜 복잡한 분석과 섬세한 이해를 수행할 수 있도록 했다. 모호성, 불확실성, 확장성을 다루는 일은 단순히 장애물을 극복하는 데 그치지 않고, 신뢰를 쌓아 실제 환경에 배포하는 기반을 마련하는 과정이다.

다음 장에서는 RAG 시스템에 대한 다양한 평가 기법을 탐색한다.

29장

RAG 시스템 평가

RAG 시스템은 더 정확하고, 관련성이 있으며, 사실에 근거가 있는 응답을 생성하기 위해 노력한다. 그러나 이러한 시스템의 성능을 평가하는 것은 독특한 도전 과제를 제시한다. 전통적인 정보 검색 또는 **질의응답**(question-answering, **QA**) 시스템과 달리, RAG 평가에서는 검색된 정보의 품질과 LLM이 그 정보를 활용해 고품질 응답을 생성하는 시스템 효과성을 모두 고려해야 한다.

이 장에서는 RAG 시스템의 품질 평가의 복잡성을 탐색할 것이다. 이 과업에 내재된 도전 과제를 살펴보고, 검색 품질과 생성 성능을 평가하는 데 사용되는 주요 지표를 분석하며, 포괄적인 평가를 수행하기 위한 다양한 전략을 논의할 것이다.

이 장은 RAG 평가의 원칙과 실천에 대한 철저한 이해를 제공해, 이러한 강력한 시스템을 평가하고 개선하는 데 필요한 지식을 갖추게 하는 것을 목표로 한다.

이 장에서는 다음 주제를 다룬다.

- RAG 시스템 평가의 도전 과제
- 검색 품질 평가 지표
- 검색 지표에 관한 고려 사항
- 검색된 정보의 관련성 평가
- 검색이 생성 성능에 미치는 영향을 측정하기
- RAG 시스템의 종단 간 평가

- RAG에 대한 인간 평가 기법
- RAG 평가용 벤치마크와 데이터셋

29.1 RAG 시스템 평가의 도전 과제

RAG 시스템의 품질을 평가하는 것은 전통적인 정보 검색 또는 QA 시스템을 평가하는 것과 구별되는 독특한 도전 과제를 제시한다. 이러한 도전 과제는 검색 및 생성 구성요소 간의 상호작용과 생성된 텍스트의 사실적 정확성과 품질을 모두 평가할 필요성에서 비롯된다.

다음 섹션들에서는 LLM을 평가할 때 RAG 시스템에서 직면하는 특정 과제를 자세히 설명한다.

29.1.1 검색과 생성의 상호작용

RAG 시스템의 성능은 검색 구성요소와 생성 구성요소 모두의 결과다. 강력한 검색은 LLM에 관련 있고 정확한 정보를 제공해 더 나은 생성 응답을 이끌어낼 수 있다. 반대로, 부실한 검색은 LLM을 오도해 생성기가 매우 유능하더라도 부정확하거나 관련 없는 답변을 초래할 수 있다. 따라서 RAG 시스템을 평가하려면 검색된 정보의 품질뿐만 아니라 LLM이 그 정보를 생성 과정에서 얼마나 효과적으로 활용하는지도 평가해야 한다.

29.1.2 컨텍스트 민감형 평가

전통적인 정보 검색에서는 쿼리만을 기반으로 적합성을 평가하는 경우가 많지만, RAG 평가에서는 검색된 정보가 사용되는 맥락을 고려해야 한다. 검색된 문서가 쿼리와 관련 있어 보이더라도, 막상 생성된 답변의 맥락에서 보면 질문에 정확히 답하는 데 필요한 핵심 정보를 담고 있지 않은 경우가 있다. 그러므로 검색된 문서의 관련성을 평가할 때 쿼리와 생성된 텍스트의 맥락을 함께 고려하는 컨텍스트 민감형(context-sensitive) 지표가 필요하다.

29.1.3 사실적 정확성을 넘어서

RAG 평가에서 사실적 정확성은 중요한 요소이지만, 생성된 응답의 품질을 결정하는 유일한 기준은 아니다. 응답은 유창하고 일관성 있으며, 사용자 쿼리와의 관련성도 갖추어야 한다. 이러한 텍스트 품질의 측면은 일반적으로 사람에 의한 평가로 판단되며, 이는 비용과 시간이 많이 소요된다. 이러한 질적 요소에 대한 인간 평가와 높은 상관성을 갖는 자동화된 지표를 개발하는 일은 여전히 해결되지 않은 연구 과제로 남아 있다.

29.1.4 자동화된 지표의 한계점

정보 검색에서 차용한 자동화 지표(예: 정밀도, 재현율)나 기계 번역에서 차용한 지표(예: BLEU, ROUGE) 등을 활용하면 RAG 시스템 성능에 대한 유용한 통찰을 얻을 수 있다. 하지만 이러한 지표만으로는 전체 상황을 파악하기 어렵다. 검색 지표는 문서가 생성에 얼마나 유용한지를 충분히 반영하지 못하고, 생성 지표는 생성된 텍스트가 검색된 컨텍스트에 기반한 사실적 근거를 제대로 평가하지 못한다.

29.1.5 오류 분석의 어려움

RAG 시스템이 부정확하거나 품질이 낮은 응답을 생성할 경우, 그 근본 원인을 정확히 짚어내기는 어려울 수 있다. 검색 모듈이 관련 문서를 찾아내지 못했는가? LLM이 검색된 정보를 제대로 활용하지 못했는가? 아니면 LLM이 환각을 일으켜 제공된 컨텍스트와 무관한 응답을 생성했는가? 이러한 요소들을 구분해 내려면 신중한 오류 분석이 필요하며, 경우에 따라 새로운 진단 도구를 개발해야 할 수도 있다.

29.1.6 다양한 평가 시나리오의 필요성

RAG 시스템은 오픈 도메인 QA부터 도메인 특화 챗봇에 이르기까지 다양한 애플리케이션에 배포될 수 있다. 특정 과제와 평가 기준은 사용 사례에 따라 다를 수 있다. 다양한 시나리오와 도메인에서 RAG 시스템의 성능을 평가하는 것은 그 강점과 약점을 이해하는 데 중요하다.

29.1.7 동적 지식과 진화하는 정보

많은 실제 응용에서, 지식 기반은 끊임없이 변한다. 새로운 정보가 추가되고, 기존 정보는 업데이트되거나 구식이 된다. RAG 시스템이 이러한 변화에 어떻게 적응하고 시간이 지남에 따라 응답의 정확성을 유지하는지를 평가하는 것은 중요한 과제다.

29.1.8 계산 비용

RAG 시스템을 평가하는 것은 특히 대규모 LLM을 사용하는 경우 계산 비용이 많이 든다. 대규모 모델로 추론을 실행하고 대규모 인간 평가를 수행하려면 상당한 자원이 필요하다. 평가의 철저함과 계산 비용 간의 균형을 찾는 것이 중요한 과제다.

LLM 기반 RAG 시스템에서 검색 구성요소를 평가하기 위한 몇 가지 주요 지표를 살펴보자. 이때 응답 생성의 관련성과 유용성에 중점을 둔다.

29.2 검색 품질 평가 지표

검색(retrieval) 구성 요소는 RAG 시스템의 전반적인 성능에서 중요한 역할을 한다. 이는 LLM이 응답을 생성할 때 기반이 되는 관련성 높고 정확한 정보를 제공한다. 따라서 검색 품질을 평가하는 일은 RAG 시스템 평가에서 매우 중요하다. 전통적인 정보 검색 지표를 RAG 환경에 맞게 조정함으로써, 단순히 쿼리와의 관련성뿐 아니라 LLM이 고품질의 답변을 생성하는 데 실질적으로 도움이 되는 문서를 찾아내는 능력에 초점을 맞출 수 있다.

29.2.1 Recall@k

Recall@k는 상위 k 결과 내에서 성공적으로 검색된 관련 문서의 비율을 측정한다. RAG에서 관련 문서는 쿼리를 정확하게 답변하는 데 필요한 정보를 포함하는 문서다.

- **공식**: Recall@k = (상위 k개에서 검색된 관련 문서 수) / (전체 관련 문서 수)
- **해석**: 높은 Recall@k는 검색 구성 요소가 관련 문서의 더 많은 비율을 찾을 수 있음을 나타낸다.
- **예시**: 전체 말뭉치에서 특정 쿼리에 대한 답변을 제공하는 정보가 포함된 문서가 다섯 개 있고, RAG 시스템이 상위 10개 결과 가운데 세 개를 검색했다면 해당 쿼리의 Recall@10은 3/5 = 0.6이다.

29.2.2 Precision@k

Precision@k는 상위 k 결과 내에서 검색된 문서 중 관련 있는 문서의 비율을 측정한다.

- **공식**: Precision@k = (상위 k개에서 검색된 관련 문서 수) / (k)
- **해석**: 더 높은 Precision@k는 검색된 문서 중 더 많은 비율이 관련이 있다.
- **예시**: RAG 시스템이 쿼리에 대해 10개의 문서를 검색하고 그 중 네 개가 관련이 있다면, Precision@10은 4/10 = 0.4다.

29.2.3 평균 역순위(MRR)

평균 역순위(Mean Reciprocal Rank, MRR)는 첫 번째로 검색된 관련 문서의 순위에 주목한다. 관련 문서를 가능한 한 상위에 배치하는 것이 얼마나 중요한지를 보여 준다.

- **공식**: $MRR = (1 / |Q|) \times \Sigma (1 / rank_i)$ for i = 1 to $|Q|$. 이때 $|Q|$는 전체 쿼리의 수, $rank_i$는 각 쿼리에서 처음으로 검색된 관련 문서의 순위다.
- **해석**: MRR 값이 높을수록 관련 문서가 더 높은 순위에서 검색되었음을 나타낸다.
- **예**: 쿼리에 대해 첫 번째로 검색된 관련 문서의 순위가 3이라면, 역순위는 1/3이다. MRR은 이런 역순위를 여러 쿼리에 대해 평균하여 계산한다.

29.2.4 정규화된 할인 누적 이득(NDCG@k)

정규화된 할인 누적 이득(Normalized Discounted Cumulative Gain, NDCG@k)은 검색된 문서의 관련성과 순위에서의 위치를 모두 고려하는 더 정교한 지표다. 등급이 매겨진 관련성 척도(예: 0, 1, 2, 여기서 2는 매우 관련성이 높음)를 사용하며, 높은 순위에 검색된 관련 문서에 더 높은 점수를 부여한다.

- **공식**: NDCG@k는 검색된 목록의 **할인 누적 이득**(Discounted Cumulative Gain, **DCG**)을 계산하고 이를 **이상적인 할인 누적 이득**(Ideal Discounted Cumulative Gain, **IDCG**)으로 정규화해 구한다. IDCG는 완벽하게 정렬된 목록의 DCG다. 이 공식은 복잡하지만 sklearn과 같은 라이브러리를 사용해 쉽게 계산할 수 있다.
- **해석**: 더 높은 NDCG@k는 높은 관련성의 문서가 더 높은 순위에서 검색됨을 나타낸다.

다음으로 어떤 검색 지표를 사용할지 결정하는 방법을 논의하자.

29.3 검색 지표에 관한 고려 사항

RAG에서는 관련성(relevance)을 신중하게 정의해야 한다. 문서는 쿼리와 관련 있을 수 있지만, 정확한 답변을 제공하는 데 필요한 특정 정보를 포함하지 않을 수 있다. '쿼리에 대한 답변을 포함한다'와 같은 더 엄격한 관련성 정의를 사용해야 한다. 앞서 언급했듯이, RAG에서의 관련성은 대개 컨텍스트에 민감하다. 문서는 쿼리와 독립적으로 관련이 있을 수 있지만, 다른 검색된 문서를 고려했을 때 특정 답변을 생성하는 데 가장 도움이 되는 문서는 아닐 수 있다.

Recall@k 및 Precision@k와 같은 지표는 상위 k개의 검색 결과에 초점을 맞추지만, 더 넓은 범위의 결과를 포함해 검색 품질을 전반적으로 평가하는 것도 중요하다. **평균 정밀도**(Average Precision, **AP**)와 같은 지표를 활용하면 보다 포괄적인 관점에서 성능을 살펴볼 수 있다.

파이썬을 사용해 sklearn 라이브러리로 Recall@k, Precision@k, MRR, NDCG@k를 계산하는 방법을 설명하겠다.

1. 우선 필요한 라이브러리를 가져오고, 쿼리 집합을 대표하는 샘플 데이터를 정의한다. 각 쿼리에 대한 실제 관련 문서와 RAG 시스템이 각 쿼리에 대해 검색한 문서다.

```python
import numpy as np
from sklearn.metrics import ndcg_score

# 샘플 데이터
queries = [
    "프랑스의 수도는 어디인가?",
    "모나리자를 그린 사람은 누구인가?",
    "세계에서 가장 높은 산은 무엇인가?"
]
ground_truth = [
    [0, 1, 2],   # 쿼리 1에 대한 관련 문서의 인덱스
    [3, 4],      # 쿼리 2에 대한 관련 문서의 인덱스
    [5, 6, 7]    # 쿼리 3에 대한 관련 문서의 인덱스
]
retrieved = [
    [1, 5, 0, 2, 8, 9, 3, 4, 6, 7],   # 쿼리 1에 대한 검색된 문서 인덱스의 순위 목록
    [4, 3, 0, 1, 2, 5, 6, 7, 8, 9],   # 쿼리 2에 대한 검색된 문서 인덱스의 순위 목록
    [6, 5, 7, 0, 1, 2, 3, 4, 8, 9]    # 쿼리 3에 대한 검색된 문서 인덱스의 순위 목록
]
```

2. 그런 다음 주어진 쿼리 집합, 실제 관련 문서, 검색된 문서 목록에 대해 Recall@k를 계산하는 함수, calculate_recall_at_k를 정의한다.

```python
def calculate_recall_at_k(ground_truth, retrieved, k):
    """쿼리 집합에 대한 Recall@k를 계산한다."""
    recall_scores = []
    for gt, ret in zip(ground_truth, retrieved):
        num_relevant = len(gt)
        retrieved_k = ret[:k]
        num_relevant_retrieved = len(set(gt).intersection(set(retrieved_k)))
        recall = (
            num_relevant_retrieved / num_relevant if num_relevant > 0 else 0
        )
        recall_scores.append(recall)
    return np.mean(recall_scores)
```

3. 다음으로, 쿼리, 정답, 검색된 목록에 대해 Precision@k를 계산하는 함수 calculate_precision_at_k를 정의한다.

```python
def calculate_precision_at_k(ground_truth, retrieved, k):
    """쿼리 집합에 대한 Precision@k를 계산한다."""
    precision_scores = []
    for gt, ret in zip(ground_truth, retrieved):
        retrieved_k = ret[:k]
        num_relevant_retrieved = len(set(gt).intersection(set(retrieved_k)))
        precision = num_relevant_retrieved / k if k > 0 else 0
        precision_scores.append(precision)
    return np.mean(precision_scores)
```

4. 쿼리, 정답, 검색 결과 목록으로 이뤄진 집합에 대해 MRR을 계산하기 위해 calculate_mrr 함수를 정의한다. MRR 값이 높다는 것은 시스템이 관련 문서를 항상 상위 순위에서 검색해 냄을 의미한다.

```python
def calculate_mrr(ground_truth, retrieved):
    """쿼리 집합에 대한 평균 역순위(MRR)를 계산한다."""
    mrr_scores = []
    for gt, ret in zip(ground_truth, retrieved):
        for i, doc_id in enumerate(ret):
            if doc_id in gt:
                mrr_scores.append(1 / (i + 1))
                break
        else:
```

```
        mrr_scores.append(0)    # 관련 문서를 찾지 못했음
return np.mean(mrr_scores)
```

5. 또한 함수 calculate_ndcg_at_k를 정의해 NDCG@k를 계산한다. 여기서는 관련성 점수가 이진수(0 또는 1)인 단순화된 버전을 사용할 것이다.[1]

```
def calculate_ndcg_at_k(ground_truth, retrieved, k):
    """쿼리 집합에 대한 NDCG@k를 계산한다."""
    ndcg_scores = []
    for gt, ret in zip(ground_truth, retrieved):
        relevance_scores = np.zeros(len(ret))
        for i, doc_id in enumerate(ret):
            if doc_id in gt:
                relevance_scores[i] = 1

        # sklearn.metrics.ndcg_score는 2D 배열이 필요
        true_relevance = np.array([relevance_scores])
        retrieved_relevance = np.array([relevance_scores])

        ndcg = ndcg_score(true_relevance, retrieved_relevance, k=k)
        ndcg_scores.append(ndcg)
    return np.mean(ndcg_scores)
```

6. 마지막으로, 서로 다른 k 값에 대한 검색 지표를 계산하고 출력한다.

```
k_values = [1, 3, 5, 10]
for k in k_values:
    recall_at_k = calculate_recall_at_k(ground_truth, retrieved, k)
    precision_at_k = calculate_precision_at_k(ground_truth, retrieved, k)
    ndcg_at_k = calculate_ndcg_at_k(ground_truth, retrieved, k)
    print(f"Recall@{k}: {recall_at_k:.3f}")
    print(f"Precision@{k}: {precision_at_k:.3f}")
    print(f"NDCG@{k}: {ndcg_at_k:.3f}")

mrr = calculate_mrr(ground_truth, retrieved)
print(f"MRR: {mrr:.3f}")
```

---

1 (옮긴이) 예시 코드에서는 ndcg_score의 두 입력값이 같으므로 예측 순위와 실제 순위가 완벽히 일치하는 것으로 계산된다. 실제 관련성과 검색 결과의 순위를 구분해 구현해야 올바른 평가가 이뤄진다.

29.4 검색된 정보의 관련성 평가

앞서 논의한 검색 지표들은 검색 품질을 일반적으로 평가하지만, RAG 환경에서 나타나는 관련성의 미묘한 차이까지는 완전히 포착하지 못한다. RAG에서 검색된 정보는 최종 결과물이 아니라 LLM에 입력되는 중간 단계에 해당한다. 따라서 검색된 정보의 관련성을 단순히 쿼리와의 연관성뿐 아니라 LLM을 통해 고품질 응답을 생성하는 특정 작업에 대해서도 평가해야 한다.

기존의 정보 검색은 주로 쿼리와 주제적으로 연관된 문서를 찾는 데 초점을 맞춘다. 하지만 RAG에서는 다음과 같은 측면들을 고려한 보다 정교한 관련성 개념이 필요하다.

- **답변 가능성**: 검색된 정보가 쿼리에 정확하게 답변하는 데 필요한 구체적인 정보를 포함하고 있는가? 어떤 문서는 쿼리와 전반적으로는 관련이 있지만, 정확한 답변에 필요한 내용은 포함하지 않는 경우가 있다.
- **맥락적 유용성**: 검색된 정보가 다른 검색 결과들과 함께 고려했을 때 유용한가? 어떤 문서는 단독으로는 관련성이 있어 보이지만, 다른 검색된 정보와 내용이 겹치거나 심지어 서로 엇갈리기도 한다.
- **LLM 호환성**: 검색된 정보가 LLM이 쉽게 이해하고 활용할 수 있는 형식인가? 예를 들어, 길고 복잡한 문서는 관련성이 있을 수 있지만 LLM이 효과적으로 처리하기 어려울 수 있다.
- **진실성 지원**: 검색된 정보가 생성된 답변에서 제기된 주장을 뒷받침할 충분한 증거를 제공하는가? LLM의 답변이 검색된 맥락에 근거함을 보장하려면 이 점이 매우 중요하다.

29.4.1 검색된 정보의 관련성을 평가하는 방법

다음은 기존의 쿼리 관련성 평가를 넘어 검색된 정보의 관련성을 종합적으로 평가하는 방법들이다.

- **인간 평가**:
  - **직접 평가**: 인간 주석자는 검색된 문서들이 쿼리와 생성된 응답에 얼마나 관련이 있는지를 직접 평가할 수 있다. 그들은 리커트 척도(예: 1에서 5)로 관련성을 평가하거나 관련성 유무의 이진 판단(유관/무관)을 제공하도록 요청받을 수 있다.
  - **비교 평가**: 주석자는 여러 세트의 검색된 문서를 제시받고 쿼리에 대한 답변 가능성을 기준으로 그들의 유용성에 따라 순위를 매기거나 최고의 세트를 선택하도록 요청받을 수 있다.
  - **과업 기반 평가**: 주석자는 검색된 문서를 활용해 스스로 쿼리에 답변하도록 요청받을 수 있다. 그들의 답변의 정확성과 품질은 검색된 정보의 관련성과 유용성의 간접 측정으로 활용될 수 있다.

- **자동화된 지표**: 일반적으로 사용되는 자동화된 지표를 살펴보자. 자동화된 지표가 성능의 정량적 측정을 제공하는 반면, 인간 평가는 생성된 응답의 관련성, 일관성, 유용성에 대한 유용한 정성적 통찰을 제공한다.
  - **답변 겹침**: ROUGE나 BLEU와 같은 지표를 사용해 생성된 답변과 검색된 문서 간의 겹침을 자동으로 측정할 수 있다. 겹침 정도가 높다면 LLM이 검색된 정보를 적극적으로 활용하고 있다고 볼 수 있다.
  - **QA 지표**: 정답이 있다면, 검색된 컨텍스트를 QA 시스템의 입력으로 처리하고 Exact Match(EM) 및 F1 점수와 같은 표준 QA 지표를 사용해 성능을 평가할 수 있다.
  - **신빙성 지표**: 자연어 추론(Natural Language Interface, NLI)과 같은 기법을 사용해 생성된 답변이 검색된 맥락에 의해 추론되는지 평가할 수 있다. 이 장의 후반부에서 NLI 모델에 대해 자세히 다룰 것이다.
  - **당혹도(perplexity)**: 검색된 컨텍스트에 조건화된 LLM의 당혹도를 측정할 수 있다. 더 낮은 당혹도는 LLM이 그 컨텍스트를 정보성 있는 유용한 생성에 활용할 수 있음을 의미한다.

예를 들어, `rouge-score` 라이브러리를 사용해 파이썬에서 간단한 답변 중복 지표를 구현하는 방법을 알아보자.

1. 먼저, ROUGE 메트릭의 구현을 제공하는 `rouge-score` 라이브러리를 설치하기 위해 다음 명령어를 실행하고, 필요한 모듈을 가져온다.

```
pip install rouge-score

from rouge_score import rouge_scorer
```

2. 그런 다음, 쿼리, 생성된 답변, 그리고 검색된 문서 목록을 나타내는 샘플 데이터를 정의한다.

```
query = "프랑스의 수도는 어디인가?"
answer = "프랑스의 수도는 파리입니다."
retrieved_documents = [
    "파리는 프랑스의 수도입니다.",
    "프랑스는 유럽에 있는 나라입니다.",
    "에펠탑은 파리의 유명한 랜드마크입니다.",
    "런던은 영국의 수도입니다."
]
```

3. 다음으로, 생성된 답변과 각 검색된 문서 사이의 ROUGE 점수를 계산하기 위해 `calculate_rouge_scores` 함수를 정의한다.

```
def calculate_rouge_scores(answer, documents):
    """답변과 각 문서 간의 ROUGE 점수를 계산한다."""
```

```
    scorer = rouge_scorer.RougeScorer(
        ['rouge1', 'rouge2', 'rougeL'], use_stemmer=True
    )
    scores = []
    for doc in documents:
        score = scorer.score(answer, doc)
        scores.append(score)
    return scores
```

4. 그런 다음 각 문서에 대해 ROUGE 점수를 계산하고 출력한다.

```
rouge_scores = calculate_rouge_scores(answer, retrieved_documents)
for i, score in enumerate(rouge_scores):
    print(f"문서 {i+1}:")
    print(f"  ROUGE-1: {score['rouge1'].fmeasure:.3f}")
    print(f"  ROUGE-2: {score['rouge2'].fmeasure:.3f}")
    print(f"  ROUGE-L: {score['rougeL'].fmeasure:.3f}")
```

5. 마지막으로, 모든 문서에 대한 평균 ROUGE 점수를 계산하고 출력한다.

```
avg_rouge1 = sum([score['rouge1'].fmeasure
    for score in rouge_scores]) / len(rouge_scores)
avg_rouge2 = sum([score['rouge2'].fmeasure
    for score in rouge_scores]) / len(rouge_scores)
avg_rougeL = sum([score['rougeL'].fmeasure
    for score in rouge_scores]) / len(rouge_scores)

print(f"\n평균 ROUGE 점수:")
print(f"  평균 ROUGE-1: {avg_rouge1:.3f}")
print(f"  평균 ROUGE-2: {avg_rouge2:.3f}")
print(f"  평균 ROUGE-L: {avg_rougeL:.3f}")
```

29.4.2 RAG 관련성 평가의 과제

검색된 정보의 관련성을 평가하는 여러 가지 방법을 살펴봤으니, 이제 이 평가 프로세스와 관련된 몇 가지 주요 과제에 대해 간략히 설명해 보겠다.

- **주관성**: 관련성 판단은 주관적일 수 있으며, 특히 맥락적 유용성 및 LLM 호환성과 같은 요소를 고려할 때 더욱 그렇다.
- **주석 비용**: 인간 평가는 특히 대규모 평가의 경우 비용과 시간이 많이 소요될 수 있다.
- **지표의 한계**: 자동화된 지표는 RAG에서 관련성의 미묘한 차이를 완전히 포착하지 못할 수 있으며, 사람의 판단과 항상 부합하지 않을 수 있다.
- **동적 맥락**: 문서의 관련성은 검색된 다른 문서와 LLM이 사용하는 특정 생성 전략에 따라 달라질 수 있다

다음으로, 검색이 LLM 생성에 미치는 영향을 측정하는 방법을 배워보자.

29.5 검색이 생성 성능에 미치는 영향 측정

RAG 시스템에서 생성된 응답의 품질은 검색된 정보에 크게 영향받는다. 좋은 검색은 필요한 맥락과 사실을 제공하는 반면, 부실한 검색은 관련 없거나 잘못된 응답으로 이어질 수 있다. 더 나은 모델과 필터링을 통해 검색을 향상시키면 정밀도, 신빙성, 사용자 만족도로 측정되는 전체 성능이 개선된다.

따라서 평가의 중요한 측면은 검색이 LLM 생성에 미치는 영향을 측정하는 것이다. 몇 가지 주요 지표와 기법을 살펴보자.

29.5.1 검색 영향 평가를 위한 주요 지표

언급했듯이, LLM이 생성한 응답의 품질은 검색한 정보와 밀접하게 연관돼 있다. 따라서 최종 응답에 대한 검색의 영향을 평가하는 것이 중요하다. 이는 LLM이 검색한 컨텍스트를 활용해 얼마나 정확하고, 관련성 있으며, 근거가 있는 답변을 생성하는지를 평가하는 것을 포함한다. 이제 이 평가에서 사용되는 몇 가지 주요 지표를 살펴보자.

- **근거성/신빙성**:

    근거성(groundedness) 혹은 신빙성(faithfulness)은 생성된 응답이 검색된 맥락에 의해 사실에 기반해 뒷받침되는 정도를 측정한다. 근거가 있는 응답은 제공된 문서로부터 유추할 수 있는 정보만을 포함해야 한다.

    이 지표를 평가하는 몇 가지 기법은 다음과 같다.

    - **인간 평가**: 인간 주석자는 생성된 응답의 각 진술이 검색된 컨텍스트에 의해 뒷받침되는지를 검증하는 방식으로 근거성을 직접 평가할 수 있다. 이는 이진 판단(근거 유무)이나 더 세밀한 등급을 포함할 수 있다.
    - **자동화된 지표**:

- NLI: NLI 모델은 생성된 응답의 각 문장이 검색된 컨텍스트에 의해 함의되는지를 평가하는 데 사용할 수 있다. 검색된 문서의 연결을 전제로, 응답의 각 문장을 가설로 간주한다. 높은 함의 점수(entailment score)는 문장이 컨텍스트에 근거함을 나타낸다.
- 질의응답 기반(QA-based): 생성된 응답을 바탕으로 질문을 구성해 검색된 컨텍스트를 정보원으로 사용해 QA 모델이 올바르게 답변할 수 있는지 확인할 수 있다. 높은 답변 가능성 점수는 응답이 근거에 기반함(grounded)을 나타낸다.
- 사실 검증 모델: 이러한 모델은 생성된 응답에 명시된 각 사실이 검색된 문서나 외부 지식 출처에 의해 뒷받침되는지를 확인하는 데 사용할 수 있다.

- **답변의 관련성**:

  답변 관련성은 검색된 컨텍스트가 주어졌을 때 생성된 답변이 사용자의 쿼리를 얼마나 잘 처리하는지를 측정한다. 검색된 컨텍스트가 불완전하더라도 좋은 RAG 시스템은 관련성 있고 유용한 답변을 제공하기 위해 노력해야 한다.

  이 지표를 평가하는 몇 가지 기법은 다음과 같다.
  - **인간 평가**: 검색된 컨텍스트의 제한을 고려하면서 생성된 응답과 쿼리의 관련성을 평가할 수 있다. 리커트 척도로 관련성을 평가하거나 비교 판단(예: 복수 응답 순위 매기기)을 제공할 수 있다.
  - **자동화된 지표**:
    - 질문-답변 유사도: 쿼리와 생성된 응답 간의 의미론적 유사도는 임베딩 기반 기법(예: 코사인 유사도)이나 다른 유사도 측정 기준을 사용해 측정할 수 있다.
    - 과업별 지표: 특정 응용에 따라 과업별 지표를 사용할 수 있다. 예를 들어 QA 시나리오에서는 EM 또는 F1 점수와 같은 지표를 사용해 생성된 답변과 골드 스탠다드 답변 간의 중첩을 측정할 수 있다.
    - 정보 검색 지표: 생성된 응답을 검색된 문서로 간주하고, 질문-답변 쌍에 대한 관련성 판단이 있다고 가정해 전통적인 정보 검색 지표인 정밀도, 재현율, NDCG 등을 사용해 쿼리에 대한 관련성을 평가할 수 있다.

- **컨텍스트 활용도**:

  이 지표는 LLM이 응답을 생성할 때 검색된 컨텍스트를 얼마나 효과적으로 활용하는지에 초점을 맞춘다. 단순히 근거성을 측정하는 것을 넘어, LLM이 맥락에서 정보를 적절하게 통합하고 종합하는지를 평가한다.

  이 지표를 평가하는 몇 가지 기법은 다음과 같다.
  - **인간 평가**: 인간 주석자는 LLM이 검색된 컨텍스트를 사용하는 정도를 평가해 모델이 컨텍스트를 덜 활용하거나 과도하게 의존하는 인스턴스를 식별할 수 있다.
  - **자동화된 지표**:
    - 기여도 분석(attribution analysis): 어텐션 시각화나 경사 기반 기여도와 같은 기법을 사용해 생성 중에 LLM이 검색된 컨텍스트의 어느 부분에 가장 주의를 기울이는지 식별할 수 있다.
    - 컨텍스트 절제(context ablation): 컨텍스트 일부를 제거하거나 수정했을 때 응답이 어떻게 변하는지 측정하는 방법이다. 이를 통해 컨텍스트의 어떤 부분이 가장 큰 영향을 미치는지 파악할 수 있다.

예를 들어, NLI 모델을 사용해 근거성 평가를 수행해 보자. 이 예시에서는 transformers 라이브러리를 사용할 것이다.

1. 먼저 다음 명령어를 실행해 transformers 라이브러리를 설치한다. 이 라이브러리는 NLI와 같은 사전 훈련된 트랜스포머 모델을 다루는 도구를 제공한다. 필요한 모듈도 임포트한다.

```
pip install transformers torch

from transformers import (AutoTokenizer, AutoModelForSequenceClassification)
import torch
```

2. 그런 다음 쿼리, 생성된 답변, 검색된 컨텍스트를 나타내는 샘플 데이터를 정의한다.

```
query = "프랑스의 수도는 어디인가?"
answer = "프랑스의 수도는 파리다. 파리는 예술, 패션, 미식, 문화의 세계적인 중심지다."
context = """
파리는 프랑스의 수도다. 북부 프랑스의 센강에 위치해 있다.
파리의 면적은 105제곱킬로미터이며, 인구는 200만 명이 넘는다.
프랑스는 서유럽에 위치한 나라다.
"""
```

3. 사전 훈련된 NLI 모델과 해당 토크나이저를 로드한다. 여기서는 roberta-large-mnli 모델을 사용하고 있으며, 이는 MultiNLI 데이터셋으로 파인튜닝된 RoBERTa 모델이다.

```
model_name = "roberta-large-mnli"
tokenizer = AutoTokenizer.from_pretrained(model_name)
model = AutoModelForSequenceClassification.from_pretrained(model_name)
```

4. 그런 다음 calculate_claim_groundedness라는 함수를 정의해, 주어진 컨텍스트가 주장(생성된 답변의 문장)을 함의하는 정도를 점수로 계산한다.

```
def calculate_claim_groundedness(context, claim):
    """주어진 컨텍스트가 단일 주장을 함의할 확률(함의 점수)을 계산한다."""
    inputs = tokenizer(context, claim, truncation=True, return_tensors="pt")
    outputs = model(**inputs)
    probs = torch.softmax(outputs.logits, dim=1)
    entailment_prob = probs[0][2].item()  # 라벨 2가 함의에 해당한다고 가정
    return entailment_prob
```

5. 또한 전체 생성된 답변에 대한 전반적인 근거성 점수를 계산하는 calculate_groundedness 함수를 정의한다. 이 함수는 답변을 문장으로 분할하고, 각 문장에 대해 함의 점수를 계산해 평균을 낸다.

```python
def calculate_groundedness(context, answer):
    """생성된 답변의 전체 근거성 점수를 계산한다."""
    claims = answer.split(". ")  # 간단한 문장 분할
    if not claims:
        return 0
    claim_scores = []
    for claim in claims:
        if claim:
            score = calculate_claim_groundedness(context, claim)
            claim_scores.append(score)
    return (
        sum(claim_scores) / len(claim_scores)
        if claim_scores
        else 0
    )
```

6. 마지막으로, 샘플 데이터에 대한 전체적인 근거 점수를 계산하고 출력한다.

```python
groundedness_score = calculate_groundedness(context, answer)
print(f"근거성 점수: {groundedness_score:.3f}")
```

29.5.2 검색의 영향 측정에서의 도전 과제

이제 예제를 봤으니, RAG 시스템의 평가 과정에서 마주하는 주요 과제들을 살펴보자.

- **정답 정의**: 근거성과 답변 관련성에 대한 정답을 결정하는 것은 복잡하거나 미묘한 쿼리를 다룰 때 특히 도전적이고 주관적일 수 있다.
- **오류 원인 규명**: 생성된 응답의 오류가 부실한 검색 때문인지, LLM의 한계 때문인지, 혹은 그 둘의 조합 때문인지 판단하기 어려울 수 있다.
- **계산 비용**: 특히 더 큰 LLM을 사용하거나 인간 평가를 수행할 때, 검색이 생성에 미치는 영향을 평가하면 계산 비용이 많이 든다.
- **주석자 간 합의**: 인간 평가를 사용할 때, 근거성 및 관련성과 같은 주관적 판단에 대해 높은 주석자 간 합의를 보장하는 것은 어려울 수 있다.

RAG 시스템의 개별 구성요소(검색과 생성)를 따로 평가하는 것도 중요하지만, 처음 질의에서부터 최종 응답 생성까지 전 과정을 아우르는 방식으로 성능을 살펴보는 것도 필요하다. 다음에서는 그 전체 흐름을 평가하는 방법을 알아보자.

29.6 RAG 시스템의 종단 간 평가

RAG 시스템의 개별 구성요소(검색과 생성)를 평가하는 것도 중요하지만, 초기 사용자 질의부터 최종 응답 생성까지 전체 과정을 아우르는 종단 간(end-to-end) 평가도 필수적이다. 종단 간 평가를 통해 전체 RAG 파이프라인을 고려하면, 시스템의 효과성을 보다 전체적인 관점에서 파악할 수 있다.

몇 가지 전체적인 지표를 살펴보자.

- **과업 성공**: 과업 지향적인 RAG 시스템(예: QA 시스템, 대화)의 경우, 전체 과업 성공률을 측정할 수 있다. 이는 생성된 응답이 의도한 과업을 성공적으로 완수했는지를 판단하는 것을 포함한다.

  이 지표를 평가하기 위한 몇 가지 기법이다.
  - **자동화된 평가**: 일부 과업의 경우, 과업 성공을 자동으로 평가할 수 있다. 예를 들어, QA에서는 생성된 답변이 골드 스탠다드 답변과 일치하는지 확인할 수 있다.
  - **인간 평가**: 더 복잡한 과업의 경우, RAG 시스템이 과업의 목표를 성공적으로 달성했는지 판단하기 위해 인간 평가가 필요할 수 있다.

- **답변 품질**: 이 지표는 정확도, 관련성, 유창성, 일관성, 근거성과 같은 요소를 고려해 생성된 응답의 전반적인 품질을 평가한다.

  이 지표를 평가하기 위한 몇 가지 기법이다.
  - **인간 평가**: 인간 심사자는 생성된 응답의 전반적인 품질을 리커트 척도로 평가하거나 여러 품질 차원을 고려한 더 상세한 평가 기준을 사용해 평가할 수 있다.
  - **자동화된 지표**: 답변의 품질은 완전히 자동화하기 어려운 경우가 있지만, 답변 품질의 일부 측면은 다음과 같은 지표를 사용해 근사화될 수 있다.
    - ROUGE/BLEU: 생성된 응답과 참조 답변 간의 겹침을 측정한다(가능한 경우)
    - 당혹도(perplexity): LLM이 생성된 응답을 얼마나 잘 예측하는지를 측정한다(일반적으로 당혹도가 낮을수록 더 좋다)
    - 근거성 지표(NLI, QA 기반): 검색된 컨텍스트와 응답의 사실적 일관성을 평가한다
    - 관련성 지표: 쿼리와 생성된 응답 간의 유사성을 측정한다

이제 RAG 시스템을 평가할 수 있는 몇 가지 방법을 살펴보자.

29.6.1 평가 전략

RAG 시스템은 블랙박스 평가, 글래스박스 평가, 구성 요소별 평가, 제거 연구 등 다양한 방식으로 평가할 수 있으며, 평가 방식에 따라 시스템 성능을 바라보는 관점도 달라진다.

블랙박스 평가(black-box evaluation)에서는 전체 RAG 시스템을 단일 단위로 취급한다. 평가자는 입력 질의를 제공하고 중간 검색이나 생성 단계를 분석하지 않고 최종 생성된 응답만 평가한다. 이 접근법은 전체 시스템 성능을 측정하고 다른 RAG 구현을 비교하는 데 특히 유용하며, 내부 메커니즘에 깊이 들어갈 필요가 없다.

글래스박스 평가는 이와 대조적으로 RAG 시스템의 내부 작동을 상세히 살펴보는 과정이다. 이 방법은 검색된 컨텍스트, LLM의 주의 패턴, 중간 생성 단계를 분석한다. 이러한 요소들을 해부함으로써 시스템의 강점과 약점을 식별하고, 오류의 원인을 정확히 짚어내며, 정밀한 개선 방향에 대한 통찰을 얻을 수 있다.

보다 세분화된 접근 방식은 검색과 생성 구성 요소를 개별적으로 평가하는 구성 요소별 평가다. 검색 성능은 일반적으로 Recall@k 및 NDCG와 같은 지표를 사용해 측정되며, 생성된 텍스트의 품질은 BLEU 및 ROUGE와 같은 지표를 사용하거나 검색된 고정된 문서 집합을 기반으로 사람의 판단을 통해 평가된다. 이 방법은 개별 구성 요소 내에서 성능 문제를 분리하고 진단하는 데 특히 효과적이다.

마지막으로, 제거 연구(ablation studies)는 다양한 구성 요소가 전체 시스템 효율성에 미치는 영향을 체계적으로 측정하는 방법이다. 검색 유무에 따른 성능 테스트 또는 다양한 검색 및 생성 모델 교체 등 RAG 시스템의 특정 부분을 제거하거나 수정함으로써 연구자들은 각 구성 요소가 시스템의 기능과 전반적인 성능에 어떻게 기여하는지를 더 잘 이해할 수 있다.

29.6.2 종단 간 평가의 도전 과제

RAG 시스템을 전체적으로 평가하려면 여러 도전 과제를 마주하게 된다. 특히, 검색과 생성 구성 요소 간의 복잡한 상호작용을 평가할 때 그 어려움이 두드러진다. 주요 과제는 다음과 같다.

- **정답(ground truth) 정의**: 개방형 과업이나 복잡한 응답 생성을 요구하는 과업에서는 정답을 명확히 정의하기 어렵고, 경우에 따라 불가능할 수도 있다.

- **오류 원인 규명**: 잘못된 응답이나 품질이 낮은 응답이 생성되었을 때, 그 원인이 검색 단계에 있었는지 생성 단계에 있었는지를 판단하기 쉽지 않다.
- **컴퓨팅 비용**: 종단 간 평가에는 많은 계산 자원이 필요하며, 특히 더 큰 LLM을 활용하거나 대규모 인간 평가를 수행할 경우 그 부담이 더욱 커진다.
- **재현성**: 검색과 생성 간의 복잡한 상호작용, 그리고 비결정적 검색 메커니즘이나 확률 기반 디코딩 전략을 사용할 가능성 때문에, 동일한 입력을 사용해도 실행할 때마다 결과가 달라질 수 있다. 이로 인해 결과를 일관되게 재현하기가 어렵다.

다음으로는, 관련성, 일관성, 사실 정확성 등 자동화된 평가지표로는 포착하기 어려운 미묘한 요소들을 평가할 수 있는 인간 평가의 역할에 주목해 보자. 이는 자동 평가 방법을 효과적으로 보완할 수 있다.

29.7 RAG에 대한 인간 평가 기법

자동화된 지표를 통해 유용한 통찰을 얻을 수 있지만, RAG 시스템의 전반적인 품질과 효과를 평가하는 데는 여전히 사람의 평가가 가장 중요한 기준이다. 사람의 판단은 검색된 정보의 미묘한 관련성, 생성된 텍스트의 일관성과 유창성, 그리고 사용자의 필요를 다루는 응답의 전반적인 유용성과 같은 자동화된 지표로는 포착하기 어려운 측면을 평가하는 데 특히 중요하다.

인간 평가자는 RAG 시스템 성능의 다양한 측면을 평가할 수 있다.

- **관련성(relevance)**: 생성된 응답이 사용자의 쿼리에 얼마나 관련성이 있는가? 쿼리에서 표현된 구체적인 정보의 필요성을 다루는가?
- **근거성(groundedness)/신빙성(faithfulness)**: 생성된 응답이 검색된 컨텍스트에 의해 사실적으로 뒷받침되는가? 제공된 정보와 상충하거나 모순되지 않는가?
- **일관성(coherence)과 유창성(fluency)**: 생성된 응답이 잘 구성돼 있고, 이해하기 쉬우며, 문법적으로 올바르고 자연스러운 언어로 작성됐는가?
- **유용성(helpfulness)**: 답변이 검색된 컨텍스트의 한계를 고려해 사용자의 쿼리에 대해 유용하고 만족스러운 답변을 제공하는가?
- **컨텍스트 활용도(context utilization)**: 시스템이 응답을 생성할 때 검색된 컨텍스트를 얼마나 효과적으로 활용하는가? 여러 출처의 정보를 적절하게 통합하고 종합하는가?
- **출처 표시(attribution)**: 시스템이 검색된 컨텍스트에서 생성된 주장을 뒷받침하는 명확한 인용 또는 출처 링크를 제공하는가?

RAG 시스템의 인간 평가에는 다음과 같은 방법을 사용할 수 있다.

- **평가 척도(rating scales) 또는 리커트 척도(Likert scales)**: 주석자들은 생성된 응답의 다양한 측면(예: 관련성, 근거성, 유창성)을 1(낮음 품질)에서 5(우수한 품질)까지의 숫자 척도로 평가한다.
  - **장점**: 구현이 간단하며 데이터를 수집하고 집계하기 쉽다.
  - **단점**: 주관적일 수 있고, 주석자 편향에 취약하며, 미묘한 차이를 포착하지 못할 수 있다.
- **비교 평가(순위 매기기/최고 – 최악 척도)**: 주석자는 동일한 쿼리에 대한 여러 RAG 시스템 출력을 보고, 전반적인 품질 또는 특정 기준에 따라 순위를 매긴다.
- **최고-최악 척도법**: 출력 집합에서 가장 좋은 항목과 가장 나쁜 항목을 골라내는 비교 평가 방식이다.
  - **장점**: 절대 평가보다 더 신뢰할 수 있고 시스템 간의 상대적 차이를 효과적으로 포착한다.
  - **단점**: 평가 척도보다 구현이 더 복잡하고 주석자의 더 많은 노력이 필요하다.
- **과업 기반 평가**: 주석자는 질문에 대한 답을 찾거나 요약문을 작성하거나 대화를 나누는 등 RAG 시스템을 사용해 특정 과업을 완료하도록 요청받는다. RAG 시스템의 품질은 주석자가 과업을 성공적으로 완료할 수 있는 능력과 시스템 성능에 대한 만족도를 기준으로 평가된다.
  - **장점**: 더 현실적이고 사용자 중심적이며 시스템의 유용성을 직접적으로 측정한다
  - **단점**: 설계와 구현이 더 복잡하고 시간이 많이 소요될 수 있으며 비용이 많이 든다.
- **자유 형식 피드백**: 주석자는 RAG 시스템 출력의 장단점에 대한 개방형 피드백을 제공한다.
  - **장점**: 상세한 통찰과 개선 제안을 포착하고 예상치 못한 문제를 발견할 수 있다.
  - **단점**: 분석과 정량화가 더 어렵고 주관적이고 비일관적일 수 있다.

29.7.1 인간 평가를 위한 모범 사례

인간 평가의 신뢰성과 공정성을 보장하기 위해 고려할 모범 사례는 다음과 같다.

- **명확한 지침**: 주석자에게 평가 기준과 주석 절차를 정의하는 명확하고 상세한 지침을 제공한다.
- **훈련 및 보정**: 주석자를 과업에 대해 훈련시키고 예시 주석을 사용해 그들의 판단을 보정한다.
- **주석자 간 합의**: 주석자 간 합의를 측정해(예: 코헨의 카파 또는 플라이스 카파 사용) 주석의 신뢰성을 보장한다.
- **파일럿 연구**: 대규모 평가를 시작하기 전에 평가 프로토콜을 개선하고 잠재적인 문제를 식별하기 위해 파일럿 연구를 수행한다.
- **복수 주석자**: 각 항목에 여러 개 명의 주석자를 두어 개인적 편향을 완화하고 평가의 강건성을 향상한다.

- **다양한 주석자 풀**: 다양한 주석자 풀을 모집해 더 폭넓은 관점을 포착하고 잠재적 편견을 줄인다.
- **품질 관리**: 주석에서 오류나 비일관성을 식별하고 수정하는 메커니즘을 구현한다.

29.7.2 인간 평가의 도전 과제

LLM을 기반으로 구축된 RAG 시스템의 성능을 평가하는 데는 고유한 어려움이 있다. 여기서는 이러한 시스템에 대해 신뢰할 수 있고 일관되며 의미 있는 인간 평가를 수행할 때 직면하는 주요 장애물에 대해 간략하게 설명한다.

- **비용과 시간**: 인간 평가는 비용과 시간이 많이 든다. 대규모 평가의 경우 특히 그렇다.
- **주관성**: 사람의 판단은 주관적일 수 있고 개인적 선호도와 편향에 영향받을 수 있다.
- **주석자 훈련과 전문성**: 주석자가 적절히 훈련받고 RAG 시스템 성능을 평가하는 데 필요한 전문성을 갖추도록 하는 것은 도전적일 수 있다.
- **재현성**: 인간 판단에는 본래 가변성이 있기 때문에, 동일한 평가를 다시 수행하기는 쉽지 않다.

다음 섹션에서는 RAG 시스템 평가에서 표준화된 벤치마크와 데이터셋의 역할을 살펴보고, 주요 벤치마크, 평가 기준, 과제를 중점적으로 소개한다.

29.8 RAG 평가용 벤치마크와 데이터셋

표준화된 벤치마크와 데이터셋은 RAG 연구 및 개발의 발전을 이끄는 데 중요한 역할을 한다. 다양한 RAG 시스템을 평가하고 비교할 수 있는 공통 기반을 제공하며, 모범 사례를 식별하고 시간에 따른 발전을 추적하는 데 도움이 된다.

몇 가지 주요 벤치마크와 데이터셋을 살펴보자.

- **KILT(Knowledge Intensive Language Tasks)**: QA, 사실 검증, 대화, 엔티티 연결을 포함한 지식 집약적 언어 과업을 평가하기 위한 종합적인 벤치마크
  - **데이터 소스**: 위키백과에 기반하며, 모든 작업에 대해 통일된 형식을 사용
  - **강점**: 다양한 과업을 제공하고, 검색과 생성을 모두 평가할 수 있으며, 표준화된 평가 프레임워크를 포함
  - **제한 사항**: 주로 위키백과를 기반으로 하며, 실제 세계의 다양한 지식 출처를 반영하지 못할 수 있음

- **NQ(Natural Questions)**: 구글 검색엔진에 실제로 입력된 사용자 쿼리에서 수집한 대규모 QA 데이터셋
  - **데이터 소스**: 질문과 위키백과 문서(해당 질문에 대한 답변을 포함하는 것) 쌍으로 구성
  - **강점**: 현실적인 쿼리, 대규모, 짧고 긴 답변 주석 모두 포함
  - **한계**: 주로 사실형 질문에 중점을 두기 때문에 더 복잡한 추리나 생성 과업을 평가하는 데 적합하지 않을 수 있음
- **TriviaQA**: 질문·답변·증거로 구성된 질의응답 데이터셋
  - **데이터 소스**: 퀴즈 애호가들로부터 수집한 것으로, 웹과 위키백과 증거 문서를 모두 포함
  - **강점**: 여러 증거 문서를 읽고 이해해야 하므로 NQ보다 더 어려움
  - **한계**: 주로 사실에 기반한 질문에 초점을 맞추고 있어, 퀴즈 질문의 글쓰기 스타일이 실제 사용자 쿼리를 대표적이지 않을 수 있음
- **ELI5(Explain Like I'm Five)**: 사용자가 복잡한 주제에 대해 간단한 설명을 요청하는 레딧 포럼 Explain Like I'm Five의 질문과 답변의 데이터셋
  - **데이터 소스**: 레딧에서 수집됐으며, 다양한 주제에 대한 질문과 답변을 포함
  - **강점**: 긴 형식의 설명형 답변에 중점을 두어 RAG 시스템의 생성 능력을 평가하는 데 적합
  - **한계**: 답변의 품질과 정확도가 다양할 수 있으며, 주의 깊은 필터링이나 주석이 필요할 수 있음
- **ASQA**: 최초의 장문 QA 데이터셋으로, 모호한 질문을 통합
  - **데이터 소스**: 여러 개의 모호한 질문을 통합해 처음부터 구축한 데이터셋
  - **강점**: 장문의 질의응답 과업 평가에 도움이 될 수 있음
  - **제한 사항**: 처음부터 고품질 데이터셋을 구축하기가 어려울 수 있음
- **MS MARCO(Microsoft Machine Reading Comprehension)**: 기계 독해 및 이해를 위한 대규모 데이터셋
  - **데이터 소스**: Bing 검색 엔진에 전송된 실제 익명 사용자 쿼리와 인간이 생성한 답변 및 관련 구절을 포함
  - **강점**: 구절 수준과 전체 문서 주석을 모두 포함하는 대규모의 다양한 쿼리 및 답변 세트를 제공
  - **한계**: 주로 추출형 QA에 중점을 두고 있어 RAG 시스템의 생성 능력을 평가하기에 적합하지 않을 수 있음
- **SQuAD(Stanford Question Answering Dataset)**: 독해 능력 평가에 널리 사용되는 데이터셋으로, 위키백과 문서를 바탕으로 크라우드소싱 참여자들이 만든 질문으로 구성된다.
  - **데이터 소스**: 질문·단락·답변을 포함하며, 여기서 답변은 단락의 텍스트 스팬임
  - **강점**: 대규모로 잘 확립된 독해 벤치마크
  - **한계**: 주로 추출형 QA에 초점을 맞추고 있어 RAG 시스템의 생성 능력을 평가하기에 적합하지 않을 수 있음

예를 들어, KILT 데이터셋을 사용해 RAG 시스템을 평가하는 방법을 설명해 보겠다. 이를 위해 파이썬에서 KILT 라이브러리를 사용할 것이다.

1. 다음 코드를 실행해 kilt 라이브러리를 설치하고 필요한 모듈을 가져온다.

```
pip install kilt==0.5.5

from kilt import kilt_utils as utils
from kilt import retrieval
from kilt.eval import answer_evaluation, provenance_evaluation
```

2. 다음으로, WoW(Wizard of Wikipedia) 데이터셋과 같은 특정 KILT 과업을 다운로드한다.

```
# WoW 데이터셋 다운로드
utils.download_dataset("wow")
```

3. 그런 다음, 다운로드한 데이터셋을 메모리에 로드한다.

```
# 데이터셋 로드
wow_data = utils.load_dataset("wow", split="test")
```

4. RAG 검색 구성 요소의 행동을 시뮬레이션하는 더미 RAG 함수를 정의한다. 데모용으로 각 쿼리에 대해 고정된 위키백과 페이지 집합을 반환한다. 실제 시나리오에서는 이것을 실제 RAG 검색 구현으로 대체할 수 있다.

```
class DummyRetriever(retrieval.base.Retriever):
    def __init__(self, k=1):
        super().__init__(num_return_docs=k)
        self.k = k

    # 쿼리를 기반으로 위키백과 페이지(또는 전체 데이터셋)를 검색한다
    def retrieve(self, query, start_paragraph_id=None):
        # 더미 검색: 각 쿼리에 대해 동일한 페이지 집합을 반환한다
        dummy_pages = [
            {
                "wikipedia_id": "534366",
                "start_paragraph_id": 1,
                "score": self.k,
                "text": "파리는 프랑스의 수도다."
            },
            {
                "wikipedia_id": "21854",
                "start_paragraph_id": 1,
                "score": self.k-1,
```

```
                "text": "모나리자는 레오나르도 다 빈치(Leonardo da Vinci)가 그렸다."
            },
            {
                "wikipedia_id": "37267",
                "start_paragraph_id": 1,
                "score": self.k-2,
                "text": "에베레스트 산은 세계에서 가장 높은 산이다."
            }
        ]
        return dummy_pages[:self.k]

# 사용 예시
retriever = DummyRetriever(k=2)
```

5. RAG 생성 컴포넌트의 행동을 시뮬레이션하는 더미 RAG 생성 함수를 정의한다. 데모용으로 각 쿼리에 대해 고정된 답변을 반환한다. 실제 시나리오에서는 이를 실제 LLM 기반 생성 구현으로 대체한다.

```
def dummy_generate(query, retrieved_pages):
    """각 쿼리에 대해 고정된 답변을 반환해 RAG 생성을 시뮬레이션"""
    if "프랑스의 수도" in query:
        return "파리"
    elif "모나리자" in query:
        return "레오나르도 다빈치"
    elif "가장 높은 산" in query:
        return "에베레스트산"
    else:
        return "모르겠습니다."
```

6. 더미 검색 및 생성 함수를 사용해 데이터셋에서 더미 RAG 파이프라인을 실행하고, 생성된 예측을 수집한다.

```
predictions = []
for element in wow_data[:10]:
    query = element["input"]
    retrieved_pages = retriever.retrieve(query)
    # 요소에 출처 정보를 추가
    element["output"] = [{"provenance": retrieved_pages}]
    generated_answer = dummy_generate(query, retrieved_pages)
    # 생성된 답변을 요소에 추가
    element["output"][0]["answer"] = generated_answer
    predictions.append(element)
```

7. 마지막으로, KILT 평가 함수를 사용해 생성된 예측을 평가한다. 검색 성능(provenance_evaluation 사용)과 답변 품질(answer_evaluation 사용) 모두 평가된다.

```
kilt_scores = {}
kilt_scores["provenance_MAP@k"] = \
    provenance_evaluation.get_map_at_k(predictions, verbose=False)
kilt_scores["answer_EM"] = answer_evaluation.get_exact_match(
    predictions, verbose=False
)
kilt_scores["answer_F1"] = answer_evaluation.get_f1(predictions, verbose=False)
kilt_scores["answer_ROUGE-L"] = answer_evaluation.get_rouge_l(
    predictions, verbose=False
)
print(kilt_scores)
```

이 예제에서는 KILT 프레임워크를 사용해 RAG 시스템을 평가하는 기본적인 방법을 소개한다. 실제 상황에서는 더미 검색 및 생성 함수를 실제 RAG 구현으로 바꾸고, 평가에 더 많은 데이터셋을 사용해야 한다. 또한 해당 데이터셋을 다운로드하고 로드하면 다른 KILT 과업에도 적용할 수 있다.

벤치마크와 데이터셋을 선택할 때 다음을 고려해야 한다.

- **과업 정렬**: 평가하고 있는 특정 과업에 맞는 벤치마크와 데이터셋을 선택한다(예: QA, 대화, 요약).
- **지식 도메인**: 벤치마크가 다루는 지식 도메인을 고려한다. 일부 벤치마크는 일반 지식(예: 위키백과)을 기반으로 하고, 다른 것들은 특정 도메인(예: 과학 문헌, 의료 기록)에 중점을 둔다
- **검색 설정**: 사용 중인 검색 설정에 적합한 벤치마크를 선택한다(예: 개방형 도메인 검색, 폐쇄형 도메인 검색, 구절 검색, 문서 검색)
- **생성 요구사항**: 과업에 필요한 생성의 유형을 고려한다(예: 추출형 대 요약형, 짧은 답변 대 긴 답변)
- **데이터셋 크기와 품질**: 데이터셋이 통계적으로 유의미한 결과를 제공할 만큼 충분히 크고, 데이터가 높은 품질을 갖추고 있는지 확인한다(예: 정확한 주석과 잘 구성된 질문)
- **평가 지표**: 벤치마크에서 어떤 평가 지표를 사용하는지, 그리고 특정 평가 목표에 적합한지 확인한다.

29.9 요약

이 장에서는 검색 품질과 생성 성능을 평가하기 위한 다양한 지표를 다뤘다. 여기에는 Recall@k, Precision@k, MRR, NDCG와 같은 전통적인 정보 검색 지표뿐만 아니라 근거성, 신빙성, 답변 관련성과 같은 RAG 특화 지표도 포함된다. 이러한 지표를 측정하기 위한 다양한 기법을 탐색했으며, NLI 모델과 QA 기반 모델을 활용한 자동화된 방법과 평정 척도, 비교 판단, 과업 기반 평가를 사용하는 인간 평가 접근법을 포함한다.

자동화된 지표만으로는 평가하기 어려운 RAG 성과의 미묘한 측면을 포착하는 데 있어 인간 평가의 중요한 역할을 강조했다. 또한 명확한 지침 제공, 주석자 훈련, 주석자 간 합의 측정, 파일럿 연구 수행 등 인간 평가를 설계하고 수행하는 모범 사례에 대해서도 논의했다. 실제 환경에서의 배포에서는 자동화된 평가와 인간 평가 간의 절충이 중요하다는 점을 염두에 두어야 한다.

또한, RAG 평가에 널리 사용되는 벤치마크 및 데이터셋(KILT, NQ, TriviaQA, ELI5, ASQA, MS MARCO, SQuAD 등)을 살펴보고 각각의 강점과 한계를 강조하고 다양한 작업 및 도메인에 적합한 벤치마크 선택에 대한 지침을 설명했다.

결론적으로 RAG 시스템 평가는 복잡하면서도 끊임없이 발전하는 분야다. 앞으로 더 정교한 평가 지표를 개발하고, 더 다양하고 난도 높은 벤치마크를 만들며, 인간 평가 방법론을 고도화하는 일은 RAG 연구 개발의 발전을 이끄는 데 계속해서 중요한 역할을 할 것이다.

다음 장에서는 LLM의 에이전트 패턴을 탐구한다. LLM이 어떻게 고급 검색 및 생성 기술을 사용해 추론, 계획, 의사 결정과 관련된 작업을 자율적으로 수행할 수 있는지에 초점을 맞춘다.

30장

에이전틱 패턴

이번 마지막 장에서는 LLM을 사용해 더 자율적이고 목표 지향적인 AI 에이전트를 만드는 패턴을 알아본다. LLM 기반 에이전트에서 목표 설정과 계획, 메모리 구현과 상태 관리, 의사결정과 행동 선택을 위한 전략에 관해 배운다. 에이전틱 LLM 시스템에서의 학습과 적응을 위한 기술을 다루고, 이러한 시스템을 개발할 때 필요한 윤리적 고려 사항과 안전 조치에 대해 논의한다.

이 장을 마치면 독자는 LLM 기반의 정교한 AI 에이전트를 직접 설계하고 구현하며, 자율 AI 시스템의 새로운 가능성을 열 수 있게 된다.

이 장에서는 다음 주제를 다룬다.

- LLM 기반 에이전틱 AI 시스템 개요
- LLM 기반 에이전트에서 목표 설정과 계획
- LLM 에이전트를 위한 메모리 및 상태 관리 구현
- LLM 기반 에이전트에서의 의사결정과 행동 선택
- 에이전틱 LLM 시스템에서의 학습과 적응
- LLM 기반 에이전틱 AI의 윤리적 고려 사항과 안전
- LLM을 사용하는 에이전틱 AI의 향후 전망

30.1 LLM 기반 에이전틱 AI 시스템 소개

에이전틱 AI 시스템은 LLM을 사용해 자율적으로 작동하고, 의사결정을 내리며, 특정 목표를 달성하기 위해 행위를 하도록 설계됐다. 이러한 시스템은 LLM의 강력한 언어 이해 및 생성 능력을 목표 지향적 행동 및 환경 상호작용과 결합한다.

LLM 기반 에이전트의 기본 구조를 구현해 보자.

```python
from typing import List, Dict, Any
import random

class LLMAgent:
    def __init__(self, llm, action_space: List[str]):
        self.llm = llm
        self.action_space = action_space
        self.memory = []
        self.current_goal = None
```

여기서 `LLMAgent` 클래스는 LLM(`llm`)과 가능한 행동(`action_space`) 목록으로 초기화된다. 또한 관찰의 메모리와 `current_goal`을 유지하며, 이는 에이전트의 행위를 안내하는 데 사용된다.

```python
    def set_goal(self, goal: str):
        self.current_goal = goal

    def perceive(self, observation: str):
        self.memory.append(observation)
```

여기에서는 두 메서드를 정의한다. `set_goal`은 에이전트가 목표를 설정할 수 있게 하고, `perceive`는 에이전트가 환경으로부터 관찰을 받아들여 자체 메모리에 저장할 수 있게 한다.

다음으로, `think` 메서드를 사용해 에이전트의 목표와 최근 관찰에 기반한 철저한 프로세스를 생성한다.

```python
    def think(self) -> str:
        context = f"목표: {self.current_goal}\n"
        context += "최근 관찰:\n"
```

```
        context += "\n".join(self.memory[-5:])   # 최근 5번의 관찰
        context += "\n현재 상황과 목표에 대해 생각해라. 다음에 무엇을 해야 할까?"
        return self.llm.generate(context)
```

에이전트는 언어 모델에 현재 목표와 마지막 다섯 개의 관찰을 포함한 컨텍스트 문자열을 제공하고 다음 단계에 대한 조언을 구한다.

에이전트가 생각을 갖고 나면, 그다음 행동을 결정해야 한다. decide 메서드는 생각을 사용해 컨텍스트를 생성하고, LLM에게 사용 가능한 옵션 중에서 최선의 행동을 선택하도록 요청한다.

```
    def decide(self, thought: str) -> str:
        context = f"생각: {thought}\n"
        context += "이 생각을 바탕으로, 다음 중 가장 적절한 행동을 선택하라.\n"
        context += ", ".join(self.action_space)
        context += "\n선택한 행동:"
        return self.llm.generate(context)
```

그런 다음, act 메서드는 무작위로 결과(성공, 실패 또는 예상치 못한 결과)를 선택해 행동을 시뮬레이션한다. 실제 시나리오에서는 환경과 상호작용하는 것을 포함한다.

```
    def act(self, action: str) -> str:
        outcomes = [
            f"행동 '{action}'이 성공했다.",
            f"행동 '{action}'이 실패했다.",
            f"행동 '{action}'이 예상치 못한 결과를 낳았다."
        ]
        return random.choice(outcomes)
```

마지막으로, run_step 메서드는 사고, 결정, 행동, 결과 인식을 전체적으로 조율해 환경과의 상호작용 주기를 완성한다.

```
    def run_step(self):
        thought = self.think()
        action = self.decide(thought)
        outcome = self.act(action)
        self.perceive(outcome)
        return thought, action, outcome
```

이제 기본 원리을 이해했으니, 이러한 개념을 코드로 구현해 보자.

기본적인 LLM 기반 에이전트를 구현해 자율적인 작동을 위한 핵심 구조를 확립하자. 에이전트는 가상의 언어 모델(llm)과 일련의 행동으로 초기화된다. 목표를 설정하고 환경을 인식해 상호작용을 시작한다.

```
# 사용 예
llm = SomeLLMModel()  # 실제 LLM으로 교체
action_space = ["이동", "잡기", "놓기", "사용", "대화"]
agent = LLMAgent(llm, action_space)
agent.set_goal("열쇠를 찾아 문을 열어라")
agent.perceive("당신은 테이블과 의자가 있는 방에 있다. 테이블에 서랍이 있다.")
```

다음 for 루프에서 에이전트는 다섯 단계 동안 실행되며, 각 생각, 행동, 결과가 출력돼 에이전트가 환경과 상호작용하는 방식을 시간에 따라 보여준다.

```
for _ in range(5):  # 5단계 실행
    thought, action, outcome = agent.run_step()
    print(f"생각: {thought}")
    print(f"행동: {action}")
    print(f"결과: {outcome}")
    print()
```

에이전트 행동의 기초를 다졌으니 더 발전된 기능을 살펴보자. 다음 섹션에서는 목표 설정과 계획에 중점을 두어, 에이전트가 복잡한 목표를 능동적으로 달성하도록 한다.

30.2 LLM 기반 에이전트에서의 목표 설정과 계획

에이전트를 더 정교한 목표 설정과 계획 기능으로 강화하기 위해, 계층적인 목표 구조와 계획 메커니즘을 구현하자.

먼저, `HierarchicalGoal` 클래스를 정의해 에이전트가 큰 과업을 더 작은 하위 목표로 나누도록 한다.

```
class HierarchicalGoal:
    def __init__(self, description: str, subgoals: List['HierarchicalGoal'] = None):
```

```python
        self.description = description
        self.subgoals = subgoals or []
        self.completed = False

    def add_subgoal(self, subgoal: 'HierarchicalGoal'):
        self.subgoals.append(subgoal)

    def mark_completed(self):
        self.completed = True
```

에이전트는 이러한 하위 목표를 단계별로 완료할 수 있으며, 완료되면 각각을 완료로 표시한다.

다음으로, PlanningAgent 클래스가 있다. 이 클래스는 LLMAgent를 상속하지만 계층적으로 목표를 다룰 수 있는 기능을 추가한다. 목표를 스택에 저장하고, 하위 목표가 완료되면 처리한다.

```python
class PlanningAgent(LLMAgent):
    def __init__(self, llm, action_space: List[str]):
        super().__init__(llm, action_space)
        self.goal_stack = []
        self.current_plan = []

    def set_hierarchical_goal(self, goal: HierarchicalGoal):
        self.goal_stack = [goal]
```

think 메서드는 이제 계획도 포함한다. 현재 계획이 없으면, 현재 목표를 달성하기 위한 단계별 계획을 생성하도록 LLM에 요청한다.

```python
    def think(self) -> str:
        if not self.current_plan:
            self.create_plan()
        context = f"현재 목표: {self.goal_stack[-1].description}\n"
        context += "현재 계획:\n"
        context += "\n".join(self.current_plan)
        context += "\n최근 관찰:\n"
        context += "\n".join(self.memory[-5:])
        context += "\n현재 상황, 목표, 계획에 대해 생각해라. 다음에 무엇을 해야 하는가?"

        return self.llm.generate(context)
```

그런 다음, `create_plan` 메서드는 현재 목표와 행동 목록을 LLM에 프롬프팅해 계획을 생성한다. 생성된 계획은 개체 단계로 나뉜다.

```python
def create_plan(self):
    context = f"목표: {self.goal_stack[-1].description}\n"
    context += "이 목표를 달성하기 위한 단계별 계획을 세운다. 각 단계는 다음 목록에서의 행동이어야 한다.\n"
    context += ", ".join(self.action_space)
    context += "\n계획."
    plan_text = self.llm.generate(context)
    self.current_plan = [
        step.strip() for step in plan_text.split("\n")
        if step.strip()
    ]
```

`update_goals` 메서드는 현재 목표의 완전성을 확인한다. 목표가 완전하면 다음 목표나 하위 목표로 이동하고 계획을 적절히 재설정한다.

```python
def update_goals(self):
    current_goal = self.goal_stack[-1]
    if current_goal.completed:
        self.goal_stack.pop()
        if self.goal_stack:
            self.current_plan = []  # 다음 목표를 위한 계획을 초기화
    elif current_goal.subgoals:
        next_subgoal = next(
            (
                sg for sg in current_goal.subgoals
                if not sg.completed
            ),
            None
        )
        if next_subgoal:
            self.goal_stack.append(next_subgoal)
            self.current_plan = []  # 새로운 하위 목표를 위한 계획을 초기화
```

`run_step` 메서드는 목표 설정과 계획 프로세스를 조정하고, 필요에 따라 목표를 업데이트한다.

```python
def run_step(self):
    thought, action, outcome = super().run_step()
    self.update_goals()
    return thought, action, outcome
```

예를 들어 보겠다.

다음 코드에서 에이전트는 '방 탈출'을 위한 계층적 목표를 갖는다. 에이전트가 여러 단계를 거치면서, 열쇠를 찾고 문을 여는 것과 같은 하위 목표를 통해 작동하며, 각 단계는 에이전트의 내부 목표 스택과 계획을 업데이트한다.

```python
planning_agent = PlanningAgent(llm, action_space)

main_goal = HierarchicalGoal("방에서 탈출")
main_goal.add_subgoal(HierarchicalGoal("열쇠 찾기"))
main_goal.add_subgoal(HierarchicalGoal("잠긴 문 열기"))

planning_agent.set_hierarchical_goal(main_goal)
planning_agent.perceive("당신은 테이블과 의자가 있는 방에 있다. 테이블에 서랍이 있다.")

for _ in range(10):  # 10단계 실행
    thought, action, outcome = planning_agent.run_step()
    print(f"생각: {thought}")
    print(f"행동: {action}")
    print(f"결과: {outcome}")
    print(f"현재 목표: {planning_agent.goal_stack[-1].description}")
    print()
```

실세계 응용에서 AI 에이전트 계획은 LLM의 비현실적이거나 안전하지 않거나 제약을 위반하는 계획 생성 가능성 때문에 제약과 검증이 필요하다. 따라서 규칙 기반 시스템, 시뮬레이션, 인간 참여 검토, 형식 검증, API/타입 검증과 같은 기술이 생성된 계획이 물리적, 법적, 윤리적, 운영적 한계를 준수하도록 보장하는 데 필수적이며, 궁극적으로 안전성, 신뢰성, 효과성을 높인다.

에이전트가 계층적 목표를 추구하는 능력을 입증한 후, 다음 단계는 과거 경험에서 학습할 수 있는 능력을 향상하는 것이다. 다음 섹션에서는 에이전트가 컨텍스트를 유지하고 의사결정을 할 때 관련 정보를 불러올 수 있는 정교한 메모리 시스템을 소개한다.

30.3 LLM 에이전트를 위한 메모리 구현 및 상태 관리

에이전트가 컨텍스트를 유지하고 과거 경험에서 학습하는 능력을 높일 수 있도록 더 정교한 메모리 시스템을 구현하면, 에이전트는 행동을 결정할 때 관련된 과거 관찰을 불러올 수 있다.

먼저, 에이전트의 메모리에 있는 항목을 나타내는 `MemoryEntry` 클래스를 정의한다. 각 항목은 관찰의 텍스트와 해당하는 임베딩 벡터를 포함하며, 이는 유사도 검색에 도움이 된다.

```
from collections import deque
import numpy as np
from sklearn.metrics.pairwise import cosine_similarity

class MemoryEntry:
    def __init__(self, text: str, embedding: np.ndarray):
        self.text = text
        self.embedding = embedding
```

그런 다음, `EpisodicMemory` 클래스를 정의한다. 이는 에이전트의 메모리를 다루며, 고정된 용량(`capacity`)만큼 관찰을 저장한다. 이 메모리는 지정된 한계까지 증가할 수 있으며, 그 시점에서 오래된 항목은 제거된다.

```
class EpisodicMemory:
    def __init__(self, capacity: int, embedding_model):
        self.capacity = capacity
        self.embedding_model = embedding_model
        self.memory = deque(maxlen=capacity)
```

다음 코드에서는 의미론적 유사도 검색을 활용하는 콘텐츠 기반 일화 메모리를 사용한다. 이 메모리는 과거 관찰(일화)을 텍스트와 해당 벡터 임베딩으로 저장하고, 쿼리 임베딩과 저장된 임베딩 간의 의미론적 유사도(코사인 유사도 사용)를 기반으로 관련 메모리를 검색한다.

```
    def add(self, text: str):
        embedding = self.embedding_model.encode(text)
        self.memory.append(MemoryEntry(text, embedding))

    def retrieve_relevant(self, query: str, k: int = 5) -> List[str]:
```

```python
        query_embedding = self.embedding_model.encode(query)
        similarities = [
            cosine_similarity(
                [query_embedding],
                [entry.embedding]
            )[0][0] for entry in self.memory
        ]
        top_indices = np.argsort(similarities)[-k:][::-1]
        return [self.memory[i].text for i in top_indices]
```

`retrieve_relevant` 메서드는 코사인 유사도를 기반으로 가장 관련성 높은 과거 관측치를 검색해 상위 k개의 일치하는 항목을 반환한다.

그런 다음, `MemoryAwareAgent` 클래스를 정의한다. 이 클래스는 일화 메모리 시스템을 통합해 `PlanningAgent`를 확장한다. 이를 통해 에이전트는 의사결정 중에 관련성 있는 과거 경험을 저장하고 검색할 수 있다.

```python
class MemoryAwareAgent(PlanningAgent):
    def __init__(self, llm, action_space: List[str], embedding_model):
        super().__init__(llm, action_space)
        self.episodic_memory = EpisodicMemory(capacity=1000, embedding_model=embedding_model)

    def perceive(self, observation: str):
        super().perceive(observation)
        self.episodic_memory.add(observation)
```

다음 코드에 정의된 `think` 함수는 관련 과거 경험을 포함한다. 에이전트는 현재 목표와 유사한 메모리를 검색하고, 이를 LLM이 다음 행동을 결정할 때 사용할 맥락에 활용한다.

```python
    def think(self) -> str:
        relevant_memories = self.episodic_memory.retrieve_relevant(self.current_goal, k=3)

        context = f"현재 목표: {self.goal_stack[-1].description}\n"
        context += "현재 계획:\n"
        context += "\n".join(self.current_plan)
        context += "\n최근 관찰:\n"
        context += "\n".join(self.memory[-5:])
```

```
            context += "\n관련된 과거 경험:\n"
            context += "\n".join(relevant_memories)
            context += "\n현재 상황, 목표, 계획, 과거 경험을 생각하라. 다음에 무엇을 해야 할까?"

        return self.llm.generate(context)
```

앞의 코드는 AI 에이전트의 의사결정 과정을 구현한다. 먼저 현재 목표를 바탕으로 관련 메모리를 검색한다. 그런 다음 목표, 현재 계획, 최근 관찰, 검색된 메모리를 포함한 포괄적인 맥락을 LLM에 제공한다. 마지막으로 LLM이 이 맥락 정보를 바탕으로 에이전트의 다음 행동이나 생각을 결정하는 응답을 생성한다.

메모리 인식 에이전트의 예제 사용을 살펴보자. 이 예제에서 에이전트는 메모리 기능이 강화됐다. 이제 과거 경험을 의사결정의 근거로 활용해 행동을 수행한다.

```
embedding_model = SomeEmbeddingModel()   # 실제 임베딩 모델로 교체
memory_agent = MemoryAwareAgent(llm, action_space, embedding_model)

main_goal = HierarchicalGoal("퍼즐을 해결하라")
memory_agent.set_hierarchical_goal(main_goal)
memory_agent.perceive("당신은 벽에 복잡한 퍼즐이 있는 방에 있다.")
```

에이전트는 메모리 시스템을 활용해 현재 관찰과 과거 경험을 바탕으로 더 나은 의사결정을 하며 10단계에 걸쳐 환경과 상호작용한다.

```
for _ in range(10):   # 10단계 실행
    thought, action, outcome = memory_agent.run_step()
    print(f"생각: {thought}")
    print(f"행동: {action}")
    print(f"결과: {outcome}")
    print()
```

이제 에이전트가 과거 경험을 기억하고 회상할 수 있게 됐으므로, 더 나은 의사결정에 집중하자. 다음 섹션에서는 행동 선택에 대한 구조화된 접근 방식을 소개해, 에이전트가 LLM을 사용해 가장 효과적인 행동을 선택할 수 있도록 한다. 메모리 검색은 유사성 기반으로 작동하며, 임베딩 품질이 높을 때 최적의 성능을 발휘한다.

30.4 LLM 기반 에이전트의 의사결정 및 행동 선택

에이전트의 의사결정 능력을 향상시키기 위해, 행동 선택에 더 구조화된 접근 방식을 도입해 여러 요인을 기반으로 잠재적 행동을 평가할 수 있다.

먼저 LLM을 사용해 현재 목표와의 관련성, 성공 확률, 잠재적 영향이라는 세 가지 주요 기준에 따라 행동을 평가하는 `ActionEvaluator` 클래스를 정의한다. 이러한 평가는 에이전트가 최상의 가능한 행동을 선택하는 데 도움이 된다.

```python
import numpy as np

class ActionEvaluator:
    def __init__(self, llm):
        self.llm = llm
```

다음으로 `evaluate_action` 함수에 매개변수로 전달된 "action"을 다음 기준에 따라 평가한다.

- 현재 목표와의 관련성(0~1)
- 예상 성공 확률(0~1)
- 전체 진행 상황에 미치는 잠재적 영향(0~1)

```python
    def evaluate_action(self, action: str, context: str) -> Dict[str, float]:
        prompt = f"""
        컨텍스트: {context}
        행동: {action}

        평가 결과를 쉼표로 구분된 3개의 숫자로 제시하라:
        """
        response = self.llm.generate(prompt)
        relevance, success_prob, impact = map(
            float, response.split(',')
        )
        return {
            'relevance': relevance,
            'success_probability': success_prob,
```

```
        'impact': impact
    }
```

마지막으로, `StrategicDecisionAgent` 클래스는 `MemoryAwareAgent`를 확장해 더 전략적인 의사결정 접근 방식을 포함한다. 이는 모든 가능한 행동을 평가해 관련성, 성공 확률, 영향에 기반한 점수를 매기고, 가장 높은 점수를 가진 행동을 선택한다.

```python
class StrategicDecisionAgent(MemoryAwareAgent):
    def __init__(self, llm, action_space: List[str], embedding_model):
        super().__init__(llm, action_space, embedding_model)
        self.action_evaluator = ActionEvaluator(llm)

    def decide(self, thought: str) -> str:
        context = f"생각: {thought}\n"
        context += f"현재 목표: {self.goal_stack[-1].description}\n"
        context += "최근 관찰:\n"
        context += "\n".join(self.memory[-5:])

        action_scores = {}
        for action in self.action_space:
            evaluation = self.action_evaluator.evaluate_action(
                action, context
            )
            score = np.mean(list(evaluation.values()))
            action_scores[action] = score

        best_action = max(action_scores, key=action_scores.get)
        return best_action
```

`StrategicDecisionAgent`의 예제 사용을 살펴보자. 이 예제에서 에이전트는 최적의 행동을 선택하기 위해 다양한 요인을 기반으로 행동을 평가하는 더 정교한 의사결정 전략을 사용한다.

```python
strategic_agent = StrategicDecisionAgent(llm, action_space, embedding_model)
main_goal = HierarchicalGoal("미로를 탐색해 보물을 찾기")
strategic_agent.set_hierarchical_goal(main_goal)
strategic_agent.perceive("복잡한 미로의 입구에 있다. 앞에 여러 갈래의 길이 있다.")
```

에이전트는 여러 단계에 걸쳐 목표와 환경에 기반해 최선의 행동을 지속해서 평가하며 전략적으로 미로를 탐색한다.

```
for _ in range(10):  # 10단계 실행
    thought, action, outcome = strategic_agent.run_step()
    print(f"생각: {thought}")
    print(f"선택한 행동: {action}")
    print(f"결과: {outcome}")
    print()
```

이제 학습을 위한 추가 개선 사항, 윤리적 고려 사항, LLM 기반 에이전트의 미래 전망에 대해 논의하며 이 장을 마무리하겠다.

30.5 에이전틱 LLM 시스템에서의 학습과 적응

에이전트가 경험에서 학습하고 적응할 수 있도록, 간단한 강화학습 메커니즘을 구현해 보자. 이를 통해 에이전트는 행동의 결과로부터 학습해 시간이 지남에 따라 성능을 향상시킬 수 있다.

간단한 Q-학습 메커니즘을 도입해 `StrategicDecisionAgent`를 확장하는 `AdaptiveLearningAgent` 클래스를 정의한다. 이 클래스는 주어진 상태에서 특정 행동을 취할 때 예상되는 보상을 나타내는 `q_values`를 추적한다. 에이전트는 학습 속도를 사용해 새로운 경험에 따라 이러한 값을 업데이트한다.

```
import random
from collections import defaultdict

class AdaptiveLearningAgent(StrategicDecisionAgent):
    def __init__(self, llm, action_space: List[str], embedding_model):
        super().__init__(llm, action_space, embedding_model)
        self.q_values = defaultdict(lambda: defaultdict(float))
        self.learning_rate = 0.1
        self.discount_factor = 0.9
        self.epsilon = 0.1  # 탐색-활용 균형을 위한 값
```

다음으로, 에이전트는 탐색(무작위 행동 시도)과 이용(효과적이라고 학습한 행동 사용) 사이의 균형을 바탕으로 행동을 결정한다. 에이전트는 Q-값을 사용해 가장 보상이 높은 행동을 선택한다.

```python
def decide(self, thought: str) -> str:
    if random.random() < self.epsilon:
        return random.choice(self.action_space)  # 탐색: 무작위로 행동을 선택

    state = self.get_state_representation()
    q_values = {action: self.q_values[state][action]
    for action in self.action_space}
    return max(q_values, key=q_values.get)  # 활용: 가장 높은 Q-value를 가진 행동을 선택
```

get_state_representation 메서드를 작성해 목표와 가장 최근의 관찰을 포함한 현재 상태의 단순화된 표현을 만든다. 이 상태는 Q-값을 조회하고 업데이트하는 데 사용된다.

```python
def get_state_representation(self) -> str:
    return f"목표: {self.goal_stack[-1].description}, 마지막 관찰: {self.memory[-1]}"
```

update_q_values 메서드는 에이전트의 행동 결과를 기반으로 Q-값을 업데이트한다. 상태-행동 쌍에 대한 예상 보상을 조정하며, 다음 상태의 최대 Q값(next_max_q)을 통해 즉각적인 보상과 잠재적인 미래 보상을 고려한다.

```python
def update_q_values(
    self, state: str, action: str, reward: float,
    next_state: str
):
    current_q = self.q_values[state][action]
    next_max_q = max(
        self.q_values[next_state].values()
    ) if self.q_values[next_state] else 0
    new_q = current_q + self.learning_rate * (
        reward + self.discount_factor * next_max_q - current_q
    )
    self.q_values[state][action] = new_q
```

run_step 메서드는 이제 표준적인 사고, 결정, 행동, 인지의 순서를 수행할 뿐만 아니라 결과에 따라 에이전트의 Q-값도 업데이트한다. compute_reward 메서드는 결과(성공/실패/중립)에 따라 수치값 보상을 할당한다.

```python
def run_step(self):
    state = self.get_state_representation()
    thought, action, outcome = super().run_step()
    next_state = self.get_state_representation()
    reward = self.compute_reward(outcome)
    self.update_q_values(state, action, reward, next_state)
    return thought, action, outcome

def compute_reward(self, outcome: str) -> float:
    if "successful" in outcome.lower():
        return 1.0
    elif "failed" in outcome.lower():
        return -0.5
    else:
        return 0.0
```

AdaptiveLearningAgent의 예제 사용을 살펴보자. 이 예제에서 에이전트는 새로운 환경에서 탐색하고 학습하도록 설계됐다. 이는 강화학습을 사용해 점진적으로 효과적인 의사결정 능력을 향상시킨다.

```
adaptive_agent = AdaptiveLearningAgent(llm, action_space, embedding_model)

main_goal = HierarchicalGoal("미지의 행성을 탐사하고 지도를 작성")
adaptive_agent.set_hierarchical_goal(main_goal)
adaptive_agent.perceive("당신은 외계 행성에 착륙했다. 환경이 익숙하지 않고 낯설다.")
```

에이전트는 20단계에 걸쳐 작동하며, 취하는 각 행동으로부터 학습한다. 생각, 행동, Q-값을 출력해 시간이 지나면서 환경에 대한 이해를 어떻게 업데이트하는지 보여준다.

```
for _ in range(20):  # 20단계 실행
    thought, action, outcome = adaptive_agent.run_step()
    print(f"생각: {thought}")
    print(f"선택된 행동: {action}")
    print(f"결과: {outcome}")
    print(
        f"현재 Q-값: {dict(
            adaptive_agent.q_values[
                adaptive_agent.get_state_representation()
```

```
            ]
        )}"
    )
    print()
```

이제 에이전트에 기본적인 강화학습 메커니즘을 장착해 시간이 지남에 따라 의사결정을 적응하고 개선할 수 있게 했으므로, 이러한 자율적인 시스템의 윤리적 함의도 다뤄야 한다. 다음 섹션에서는 에이전틱 LLM 시스템에 윤리적 안전장치를 통합해 책임감 있고 정렬된 행동을 보장하는 방법을 탐색할 것이다.

30.6 LLM 기반 에이전틱 AI의 윤리적 고려 사항과 안전

LLM 기반 에이전틱 AI 시스템을 개발할 때, 윤리적 함의를 고려하고 안전 조치를 구현하는 것이 중요하다. 에이전트가 윤리적 경계를 지키도록 하기 위해, 윤리적 제약 시스템을 추가할 수 있다.

```
class EthicalConstraint:
    def __init__(self, description: str, check_function):
        self.description = description
        self.check_function = check_function
```

`EthicalConstraint` 클래스는 에이전트가 따라야 할 윤리적 규칙을 정의한다. `check_function` 함수는 각 규칙을 설명 및 강제하며, 행동이 윤리적 제약을 위반하는지를 평가한다.

`EthicalAgent` 클래스는 윤리적 제약을 통합해 `AdaptiveLearningAgent`를 확장한다. 에이전트가 윤리 규칙 중 하나를 위반하는 행동을 선택하면, 규칙을 준수하는 다른 행동을 선택한다.

```
class EthicalAgent(AdaptiveLearningAgent):
    def __init__(
        self, llm, action_space: List[str],
        embedding_model,
        ethical_constraints: List[EthicalConstraint]
    ):
        super().__init__(llm, action_space, embedding_model)
        self.ethical_constraints = ethical_constraints
```

```python
def decide(self, thought: str) -> str:
    action = super().decide(thought)
    if not self.is_action_ethical(action, thought):
        print(f"경고: 행동 '{action}'이(가) 윤리적 제약을 위반했다. 다른 행동을 선택한다.")
        alternative_actions = [
            a for a in self.action_space if a != action]
        return (
            random.choice(alternative_actions)
            if alternative_actions
            else "do_nothing"
        )
    return action

def is_action_ethical(self, action: str, context: str) -> bool:
    for constraint in self.ethical_constraints:
        if not constraint.check_function(action, context):
            print(f"윤리적 제약 위반: {constraint.description}")
            return False
    return True
```

다음의 윤리적 제약은 에이전트가 해를 끼치거나 프라이버시를 침해하지 않도록 방지한다. 이는 `EthicalAgent`의 초기화의 일환으로 전달될 수 있다.

```python
def no_harm(action: str, context: str) -> bool:
    harmful_actions = ["공격", "파괴", "손괴"]
    return not any(ha in action.lower() for ha in harmful_actions)

def respect_privacy(action: str, context: str) -> bool:
    privacy_violating_actions = ["염탐", "도청", "해킹"]
    return not any(
        pva in action.lower()
        for pva in privacy_violating_actions
    )
```

이 코드는 AI 에이전트의 윤리적 제약을 위한 두 파이썬 함수를 정의한다. `no_harm` 함수는 에이전트의 행동에서 '공격', '파괴' 같이 위험한 키워드를 탐지한다. 위험 요소가 없으면 `True`를, 위험 요소가 있으면 `False`를 반환한다. `respect_privacy` 함수도 같은 방식으로 '염탐', '해킹' 같은 프라이버시 침해 키워드를 검사한다. 문제없으면 True를, 침해 소지가 있으면 False를 반환한다. EthicalAgent는 이 두 함수를 활용해 자신의 행동을 사전 검증함으로써 윤리적 기준을 준수할 수 있다.

EthicalAgent의 사용 사례를 살펴보자. 이 예제에서 에이전트는 외계 문명에 대한 정보를 수집하되, 해를 끼치지 않고 프라이버시를 존중하는 윤리적 지침을 따르도록 설정돼 있다.

```
ethical_constraints = [
    EthicalConstraint("해를 끼치지 않는다", no_harm),
    EthicalConstraint("프라이버시를 존중한다", respect_privacy)
]
ethical_agent = EthicalAgent(
    llm, action_space + ["공격", "염탐"],
    embedding_model, ethical_constraints
)

main_goal = HierarchicalGoal("외계 문명에 대한 정보를 수집한다")
ethical_agent.set_hierarchical_goal(main_goal)
ethical_agent.perceive("외계 정착지를 발견했다. 주민들은 평화로워 보이지만 경계하고 있다.")
```

에이전트는 제약 내에서 작동하며, 행동이 윤리적 규칙을 위반하지 않도록 보장한다. 에이전트는 환경과 상호작용하면서 생각, 행동, 결과를 출력한다.

```
for _ in range(15):  # 15단계 실행
    thought, action, outcome = ethical_agent.run_step()
    print(f"생각: {thought}")
    print(f"선택된 행동: {action}")
    print(f"결과: {outcome}")
    print()
```

30.7 LLM을 사용하는 에이전틱 AI의 미래 전망

미래를 바라보면, LLM을 사용하는 에이전틱 AI에 대한 몇 가지 흥미로운 가능성이 부각된다.

- **다중 에이전트 협업**: 에이전트들이 공유된 환경에서 함께 작업하며 정보를 교환하고, 전략을 세우고, 행동을 조정해 더 복잡한 과업을 수행할 수 있다.

- **장기 메모리와 지속적 학습**: 에이전트는 평생 기억을 유지하고 상호작용을 통해 계속 학습함으로써 시간이 지남에 따라 더 지능적으로 발전할 수 있다.
- **로봇 공학 및 물리적 세계와의 통합**: LLM 기반 에이전트가 발전함에 따라, 물리적 시스템과 통합해 자율적인 로봇이 현실 세계에서 과업을 수행할 수 있게 될 것이다.
- **메타학습 및 자기 개선**: 미래의 에이전트는 학습 과정을 최적화하는 방법을 배움으로써, 경험으로부터 배우는 능력을 발전시킬 수 있다.
- **설명 가능한 AI와 투명한 의사결정**: LLM 기반 에이전트가 자신의 결정을 설명할 수 있도록 하는 것은 AI 시스템에서 신뢰를 구축하고 책임성을 보장하는 데 중요하다.
- **에이전트 샌드박싱 및 시뮬레이션 환경**: 제한된 '벽으로 둘러싸인 정원'을 만들어 에이전트의 자원 접근을 제한해 의도치 않은 시스템 영향을 방지하는 반면, E2B가 제공하는 것과 같은 시뮬레이션 환경을 통해 개발자는 실제 시나리오를 복제해 볼 수 있다. 이 과정에서 도구, 파일, 가상 웹브라우저와의 상호작용 등 여러 상황을 시험하며 적대적 프롬프트 같은 잠재적 문제와 위험을 미리 식별하고 완화함으로써 에이전트의 신뢰성과 안전성을 높일 수 있다.

30.8 요약

에이전틱 패턴은 LLM에 자율적이고 목표 지향적인 AI 시스템을 만들 수 있는 흥미로운 가능성을 열어준다. 정교한 계획, 메모리 관리, 의사결정, 학습 메커니즘을 구현함으로써 효과적으로 작동하는 에이전트를 만들 수 있다.

30.9 LLM 패턴의 미래 방향과 개발

여러 유망한 LLM 디자인 패턴이 등장하고 있으며, 오픈 소스 커뮤니티와 최첨단 모델 개발자들의 혁신이 미래 모델의 디자인 패턴을 형성하고 있다. 이 섹션에서는 **전문가 혼합**(Mixture of Experts, **MoE**) 아키텍처, **그룹 상대 정책 최적화**(Group Relative Policy Optimization, **GRPO**), **자기 원칙 비판 튜닝**(Self-Principled Critique Tuning, **SPCT**), 그리고 OpenAI GPT-4.5 시스템 카드[1]에 문서화된 새로운 패턴을 포함한 몇 가지 주요 혁신을 강조한다.

MoE 아키텍처는 하나의 대규모 네트워크 대신 여러 개의 작은 '전문가' 네트워크가 있는 신경망 아키텍처의 한 종류다. 추론 시 '라우팅 네트워크'가 입력에 따라 이러한 전문가 네트워크의 특정 하위 집합

---

[1] OpenAI GPT-4.5 System Card, https://openai.com/index/gpt-4-5-system-card/

만을 동적으로 선택하고 활성화해 계산 효율성을 최적화한다. 모든 과업에 대해 모든 매개변수를 사용하는 밀집 모델과 달리, MoE 모델은 희소하게 활성화된 하위 네트워크를 통해 계산을 라우팅한다. 이 방법을 사용하면 중복성을 줄이고 특정 작업의 요구에 맞춰 컴퓨팅 자원을 조정함으로써, 비례적인 비용 증가 없이도 모델을 수조 개의 매개변수 규모로 효율적으로 확장할 수 있다. 딥시크의 구현은 이 접근 방식을 잘 보여준다.

GRPO를 활용하면 강화학습 과정을 단순화할 수 있다. GRPO는 각 프롬프트에 대해 여러 응답을 생성하고, 그 평균 보상을 계산해 이를 기준으로 상대적 성능을 평가하는 강화학습 기법이다. 이 방법은 중국의 오픈 소스 AI 기업 딥시크가 도입했다. GRPO는 전통적인 가치 네트워크 대신 그룹 기반 보상 평균화를 사용해 메모리 오버헤드를 줄이고 안정적인 정책 업데이트를 유지한다. 또한 여러 추리 경로를 비교하는 과정을 통해 내부적 자기 평가가 이뤄지면서, GRPO를 사용하면 적응적으로 문제를 해결할 수 있다.

GRPO는 정책 업데이트를 제한하는 **쿨백–라이블러**(Kullback–Leibler, **KL**) **발산 페널티**(divergence penalties)를 도입해 안전성을 강화한다. KL 발산은 하나의 확률 분포가 예상 확률 분포에서 얼마나 벗어나는지를 측정한다. 이 맥락에서는 모델의 업데이트된 행동(정책)이 이전 기준선 행동과 얼마나 다른지를 나타낸다. KL 발산 페널티는 보상 함수에 포함되어, 모델의 행동이 기준선에서 지나치게 벗어나면 그만큼 불이익을 주도록 작동한다. 이렇게 함으로써 안정성을 높이고 모델이 바람직하지 않은 행동으로 치우치는 것을 막을 수 있다.

SPCT 프레임워크는 자체 비판 메커니즘을 모델의 보상 시스템에 직접 통합해, 모델이 윤리 가이드라인에 자율적으로 부합하도록 한다. 이 프레임워크에서는 모델이 스스로 응답을 생성할 뿐 아니라, 사전에 정의된 원칙(예: 안전 가이드라인 및 윤리적 고려 사항)에 따라 그 응답에 대한 내부 비평도 함께 생성한다. 이렇게 내부 비평을 생성함으로써, 모델은 외부 분류기나 인간의 피드백 없이도 출력을 스스로 다듬어 나가며 자율적인 학습과 정렬을 이루게 된다.

확장 가능한 정렬 기법(scalable alignment techniques)도 구현할 수 있다. 더 작고 쉽게 제어할 수 있는 모델에서 파생된 데이터를 활용해 더 크고 성능이 뛰어난 모델을 훈련하면, 인간 감독을 비례적으로 늘리지 않고도 확장 가능한 정렬이 가능하다. 이 기법은 모델이 조정 가능성을 높이고, 미묘한 차이를 이해하며, 자연스럽고 생산적인 대화를 수행하도록 발전시키는 데 중점을 둔다. 이는 **지도 파인튜닝**(supervised fine-tuning)과 인간 피드백 강화학습 같은 전통적인 방법을 넘어, 더 안전하고 협력적인 AI 시스템을 구축하는 데 기여한다. GPT-4.5 개발 과정에서는 더 작은 모델에서 파생된 데이터를 사용해 모델을 인간의 요구와 의도에 더 잘 맞추는 새로운 확장형 기법을 적용했다. 앞으로 나올 모델은 GRPO와 SPCT 같은 더 발전된 기법을 통합해 정렬과 안전성을 한층 강화할 것으로 예상된다. 이러한 노력은 조정 가능성 향상, 미묘한 차이 이해, 그리고 자연스러운 대화 구현으로 이어질 것이다.

OpenAI는 포괄적인 안전성 평가의 기틀을 제공하는 **대비 프레임워크**[2]를 고안했다. 이 프레임워크는 모델 배포에 앞서 체계적이고 엄격한 평가를 적용하는, 책임감 있는 AI 개발의 핵심 디자인 패턴이다. 이 선제적 프레임워크는 광범위한 내외부 테스트를 아우르는데, 여기에는 유해 콘텐츠 생성, 탈옥(jailbreak) 방어 능력, 환각, 편향성뿐만 아니라 화학/생물학 무기, 악의적 설득, 사이버 보안 위협, 모델 자율성과 같은 심각한 재난 위험에 대한 평가가 포함된다. 또한 이 프레임워크는 레드 팀 훈련과 제3자 감사를 활용해 종합적인 위험 평가를 수행하고, 그 결과를 바탕으로 모델의 위험 수준을 여러 범주로 분류한다. OpenAI는 이처럼 출시 전에 잠재적 위험을 철저히 평가함으로써 자사 LLM을 안전하고 책임감 있게 배포하고자 한다.

끝으로, GPT-4.5의 **지시 계층 구조 강화**(instruction hierarchy enforcement)에 대해 이야기해 보자. 프롬프트 인젝션에 대한 강건함을 개선하고 예측 가능한 행동을 보장하기 위해, 모델은 시스템 메시지에서 주어진 지시를 사용자 메시지 내의 잠재적으로 상충되는 지시보다 우선시하도록 훈련된다. 이는 표적화된 테스트를 통해 명시적으로 평가된다. 미래의 발전은 지시 충돌을 관리하기 위해 더 동적이고 맥락을 인식하는 방법을 통합해 이 패턴을 향상시킬 수 있다.

이것으로 LLM 디자인 패턴에 관한 책을 마친다. 이 책에서는 핵심 디자인 패턴들을 다뤘다. 보안, 안전, 거버넌스 및 다양한 기타 주제를 다루기 위해 가까운 시일 내에 더 고급 디자인 패턴에 관한 또 다른 책을 출판할 계획이다.

---

[2] Preparedness Framework (Beta), https://cdn.openai.com/openai-preparedness-framework-beta.pdf

A – F

ablation studies	461
AdamW 옵티마이저	106, 159
AI2 Reasoning Challenge, ARC	232
Apache Kafka	69
Apache Spark	62
Average Precision, AP	450
bank	48
Bayesian optimization	138
BIO 태깅	91
byte pair encoding, BPE	21
C4 데이터셋	58
Chain-of-thought, CoT	318
CommitmentBank(CB) 데이터셋	229
cross-entropy loss	114
Datasets 라이브러리	57
DeepSeek	113
demographic parity	278
Differential Privacy, DP	163
direct preference optimization, DPO	309
DVC	78
embeddings	395
eqaul opportunity difference, EOD	282
F1 점수	54
Faiss	402, 439
Fast Gradient Sign Method, FGSM	164, 299
Faust	69
fine-tuning	187
freezing	189

G – N

GPT-4.5	489
GPT-4o	45
GPT-4o 모델	392
Grade School Math 8K, GSM8K	234
ground truth	88
GRPO	489
HNSW(Hierarchical navigable small world)	399
HumanEval	236
Human-in-the-Loop, HITL	50
interpretability	263
IVF(inverted file index)	398
KILT	464
L2 정규화	154
Label Studio	92
LangChain	343
LangGraph	357
large language model, LLM	2
LCEL(LangChain Expression Language)	348
lookahead optimizer	164
LSH	28, 400
Mean Reciprocal Rank, MRR	449
MinHash	259
MMLU	227
MoE 아키텍처	488
MT-Bench	238
NDCG@k	449
Node2Vec	416

O – S

OpenAI API	45
Optuna	138
perplexity	17
population-based training, PBT	140
PPO	308
Prodigy	92
Product Quantization, PQ	399
proximal policy optimization, PPO	304
PTQ	216, 219
QAT	217, 219
RDD	62
ReAct 에이전트	343, 348
Reasoning and Acting, ReAct	342
Reasoning WithOut Observation, ReWOO	356
Recall@k	448
recision@k	448
regularization	153

Reinforcement Learning from Human Feedback, RLHF	304
Retrieval-augmented generation, RAG	390
scaling law	113
SerpApi	391
sharpness-aware minimization, SAM	162
spaCy	19
SPCT 프레임워크	489
stochastic weight averaging, SWA	161
SuperGLUE	228

T – Z

T5	42, 46
TensorBoard	116
tokenization	21
top-k	44
top-p	44
transformer architecture	4
Tree-of-thoughts, ToT	328
Tree-structured Parzen Estimator, TPE	138
TruthfulQA	230
unfreezing	189
Weights & Biases(wandb)	108
WinoGrande	240
WordNet	41

ㄱ – ㅁ

개체군 기반 훈련	140
검색 증강 생성	390
격자 탐색	133
경사 체크포인팅	311
경사 클리핑	158, 159
교사 모델	210
교차 검증	246
교차 엔트로피 손실	114
그래프 기반 지식 표현	412
그래프 RAG	421
기여도 분석	267
깊이 우선 탐색	331
노이즈 주입	158
당혹도	17
대규모 언어 모델	2
데이터 버전 관리	74
데이터 샘플링	60
데이터 샤딩	63
데이터셋 라벨링	87
데이터셋 주석	87
데이터 오염	258
데이터 정제	15
데이터 증강	39, 40, 286
도메인 적응	254
드롭아웃	155
디자인 패턴	7
딥시크	113
라벨 스튜디오	92
랜덤 탐색	135
랭그래프	357
랭체인	343
메모리 매핑	70
메타학습	431
모델 기반 데이터 증강	45
모델 프루닝	202
문맥적 단어 임베딩	48

ㅂ — ㅈ

반성	366
베이즈 최적화	138
부분 그래프 샘플링	423
블랙박스 평가	461
색인	397
스케일링 법칙	113
아파치 스파크	62
아파치 카프카	69
양자화	209, 212
어텐션 메커니즘	264
에이전틱 AI	471
연속 학습	256
온도	44
옵튜나	138
임베딩	395
적대 공격	294
적대 훈련	298
적분 경사	267
적응형 드롭아웃	161
전문가 혼합 아키텍처	113
전이학습	188
정규화	153
제로샷 평가	252
지식 증류	210, 222

ㅊ — ㅎ

차분 프라이버시	163
체크포인팅	166
층화 샘플링	247
탐침법	265
텐서보드	116
토큰화	21
트랜스포머 아키텍처	4
파국적 망각	190
파우스트	69
파이토치	17
파인튜닝	187
패러프레이즈	44
퓨샷 파인튜닝	195
퓨샷 평가	251
퓨샷 학습	5, 322
프로디지	92
프루닝	221
하이퍼파라미터	127
학생 모델	210
학습률 스케줄링	192
해석 가능성	263
혼합 정밀도 양자화	218
혼합 정밀도 훈련	311
휴먼 인 더 루프	50

memo